U0617961

权威·前沿·原创

皮书系列为
"十二五""十三五"国家重点图书出版规划项目

BLUE BOOK

智 库 成 果 出 版 与 传 播 平 台

中国社会科学院生态文明研究智库成果
中国社会科学院国家未来城市实验室成果
中国社会科学院创新工程学术出版资助项目

城市蓝皮书
BLUE BOOK OF CITIES IN CHINA

中国城市发展报告 *No.14*

ANNUAL REPORT ON URBAN DEVELOPMENT OF CHINA No.14

大国治水之城乡生态文明建设

顾　　问 / 杨开忠　张永生
主　　编 / 单菁菁　李红玉　武占云
副 主 编 / 张卓群　耿　冰

社会科学文献出版社
SOCIAL SCIENCES ACADEMIC PRESS（CHINA）

图书在版编目(CIP)数据

中国城市发展报告. No. 14,大国治水之城乡生态文
明建设 / 单菁菁,李红玉,武占云主编. -- 北京:社
会科学文献出版社,2021.10
    (城市蓝皮书)
    ISBN 978 - 7 - 5201 - 9456 - 3

    Ⅰ.①中…　Ⅱ.①单…　②李…　③武…　Ⅲ.①城市经
济 - 经济发展 - 研究报告 - 中国　Ⅳ.①F299.21

中国版本图书馆 CIP 数据核字(2021)第 243420 号

城市蓝皮书
中国城市发展报告 No. 14
　　——大国治水之城乡生态文明建设

主　　编 / 单菁菁　李红玉　武占云
副 主 编 / 张卓群　耿　冰

出 版 人 / 王利民
责任编辑 / 薛铭洁　桂　芳
责任印制 / 王京美

出　　版 / 社会科学文献出版社·皮书出版分社 (010) 59367127
　　　　　　地址:北京市北三环中路甲 29 号院华龙大厦　邮编:100029
　　　　　　网址: www.ssap.com.cn
发　　行 / 市场营销中心 (010) 59367081　59367083
印　　装 / 天津千鹤文化传播有限公司

规　　格 / 开　本:787mm × 1092mm　1/16
　　　　　　印　张:26.75　字　数:401 千字
版　　次 / 2021 年 10 月第 1 版　2021 年 10 月第 1 次印刷
书　　号 / ISBN 978 - 7 - 5201 - 9456 - 3
定　　价 / 158.00 元

城市蓝皮书编委会

主要编撰者介绍

单菁菁　中国社会科学院生态文明研究所研究员、博士生导师，中国城市经济学会常务副秘书长。主要从事城市与区域可持续发展、国土空间开发与治理、城市与区域经济、城市与区域管理等研究。先后主持国家社科基金课题、中国社科院重大课题、国际合作课题、国家各部委课题等研究项目60多项，出版专著3部，主编著作13部，参与14部学术著作和《城市学概论》《环境经济学》等研究生重点教材的撰写工作，先后在国内外学术期刊和《人民日报》《光明日报》《经济日报》等发表论文或理论文章100多篇，向党中央、国务院提交的政策建议多次得到国家领导人的批示，获得各类科研成果奖15项。

李红玉　中国社会科学院生态文明研究所城市政策与城市文化研究中心主任、执行研究员，中国社会科学院研究生院硕士生导师，主要研究方向为国土空间规划、城市发展战略与规划、大城市病及城市更新。主持和参与省部级研究课题和地方政府委托研究项目50余项。出版学术著作2部，参与撰写学术著作7部，在《城市发展研究》《光明日报》《城市建设研究》《城市》《学习与探索》等学术刊物上发表学术论文30余篇。

武占云　中国社会科学院生态文明研究所国土空间与生态安全研究室副主任、博士，主要从事城市与区域经济、国土空间开发与治理研究。在国内外核心期刊发表中英文学术论文40余篇，撰写研究报告20余篇。先后主持或参与完成了 10 余项科研项目，包括国家社科基金项目 4 项、国家自然基金项目 3 项、教育部人文社科项目 1 项、博士后基金项目 1 项、中国社会科学院中英研究项目 1 项、中国社会科学院青年中心基金项目 1 项。

摘　要

　　水是人类社会赖以生存和发展的基础性、战略性资源，流域是人与自然和谐共生的地理单元。古今中外"善为国者必先治水"，我国是世界上水情最为复杂、治水任务最为繁重的国家之一，未来全球气候变化带来的极端天气将极大可能加重我国的城乡治水任务。与此同时，生态文明时代高质量发展、人民群众高品质生活的现实需求，也给新时代的城乡治水提出了更高的要求。

　　党的十九大强调"建设生态文明是中华民族永续发展的千年大计"，提出了到 2035 年"美丽中国目标基本实现"的奋斗目标。水是我国推进生态文明建设的物质基础和组成要素，流域则是建设美丽中国的空间载体和基本单元。《中国城市发展报告 No. 14》（以下简称《报告》）以"大国治水之城乡生态文明建设"为主题，紧密围绕新中国成立以来城乡治水的主要工作，特别是党的十八大以来我国水资源管理、水环境治理、水生态文明建设等领域的制度、理念和实践进行了系统分析和深入研究。《报告》共设计了总报告、综合篇、重点流域篇、专项行动篇、国内案例篇、国际经验篇和附录 7 个篇章，分专题深入研究了我国城乡治水的发展沿革、治理现状、问题挑战、发展态势、制度建设、实践工作等，并结合国内外城乡治水的有益经验，对进一步提升和完善我国在水资源、水环境、水生态、水安全、水文化等领域治理体系和治理能力现代化水平提出了对策建议。

　　《报告》指出，我国是一个水资源大国，多样化的流域承载着全国最广大的人口和经济。但存在水资源总量多、人均少，水资源时空分布极不均

衡，旱涝灾害发生频率高、面积广、损失重等复杂的水情。未来全球气候变化将极大可能导致极端天气频发，加重城乡治水的任务。如果对水资源管理不到位、对水资源开发利用不科学、对人水关系处理不合理，就容易出现水资源短缺、水环境恶化、水生态失衡、水灾害多发等问题，这将成为制约经济社会可持续发展和人民美好生活的关键桎梏。因此，需要高度重视治水在国家安全和社会经济可持续发展中的重要作用。

《报告》指出，新中国成立以来，我国逐步明确并坚持"人水和谐"的治水理念与原则，在防洪抗旱、资源保障、污染治理、生态修复和内涝治理等方面采取了有力措施，取得了积极成效。尤其是党的十八大以来，党中央统筹推进水灾害防治、水资源节约、水生态保护修复、水环境治理，从城乡分治走向城乡生态环境共治，流域治理迈上了新的台阶。但当前，仍然存在水资源协同配置不完善、水生态系统性保护与修复不足、流域生态高水平保护与高质量发展协同性不够、城市防洪排涝治理体系不健全等主要问题。

针对我国的基本水情和城乡治水主要任务，在借鉴国内外探索形成的系统思维、协同共治、技术支撑等有益治水经验的基础上，《报告》提出，需要面向生态文明时代高质量发展、高品质生活的新要求，科学认识影响水循环、水资源开发、水生态修复的自然规律、经济规律和社会规律，把水资源作为最大的刚性约束，树立正确的水文化观念，坚持以水定城、以水定地、以水定人、以水定产，重视水生态健康，注重提升城乡治水的信息化、智慧化水平，并基于流域这一基本地域单元，以系统思维深入推进水生态文明建设，实现以水为纽带的人与自然和谐共生。

关键词： 水资源　水环境　水生态　水安全　水文化　城乡治水

目 录 ▟⧫⧫⧫⧫⧫

Ⅰ 总报告

Ⅱ 综合篇

Ⅲ 重点流域篇

Ⅳ 专项行动篇

V　国内案例篇

VI　国际经验篇

VII　附录

皮书数据库阅读**使用指南**

总 报 告
General Reports

B.1

大国治水之城乡行动：
基于流域的生态文明建设

总报告课题组*

摘　要：　水是人类社会赖以生存和发展的基础性、战略性资源，流域
　　　　　则是人与自然共生的地理单元。古今中外"善为国者必先治
　　　　　水"，中国存在水资源总量多、人均少、时空分布极不均
　　　　　衡，旱涝灾害发生频率高、面积广、损失重等复杂的水情，
　　　　　是世界上治水任务最为繁重的国家之一。全球气候变化带来
　　　　　的极端天气频发也极有可能导致水环境恶化、水生态失衡、
　　　　　水灾害多发易发等问题，加重全国城乡治水任务。为此，本
　　　　　文立足生态文明时代高质量发展、人民群众高品质生活的现

---

* 执笔人：单菁菁，中国社会科学院生态文明研究所室主任、研究员、博士生导师，主要研究
　　方向为国土空间开发与生态安全、城市与区域可持续发展等；郝庆，中国社会科学院生态文
　　明研究所博士后、副研究员，主要研究方向为国土空间规划、国土空间治理、城市与区域管
　　理；董亚宁，中国社会科学院生态文明研究所助理研究员、博士，主要研究方向为空间经济
　　学、城市与区域经济、城乡治理等。

实需求，在借鉴国内外治水经验的基础上，提出必须把水资源作为最大的刚性约束，坚持"以水定城、以水定地、以水定人、以水定产"，树立正确的水文化观，着力维护水生态健康，提升城乡治水的信息化、智慧化水平，系统性推进基于流域的生态文明建设，实现以水为纽带的人与自然和谐共生。

关键词： 水资源　水环境　城乡治水　生态文明

　　党的十九大强调"建设生态文明是中华民族永续发展的千年大计"，提出了到 2035 年"美丽中国目标基本实现"的奋斗目标。水是生命之源、生产之要、生态之基，在城市的兴衰、王朝的更替、文明的延续中发挥着重要的作用。流域是由分水线所包围的河流集水区，是"自然生态—经济社会系统"的综合体，是人类文明的摇篮和中心，也是我国推进生态文明建设、构建美丽中国、促进人与自然和谐共生的空间载体和基本单元。

　　我国是一个水资源大国，多样化的流域承载着全国最广大的人口和经济。但我国人均水资源占有量很低且时空分布不均。如果对水资源管理不到位、对水资源开发利用不科学、对人水关系处理不合理，就容易出现水资源短缺、水环境恶化、水生态失衡、水灾害加剧等问题，其将成为制约经济社会可持续发展和人民美好生活的关键桎梏。为此，必须面向生态文明时代高质量发展、高品质生活的新要求，科学认识影响水循环、水资源开发、水生态修复的自然规律、经济规律和社会规律，坚持"以水定城、以水定地、以水定人、以水定产"，基于流域这一基本地域单元，以系统思维深入推进水生态文明建设，以水为纽带实现人与自然和谐共生。

一 中国水资源水环境特征

（一）总量多人均少，缺水型省市占比高

中国水资源总量丰富。根据 1996～2000 年水文资料计算，中国年平均水资源总量约为 2.84 万亿立方米①；根据国家统计局数据，2000～2020 年间年平均水资源总量为 2.76 万亿立方米，常年平均水资源总量居世界第六位。2020 年，受气候变化和降水量增多等因素影响，中国水资源总量为 3.16 万亿立方米，比多年平均值偏多 14%。其中，地表水资源量 3.04 万亿立方米，地下水资源量 0.86 万亿立方米，地表与地下水重复计算量 0.74 万亿立方米（见图 1）。但中国常年人均水资源量仅约为 2000 立方米/（人·年），在世界上的排名居 100 位以后，大约只相当于世界人均水平的 1/4，是世界人均水资源最贫乏的国家之一。

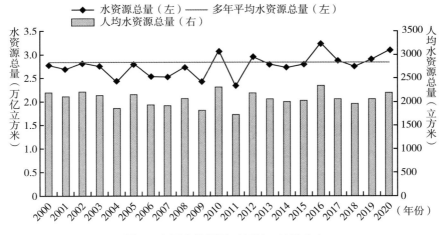

图 1　中国水资源量（2000～2020 年）

资料来源：国家统计局。

---

① 该数据为中国水文水资源规划常用数据，根据 1996～2000 年水文资料系列计算所得。

按照国际标准，人均水资源介于 2001～3000 立方米的地区为轻度缺水地区，介于 1001～2000 立方米的地区为中度缺水地区，介于 500～1000 立方米的地区为重度缺水地区，低于 500 立方米的地区为极度缺水地区。从省级层面看，我国 31 个省（自治区、直辖市）中（不含港澳台），极度缺水和重度缺水的省份有 11 个，分别占 25.8% 和 9.7%，中度缺水和轻度缺水的省份有 9 个，分别占 12.9% 和 16.1%，只有约 1/3 的省份人均水资源相对充裕（见表 1）。

表 1　全国 31 个省（区、市）水资源情况

序号	省份	水资源总量（亿 m³）	常住人口（万人）	人均水资源量（立方米）	水资源情况	所占比重（%）
1	天津	13.3	1387	96	极度缺水	25.8
2	北京	25.8	2189	118		
3	宁夏	11.0	720	153		
4	河北	146.3	7461	196		
5	上海	58.6	2487	236		
6	山西	115.2	3492	330		
7	山东	375.3	10153	370		
8	河南	408.6	9937	411		
9	江苏	543.4	8475	641	重度缺水	9.7
10	辽宁	397.1	4259	932		
11	陕西	419.6	3953	1061		
12	广东	1626.0	12601	1290	中度缺水	12.9
13	浙江	1026.6	6457	1590		
14	甘肃	408.0	2502	1631		
15	福建	760.3	4154	1830		
16	内蒙古	503.9	2405	2095	轻度缺水	16.1
17	安徽	1280.4	6103	2098		
18	重庆	766.9	3205	2393		
19	吉林	586.2	2407	2435		
20	海南	263.6	1008	2615		
21	湖北	1754.7	5775	3038	水资源相对充裕	35.5
22	新疆	801.0	2585	3099		
23	湖南	2118.9	6644	3189		
24	贵州	1328.6	3856	3446		

续表

序号	省份	水资源总量 （亿 m³）	常住人口 （万人）	人均水资源量 （立方米）	水资源情况	所占比重 （%）
25	江西	1685.6	4519	3730		
26	云南	1799.2	4721	3811		
27	四川	3237.3	8367	3869	水资源 相对充裕	35.5
28	广西	2114.8	5013	4219		
29	黑龙江	1419.9	3185	4458		
30	青海	1011.9	592	17093		
31	西藏	4597.3	365	125953		

资料来源：根据《2020 年中国水资源公报》和第七次普查人口数据计算。

从城市角度看，我国 600 多座城市中，有 400 多座城市供水不足，其中严重缺水的城市有 110 座，城市年缺水总量达到 60 亿立方米。在供水不足的城市中，东部地区城市占 38.6%，中部地区城市占 26.7%，其余来自西部和东北地区（见表 2）。而我国历时 8 年、3 万多科技工作者参与、于 2012 年完成的近海海洋综合调查与评价结果（908 个专项）也显示，在沿海 11 个省份所辖的 52 座沿海城市中，近九成城市存在缺水问题，其中 28 座城市属于极度缺水或重度缺水，占沿海城市的比重高达 54%。[①]

表 2　缺水型城市及其分布

单位：座，%

项目	东部城市	中部城市	西部城市	东北城市	合计
城市数量	155	107	83	56	401
城市占比	38.6	26.7	20.7	14.0	100.0

资料来源：根据《全国水资源综合规划（2010）》成果整理。

---

① 《中国近九成沿海城市水资源短缺 18 城极度缺水》，《新京报》2012 年 10 月 28 日。

从缺水原因来看，我国华北地区水资源总量较少，总体上以资源型缺水为主；华东、华南地区水资源虽然相对丰富，但由于生产生活（特别是工业生产）大量排放废污水造成河湖淡水资源污染，再加之冬春季节枯水期受到咸潮影响，因此清洁用水短缺而形成水质性缺水。同时，华东、华南地区人口稠密，特别是近年来我国人口向该地区进一步集聚，人均水资源不足的资源型缺水问题也相对突出，典型的如广东、浙江等（见表1）；西南地区主要是因为特殊的地质地理环境和水利基础设施建设滞后等留存不住水（典型的如云贵地区部分城市），多属于工程性缺水；而西北地区（如甘肃、宁夏等）则兼具资源型缺水和工程性缺水。总体来看，我国水资源总量多、人均少，缺水型城市和省份占比较高，部分地区人水关系紧张，水资源短缺问题突出，这已经成为制约经济社会可持续发展的重要瓶颈。

（二）时空分布不均，部分流域存在超载现象

中国水资源量存在"南多北少、东多西少、夏多冬少"的时空分布不均现象。在时间尺度上，6~8月的降水量占全年降水量的一半以上；11月到次年2月的四个月降水量不足全年降水量的10%（见图2）。

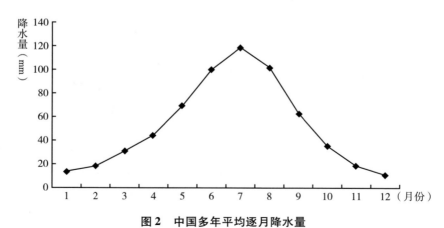

图2　中国多年平均逐月降水量

资料来源：水利部信息中心，《全国水情年报》（2019年）。

在空间尺度上，中国水资源分布也非常不平衡，长江流域及其以南地区国土面积占全国的 36.5%、人口数量占全国的 59.5%，水资源量却占到全国的 79%；北方地区国土面积占全国的 63.5%、人口数量占全国的 40.5%，但水资源量仅占全国的 21%（见图 3）。北方几条主要河流——辽河、海河、淮河、黄河的流域地表水资源量仅分别为长江的 3.7%、1.0%、8.2% 和 6.2%，常年人均径流量仅分别为长江的 1/8、1/10、1/7 和 1/4。总体上，我国东南、西南以及东北地区水资源相对丰富，西北地区、华北地区水资源总量不足。

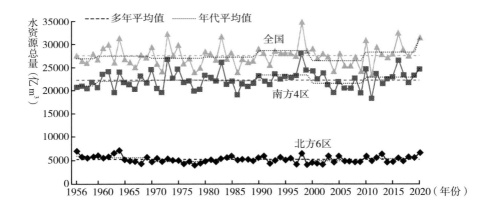

图 3　1956～2020 年中国水资源总量变化情况

资料来源：水利部，《2020 年中国水资源公报》。

在流域尺度上，按照人均综合用水量 450 立方米的标准衡量，中国大陆地区的 209 个三级流域分区中，有 32 个处于水资源超载状态，面积约 108.08 万平方千米，占全国国土面积的 11.30%，主要集中在黄淮海平原区、西北内陆干旱区，部分分布在长江下游区域；人水关系平衡的三级流域有 31 个，面积约 72.62 万平方千米，约占全国国土面积的 7.60%，主要分布在水资源超载区域周边，部分分布在松花江和辽河流域；水资源盈余的三级流域有 146 个，面积约 775.59 万平方千米，约占全国的 81.10%，主要分布在我国的东南地区和西南地区（见表 3）。

表3　中国三级流域水资源承载力情况

项目	流域数量（个）	流域面积（万 km²）	占国土面积比重（%）	主要分布
水资源超载	32	108.08	11.30	黄淮海平原区、西北内陆干旱区、长江下游区域
人水关系平衡	31	72.62	7.60	水资源超载区域周边，松花江和辽河流域等
水资源盈余	146	775.59	81.10	东南地区、西南地区

资料来源：中国水利水电科学研究院编《中国水资源承载力研究报告》，2018。

（三）供用水结构趋于合理，但水资源过度开发利用问题突出

中国的年供水量以地表水为主，2000～2020年全国年均地表水供水量约占水资源总供水量的81%，地下水供水量约占18%，其他方式供水量不足1%（见表4）。从变化趋势看，2013年以来供水总量以及地表供水量和地下供水量整体呈下降态势；通过废水回收、循环使用等其他方式的供水量呈上升态势，占比由2000年的不足0.38%上升到2020年的约2.20%。

表4　中国水资源供水量

单位：亿立方米

年份	水资源总供水量	地表水	地下水	其他水
2000	5530.73	4440.42	1069.17	21.14
2001	5567.43	4450.65	1094.93	21.85
2002	5497.28	4404.36	1072.42	20.49
2003	5320.40	4286.00	1018.11	16.29
2004	5547.80	4504.20	1026.40	17.20
2005	5632.98	4572.19	1038.83	21.96
2006	5794.97	4706.75	1065.52	22.70
2007	5818.67	4723.90	1069.06	25.70
2008	5909.95	4796.42	1084.79	28.74
2009	5965.15	4839.47	1094.52	31.16
2010	6021.99	4881.57	1107.31	33.12
2011	6107.20	4953.30	1109.10	44.80
2012	6131.20	4952.80	1133.80	44.55

年份	水资源总供水量	地表水	地下水	其他水
2013	6183.45	5007.29	1126.22	49.94
2014	6094.88	4920.46	1116.94	57.46
2015	6103.20	4969.50	1069.20	64.50
2016	6040.16	4912.40	1057.00	70.85
2017	6043.40	4945.50	1016.70	81.20
2018	6015.50	4952.70	976.40	86.40
2019	6021.20	4982.50	934.20	104.50
2020	5812.90	4792.30	892.50	128.10

资料来源：国家统计局。

中国年用水量在 6000 亿立方米左右，在 2013 年达到峰值后呈小幅下降态势，2020 年全国用水总量为 5812.9 亿立方米。其中，农业生产用水从 2013 年的峰值 3921.5 亿立方米，逐步下降到 2020 年的 3612.4 亿立方米；工业生产用水从 2011 年的最高值 1461.8 亿立方米下降到 2020 年的 1030.4 亿立方米；生活用水和生态用水呈逐年增加趋势，分别由 2003 年的 630.9 亿立方米和 79.5 亿立方米，增加到 2020 年的 863.1 亿立方米和 307.0 亿立方米。从用水结构看，农业生产用水占比最大，常年保持在 60% 以上；工业生产用水次之，占比从 2010 年的 24% 下降到 2020 年的 17.7%；生活用水量和生态用水量呈逐渐增加的趋势，分别由 2010 年的 11.86% 和 1.49%，增加到 2020 年的 14.9% 和 5.3%（见图 4）。

虽然我国供水和用水结构逐渐趋向合理，但用水量长期居高不下，水资源过度开发利用问题十分突出。以华北地区为例，从 20 世纪 70 年代，华北地区开始大规模开采地下水，年开采量由初期的 200 亿立方米上升到 2017 年的 363 亿立方米，最多时的年开采量曾经突破 500 亿立方米。与 1980 年相比，目前华北地区地下水超采累计亏空达 1800 亿立方米，超采区面积达 18 万平方千米，[①] 形成了世界上最大最深的"漏斗区"，并引发地面沉降、

---

① 丁跃元、陈飞等：《华北地区地下水超采综合治理行动方案编制背景及思路》，《中国水利》2020 年第 13 期。

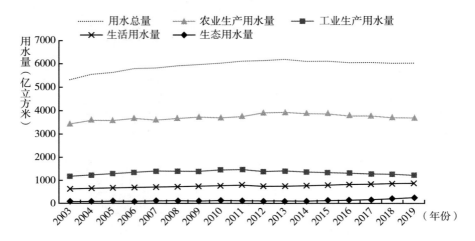

图4 2003~2019年中国水资源用水量

资料来源：国家统计局。

湖泊萎缩、河道断流、海水入侵、流域生态系统退化等一系列生态环境问题。根据生态环境部的卫星遥感监测，2018年秋京津冀地区的352条河流中，有292条出现干涸断流现象，占河流总数的83%，干涸断流河道占河道总长度近1/4。[①] 近年来，通过采取"节、引、调、蓄、补"等综合措施，华北地区地下水超采治理虽然取得一定成效，但超采区浅层、深层地下水位2017~2019年平均降幅仍然达到0.54米/年和1.50米/年。这种情况在其他很多地区也同样存在，如内蒙古西辽河流域的地下水年超采量高达10亿立方米以上，干流通辽以下出现了长达20年的断流，平原区水库几乎全部干涸。在我国600多座城市中，存在浅层地下水超采情况的城市有111座，存在开发利用深层地下水的城市有61座，存在挤占生态环境用水的城市有193座，超采地下水、挤占生态环境用水等水资源过度开发利用问题非常普遍，人水矛盾突出（见表5）。

---

① 生态环境部卫星环境应用中心：《环境遥感监测专报》，2019。

表5　我国存在水资源过度开发利用的城市数量及分布

类型	东部城市	中部城市	西部城市	东北城市	合计
浅层地下水超采	51	32	21	7	111
深层地下水开发	34	12	6	9	61
挤占生态环境用水	59	52	42	40	193

资料来源：根据全国水资源综合规划成果（2010）整理。

之所以大范围出现水资源过度开发利用，一个重要原因是我们在之前的发展中没有把水作为重要的约束条件、没有做到"以水定城、以水定地、以水定人、以水定产"。如全国政协的一项调研发现，黄河、海河、西北内陆河等水资源禀赋相对较差的流域，却布局了大量的粮食生产、能源化工等耗水型产业，用水需求远超当地的水资源环境承载能力。北方地区有89个地下水严重超采的地市被定位为国家粮食主产区[①]，作为极度缺水地区的河南、山东水资源量分别仅占全国水资源量的1.3%和1.2%，却贡献了全国10.2%和8.1%的粮食产量。水资源环境超载、供需错配等问题突出（见表6）。

表6　我国部分极重度缺水地区的粮食生产情况

分类	省份	水资源量（亿 m^3）	水资源量占全国比重(%)	粮食产量（万吨）	粮食产量占全国比重(%)
极度缺水地区	河北	146.3	0.50	3795.9	5.70
	山西	115.2	0.40	1424.3	2.10
	山东	375.3	1.20	5446.8	8.10
	河南	408.6	1.30	6825.8	10.20
重度缺水地区	江苏	543.4	1.70	3729.1	5.60
	辽宁	397.1	1.30	2338.8	3.50

资料来源：根据国家统计局和《2020年中国水资源公报》数据计算所得。

---

① 焦思颖：《求解新时代"治水之道"》，《中国自然资源报》2020年9月22日。

（四）旱涝灾害易发，防灾减灾压力日益增加

中国是世界上旱涝灾害频发和重发的国家之一，呈现发生频率高、面积广、损失重的特点，并在空间上表现为"南涝北旱、北涝南旱"的组合。2010～2019年，全国旱灾受灾面积年均1111.82万公顷，旱灾绝收面积年均123.05万公顷；全国洪涝等受灾面积957.39万公顷，洪涝等受灾绝收面积119.84万公顷（见图5）。

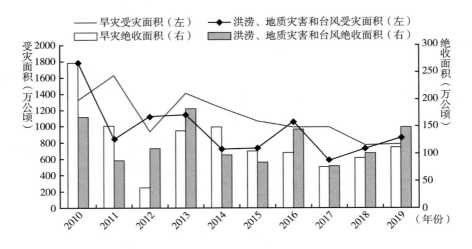

图5　2010～2019年全国水旱等灾害影响

资料来源：国家统计局。

与此同时，受全球气候变化以及城镇化带来的流域生态环境和地表结构变化等影响，我国城市暴雨内涝灾害的发生频率也在增加。根据水利部《中国水旱灾害公报》的统计，2006～2018年全国平均每年有151个县级以上的城市进水受淹或发生内涝，其中2010年和2013年发生内涝的城市分别达到258个和243个，每年城市内涝受灾人口达数百万人。2021年8月，联合国政府间气候变化专门委员会（IPCC）发布的第六次评估报告指出，未来20年全球升温将呈加速态势，极端高温、强降水等发生频率增多，容易加剧干旱、洪涝等灾害，并且高温、强降水等气候变化的某些方面会在城市

地区加剧。2020 年欧洲的"超级干旱"和中国长江流域严重的夏季汛情、2021 年 7 月中国郑州发生的千年一遇强降水、2021 年 9 月美国纽约等地出现的历史罕见大暴雨等极端天气事件，都在一定程度上预示着未来应对旱涝灾害的防灾减灾压力将日益增加。

（五）水环境逐步改善，水生态建设仍有短板

我国的水环境在改革开放前属于基本清洁的状态，1980 年代开始出现局部恶化，1990 年代进入全面恶化阶段。特别是 1990 年代以来在新一轮的大规模经济建设中，沿江沿河布局了诸多的重化工项目，加之快速发展的工业化城镇化进程，给水环境整体带来较大压力。2011 年全国十大水系监测的 469 个国控断面中，水质优良（Ⅰ～Ⅲ类）断面的比例仅为 61.0%，劣 V 类断面的比例为 13.7%。其中，淮河等流域的水质从局部河段变差转变为全流域恶化，并出现了一系列的重大污染事件。与此同时，水生态系统受到严重损害。如，长江生物完整性指数到了最差的"无鱼"等级。党的十八大之后，我国积极推进水环境治理和水生态修复，取得了较好的成效。污水中的化学需氧量排放等污染物持续减少。2020 年全国 1940 个国家地表水考核断面中，水质优良（Ⅰ～Ⅲ类）断面比例为 83.4%，劣 V 类为 0.6%。其中，西北诸河、浙闽片河流、长江流域、西南诸河和珠江流域水质为优，黄河、松花江和淮河流域水质良好。但目前我国城市生活污水量不断增多、农业面源污染依然严重，水生态建设仍然存在较大短板（见图 6）。如，2020 年国控监测的重点湖泊（水库）中仍有 29.0% 存在不同程度的富营养化，巢湖、太湖、滇池等重点湖泊的蓝藻水华发生面积和频次长期居高不下；地表水总磷、化学需氧量和高锰酸盐超标现象仍较为普遍，成为影响全国水环境质量的主要污染物；辽河和海河流域仍然处于轻度污染状态，部分城市的地表水环境质量依然较差（见表 7）；水土流失面积超过国土面积的 1/4，水土流失问题依然严峻。总体来看，水生态环境与人民对美好生活的期盼以及美丽中国的建设目标还有较大差距，水污染综合治理与水生态系统恢复的任务仍然较重。

城市蓝皮书

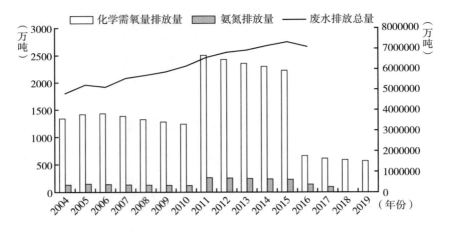

图6 2004～2019 年全国废水及化学需氧量和氨氮排放情况

资料来源：国家统计局。

表7 2020 年全国地级及以上城市地表水考核断面水环境质量排名前/后 20 位城市

排名	城市	排名	城市
1	柳州市	倒1	铜川市
2	桂林市	倒2	沧州市
3	张掖市	倒3	邢台市
4	金昌市	倒4	东营市
5	吐鲁番市	倒5	滨州市
6	云浮市	倒6	阜新市
7	来宾市	倒7	日照市
8	黔东南苗族侗族自治州	倒8	商丘市
9	河源市	倒9	淮北市
10	崇左市	倒10	临汾市
11	河池市	倒11	沈阳市
12	肇庆市	倒12	吕梁市
13	攀枝花市	倒13	潍坊市
14	永庆市	倒14	廊坊市
15	贵港市	倒15	辽源市
16	梧州市	倒16	通辽市
17	昌吉回族自治州	倒17	天津市
18	嘉峪关市	倒18	鹤壁市
19	阿拉善盟	倒19	盘锦市
20	雅安市	倒20	聊城市

资料来源：中华人民共和国生态环境部：《2020 年中国生态环境状况公报》。

二　中国治水历程及成效

水是基础性自然资源和战略性经济资源，自古以来"善为国者必先治水"。我国是世界上水情最复杂、治水任务最繁重的国家之一，治水在国家安全和社会经济可持续发展中发挥着不可替代的重要作用。新中国成立以来，我国逐步明确并坚持"人水和谐"的治水理念与原则。从治水发展历程来看，主要在防洪抗旱、资源保障、污染治理、生态修复等方面采取了有力措施，取得了积极成效。尤其是党的十八大以来，党中央统筹推进水灾害防治、水资源节约、水生态保护修复、水环境治理，流域治理迈上了新的台阶。

（一）系统推进防洪抗旱排涝，治理制度持续完善

防洪抗旱排涝是关乎人民生命财产安全的重要举措。我国地域广袤，自然气候差异大，洪涝干旱灾害时常发生。新中国成立以来，我国将防洪抗旱排涝作为一项长期艰巨的事业，国家先后颁布实施了一系列相关法律法规，并与时俱进给予了修订，相关治理制度和法规持续完善，防洪、抗旱、排涝治理成效显著，特别是基于流域的法律法规的制定为城乡治水提供了有效保障。

1. 积极推进防洪抗旱治理工作

早在 1952 年，我国政务院发布《关于发动群众继续开展防旱抗旱运动并大力推广水土保持工作的指示》。进入 21 世纪，防汛抗旱开始全面推进"两个转变"——控制洪水向洪水管理转变、单一抗旱向全面抗旱转变，实施洪水风险管理，规范人类活动，推行洪水资源化，以及开展扩大抗旱领域、抗旱手段的多元化和变被动抗旱为主动抗旱等方面工作，有力提升了我国防汛抗旱能力。与此同时，逐步建立法律法规和预案体系，相继修订了《中华人民共和国防汛条例》《中央级防汛物资储备及其经费管理办法》《中华人民共和国河道管理条例》等防洪防汛方面的条例和办法；批复《全国

抗旱规划》《关于加强抗旱工作的通知》等抗旱规划和通知；编制了《抗旱预案导则（试行）》（2004）、《抗旱预案编制大纲》（2006）、《国家防汛抗旱应急预案》（2006）、《跨流域跨省区（区域）水量应急调度预案编制大纲》（2010）、《抗旱预案编制导则》（2013）等大量防洪抗旱预案及其编制大纲（导则），并开展了一系列防洪抗旱工程建设。

在防洪抗旱治理方面，我国通过系统推进防洪抗旱治理，水旱受灾、成灾面积以及灾害损失显著下降，防洪抗旱治理成效明显。2007～2020年，我国水旱灾害受灾面积和成灾面积均呈现下降趋势：水灾受灾面积由2007年的10460千公顷下降至2020年的7190千公顷，其成灾面积由2007年的5100千公顷下降至2020年的3040千公顷；旱灾受灾面积由2007年的29390千公顷下降至2020年的5080千公顷，其成灾面积由2007年的16170千公顷下降至2020年的2510千公顷（见图7）。

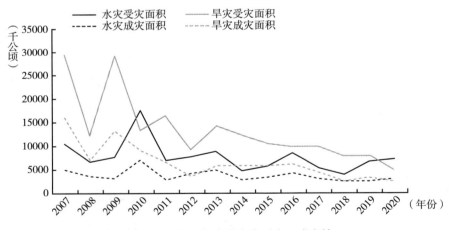

图7　2007～2020年水旱灾害受灾、成灾情况

资料来源：国家统计局。

2. 推进城市内涝治理，不断改善人居环境

基于流域的生态文明建设，需要不断加强城市内涝治理，提升排涝防涝能力。城市海绵系统具有吸水、蓄水、渗水等功能，对防止城市内涝有积极作用。2014年，住房城乡建设部出台《海绵城市建设技术指南——低影响

开发雨水系统构建（试行）》；2015 年，国务院办公厅印发《关于推进海绵城市建设的指导意见》，并且正式开始以试点的形式部署海绵城市建设。2015 年和 2016 年，我国分两批将郑州等 30 座城市列为海绵城市建设试点，且中央财政对海绵城市建设试点给予专项资金补助。根据 2021 年《关于开展系统化全域推进海绵城市建设示范工作的通知》，在"十四五"期间开展系统化全域推进海绵城市建设示范工作。为加快推进城市内涝治理，2021 年，国务院办公厅印发了《关于加强城市内涝治理的实施意见》，指出我国将根据建设海绵城市、韧性城市要求，到 2035 年总体消除防治标准内降雨条件下的城市内涝现象。

目前，我国在城乡人居环境整治、内涝治理、海绵城市建设等方面已取得了积极成效。城市和农村面貌焕然一新，城乡人居环境明显提升，如 2004 年以来，城市污水日处理能力、建成区绿化覆盖率、城市用水普及率、人均公园绿地面积等城市环境主要指标都有显著提升（见表 8）。农业农村部发展规划司发布的数据显示，截至 2020 年底，全国农村卫生厕所普及率超过 68%，农村生活垃圾收运处置体系覆盖 90% 以上的行政村，农村生活污水治理水平不断提升，95% 以上的村庄开展了清洁行动，基本实现村庄干净整洁。我国越来越多的城市开展"海绵城市"建设，通过改造和治理境内水系和路网交通，就地消纳和利用降雨，城市适应环境变化和应对自然灾害的能力大大提高。

表 8　2004～2019 年城市环境主要指标变化情况

年份	城市污水日处理能力（万立方米）	建成区绿化覆盖率（%）	城市用水普及率（%）	人均公园绿地面积（平方米）
2004	7387	31.7	88.8	7.39
2005	7990	32.5	91.1	7.89
2006	9734	35.1	86.7	8.30
2007	10337	35.3	93.8	8.98
2008	11173	37.4	94.7	9.71
2009	12184	38.2	96.1	10.66

续表

年份	城市污水日处理能力（万立方米）	建成区绿化覆盖率（%）	城市用水普及率（%）	人均公园绿地面积（平方米）
2010	13393	38.6	96.7	11.18
2011	13304	39.2	97.0	11.80
2012	13693	39.6	97.2	12.26
2013	14653	39.7	97.6	12.64
2014	15124	40.2	97.6	13.08
2015	16065	40.1	98.1	13.35
2016	16779	40.3	98.4	13.70
2017	17037	40.9	98.3	14.01
2018	18145	41.1	98.4	14.11
2019	19171	41.5	98.8	14.36

资料来源：国家统计局。

3. 以流域为重点编制防洪抗旱排涝法律法规

习近平生态文明思想中，"坚持以水定城、以水定地、以水定人、以水定产""表象在黄河，根子在流域""当前和今后相当长一个时期，要把修复长江生态环境摆在压倒性位置"等重要观点，鲜明凸显了水生态文明的决定性地位和以流域为基础的生态文明的建设路径和方向。

《中华人民共和国水法》规定了国家对水资源实行流域管理与行政区域管理相结合的管理体制；《中华人民共和国防洪法》的多项规定则涉及流域管理机构在防洪中的职责，并赋予了流域管理机构执法的主体地位。2011年国务院常务会议通过的《太湖流域管理条例》更是明确提出要保障防汛抗旱，制定太湖流域洪水调度方案，并将该方案作为太湖流域防汛调度的基本依据。

近年来，为了做好以流域为整体的统筹协调、系统保护的顶层设计，顺应我国防洪抗旱排涝方针的转变，以流域为重点的防洪、抗旱、排涝法律法规相继编制出台，把满足流域治理需求、提高流域治理效能放在了更加突出的位置。如，2020年12月全国人大常委会通过的我国第一部流域保护法律《中华人民共和国长江保护法》中明确规定了要推进堤防和蓄滞洪区建设，提升洪涝灾害防御工程标准，加强水工程联合调度，建立与经济社会发展相适应的防洪减灾工程和非工程体系，提高防御水旱灾害的整体能力；加强长江流域洪涝干旱等灾害的监测预报预警、防御、应急处置与恢复重建体系建设，提升防灾、减灾、抗灾、救灾能力。2021 年 10 月中共中央国务院印发的《黄河流域生态保护和高质量发展规划纲要》中明确指出要加强黄淮海流域防洪体系协同，优化沿黄蓄滞洪区、防洪水库、排涝泵站等建设布局；要建立应对凌汛长效机制，强化流域上中下游水库防凌联合调度；要加强防洪减灾、排水防涝等公共设施建设，增强大中城市抵御灾害能力；要建设黄河流域水利工程联合调度平台，推进上中下游防汛抗旱联动；要增强流域性特大洪水、重特大险情灾情、极端干旱等突发事件应急处置能力；等等。

（二）统筹资源时空分布，节水治理持续强化

我国人均水资源贫乏，且水资源时空分布不均，因此建立水资源时空一体化协调体系、建设节水型社会尤为重要。党的十八大以来，习近平总书记提出了"节水优先、空间均衡、系统治理、两手发力"的治水思路。

1. 依托水利工程建设平衡水资源时空分布

调水工程是解决水资源时空分布不均问题的主要手段，也是改善受水区生态环境、实现水资源高效利用的重要措施。新中国成立后，我国在粮食主产区和干旱内陆地区陆续修建了一些引水灌溉工程以保障粮食供给，如红旗渠、引沁渠等。至 20 世纪 70 年代，先后又建设了江水北调、景电扬水、引大入秦等工程。其中，为支持香港经济社会发展，我国于 1964 年兴建了东深供水工程，不间断安全优质供水为香港繁荣稳定以及深圳和东莞经济发展做出了重要贡献。改革开放后，我国城市规模扩大，调水工程建设则转为以城市生活和工业用水为主，先后建设了引碧入连、引滦济津、引黄济青、引黄入卫等区域性调水工程。21 世纪以来，我国流域和区域水生态环境恶化问题日益突出，为此陆续规划和实施了一批以综合利用为主、兼顾生态环境修复的大型跨流域调水工程，如南水北调、引汉济渭、引江济淮、珠江压咸补淡、牛栏江－滇池补水、鄂北水资源配置等工程。最为著名的南水北调工

程，是世界最大的水利工程。该工程方案构想始于 1952 年，1995 年开始全面论证，2000 年有序展开规划，2002 年《南水北调工程总体规划》编制完成。2013 年东线一期工程正式通水运行；2014 年中线工程正式通水运行；2020 年中国南水北调集团有限公司正式揭牌。南水北调工程在改善生态环境、保障社会经济可持续发展等方面发挥着巨大作用，是造福民生的"国之重器"。

2. 实行水资源统一管理、规划与调度

2007 年《中国应对气候变化国家方案》强调"加强水资源统一管理，以流域为单元实行水资源统一管理，统一规划，统一调度"。水资源统一管理是我国水资源得以保障的重要基础。为应对日益严峻的水资源短缺等问题，2012 年国务院印发了《国务院关于实行最严格水资源管理制度的意见》，这是指导我国水资源工作十分重要的纲领性文件，以期促进水资源合理开发利用和节约保护，保障经济社会可持续发展。此外，还有《水利部关于水权转让的若干意见》《水权制度建设框架》《取水许可和水资源费征收管理条例》《关于水资源费征收标准有关问题的通知》等强化水资源管理的制度文件相继出台。

3. 全面推进节水型社会建设

2002 年，《水法》明确提出"建立节水型社会"；同年，水利部印发《开展节水型社会建设试点工作指导意见》，对节水型社会建设试点提出了具体要求和实施步骤，开启以试点示范推进节水型社会建设。自 2002 年甘肃省张掖市被确定为全国第一个节水型社会试点以来，越来越多全国和省级节水型社会建设试点被相继批复。2004 年，《节水型社会建设规划编制导则（试行）》印发。2005 年，水利部发布了《节水型社会建设评价指标体系（试行）》，并在其基础上，于 2017 年发布了《节水型社会评价标准（试行）》。各省相继出台《节水型社会达标建设工作实施方案》，制度建设不断完善。2019 年起，每年经核查，公布节水型社会建设达标县（区）名单，越来越多的县（区）达标：第一批 65 个、第二批 201 个、第三批 350 个、第四批 478 个，为建设节水型社会做出了贡献。

在统筹水资源时空分布方面，我国通过规划建设引滦入津、引黄入卫、引汉济渭、引江济淮、南水北调等一系列大型跨流域调水工程，初步构建了南北调配、东西互济的水网格局。如南水北调东线、中线一期工程建成通水的六年来，已累计调水 400 多亿立方米，直接受益人口达到 12 亿人；一些重要的大江大河，如汉江、乌江、嘉陵江等，基本实现了水资源跨省域的统一调度；通过优化水资源开发利用和加强流域生态建设，黄河干流实现了持续 20 年不断流。

在推进节水型社会建设方面，随着水资源管理制度的逐渐完善和管理力度的不断加大，我国用水强度持续下降，用水效率显著提升。如图 8 所示，2004～2020 年，我国每万元国内生产总值用水量和每万元工业增加值用水量皆呈逐年下降趋势，每万元国内生产总值（2000 年可比价）用水量由 2004 年的 386.61 立方米下降至 2020 年的 109.99 立方米，每万元工业增加值（2000 年可比价）用水量由 2004 年 202.80 立方米下降至 2020 年 46.63 立方米，水利用效率不断提高。如表 9 所示，2011～2020 年我国人均综合用水量较为稳定；2020 年耕地实际灌溉亩均用水量 356 立方米，农田灌溉水有效利用系数 0.565，较之 2019 年分别减少了 12 立方米和提高了 5.67 个百分点；2020 年，我国节水灌溉面积占有效灌溉面积的比例提高至 50% 以上。

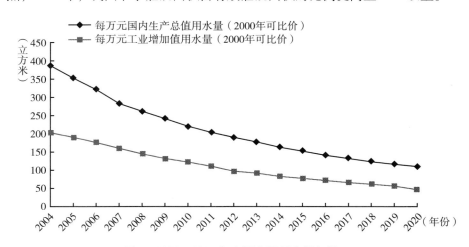

图 8　2004～2020 年全国主要用水指标情况

资料来源：根据历年《中国统计年鉴》数据计算所得。

表9　2011~2020年全国人均综合用水量和农业用水主要指标变化情况

年份	人均综合用水量 （立方米）	耕地实际灌溉亩 均用水量（立方米）	农田灌溉水有效 利用系数	节水灌溉面积 占比（%）
2020	412	356	0.565	54.70
2019	431	368	0.599	53.96
2018	432	365	0.554	52.93
2017	436	377	0.548	50.61
2016	438	380	0.542	48.92
2015	445	394	0.536	47.15
2014	447	402	0.530	44.96
2013	456	418	0.523	42.71
2012	454	404	0.516	49.52
2011	454	415	0.510	47.31

　　资料来源：节水灌溉面积占比，即节水灌溉面积占有效灌溉面积的比例，根据历年《中国统计年鉴》数据计算所得；其他数据根据历年《中国水资源公报》整理而得。

（三）深入开展污染治理，防治攻坚有效实施

　　为解决我国水污染加剧问题，我国广泛开展流域性水污染治理，先后出台了多项重要举措和一系列法律法规文件，全力打好水污染防治攻坚战，流域水环境质量持续得到明显改善。

　　1. 建立健全相关法律制度体系

　　1979年9月，我国颁布的《中华人民共和国环境保护法（试行）》以法律的形式对水污染的防治做出了法律性的规定，后于2015年进行修订，明确规定了要建立跨行政区域的重点区域、流域环境污染和生态破坏联合防治协调机制，以及实行统一规划、统一标准、统一监测的防治措施。《中华人民共和国水污染防治法》（1984年）、《中华人民共和国水法》（1988年）、《淮河流域水污染防治暂行条例》（1995年）、《陕西省渭河流域水污染防治条例》（1998年）、《湖北省汉江流域水污染防治条例》（2000年）、《陕西省汉江丹江流域水污染防治条例》（2006年）等环保污染单项法律法规相继发布。我国已初步形成了以《环境保护法》、《水污染防治法》和《水法》为核心的水污染治理法律体系。

此外，全面推行河湖长制是党中央做出的重大决策部署，是治理河湖水污染的重要制度创新。2016 年 11 月、2017 年 12 月，中办、国办相继印发《关于全面推行河长制的意见》和《关于在湖泊推行湖长制的指导意见》。2016 年以来，全国如期全面建立河湖长制，即 2018 年 6 月全面建立河长制、2018 年 12 月全面建立湖长制，各省（自治区、直辖市）党委和政府主要负责人共同担任总河长，设立省市县乡村五级河长湖长 130 余万名，为水生态污染治理和保护起到了关键性作用，河湖面貌明显改善。全国 31 个省（自治区、直辖市）推行河湖长制逐步开启了从"有名有责"向"有能有效"转变的新阶段。"十四五"规划建议要求"强化河湖长制，加强大江大河和重要湖泊湿地生态保护治理"。

2. 编制出台相关防治规划

自"九五"时期以来，我国连续编制实施了 5 期重点流域水污染防治五年规划，如《淮河流域水污染防治规划及"九五"计划》《海河流域水污染防治"十五"计划》《滇池流域水污染防治"十五"计划》《松花江流域水污染防治规划（2006 - 2010 年）》《淮河、海河、辽河、巢湖、滇池、黄河中上游等重点流域水污染防治规划（2006 - 2010 年）》《长江中下游流域水污染防治规划（2011 - 2015 年）》等，并于 2014 年发布《重点流域水污染防治项目管理暂行办法》。2017 年我国印发《重点流域水污染防治规划（2016 - 2020 年）》，第一次将规划范围覆盖到全国所有重点流域，对水污染防治基本形势进行了客观判断，对水环境质量改善提出了总体要求，明确了规划重点任务、规划项目以及保障措施。在此基础上，2015 年国务院印发《水污染防治行动计划》（简称"水十条"），明确指出要控制水污染排放，加大水污染防治力度，对江河湖海实施分流域、分区域、分阶段科学治理。2018 年发布《关于全面加强生态环境保护 坚决打好污染防治攻坚战的意见》，要求"着力打好碧水保卫战"。针对乡村水污染治理问题，《关于以生态振兴巩固脱贫攻坚成果 进一步推进乡村振兴的指导意见（2020 - 2022 年）》提出"实施小流域污染综合治理""健全乡村地区间、流域上下游之间横向生态保护补偿制度"。2019 年，生态环境部办公厅印发了《农村黑臭水体

治理工作指南（试行）》。上述规划为明确流域水环境治理主体责任、指导各地开展水污染防治攻坚战、推动全国水环境质量改善发挥了重要作用。

3. 聚焦重点河湖（库）开展健康评估

为加强我国河湖管理与保护、检验我国河湖管理与保护情况，2010～2016 年间水利部组织有关科研单位在部分重点河湖（库）开展健康评估试点工作，提出河湖健康的概念包含两方面内容：河湖的生态状况和功能状况。部分省、市也出台和发布了相关文件，如辽宁省颁布《辽宁省河湖（库）健康评价导则》，山东省发布《山东省生态河道评价标准》，江苏省发布《江苏省生态河湖状况评价规范》，浙江省发布《浙江省美丽河湖建设行动方案（2019－2022 年)》，贵阳市出台《贵阳市河（湖）考核评价细则》等。2020 年，水利部河长办印发了《河湖健康评价指南（试行）》，指出"河湖健康评价是河湖管理的重要内容，是检验河长制湖长制'有名''有实'的重要手段"。

通过持续开展水污染防治攻坚战，全国城乡水环境治理取得明显成效。截至 2020 年底，全国地级及以上城市建成区的黑臭水体消除率达到 98.2%，地级及以上城市集中式生活饮用水水源地监测达标率达到 94.5%；与 2015 年相比，2020 年全国地表水国控断面I类和II类水质的比例分别提高了 4.5 和 15.6 个百分点，V类和劣V类水的比例分别减少了 3.2 和 8.2 个百分点；长江、黄河、海河、淮河、辽河、珠江、松花江七大流域以及西北诸河、西南诸河等流域水质断面I类和II类水质的比例分别提高了 5.1 和 13.7 个百分点，V类和劣V类水的比例分别减少了 3.2 和 8.7 个百分点（见表 10）；长江流域国控断面全面消除了重污染的劣V类水体，干流历史性地实现了全优水体。

表 10　2015 年和 2020 年全国地表水和流域水水质变化情况

单位：%

类别	年份	I类	II类	III类	IV类	V类	劣V类
地表水	2015	2.8	31.4	30.3	21.1	5.6	8.8
	2020	7.3	47.0	29.2	13.6	2.4	0.6
	变化情况	4.5	15.6	−1.1	−7.5	−3.2	−8.2

续表

类别	年份	Ⅰ类	Ⅱ类	Ⅲ类	Ⅳ类	Ⅴ类	劣Ⅴ类
流域水	2015	2.7	38.1	31.3	14.3	4.7	8.9
	2020	7.8	51.8	27.8	10.8	1.5	0.2
	变化情况	5.1	13.7	−3.5	−3.5	−3.2	−8.7

资料来源：根据 2015 年《中国环境状况公报》和 2020 年《中国生态环境状况公报》整理。

（四）扎实推进生态修复，防治体系不断构筑

水生态是生态系统的基础和重要组成。我国江河湖泊众多、水系发达，加强水生态系统保护与修复是维护河湖健康生命、保障河湖功能永续利用的重要措施，也是保障我国水安全的根本举措。我国扎实推进水生态保护与修复，不断构筑防治体系，取得了良好成效。

1. 相关法律法规制度建设不断完善

随着我国社会经济的高速发展以及人类获取自然资源能力的提升，生态保护和修复的硬约束机制也逐渐建立起来。2004 年，水利部印发了《关于水生态系统保护与修复的若干意见》明确提出树立科学发展观，积极开展水生态系统的修复工作，逐步实现水生态系统的良性循环，支撑经济社会的可持续发展。2011 年，《中共中央　国务院关于加快水利改革发展的决定》提出到 2020 年基本建成水资源保护和河湖健康保障体系；2012 年，《国务院关于实行最严格水资源管理制度的意见》具体提出了推进水生态系统保护与修复的要求。2010 年和 2014 年出台的《全国水资源综合规划》和《全国生态保护与建设规划（2013－2020 年）》也都对水生态保护与修复的目标、任务等提出了明确要求。2021 年 9 月，中共中央办公厅、国务院办公厅印发《关于深化生态保护补偿制度改革的意见》，要求聚焦重要生态环境要素，针对江河源头、重要水源地、水土流失重点防治区、蓄滞洪区、受损河湖等重点区域开展水流生态保护补偿。2021 年 10 月印发的《黄河流域生态保护和高质量发展规划纲要》明确提出要通过自然恢复和实施重大生态保护修复工程，加快遏制生态退化趋势，恢复重要生态系统，强化水源涵养功

能；要在河套平原区、汾渭平原区、黄土高原土地沙化区等重点区域实施山水林田湖草生态保护修复工程，强化中游水土保持；要全面保护三江源地区山水林田湖草沙生态要素，恢复生物多样性，实现生态良性循环发展。2021年3月起实施的《长江保护法》以法律形式形成对长江流域的硬保护机制，以加强流域生态环境保护和修复，特别是设立专章规定生态环境修复，建立多元修复机制，回应了习近平总书记提出的"要把修复长江生态环境摆在压倒性位置"的指示精神。同时将"生态环境保护修复"作为长江保护的基本制度之一并配套相关规定，确立了以自然恢复为主，并与人工修复相结合的系统治理方式，明确了"长江禁渔"和自然恢复具体工作的实施，以及运用政策支持、市场机制等多元参与措施加大生态修复和保护力度。

2. 突出水土保持和重点流域生态修复

水土保持是生态修复的核心要素之一，也是治理水土流失的有效举措。为防治水土流失，1957年国务院颁布了第一部水土保持法规《中华人民共和国水土保持暂行纲要》，成立了全国水土保持委员会，明确规定了各业务部门在水土保持工作的职责，统一安排水土保持措施，全面控制水土流失。之后，《水土保持工作条例》《中华人民共和国水土保持法》《中华人民共和国水土保持法实施条例》等相继发布，逐渐为各地水土保持方面的工作开展明确了思路。依照现有法律法规条例，全国有31个省（自治区、直辖市）结合各省实际情况，因地制宜，相继制定了水土保持法实施办法或条例，相对完备的法律法规体系逐步形成，为防治水土流失提供了重要制度保障。与此同时，我国启动实施八片国家水土流失重点治理工程，以及一大批国家级水土保持重点工程，包括黄河中游、长江上游、黄土高原淤地坝、京津风沙源、东北黑土区和岩溶地区石漠化治理等。21世纪以来，我国大力推进"两型社会"建设，把水土保持摆在更加突出的位置。2015年发布的《全国水土保持规划（2015－2030年）》明确了水土保持治理的阶段性目标。2018年发布的《中共中央国务院关于全面加强生态环境保护坚决打好污染防治攻坚战的意见》和《国家水土保持监管规划（2018－2020年）》进一步提出了水土保持综合治理的新要求和相关规范。

以流域为基础的水土保持逐渐被放到更加突出的位置。2018年底，生态环境部、发展改革委联合印发《长江保护修复攻坚战行动计划》，把修复长江生态环境摆在压倒性位置，着力推进长江流域水污染治理、水生态修复、水资源保护"三水共治"，确保长江生态功能逐步恢复，环境质量持续改善。进一步，生态环境部制定《生态环境部落实〈长江保护修复攻坚战行动计划〉工作方案》，确定了长江流域劣Ⅴ类国控断面整治专项行动等八个专项行动。2021年《长江保护法》的实施则进一步为水土保持工作的全面开展提供了硬性约束机制。

在水土保持和重点流域生态修复方面，我国通过系统防治和专项行动，取得了一定的成效。例如，较之第一次全国水利普查（2011年），近三年来我国水土流失面积显著下降，由2011年的294.91万平方千米减少至2020年的269.27万平方千米，减少了25.64万平方千米，减幅8.69%（见图9）。侵蚀程度有所改善，轻度侵蚀面积占比增加至2020年的63.33%，而中度、强烈、极强烈和剧烈侵蚀面积占比分别降至2020年的17.19%、7.57%、5.70%和6.21%。再从大江大河水土流失面积变化情况来看（见表11），与2019年相比，2020年长江流域、黄河流域、淮河流域、海河流域、珠江流域、松辽流域（片）、太湖流域、西南诸河流域的水土流失面积都有所下降。

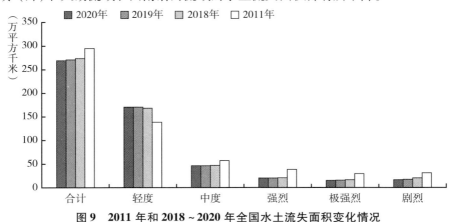

图9 2011年和2018～2020年全国水土流失面积变化情况

资料来源：根据2018～2020年《中国水土保持公报》和《第一次全国水利普查公报》整理而得。

表 11　2019～2020 年大江大河水土流失面积变化情况

单位：平方千米，%

大江大河流域	2020 年	2019 年	变化量	幅度
长江流域	336950	341461	－4511	－1.32
黄河流域	262672	264247	－1575	－0.60
淮河流域	20513	20771	－258	－1.24
海河流域	66835	67741	－906	－1.34
珠江流域	79928	80839	－911	－1.13
松辽流域（片）	268076	271640	－3564	－1.31
太湖流域	768	803	－35	－4.36
西南诸河流域	123660	124677	－1017	－0.82

资料来源：《2020 年中国水土保持公报》。

3. 开展水生生物多样性保护工作

生物多样性是人类赖以生存的条件，是经济社会可持续发展的基础，是生态安全和粮食安全的保障。同时，生物多样性也是衡量生态修复的重要指标之一，对水生生物多样性的保护是流域生物多样性保护工作的关键。《国务院办公厅关于加强生物物种资源保护和管理的通知》《中国水生生物资源养护行动纲要》《全国生物物种资源保护与利用规划纲要》等明确了水生生物资源保护与利用的现状、存在的主要问题、主要目标与任务、保护与利用措施，逐步为水生物多样性保护和修复工作的顺利开展提供了规范依据和制度保障。此外，环境保护部会同 20 多个部门和单位编制的《中国生物多样性保护战略与行动计划（2011－2030 年)》指出环境污染对水生和河岸生物多样性及物种栖息地造成影响，提出开展河流湿地水生生物资源本底及多样性调查；2018 年发布了《重点流域水生生物多样性保护方案》，进一步明确了长江、珠江、黄河、松花江、淮河、海河、辽河等七大重点流域水生生物多样性保护重点和任务，有效地指导地方开展水生生物多样性保护工作。

在水生生物多样性保护方面，我国通过各级各类水生生态养护与修复行动，不断强化水生生物多样性保护工作，并取得了显著成效。目前，我国内陆七大重点流域禁渔期制度实现全覆盖，长江流域 332 个水生生物保护区率先实现全面禁捕；提前完成"十三五"海洋捕捞渔船数量压减任务，渔业资源得到休养生息，水生野生动物及其栖息地保护力度显著提升，近海养殖水域滩涂环境明显好转①。

三　中国水治理面临的主要问题

虽然我国在水环境水生态治理方面已经取得了丰富的治理经验和显著的治理成效，治理范围也由大江大河延伸至湖泊和小流域，从城乡分治走向城乡生态环境共治，但仍然存在水资源协同配置不完善、水生态系统性保护与修复不足、流域生态高水平保护与高质量发展协同性不够、城市防洪排涝治理体系不健全等主要问题，这些也都是未来需要破解的重要难题。水治理也在资金来源、健全法律法规、形成长效机制、实现信息化和技术上面临困难或瓶颈。对我国而言，这既是挑战，也是实现"人水和谐"和高质量发展的机遇。

（一）基于流域的水资源协同配置亟待完善

随着社会经济的发展，水资源供需矛盾日益尖锐，水资源时空分布不均问题突出。2021年5月14日，习近平总书记在推进南水北调后续工程高质量发展座谈会上强调"继续科学推进实施调水工程，要在全面加强节水、强化水资源刚性约束的前提下，统筹加强需求和供给管理"。这无疑是对作为解决水资源时空分布不均的调水工程提出了更高的要求。

一是调水工程顶层设计和总体布局亟待加强。目前，各地调水工程建设需求高涨，却缺乏统筹考虑，需开展调水工程顶层设计，落实"四定"要求，进一步完善全国水资源配置总体布局。二是建成调水工程亟待有效监管和运行。目前，机制体制与调水工程良性运行需求仍有差距，例如调水工程调度缺乏有效监管、配套工程建设滞后以及良性水价机制尚未形成。三是跨

---

① 农业农村部发展规划司：《农业现代化成就辉煌 全面小康社会根基夯实》，2021。

流域调水工程亟待统筹规划和运行。就目前跨流域调水工程规划来看，在调水总量管控、工程布局、环境影响等方面仍缺乏科学研究和全面统筹，对"调出区"下游生态需水保障重视不够，"调入区"的节水力度不足，亟须重视跨流域的重大调水工程规划和运行问题。四是小流域调水工程规划和环境监管亟待加强。在小流域调水工程建设过程中，有的地方出现了规划和管理滞后、无序建设和生态破坏等问题。

（二）基于流域的水生态系统性保护与修复有待加强

基于水生态系统的流域性、复合性、多样性、连续性、系统性和整体性特征，以及流域生态保护与修复的整体性、协同性和关联性特征，就水生态系统保护与修复现状来看，我国仍然存在水生态系统保护与修复系统性不足的问题。

一是亟待合力提升流域保护与修复科学性、整体性和系统性。面对水生态系统本底不清、基础数据不全、适用的监测技术方法与手段不多、发现问题的能力不足等基础性问题，流域保护和修复基础数据、人才队伍、仪器设备、项目、成果和经验等有待整合，尚未形成要素合力。二是需要重视流域保护与修复中的差异化问题，精准施策有待提高。针对不同地域和流域的具体问题，"一市一策""一河一策"等差异化保护与修复方案有待提出，并与总体方案共同形成流域保护与修复的系统性方案。三是亟待完善流域保护与修复方面的政策体系和治理体系。流域系统性保护与修复需要完善的政策体系和治理体系支撑，然而目前相关政策和治理尚未形成体系化，例如高原湖泊流域基于自然的修复治理体系尚不健全。

（三）基于流域的生态保护与高质量发展协同性有待提高

流域生态高水平保护与经济高质量发展是高度统一、相互促进的。协同推进流域生态高水平保护与经济高质量发展就是在经济高质量发展中实现流域生态高水平保护、用流域生态高水平保护促进经济高质量发展。然而，我国流域生态高水平保护与经济高质量发展的协同性仍然存在问题，突出表现在以下两方面。一方面，产业绿色发展不足、产业空间布局不够合理，全面推动绿色低碳转型难度大，这将导致流域生态环境风险隐患凸显。如黄河流域是我国重要的能源、化工、原材料和基础工业基地，但由于观念、规模经济、转换成本以及既得利益等制约，黄河流域对创新驱动、绿色发展缺乏足够的适应能力，其产业未能真正与全国同步从传统路径中走出来。另一方面，流域生态改善水平不够高，且流域生态产品支撑经济高质量发展的政策机制和实现路径不明确，在一定程度上制约着经济高质量发展。如近年来，在河湖"清四乱（乱占、乱采、乱堆、乱建）"工作中，一些地方未批先建、违规审批涉河建设项目等问题不同程度存在，经济活动影响流域生态环境的现象层出不穷、尚未清除。流域生态高水平保护与经济高质量发展之间尚未形成良好的协同性关系。

（四）基于流域的城市防洪排涝治理体系尚待健全

基于流域治理与城市防洪排涝的辩证关系，健全城市防洪排涝治理体系，形成流域、区域、城市协同治理机制迫在眉睫。一是亟须从源头治理入手，流域生态治理与修复尚待加强。一些山水林田湖草等生态空间被破坏，导致山林涵养水、湖塘调蓄水、河道排放水的功能下降，这是导致城市内涝的一个重要原因。二是城市层面的城市内涝治理工作仍存在一系列亟待解决的问题。2021 年《国务院办公厅关于加强城市内涝治理的实施意见》指出城市内涝治理工作仍存在自然调蓄空间不足、排水设施建设滞后、应急管理能力不强等问题。三是海绵城市、韧性城市建设与流域治理尚未对接，流域治理与城市防洪排涝治理的关系有待妥善处理。

四　城乡治水的国际经验借鉴

治水在人类文明和经济社会发展中占据重要的地位，各国在历史上开展了各具特色的治水工作。进入工业文明之后，在工业化城市化进程中的高强度人类活动对河流等自然水系产生了较大影响。一方面，通过采取修建水库

水渠、疏通河道、裁弯取直、固化河岸等工程手段，调配水资源的时空分布、减轻了洪涝干旱等影响，提高了水资源的供给和配置能力，保障了城乡居民的生命财产安全，支撑了经济社会发展。另一方面，人类在生产生活中过度利用水资源、排放污染物，以及开展了一系列的城乡建设等开发利用活动，引起河流的自然形态、水环境质量、水生态系统、生态水文特征等发生显著变化，出现河流连通性受阻、河道淤积和断流萎缩、可利用水资源量减少、河流自净能力减弱、水生态系统破坏、生物多样性减少等一系列问题。特别在城市区域，各类城乡建设活动导致流域内不透水表面不断增加，大部分降水无法形成地下径流，改变了地表地下径流，加之人工堤坝、硬化护坡等的大量建设也对降水的产流过程产生影响，呈现水力条件单一、洪水峰值增加、基流减少等特征，从而导致水生生物的物理栖息地受损、水生生物在河流高流量时缺少避难所，破坏了水生态系统的稳定性。

针对上述问题，各国在治水理念、技术手段、制度建设等方面开展了一系列的探索创新，协同人水关系，推动水资源的可持续利用、水环境治理改善和水生态系统修复，为我国开展治水工作提供了可供借鉴的经验。

（一）典型经验

1. 严控需求总量

西方发达国家在早期采取"以需定供"的策略，通过修建水利工程实现对水资源的调控，满足经济社会发展的需求。在此策略下，各国的需水量不断增加，又进一步刺激了对水资源的开发利用和水利工程的建设，最终产生了水资源过度开发、生态系统破坏等资源环境问题。

对此，人们开始意识到不能从大自然中无限制索取水资源，提出了"水资源可利用量""环境流量""生态流量"等概念。认为"水资源可利用量"是指在保护生态环境且经济技术合理的前提下，水资源总量中可供人类净消耗的那部分按水权配置的水资源量。1970 年代末，在国外出现"环境流量"和"生态流量"的概念。环境流量和生态流量的概念类似，一般指在用水矛盾突出且水量可以进行调度的河流、湖泊、沼泽等区域，为维持其正常生态系统及功能需要保留的水量。欧洲及美国、澳大利亚等国广泛采用了环境流量/生态流量的概念，通过环境流量/生态流量控制水资源和水能的开发利用，保障河流、湖泊、湿地等水系生态系统健康。同时，一些国家加大需水管理，严控用水量增长。主要采取工程、技术、法律、经济等多种手段强化水资源的节约集约利用，倡导水循环使用，遏制供水量增长。如，美国从1978年开始实施需水管理策略，1980年供水量达到峰值后，开始逐渐回落并保持基本稳定。瑞典、荷兰、加拿大、日本等国也先后实施了需水管理措施，在保障供水安全的前提实现了需水量的零增长或负增长。

2. 实施节水策略

在严控水资源需求总量增长的同时，很多国家也实行了节水策略。在农业、工业生产、城乡生活等各个领域推广节水技术，推进水资源的节约集约利用和循环利用。在农业领域，主要是转变灌溉方式，推进节水灌溉。从1970年代中期开始，澳大利亚、以色列、墨西哥、新西兰、南非、美国等国通过推广精确灌水、节水品种、工程措施节水、节水灌溉新技术、增墒保水技术、机械化旱地农业等手段，积极发展节水农业。如，以色列提出"浇灌作物而非浇灌土壤"的灌溉理念，在所有灌溉农田实现了滴灌、喷灌等高效节水灌溉技术的全覆盖。在工业生产领域，主要是通过改进节水工艺和设备，加强污水和废水的治理回用，以及发展和完善各种节水型生产工艺、无水生产工艺等，建设工业生产各环节的用水量。同时，很多国家还推进了节水型社会、节水型城市建设，倡导居民在日常生活中注意节约用水，并采取推广节水型卫生设施设备、降低城市供水管网系统漏损水量等措施推动水资源的节约集约利用。

3. 建设海绵城市

城市防洪除涝是各国市政建设的一个重要任务。传统的市政建设管理追求雨水排得更快、更多、更通畅。如，在150多年之前伦敦、巴黎等城市就修建了大规模的城市排水系统。但是这种传统的市政建设模式没有考虑对雨水的综合利用与循环利用。从1970年代起，美国等发达国家在城市的规划

建设过程中探索发展低影响开发（Low Impact Development，LID）、海绵城市等理念，并逐步形成现在较为完善的城市雨洪管理体系。其中，低影响开发（LID）是指在城市开发建设过程中将人类必要的开发建设活动与暴雨水量和水质控制目标相结合，采用源头削减、中途转输、末端调蓄等手段，综合运用渗、滞、蓄、净、用、排等多种技术，维持或恢复城市天然水文特征与良性水文循环，提高对径流雨水的渗透、调蓄、净化、利用和排放能力，实现保护水质、减少径流量、削减洪峰、补充地下水等多重目标。1970 年代美国出现基于低影响开发的"雨水花园"设计理念；1990 年代在马里兰州乔治王子县开展了"雨水花园"建设，并推出第一部 LID 设计技术规范。当前，美国已经进入系统化规范化开展 LID 建设的应用阶段。此外，澳大利亚提出的"水敏感城市设计（WSUD）"、英国开展的"可持续排水系统（SUDS）"、新西兰的"低影响城市设计和开发（LIUDD）"等均强调在城市建设中充分考虑雨水资源利用与城市防洪除涝相结合，综合运用生态方法改善雨水系统条件，全面、持久地提升城市的防洪排涝效能，成为指引城市规划建设与自然和谐共生的新型城市发展模式。

4. 推动生态治理

河流等水系不仅是一种水资源，更是一个复杂、多变、非线性的生态系统。很早之前一些国家就开始反思传统河道治理技术对水生态系统的负面影响，产生了"近自然河道治理"的理念。如，德国在 1938 年首先提出"近自然河溪治理"概念；1950 年代创立"近自然河道治理工程学"；1965 年在莱茵河开展用芦苇和柳树进行自然生态护岸实验，是较早开展河流生态修复的实践。在近自然河道治理理念倡导下，美国、日本、瑞士、荷兰等国逐步意识到河流等水生态系统出现的问题，从 1960 年代起开始大规模拆除以前在河床上铺设的硬质材料，建设诸如生长灌草的土质边坡等自然护岸，恢复河道及河岸的自然状态。在发展过程中，自然生态治理的理念和技术方法不断发展。如 1970 年代末瑞士苏黎世州河川保护建设局将"多自然河道生态修复技术"运用于生态护岸。总体上河道治理由单纯的结构性修复发展到生态系统整体性的功能结构与动力学过程的综合治理修复，从河道本身修复拓展到河漫滩乃至全流域修复，并重视研究人为干预和自然干扰的相互作用机制。

（二）借鉴启示

1. 立足生态系统理念推动整体化治理

国外发达国家的治水理念普遍经历了"先污染后治理""先末端后前端""先工程后生态""先单一后系统"的历程。在早期主要以满足人类的生存与发展需求为导向，采取改变或破坏自然的手段与技术来兴建防洪、供水、灌溉设施等水利工程，对水环境质量和水生态系统产生的影响关注不足。之后针对日益严重的水环境污染等问题采取了水环境治理等技术手段，以及实施限制污染物排放等政策措施。

当前，国外发达国家已将治水理念与维护生态系统稳定性、实现可持续发展相结合，立足生态系统理念推进流域等自然地理单元的系统化、整体化治理。例如，在河流治理中，防洪理念不断发生转变，从"抵御洪水""控制洪水"和"管理洪水"到"与洪水共存""还河流以空间"的转变。除建设分洪道、降低河漫滩高程等措施外，还提出了"洪水风险管理""流域综合整治"等江河治理的新模式，治理目标由过去以防洪为主逐渐转变为集防洪减灾、水资源保障、水环境与生态系统改善等多目标为一体的综合整治。在综合整治的过程中立足于流域生态系统的特征，实施生态修复治理，出现韩国清溪川整治、莱茵河"2000年鲑鱼计划"、美国洛杉矶河修复等典型的流域生态修复案例。

2. 构建多元共治机制推进协同化治理

水的分布与流动不仅涉及地球系统的各个圈层，也贯穿经济社会发展的各个方面，是农业的命脉、工业的命脉、城市的命脉，乃至整个经济社会发展与生态建设的命脉。水资源开发利用、水生态环境治理等涉及上下游、干支流、左右岸等不同时空尺度下的多个部门和多重利益主体。需要改变传统的分割式管理模式，以流域等自然地理单元为整体进行统一的规划管理，并需要协调多部门之间的利益关系，解决不同政府之间的冲突和矛盾。为此，

国外探索形成了政府、社会、市场主体等多部门共治共建共享的多元协调机制，综合采用行政、市场、法律等多种手段推进系统化、整体化治理，取得了较好的社会、经济、生态效益，例如，在欧洲的国际河流莱茵河治理过程中。上莱茵河地区通过实施"河道倍增计划"恢复了河流空间；通过实施"2000年鲑鱼计划"加强了对流域内排污企业的管控，并采取修复河流生态廊道、开展增殖放流等措施恢复生物多样性；通过建立"欧盟水框架指令"，从制度上约束各类开发行为；通过建立跨国的莱茵河保护国际合作治理机制协调了各方的生态修复行动。最终各类措施的相互配合，流域内多个国家不同部门间的相互协调，推动了莱茵河的系统化、协同化治理。

总体上，主要发达国家在治水过程中注重通过制度建设完善治水的长效机制，逐步形成了从分散到集中、从松散到强化、从低级到高级、从政府到市场的水环境治理和水生态系统保护修复的体制机制。例如，德国、法国等全面征收水污染税，建立了生态补偿制度；美国、英国等开展了水权交易、建立了水银行等。多数国家还引入市场化机制解决治水工作中的资金短缺问题。除制度建设外，欧盟、新加坡等还开展了水文化建设，塑造良好的文化氛围，向公众传播新的治水、节水理念，让技术创新和制度建设在细节之处发挥作用。

3. 创新治水技术手段推进科学化治理

技术手段是实现治水目标的重要支撑，也是落实和推动治水理念转变的重要抓手。如，以色列、新加坡等国将水资源作为国家战略资源进行管理，大力发展水资源节约和高效利用技术，成为全球技术领先的节水国家。英国在泰晤士河治理中注重科学研究和技术创新，不断调整治理思路，完善优化治理措施，推动了技术进步与理念革新的相互促进，取得了较好的成效。各国在治水过程中探索了一些成果的技术方法。如，美国的芝加哥水环境治理、俄罗斯的莫斯科河生态化治理等采取依托水系连通工程、发挥工程生态效益的手段改善河流水环境和水生态系统；欧洲在莱茵河治理中在伊菲茨海姆水电站修建了鱼道，帮助鲑鱼等洄游鱼类重返家园。

此外，各国对治水工作的监测评价也非常重视，并不断更新监测评估的目标指标。例如，对于河流修复治理效果的评价标准，从关注水质指标评价到关注河流生物指标、生物栖息地指标评价，再到关注河流整体生物指标的评价。总体上，主要发达国家监测评价的重点从对水污染源、水环境等转为整体的水生态系统，并采用遥感技术、实时传感器等实现了在线监测，构建了涵盖水资源合理开发、水污染控制、水环境改善、水生态修复治理的监测评价技术体系。

五　趋势分析与政策建议

从国内外历史经验看，随着国情和水情的变化，各国治水战略也必须做出及时调整，以适应不同时期经济社会发展的需要。当前，我国已开启全面建设社会主义现代化国家的新征程，进入了一个高质量发展的新阶段，社会主要矛盾也已经转化为人民日益增长的美好生活需要和不平衡不充分的发展之间的矛盾。"十四五"是我国建设"美丽中国"的重要起步期，作为"生命之源、生产之要、生态之基"的水治理也面临着新形势、新要求。本文立足我国的基本国情水情，面向新发展阶段的新理念新要求，结合问题导向和目标导向，分析新形势下我国水治理的发展趋势，并研究提出进一步推动城乡治水兴水的政策建议。

1. 顺应自然规律和民心向往：以水为媒加强基于流域的生态文明建设

党的十九届五中全会和国家"十四五"规划提出，要统筹发展和安全，实现更高质量、更有效率、更加公平、更可持续、更为安全的发展，要使"生态文明建设实现新进步""民生福祉达到新水平"。江河湖泊是最重要的生态系统，生态环境是最普惠的民生福祉，水安全是保障粮食安全、经济安全、生态安全的重要前提，也是实现"更高质量、更有效率、更加公平、更可持续、更为安全"发展的基础条件。"十四五"时期，我国应遵循自然规律，顺应人民对美好生活的期盼，以水为媒加强基于流域的生态文明建设，打造让人民群众更具安全感、获得感和满意度的幸福河湖。

一要强化基于流域的生态文明解决方案。习近平生态文明思想强调

"以水定城、以水定地、以水定人、以水定产","表象在河流、根子在流域",这些都生动阐释了水及流域在生态文明建设中的决定性地位。我国有228条流域面积超过10000平方千米的河流、2200多条流域面积超过1000平方千米的河流、近23000条流域面积超过100平方千米的河流,多样化的流域承载着全国最广大的人口和经济,流域不仅是最重要的自然地理单元,也是人与自然共生的主要载体,更是不可或缺的生态安全屏障。以流域为单元进行水环境治理和生态文明建设,可以更好地顺应自然规律,确保山水林田湖草沙冰生命共同体的联系不被割裂,使治理更具科学性和合理性,加快推进美丽中国建设。

二要整体谋划重点流域生态文明建设布局。长江和黄河是中国的两条母亲河,其流域人口和经济均占到全国的70%以上。在习近平总书记的亲自部署下,推动长江经济带生态优先和绿色发展、加强黄河流域生态保护和高质量发展,成为新时期重要的国家战略。在此基础上,"十四五"时期我国应进一步明确以流域为基础的生态文明建设方向与路径,以更高站位谋划海河、辽河、淮河、珠江等其他重点流域水环境治理和生态文明建设战略布局,加快推进"十四五"时期重点流域水生态环境保护规划的编制与实施工作。

三要建立健全流域生态环境协同治理机制。完善流域水环境保护和水污染防治的联防联控机制,搭建跨行政区的流域水生态环境协商共治平台;推进流域水环境保护及生态建设制度的衔接和标准统一,加强流域负面清单管理;完善问题发现和解决机制,围绕具体流域具体问题实施精准治理;建立健全流域上中下游生态补偿制度,协同推进流域生态保护和修复工作,形成全流域生态环境治理合力。

2. 从以需定供转向以供定需:在国土空间和城市发展中坚持"四定"原则

在我国,水资源长期被视作生产生活要素,其关注重点是如何根据社会经济发展的用水需求,对水资源进行大规模开发利用,以保障生产生活的用水供给,其总体发展思路是"以需定供"。但这种发展思路忽视了水作为核心生态要素的重要作用，从而引发了水环境污染、水生态破坏等一系列问题。当前我国已进入高质量发展阶段，"高质量发展"要求必须立足资源环境承载能力，把水资源作为"最大的刚性约束"，坚持以水定城、以水定地、以水定人、以水定产的"四定"方针，合理规划城市、土地、人口和产业发展，加强流域生态高水平保护与经济高质量发展的协同性，促进经济社会发展与资源环境承载能力相适应、人与自然相和谐。

一要坚持以水定城。将水资源约束指标纳入国土空间规划，根据水资源承载能力合理确定城市规模和布局；在国土空间规划"双评价"（即资源环境承载力评价和国土空间开发适宜性评价）的基础上建立水资源论证制度，将水资源论证作为城市总体规划和重大项目规划的前置条件，从规划源头上促进人-产-城-水相协调；加快推进"三线一单"（指生态保护红线、资源利用上线、环境质量底线和生态环境准入清单）编制工作，加大对水源涵养、水土保持、海岸生态带等重要生态功能区的保护力度；推动生态环境"三线一单"与国土空间规划"三区三线"相衔接，科学划定生产、生活、生态"三生"空间，确保重要生态功能区面积不减少、性质不改变、功能不降低；促进人口、产业等向生态环境承载力强的优势地区集中，尽可能减少因人口和产业过度分散、长距离输水而带来的水资源损耗；促进水资源优化配置和合理利用，构建更加绿色和可持续发展的国土空间开发新格局；加强海绵城市和韧性城市建设，提升城市防洪抗涝和风险应对能力。

二要坚持以水定地。我国是人口大国，粮食安全至关重要，而粮食生产、粮食安全与水安全紧密相关。从用水结构来看，我国农业用水量超过了工业用水量、生活用水量和生态用水量的总和，常年占总用水量的60%以上。一方面，要从保障国家粮食安全出发，合理确定我国的农田面积、种植结构和用水规模；另一方面，又要严格按照水资源承载能力以及生态环境保护要求控制各地区的土地利用规模和农业种植规模，特别是要根据水资源南丰北少的国情，调整优化我国粮田农田布局，对于北方缺水地区特别是水资源超载地区，要适当减少高耗水粮食种植面积，而对于南方丰水地区，则可适当扩大种植面积。

三要坚持以水定人。根据水资源条件和承载能力，确定合理的城市人口规模；严格控制气候变化高风险地区（台风、暴雨、洪灾等）的开发强度，调整风险区内的人口密度及空间分布，尽可能减少承灾体的暴露度；加强饮用水水源地保护，强化城镇应急备用水源建设；进一步完善自来水净化系统和城乡一体化输送体系，提高城乡生活用水保证率和供水质量。

四要坚持以水定产。把水资源作为刚性约束，倒逼产业向环境友好的绿色化、低碳化、低耗水转型升级，加快淘汰落后污染产能；积极探索产业生态化和生态产业化道路，大力发展符合地方生态禀赋的特色优势产业；加强沿江工业园区布局管控，在重点流域干流沿岸要严格控制石油、化工、造纸、医药制造、金属冶炼、纺织印染等高耗能、高污染产业及其环境风险，严格控制缺水地区、生态敏感地区和水污染严重地区发展高耗水、高污染产业；加快推进节水技术改造，提高工业用水效率；加强农业用水管理，大力发展节水型现代高效农业。

3. 从水污染防治转向水生态健康：协同推进"四水统筹"和"五水并重"

我国自"九五"时期开始进行水污染治理，至今已有 20 多年。党的十八大以来，我国全面加大环境治理与生态保护力度，江河湖泊污染情况明显好转，生态环境恶化趋势得到显著遏制，但生态系统的整体质量和稳定性仍不容乐观。2019 年，生态环境部印发《重点流域水生态环境保护"十四五"规划编制技术大纲》，首次将已经连续编制实施了 25 年[①]的重点流域"水污染防治"规划更名为"水生态环境保护"规划，显示了新时期我国流域治理的重点已经由水污染防治转向了水生态健康。

"十四五"我国应着眼于水资源短缺、水环境污染、水生态破坏、水安全风险凸显等发展不平衡不充分的问题，充分认识水资源短缺、水环境污染必然导致水生态破坏和水安全风险，而水环境污染、水生态破坏又会进一步加剧水资源短缺和水安全风险，四者之间具有显著的内在联系和强相关性。同时，治理水资源浪费、水环境污染、水生态破坏等问题，重中之重在于调

---

① 即自"九五"时期以来连续编制的 5 期重点流域水污染防治五年计划或规划。

整和纠正人的错误行为，归根结底在于树立正确的水文化观念。因此，必须从上述问题的内在联系出发，采取更加精准有效系统的措施，加强水资源、水环境、水生态、水安全管理"四水统筹"，推动水资源、水环境、水生态、水安全、水文化建设"五水并重"，营造更加生机勃勃的健康水生态，推动流域高质量发展。

一要加强水资源的科学管理，切实用好水资源。针对我国水资源有效利用率低、供需缺口大、结构性矛盾突出等问题，进一步健全水资源合理开发利用和保护机制；加强调水工程的顶层设计和总体布局，进一步完善国家水网骨干工程建设，推进水资源供需适配和优化配置；统筹加强水资源需求管理、供给管理和利用全过程管理，明确用水强度限制，以耗水型工业和农田灌溉为重点逐步提高水资源利用效率；强化水资源总量控制和刚性约束，对水资源超载地区采取暂缓或暂停新增取水许可等措施；坚持节流开源双管齐下，在全面推进节约用水的同时，加大雨水利用、海水淡化、废水回收处理等再生水循环利用力度；加强江河湖库的调度管理与水量配置，着力解决河湖生态流量（水位）不足的问题。

二要坚决打赢水污染防治攻坚战，提升优化水环境。统筹推进工业、农业、城乡生活、船舶交通等污染源治理，加强对各类入江、入河、入海排污口的排查整治；加大工业园区特别是沿江沿河工业企业的污染整治力度，推动工业企业达标排放；加快补齐城镇基础设施短板，强化污水收集和无害化、资源化处理能力建设；持续开展农村环境综合整治工作，因地制宜推进农村生活垃圾和污水治理；加大农业面源污染防治力度，加强畜禽养殖和水产养殖污染防治；进一步巩固城市黑臭水体治理成果，确保黑臭水体逐步消除、水质改善并最终实现长治久清。

三要积极推进流域生态环境保护与修复，逐步改善水生态。科学划定冰川保护区、水源涵养区、湿地保护区、河湖生态缓冲带等重要水生态功能空间，强化用途管制与科学管理；加大水源涵养区的保护与修复力度，提升水源涵养能力；开展长江、黄河等重点流域的生态保护修复工作，加强对江河、湖泊、湿地等天然水体的生态保护与治理；科学推进退耕还湖、退耕还

湿、退围还海，实施江河湖泊定期休养生息；加强重要生态廊道的建设和保护，积极推进河湖生态缓冲带的修复和建设试点工作；遵循保护优先和自然恢复的方针，促进江河湖泊的水生态系统功能恢复，维护好生物多样性；定期开展全国性分区域的水资源承载能力评价，加强水资源超载治理，坚决把超用的水还于河、还于地、还于自然。

四要强化水环境风险防范，着力保障水安全。强化城乡饮用水源和城市应急备用水源建设，加强饮用水水源地的环境监管和水质监测，全面提高城乡居民饮用水安全保障水平；坚持防御洪水与治理内涝并重，加强市政部门排水防涝体系与水利部门河湖防洪体系的对接协调；针对各地区的薄弱环节，因地制宜开展防洪防涝抗旱设施提升工程，提高城乡水旱灾害防御能力；加强各类水环境风险监测评估与预警预报，完善水环境风险应急协调联动机制，提升应急响应能力。

五要广泛开展节水爱水教育，弘扬先进水文化。深入推进节水爱水教育，引导人们热爱水、保护水、节约水、珍惜水；开展全民节水行动，宣传推广先进经验，加快建设节水型社区和节水型社会；建立健全相关规章制度和法律法规，规范个人、单位和企业的涉水行为；深入挖掘中华民族悠久灿烂的水文化，形成促进流域经济绿色可持续发展的原动力。

4. 从各自为政转向系统治理：加强山水林田湖草生命共同体建设

以前我国的生态环境治理主要采取地区分治、部门分管的模式，导致种树的只管种树、治水的只管治水、护田的只管护田，上游不管中游、中游不管下游，各地区各部门各自为政，常常顾此失彼，很容易造成生态系统的破坏。党的十八大以来，习近平总书记从生态文明建设的整体高度提出"山水林田湖草是生命共同体"，强调"人的命脉在田，田的命脉在水，水的命脉在山，山的命脉在土，土的命脉在树"，要求坚持山水林田湖草"综合治理、系统治理、源头治理"。流域生态系统是一个有机整体，各种要素相互影响、相互制约、相互依存，环环相扣，牵一发而动全身。而水是生态系统中最灵动、最活跃的要素，也是生态系统得以维系的重要基础。因此，治水不能"就水论水"，必须从其生态系统的内在联系出发，强化系统思维和全局观念。

一要以系统思维推进山水林田湖草生命共同体建设。首先，要着力破解自然生态系统各要素割裂保护、单项修复的痼疾。基于流域生态系统的整体性、复合性、多样性、系统性、关联性特征，打破部门分割，强化分工协作，加强山水林田湖草沙冰系统治理，推动不同部门在治山、治田、治林、治草、治沙过程中落实治水要求，通过治水促进治山、治田、治林、治草、治沙，提升流域生态环境的整体质量。其次，要强化全局意识，推动区域协同。立足流域整体制定综合性的保护和修复措施，建立健全跨地域协同治理机制，将流域视为一个整体加强山水林田湖草生命共同体建设，统筹推进上中下游、干支流、左右岸、江河湖库、岸上岸下协同治理，着力提升流域生态系统的整体质量和生态产品供给能力。最后，要深化生态文明体制改革，加强制度耦合。完善水生态产品价值实现机制，推动建立流域生态补偿机制，健全流域水生态环境治理的协作机制等，加强各项制度之间的耦合性，形成政策合力。

二要尊重地区差异因地制宜推进精准施策。高度重视流域生态保护与修复的差异性问题，针对各流域、各地区的自然生态状况和主要生态问题，在深入调研和科学研究的基础上，"一河一策""一市一策""一地一策"制定差异化的自然生态保护与修复方案，并加强与流域总体保护修复方案的协同，确保自然生态系统治理修复的针对性和有效性。

三要坚持以自然恢复为主、人工修复为辅的方针。新中国成立以来，我国高度重视治水工作，但总体上以工程措施居多、自然措施较少，进行流域生态环境治理时往往治标不治本，不能从根本上解决问题。必须转变这种传统的工程化思维，以尊重自然规律为基础，以保护生态系统的自然本底为原则，坚持以自然恢复为主、人工修复为辅，尽可能减少人类活动对自然的过度干预，更多依靠自然生态系统的自我调节和自我恢复能力，促进流域生态系统的自然修复和有序演替，增强流域生态系统的稳定性和生态服务功能，提升流域生态环境的整体质量。

5. 从政府主导转向多元共治：构建"政府－市场－社会－自然"四维一体治理体系

在工业文明和传统市场经济理论框架下，水环境治理及水资源配置主要建立在经典的"政府－市场"两"部门"架构之上，但无论是采取凯恩斯主义的"大政府、小市场"模式，还是采取新自由主义的"大市场、小政府"模式，在实践中都会出现"政府失灵"或"市场失灵"的现象。目前我国的水环境治理主要依靠政府部门。2018 年国务院机构改革，将原来分属于国土资源部、水利部、农业部、国家海洋局等部门的地下水污染监测防治、水功能区划编制、流域水环境保护、排污口设置管理、海洋环境保护、农业面源污染治理等职能统一调整到生态环境部，在水生态环境治理领域实行城市和农村、地上和地下、陆地和海洋的统一监管，初步解决了"九龙治水"的问题。但水是生命之源、生产之要、生态之基，无论是水资源配置、水环境影响还是水生态治理都必然要涉及上述三类主体，即生命主体——人、生产主体——企业和生态主体——自然。因此，单纯依靠政府治理水环境很难取得良好效果，亟须建立"政府－市场－社会－自然"四维一体的新型治理体系，充分调动不同主体在推动水生态环境治理方面的积极性和能动性，以流域为单元协同推进水资源管理、水污染防治和水生态保护，提升水生态环境治理效能。

一是在政府层面，要进一步发挥政府在流域治理、水资源配置和水旱灾害防治等方面的统筹规划和统一指挥职能，建立健全监督考核激励机制；明确界定水资源开发利用的权利、义务和标准，规范这些权利和义务能够进行交易的市场；利用经济和行政手段调动各类行为主体参与水资源开发和水环境治理的积极性，矫正水资源开发和水环境治理过程中可能产生的市场失灵。

二是在市场层面，要建立健全水资源资产产权制度、水生态产品价值实现机制等，逐渐建立和完善水价、水权、水市场、水银行等，通过价格机制、水权交易、水服务购买、水工程招投标、政府和社会资本合作（PPP）等方式，更好发挥市场在高效配置水资源中的作用。

三是在社会层面，要引导社会公众积极参与节水行动，改进涉水行为；鼓励社会公众积极参与水生态环境治理，在规划编制、决策、审批、实施过程中更好发挥专家咨询、公众参与和社会监督的作用。

四是在自然层面，水生态环境治理要注意尊重自然规律，要"像对待生命一样对待生态环境"[①]，加强与落实"自然权利"，在水环境治理过程中更多采取"基于自然的解决方案"，维护好山水林田湖草沙冰生命共同体的自然联系。

6. 从传统治水转向智慧治水：打造智慧互联的水生态环境协同治理平台

中国地域广阔，水情复杂，从行业角度分涉水部门主要包括水利、水务、水环境等，从治理角度分涉水事务主要包括水资源、水环境、水生态、水安全等。但在实际运行中，无论是水利、水务，还是水资源、水环境、水生态、水安全治理，需要收集与处理的信息都是复杂、动态且相互交织的，对信息获取的准确性、实时性和共享性要求极高，亟须打破传统的部门壁垒和"信息孤岛"，实现水信互联、精准高效的智慧治理。

一是构建智慧协同、水信互联的水治理平台。完善地表水资源监测评估体系，加强对江河径流量、湖泊水库蓄水量等的监测评估预警；对地下500米深度内的水资源开展综合调查，着重加强生态脆弱地区的监测评估；加强对降雨、洪水、干旱以及江河湖泊水量、水位、水文、水生态、水环境等的全方位监测，构建全国水资源、水环境、水生态国情数据库和协同治理平台；运用大数据、云计算、物联网、人工智能等现代信息技术，对水资源、水环境、水生态、水安全等进行实时感知、信息共享和智能分析，为水资源开发配置、水环境治理保护、水生态建设修复、水旱灾害防御等提供决策支持和泛在服务。

二是打造智慧化城市水务管理"云网"系统。运用大数据、云计算、物联网、人工智能等现代信息技术以及 GIS、AR、BIM 等智能分析技术，对

---

① 《决胜全面建成小康社会　夺取新时代中国特色社会主义伟大胜利——在中国共产党第十九次全国代表大会上的报告》，http：//www.gov.cn/zhuanti/2017 – 10/27/content_ 5234876. htm。

城市蓄水、输水、供水、用水、排水、污水处理和内涝治理等水务管理活动，进行精准分析、精确调度和精细管理；启动城市内涝、排水管网等城市生命线系统风险隐患排查，建立基础数据库、分类分级风险隐患清单和分布图，为城市内涝防控治理提供基础支撑；基于互联网建立空天地信息感知、协同共享、人机互动的城市水务管理云平台，实现城市水务全流程智慧化高效管理。

参考文献

Hayek, F. A. : "The Use of Knowledge in Society." *The American Economic Review*, 4 (1945).

Keynes, J. M. : *The General Theory of Employment, Interest and Money*, （Macmillan）, London（1936）.

本报评论员：《协同推进高质量发展和高水平保护》，《中国环境报》2019 年 1 月 23 日，第 1 版。

陈茂山、夏朋、王建平：《准确把握新发展阶段水利的地位和作用》，《中国水利》2021 年第 2 期。

陈梦芸、林广思：《基于自然的解决方案：利用自然应对可持续发展挑战的综合途径》，《中国园林》2019 年第 3 期。

陈兴茹：《国内外河流生态修复相关研究进展》，《水生态学杂志》2011 年第 5 期。

丁跃元、陈飞等：《华北地区地下水超采综合治理行动方案编制背景及思路》，《中国水利》2020 年第 13 期。

高媛媛、姚建文、陈桂芳等：《我国调水工程的现状与展望》，《中国水利》2018 年第 4 期。

龚浩、李晶：《建筑立体绿化雨水回收灌溉探讨》，《农业经济与科技》2018 年第 12 期。

韩占峰、周曰农、安静泊：《我国调水工程概况及管理趋势浅析》，《中国水利》2020 年第 21 期。

黄润秋：《深入贯彻落实十九届五中全会精神 协同推进生态环境高水平保护和经济高质量发展——在 2021 年全国生态环境保护工作会议上的工作报告》，《中国生态文明》2021 年第 1 期。

姜昀、史常艳：《中国跨流域调水工程规划环境管理对策建议》，《世界环境》2018

年第 5 期。

李学辉、李韵韵：《小流域调水工程环境监管亟待加强》，《中国环境报》2018 年 8 月 29 日，第 3 版。

李云、李春明、王晓刚等：《河湖健康评价指标体系的构建与思考》，《中国水利》2020 年第 20 期。

彭文启：《新时期水生态系统保护与修复的新思路》，《中国水利》2019 年第 17 期。

沈凤生：《新阶段科学推进调水工程建设的若干思考》，《中国水利》2021 年第 11 期。

水利部水土保持司：《水土保持 70 年》，《中国水土保持》2019 年第 10 期。

田英、赵钟楠、黄火键等：《国外治水理念与技术的生态化历程探析》，《水利规划与设计》2019 年第 12 期。

王礼先：《美国的山区流域管理》，《世界林业研究》1997 年第 4 期。

王夏晖：《以高水平保护推动黄河流域高质量发展》，《中国科学报》2019 年 10 月 14 日，第 1 版。

王翔、刘洪岫：《新中国防汛抗旱方略发展历程》，《中国防汛抗旱》2009 年第 S1 期。

徐敏、张涛、王东等：《中国水污染防治 40 年回顾与展望》，《中国环境管理》2019 年第 3 期。

杨开忠、董亚宁：《黄河流域生态保护和高质量发展制约因素与对策——基于"要素－空间－时间"三维分析框架》，《水利学报》2020 年第 9 期。

杨开忠、单菁菁等：《加快推进流域的生态文明建设》，《今日国土》2020 年第 8 期。

张飞、陈道胜：《世界水日、中国水周主题下的水资源发展回顾与展望》，《水利水电科技进展》2020 年第 4 期。

郑度主编《中国自然地理总论》，科学出版社，2015。

朱党生、王晓红、张建永：《水生态系统保护与修复的方向和措施》，《中国水利》2015 年第 22 期。

B.2
2020~2021年度中国城市
健康发展评价

武占云　单菁菁　张双悦　王舒宁*

摘　要： 时空压缩的城镇化进程、快速的现代化进程、世界范围的全球化进程以及全球气候变化风险等多重因素的叠加效应，对城市健康发展提出了严峻挑战，城市的健康治理难题亟待理论和实践的双重破解。本文系统分析了中国城市发展面临的健康风险与挑战，进而基于健康经济、健康社会、健康文化、健康环境和健康管理五维评价模型，系统评估了中国城市健康发展状况和存在短板。本文认为，中国城市的健康促进应以健康优先为前提，实施将健康融入所有政策，以健康评价为基础，建立常态化健康促进机制，以健康协同为手段，缩小地区差异与健康贫困，以构建人类卫生健康共同体为目标，积极参与全球健康治理，进而推动构建人类命运共同体。

关键词： 健康发展指数　健康城市　健康风险　健康促进

1949~2020年，中国城镇化水平由1949年的10.64%提高至2020年的

---

* 武占云，中国社会科学院生态文明研究所国土空间与生态安全研究室副主任、博士，主要研究方向为城市与区域经济；单菁菁，中国社会科学院生态文明研究所研究员、博士，主要研究方向为城市与区域可持续发展、国土空间开发与治理、城市与区域经济等；张双悦，天津商业大学经济学院讲师，经济学博士，主要研究方向为城市与区域发展；王舒宁，上海财经大学期刊社编辑。

63.89%，全国城市数量由 132 个增加到 687 个，城市的快速发展促进了中国经济稳定和持续增长。城市的形成和发展实际上是涉及经济、社会、文化、环境等多维度转型的历史进程，然而，随着中国城镇化进入成熟期，城市规模增长速度趋缓，产业转型升级缓慢、生态环境约束增强、公共健康风险加大等问题日益突出。面对复杂多变的国际贸易环境和全球新冠肺炎疫情的持续冲击，如何破解传统风险和突发新型风险、提升公共健康的可及性和公平性，是当前众多城市发展面临的关键问题。本报告在分析中国城市当前正在经历的经济转型、社会转型和空间转型的基础上，系统分析城市发展面临的各类健康风险与挑战，进而基于经济、社会、文化、环境和管理五维评价模型，系统评估中国城市健康发展状况，最后提出对策建议。

一 中国城市健康发展面临的风险与挑战

中国的城镇化进程在时空压缩的环境下展开，加之与世界范围的全球化进程交织在一起，各种城市风险相互交织。与此同时，全球气候的剧烈变化进一步加大了城市灾害风险并威胁人体健康。传统的常规风险与现代化的非传统风险在同一时空下叠加，中国城市面临着前所未有的健康风险与挑战。

（一）时空压缩的城镇化进程带来的风险

十一届三中全会的召开开启了改革开放和社会主义现代化的伟大征程，拉开了从社会主义计划经济体制向社会主义市场经济体制的转型序幕，伴随这一转型的重要实践成果就是中国特色的时空压缩城镇化进程（见图 1）。在这一过程中，各类生产要素快速跨区域流动，并向城市地区集聚，但城市规模的快速扩张忽视了社会系统的演进规律与生态系统的承载能力，势必加剧社会结构的失调与生态系统的失衡。同时，时空压缩过程的快速性和转型

内容的复杂性，不可避免地会引致程度深、复杂性强、关联性强的各类城市健康风险。

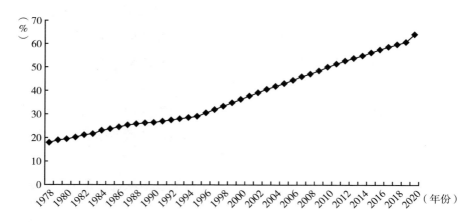

图1　1978～2020年中国城镇化率增长情况

资料来源：根据1979～2021年《中国城市统计年鉴》整理。

首先，与快速城镇化进程相伴随的是社会结构转型及其相关社会风险。随着城镇化的快速推进，空间、资本和社会阶层均开始出现分化，其加剧了城市发展的不稳定性及相关风险。例如，大量农村人口流向城市，固有的城乡关系、空间秩序发生变化，传统的社会认同和社会规范受到冲击。与此同时，普惠型社会保障体系尚未完全建立，农业转移人口虽然为城市发展做出了巨大贡献，但无法与市民共享城市发展成果，无法公平享有教育、医疗卫生、住房等基本公共服务，容易引发城乡社会系统之间的冲突和矛盾。

其次，伴随着社会结构的变化，城市空间结构也会发生改变，进而带来城市空间结构失衡的风险。中国的快速城镇化进程是以时空压缩的形式推进，建设用地快速扩张、城乡风貌发生巨大变化，加之城镇化前期受政绩主义影响，各地市的城市建设侧重于空间形态设计的精致性，忽视了文化传承、风貌保护和公共服务提升，进而出现权益空间城镇化滞后于物理空间城镇化、人口城镇化滞后于土地城镇化、城市治理手段滞后于城市生态环境风险等一系列城市空间结构失衡问题。表现在各级各类城市关系以及城乡发展空间上，就是"乡村空心化"、中小城市的"空城化"、大城市的"城市病"等。

最后，则是附着在社会风险与城市空间结构失衡风险上的利益冲突风险①。当前，城区扩建、旧城改造是城镇化最外显化的内容，附着在"外显化"内容之上的，则是利益关系的改变。在征地和拆迁过程中，权力和资本的介入不仅使利益关系更加复杂，更使政府、非政府组织、居民之间的利益冲突加剧。总之，时空压缩的城镇化进程带来了社会风险以及城市空间结构的失衡，若不加以引导，则容易引致发展失衡风险。

（二）快速的现代化建设进程带来的风险

在现代社会形成与发展的进程中，人类实践不断拓展与深化，现代科学技术的迅速发展不仅增强了人类改造世界的能力，还深刻改变着外部世界，带来了难以预测和控制的后果，尤其是带来的一系列技术风险和生态风险已经超出现代社会的治理能力。当下现代科学技术尤其是信息技术快速的、全球化的发展，更是拓展了风险的程度与范围。

首先，全球范围的信息技术革命、资本流动和人口迁移影响着城市空间形态的演进和城市发展模式，要素流动范围的广阔性与载体的多样性、方式的复杂化使城市风险更加难以预测，整个人类将作为统一的风险主体承担共同的城市风险，即"风险共担"。其次，中国正处在从中等偏上收入国家向高收入国家迈进的发展阶段，进而面临着现代化大转型的经典问题，即如何确保经济持续增长、维持社会秩序稳定、顺利推进治理现代化。最后，中国当前的现代化进程比先行工业化国家现代化进程要快得多，经济增长、社会稳定、阶层分化、民众参与等涉及经济社会的重大问题在较短的时间同时出现，需要加快推进相关适应性制度的建设，避免出现较大的社会风险。总

---

① https：//m. thepaper. cn/baijiahao_ 13078339.

之，当前城市发展面临的健康风险不仅仅是人（社会）与自然的矛盾，更是人与人之间的矛盾，在我国经济进入高质量发展与构建"双循环"新发展格局的全新时期，这种"被制造"出来的风险更需要构建新的治理机制与治理体系以加以防范，从而促进城市健康发展。

（三）世界范围的全球化进程带来的风险

全球化重组了城市空间尺度和结构，并从不同层面影响着政府、企业、居民和社会组织的关系，进而塑造了改革开放以后的中国城市。甚至有学者认为，中国城市的发展动力并不单源于城市本身，更源于全球化发展带来的动力，但同时也为城市发展及公共健康带来了风险。

首先，随着全球化进程与改革开放的推进，中国以年均9.5%的速度持续增长了40多年，其中，构建大口径外循环、较大规模利用"两种资源""两个市场"发挥了重要作用。而在外循环与内循环中，大口径的外循环又拓展了内循环的生产边界，缓解了国内的过剩产能，吸引了外资的流入与先进技术的引进，促进了经济持续较快增长。但与此同时，外循环的扩大也给本地企业及产业的发展带来了不确定性与复杂性，从而为国内资本的发展带来了风险。

其次，伴随着国际国内两个市场开放程度与水平的加深，流动性、复杂性及关联性增加了全球化进程及城市发展的不确定性。尤为重要的是，高度联通的全球城市网络加剧地区性风险转变为全球危机的可能性，新冠肺炎疫情在全球范围的快速传播就是例证之一，即使是在全球序列中处于绝对优势地位的城市也无法免受风险威胁。

最后，全球化进程日益表现出风险城市化的特征和趋势，各城市间的关联性呈现"拓展效应"，即放大风险。换言之，城市更容易受到风险拓展效应的影响。为此，在推动对外贸易高质量发展、培育参与国际经济合作和竞争新优势、服务构建新发展格局的同时，也要注重全球化所带来的不利影响与公共健康风险。

（四）全球气候变化带来的相关健康风险

2019 年《全球卫生安全指数》报告指出，从全球范围来看公共卫生支出占政府总支出的百分比普遍较低；医疗基础设施和技术依旧缺乏，卫生人力资源能力仍然有限，且人口增长、传染病和疾病带来巨大负担，这些都使全球对资源的需求不断增加。同时，人类和城市的卫生安全越来越容易受到恶劣天气和其他气候变化的影响。由此可见，气候变化是 21 世纪全球城市所共同面临的重大挑战，而由气候变化引致的极端天气频发、城市灾害风险加大，既威胁居民生命安全，也产生了健康风险。与此同时，技术进步、日益加强的气候变化有可能加深现有的健康不平等，进一步扩大公共健康方面的差距。

大量研究表明，全球气候变化会对多个方面产生一系列的负面影响。从实体风险看，主要是对农业、金融资产价值、劳动生产率、经济增长、国家间的贫富差距等产生负面影响。首先是转型风险，在向低碳经济转变过程中，相当比重的化石燃料储备（比如煤炭）等能源资源和相关资产（比如燃煤发电厂）将被搁置，导致能源资产的价值缩水几十万亿美元。其次是直接风险，日益频发的高温热浪等极端气候事件会导致人体出现中暑、热应激、急性肾损伤和心力衰竭等症状，并增加心脑血管疾病等慢性非传染疾病的发病率与死亡率，还会加剧气候敏感型传染病的大范围传播。再次是间接风险，气候变化带来的极端降雨、高温热浪等极端气候事件会干扰人类生活系统，包括交通系统、公共空间系统、社区文化系统等，进而降低居民的体育活动水平。总之，全球气候变化从转型风险、直接风险与间接风险三个方面对城市公共健康造成了负面影响。

综上所述，时空压缩的城镇化进程、快速的现代化进程、世界范围的全球化进程以及全球气候变化风险等多重因素的叠加效应，对城市健康治理体系提出了严峻挑战，当代城市的健康治理难题亟待理论和实践的双重破解。

二　基于五维模式的中国城市健康发展评价

从发展演进来看，传统公共卫生源于欧洲和北美工业化时期对公共卫生安全事件的应对，核心是通过物质空间设计的改善和医疗卫生服务的提升降低传染性疾病的暴发和传播风险，其核心是公共卫生运动；而现代公共健康则从自然环境和物质空间转向社会环境和心理空间，其核心是健康的社会决定因素和健康不公平背后的机制与原因。有鉴于此，本文构建"健康经济-健康社会-健康文化-健康环境-健康管理"五维评价体系（如图2所示，指标体系详见《中国城市发展报告（No.7）》），以反映当前健康城市理论由"公共卫生干预"向"公共健康政策促进和公共健康治理"的转变。2020年，我国共有333个地级行政区，包括293个地级市、30个自治州、7个地区和3个盟。其中，港澳台地区以及部分地级市由于缺少评价的系统数据暂未纳入评价范围，因此，本文的评价对象共计287座地级及以上建制市。

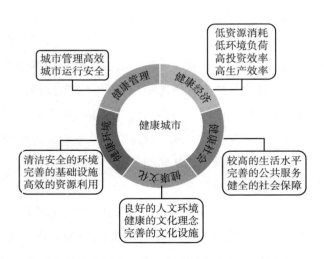

图2　城市健康发展的五维评价模型

（一）综合评价结果

1. 深圳健康发展指数排名连续3年居全国首位

基于上述五维评价模型测算，2021年居中国城市健康发展指数综合排名前10位的城市分别为深圳、上海、北京、南京、广州、长沙、佛山、苏州、珠海和无锡，其中，深圳城市健康发展指数综合排名连续3年居全国首位，北京是唯一入围前10位的北方城市，长沙成为唯一入围前10位的中部城市。分区域来看，来自京津冀、长三角、粤港澳大湾区的城市分别为1座、4座、4座（见图3）。虽然本报告未对香港和澳门特别行政区的健康发展水平进行评价，但根据世界卫生组织（WHO）公布的报告，香港特区的医疗体系位居全球第四，澳门的初级卫生保健体系被WHO评定为"太平洋地区典范"。《粤港澳大湾区发展规划纲要》已明确提出塑造"健康湾区"的要求，粤港澳三地相继签署了《粤港澳大湾区卫生与健康合作框架协议》和《粤港澳大湾区卫生健康合作共识》，积极推动大湾区内优质医疗资源共建共享，共同打造"健康湾区"。

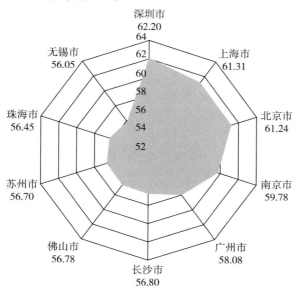

图3　2020年全国健康发展指数前10位城市

专栏1　深圳城市健康发展指数综合排名连续3年居全国首位

统计数据显示，"十三五"期间，深圳民生领域的支出占财政总支出的近70%，九大类民生支出从2016年的1500亿元增加到2020年的3000多亿元，其中在卫生健康领域累计投资超过1500亿元，居民个人卫生支出占卫生总费用的比例下降到14.28%，处于全国最低水平；居民健康素养水平由2016年的12.38%大幅提升到2020年的44.87%；人均期望寿命由80.66岁提高到81.54岁，提前10年超额完成了"健康中国2030"的规划目标（79岁）；居民人均预期寿命、婴儿死亡率、5岁以下儿童死亡率、孕产妇死亡率等健康指标已在全球范围内位居前列，居民健康福祉显著提升。

深圳城市健康发展水平的持续提升，既得益于强有力的经济能力支撑和日益完善的健康服务保障，也受益于政府在促进健康公平、提升居民健康福祉方面做出的积极努力。"十三五"期间，深圳市委、市政府先后印发《健康深圳行动计划（2017－2020年）》《深圳市人民政府关于打造健康中国"深圳样板"的实施意见》，积极践行"将健康融入所有政策"的理念，努力打造健康中国的"深圳样板"。2020年10月，深圳获批中国特色社会主义先行示范区综合改革试点。展望未来，深圳将在城市健康发展方面持续发力，支撑社会主义现代化强国城市范例建设。

2. 中国城市健康发展的"短板"问题有所缓解

长期以来，受制于资源禀赋差异、经济发展水平和城市发展路径等因素影响，中国城市健康发展存在不同程度的发展"短板"，故本报告以城市各个子系统之间是否达到平衡协调为原则，识别城市发展"短板"、定义"健康城市"，即分别测算健康经济、健康社会、健康文化、健康环境和健康管理五项分指数的中位数，并比较各个城市的各分项指数与全国中位数的差距，具体如图4所示。相比2019年，2020年中国城市健康发展的"短板"

问题有所缓解，全国共有 40 座城市处于相对健康发展状态，比 2019 年增加了 3 座，达到健康城市标准的城市占比由 2019 年的 12.85% 提升至 2020 年的 13.94%，Ⅰ类亚健康城市占比上升了 2.09 个百分点，Ⅱ类亚健康城市占比下降了 1.32 个百分点，Ⅲ类亚健康城市占比则下降了 1.93 个百分点。然而，Ⅱ类和Ⅲ类亚健康城市占全国城市比例接近 65%，城市发展仍面临诸多健康风险与挑战。

值得注意的是，北京的健康经济、健康社会、健康文化和健康管理指数虽然均高于全国中位数，由于健康环境指数低于全国中位数，仍未入围全国"健康城市"，但 2020 年健康环境指数排名比 2019 年上升了 9 位，尤其是大气环境质量改善明显。北京市生态环境局发布的数据显示，2020 年北京市空气质量优良天数达到 276 天，较 2019 年增加了 36 天，其中 PM2.5 浓度首次实现"30+"，逐渐接近国家标准（35 微克/立方米）。北京空气质量的显著改善既得益于北京市大力实施的节能减排、污染治理、绿色技术应用等方面的措施，也得益于京津冀地区大气污染联防联控机制的建立与实施。

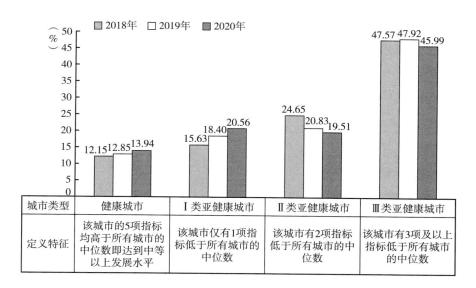

图 4　2018~2020 年中国城市健康发展水平比较

资料来源：作者根据《中国城市统计年鉴》（2019~2021）数据计算绘制。

（二）规模等级评价

1. 超大城市健康发展水平位居"塔尖"

根据第七次全国人口普查数据，上海、北京、深圳、重庆、广州、成都、天津7座城市的城区常住人口规模超过1000万人，为超大城市，武汉、东莞、西安、杭州、佛山、南京、沈阳、青岛、济南、长沙、哈尔滨、郑州、昆明、大连等14座城市的城区人口规模超过500万，为特大城市，这21座城市形成了最新的中国城市"塔尖"格局。基于城市规模的评价结果显示，2020年，我国超大城市组的健康发展指数为56.46，特大城市组为52.35，大城市组为48.00，中等城市组为45.75，小城市组为44.60，城市健康发展指数、健康经济指数、健康文化指数和健康社会指数与城市规模大小均存在着同向变化关系（见图5）。由此可见，当前阶段较大规模城市在集聚经济、民生保障、文化建设等方面仍拥有比较优势。从理论上来看，城市规模的形成是集聚经济与集聚不经济动态权衡的结果，相对而言，中等规模城市的人口适中，人口和经济活动集聚不经济效应小，城市运行和管理的压力相对较小。本文评价结果亦显示，中等城市的健康管理指数居各规模城市组首位，显示出在健康管理方面的优势。特大城市和中等城市的健康环境指数排名垫底，如何着力提升能源利用效率、降低碳排放、改善环境质量成为这类城市实现"双碳"目标面临的重大挑战。

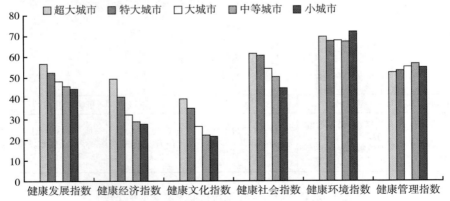

图5 2020年不同规模城市组的健康发展指数比较

资料来源：作者根据《中国城市统计年鉴2020》数据计算绘制。

7 座超大城市则拥有不同的优势和短板（如图 6 所示），深圳的健康环境指数居首位，表明深圳市在环境质量和资源利用效率方面表现突出；上海的健康经济指数居首位，2020 年上海人均 GDP 达到 15.56 万元，地均 GDP 则达到 6.10 万元/平方千米，显示出上海在经济提质增效方面的绝对优势；北京的健康文化和健康社会指数均居首位，国家文化中心和首善之都建设成效显著；重庆的健康管理指数居首位，"十三五"期间，重庆市出台了全国首个关于城市精细化管理的相关标准——《重庆市城市精细化管理标准》，在城市智慧化、精细化管理和高效安全运行方面进行了卓有成效的探索。值得注意的是，7 座超大城市的健康管理指数居各规模城市组末位，表明超大城市在城市安全运行管理等方面存在显著的集聚不经济现象，面临一系列亚健康风险，包括城市交通、高层建筑、大规模城市更新改造增加的基础设施安全运行风险，也包括本地人口和外来人口"新二元结构"之间的社会冲突风险，以及新技术、新业态、新产业快速发展带来的不可预知风险等。随着超大城市普遍步入高风险管理阶段，如何准确评估和监测各个领域运行的潜在风险，围绕城市健康和安全进行资源配置，提升城市运行管理的安全性、科学性和精准性，则是当前中国超大城市面临的重要问题。

2. 城市健康发展的行政等级偏向明显

从城市行政级别来看，2020 年我国城市的健康发展水平在不同行政级别的城市间存在明显的差异。通常情况下，行政等级较高的城市在经济效率、社会保障、公共文化、教育水平和城市安全等方面的表现明显优于行政等级相对较低的城市。如表 1 所示，直辖市、副省级城市、省会城市、一般地级市的城市健康发展指数分别为 55.31、53.50、50.72 和 45.70，不同行政级别的城市其健康发展水平存在明显的梯度差异，这种差异很大程度上源于政府资源配置行政中心偏向的重要影响，行政等级越高的城市在权限设置、资源配置、制度安排等方面的优势越突出，不仅在重大产业项目、医疗卫生资源、优质教育资源方面存在较大差异，在人才、资本、信息等要素配置和流动方面也存在差异，进而影响着健康公平和健康可及性。

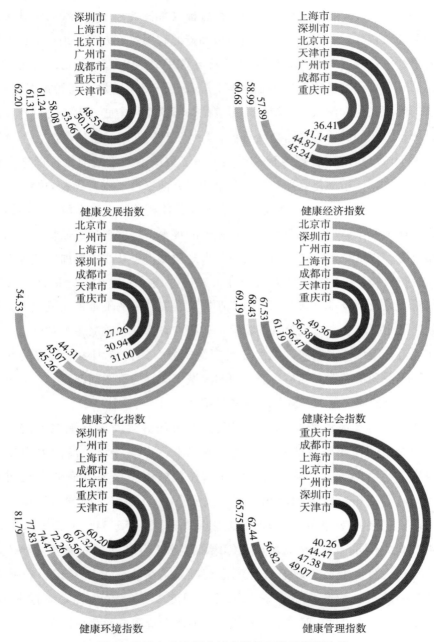

图6 2020年7座超大城市的健康发展指数比较

资料来源：作者根据《中国城市统计年鉴2020》数据计算绘制。

表1 2020年不同行政等级城市健康发展指数比较

不同行政 等级城市	健康发展 指数	健康文化 指数	健康社会 指数	健康环境 指数	健康管理 指数
直辖市	55.31	39.45	59.57	67.89	52.97
副省级城市	53.50	37.51	59.03	70.55	52.45
省会城市	50.72	30.62	57.04	69.76	58.75
一般地级市	45.70	22.52	49.19	67.81	55.33

资料来源：作者根据《中国城市统计年鉴2020》数据计算绘制。

（三）区域发展评价

1. 省域梯度发展差异格局显著

从省域排名来看，全国30个省（自治区、直辖市）的城市健康发展状况呈现显著的梯度发展格局（见图7），上海和北京的健康发展综合指数超过了60，大幅领先于其他省份；浙江、福建、江苏、新疆、海南、重庆、广东等7个省份的健康发展综合指数超过50。其中，海南和福建的综合指数排名分别比2019年提高了3位、2位，城市健康发展水平提高显著。近年来，海南省相继印发了《"健康海南2030"规划纲要》《健康海南行动实施方案》，在《健康中国行动计划》的15项任务基础上增加了医疗服务能力提升、健康产业促进等内容，出台18个专项行动、136个监测指标和26个考核指标，在全省广泛开展健康海南全民大行动，着力打造生态岛、健康岛、长寿岛，居民健康福祉提升显著。排名靠后的省份主要来自东北地区、西部和中部省份，其中，吉林、安徽、河北和河南的综合排名均出现了明显下降，这些省份的城市健康发展指数均较低，而且各分项指数之间的均衡度较差，存在明显的发展短板，尤其是河南和河北的健康环境指数较低，节能减排和环境质量改善的压力仍然较大。

2. 四大区域仍呈现不均衡态势

受制于经济发展水平、资源禀赋差异、医疗资源配置和体制机制等因素影响，四大区域的城市健康发展水平呈不均衡态势。如图8所示，2020年，

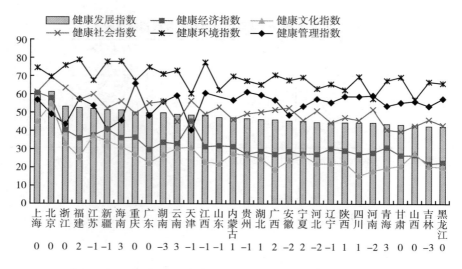

图7 2020年全国30个省（区、市）城市健康发展指数比较

说明：图示下方数字为健康指数排名变化情况。

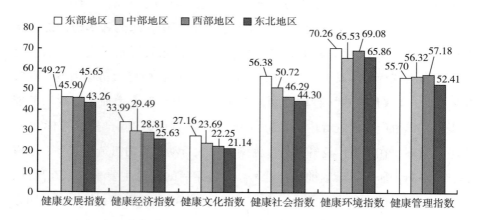

图8 2020年中国四大区域城市健康发展水平比较

资料来源：作者根据《中国城市统计年鉴2020》数据计算绘制。

东部地区城市的健康发展水平仍处于领先地位，东北地区城市的健康发展水平居末位，中部和西部地区则基本持平。分项指数来看，西部地区城市的健康环境和健康管理指数均优于中部和东北地区，健康社会和健康文化指数与东部、中部的差距也进一步缩小。由此可见，西部大开发战略的深入实施以及内陆开放型经济和沿边开放经济带建设的战略部署，不仅有力促进了西部地区的经济转型和开放发展，同时西部地区生态系统质量和资源利用效率不断提升，医疗保障制度不断健全，因病致贫、因病返贫问题得到明显解决，切实增进了西部地区的民生福祉和社会建设。中国城市健康发展水平在东西向上的差距缩小，分化减弱。东北地区各项指数均落后于其他三大区域，既面临着严峻的结构转型和经济下行压力，也面临着改善民生水平以及污染防治和环境保护的严峻挑战。

3. 南强北弱失衡格局依然延续

近年来，北方多个省区和城市经济增长不景气，中国城市健康发展水平以秦岭—淮河为分界线的"南强北弱"失衡态势越发明显①，如图9所示，南方城市的健康发展水平显著高于北方城市，具体而言，在前十强城市中北方仅有北京1座城市入围，排名前20位的城市中北方城市仅占2席，排名

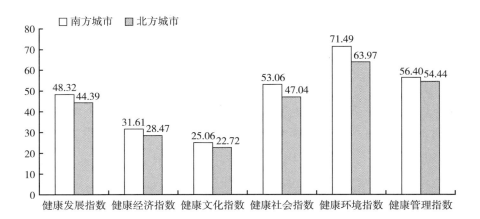

图9　2020年中国南方城市和北方城市健康发展水平比较

资料来源：作者根据《中国城市统计年鉴2020》数据计算绘制。

---

① 南北划分一般以全国地理中位线的北纬35°线为界，以北为北方区域，包括北京、天津、河北、山西、内蒙古、辽宁、吉林、黑龙江、山东、河南、陕西、甘肃、青海、宁夏、新疆15个省份；以南为南方区域，包括除北方之外的其他省份。

前 50 位的城市中北方城市占 10 席。从分项指数来看，无论是经济发展效
益、民生保障水平、环境质量，还是资源利用效率、城市管理运行，南方城
市均优于北方城市。未来，北方城市应加大创新力度，打破资源依赖型发展
惯性，大力推动经济、社会等领域的绿色转型发展，进一步提升经济效益、
发展活力和创新水平，进而为居民健康福祉提供强有力的经济支撑和制度
保障。

三 中国城市健康治理的思路与对策

（一）以健康优先为前提，积极将健康融入国家政策与战略

习近平总书记强调，"在推进健康中国建设的过程中，要坚持正确的
卫生与健康工作方针……将健康融入所有政策，人民共建共享"，并深刻
指出"要把人民健康放在优先发展的战略地位……努力全方位、全周期
保障人民健康"。中国应对新冠肺炎疫情治理的成功实践充分显示出"健
康优先"和"将健康融入所有政策"在国家主义的制度优势下所具有的
强大执行力和保障力，世界卫生组织将中国对新冠肺炎疫情的治理称为
"采取了历史上最勇敢、最灵活、最积极的防控措施，改变了疫情快速扩
散流行的危险进程"。新冠肺炎疫情以及疫情防控常态化背景下，"将健
康融入所有政策"将成为我国城市健康风险治理的"治本之策"，城市政
府应主动排除影响健康公平实现的各种制度性障碍，构建中国化、制度
化、常态化的健康治理机制，进而实现个体健康与公共健康的内在统
一性。

（二）以健康评价为基础，建立常态化促进机制

为推动健康城市的建设与完善，国家卫生健康委员会按照"建立适合
我国国情的健康城市建设指标和评价体系"的要求，制定和发布了《全国
健康城市评价指标体系（2018 版）》，并委托第三方专业机构构建健康城市

指数，分析评价全国健康城市建设的工作进展，有效推动了健康城市建设良性发展。然而，目前健康评价制度只是政府部门行政决策的"选择性动作"，大量公共政策、重大项目和产业发展规划的制定与实施尚未准确评估潜在的健康风险。因此，未来应积极在城市中的各部门引入健康影响评价制度，分析各类潜在健康危险因素；明确部门职责和政策领域，尽快打破各政府部门之间的信息壁垒，建立可持续性的跨部门长期合作机制，提高科学决策水平。

（三）以健康协同为手段，缩小地区差异与健康贫困

健康不平等和经济收入不平等是导致健康与贫困低水平循环的直接原因。世界卫生组织发布的《全民健康覆盖情况追踪：2017年全球监测报告》表明，当前全球有一亿人因病致贫，半数缺乏基础医疗服务。联合国贸发组织（UNCTAD）的调查发现，虽然2020年国际投资政策呈现强化监管或限制性政策的趋势，但大多数国家都积极鼓励对卫生领域的投资，并鲜少限制投资准入，但UNCTAD也指出，仅靠现有的开放投资政策制度不足以吸引确保到2030年人人享有健康和福祉所需的投资水平。徐小言的调查研究发现，农村地区因病致贫占比高达40%以上，疾病成为致贫的重要原因。经济能力不足会直接削弱低收入群体对医疗卫生资源的获取力，我国低收入群体普遍面临稀缺性健康资源的束缚，而健康问题进一步造成获取经济收入的能力下降，导致健康与贫困低水平循环。当前，虽然我国全面建成小康社会及决战脱贫攻坚取得伟大历史性成就和决定性胜利，但受制于地理区位、资源禀赋、医疗资源配置和经济发展水平等多重因素的影响，不同区域、城乡之间以及城市内部二元结构人群在健康可及性和公平性方面仍存在较大差异，尤其是农村人口天然的经济脆弱性和社会脆弱性特征，使得仍有地区存在健康贫困。因此，中国应加快推进以健康贫困治理为核心的健康促进策略，既要将高质量的基层医疗服务资源、健康公共设施向贫困地区倾斜，也要大力推进健康扶贫、健康减贫和健康反贫等制度的创新和政策优化，进而实现健康贫困的协同治理。

（四）以健康共同体为目标，积极参与全球健康治理

当前，全球健康治理处于"政府内生主动型"和"危机倒逼型"的双重叠加期，未来将呈现"社会发展系统性思维"和"国家安全战略性思维"的二维竞合，包括欧盟及美国、日本、加拿大、韩国等在内的地区和国家均从国家战略层面提出了健康城市的建设目标和实施策略，认为"健康"一词应当具有更广泛的内涵和外延，即不仅仅是一种发展状态，更应该体现出一个国家、地区、区域的治理能力，并积极倡导全球层面的协同治理，目的就是要促进健康、增进民众的健康权益。2021 年 5 月 21 日，国家主席习近平在全球健康峰会上的讲话中明确提出"坚定不移推进抗疫国际合作，共同推动构建人类卫生健康共同体"。未来，中国应在人类健康命运共同体理念指导下，不断倡导人人享有健康的理念，打破地区、区域之间的碎片化管理模式。同时，发挥好中国作为世界卫生组织成员的优势，继续加强与各国、地区及世界卫生组织的合作，与"一带一路"沿线国家加快构建重大突发公共事件的联合治理机制，提高国际协同治理水平。

参考文献

李云新、杨磊：《快速城镇化进程中的社会风险及其成因探析》，《华中农业大学学报》（社会科学版）2014 年第 3 期。

武占云、单菁菁等：《健康城市的理论内涵、评价体系与促进策略研究》，《江淮论坛》2020 年第 6 期。

陈进华：《中国城市风险化：空间与治理》，《中国社会科学》2017 年第 8 期。

何艳玲、周寒：《全球体系下的城市治理风险：基于城市性的再反思》，《治理研究》2020 年第 4 期。

牛庆燕：《现代化进程中的环境风险及其防范》，《浙江社会科学》2012 年第 10 期。

〔美〕塞缪尔·亨廷顿：《变革社会中的政治秩序》，李盛平、杨玉生译，华夏出版社，1988。

高世楫、卓贤：《关于政府职能转变与经济转型期风险的研究》，《发展研究》2018

年第 2 期。

张京祥、洪世键：《城市空间扩张及结构演化的制度因素分析》，《规划师》2008 年第 12 期。

江小涓、孟丽君：《内循环为主、外循环赋能与更高水平双循环——国际经验与中国实践》，《管理世界》2021 年第 1 期。

王瑞、王贤斌：《人类卫生健康共同体视域下全球疫情治理机制创新》，《理论建设》2021 年第 2 期。

庄友刚、马征：《城市风险化与风险城市化：风险发展的当代趋势与治理要求》，《中国矿业大学学报》（社会科学版）2021 年第 5 期。

黄均华：《气候变化给经济带来的实体风险与转型风险分析》，《特区经济》2020 年第 11 期。

冷红、赵慧敏、邹纯玉、袁青：《〈新城市议程〉应对气候变化引发的健康风险的规划行动及其启示》，《规划师》2021 年第 7 期。

鲁斐栋、谭少华：《建成环境对体力活动的影响研究：进展与思考》，《国际城市规划》2015 年第 2 期。

杨临宏、陈颖：《"将健康融入所有政策"的三重实践逻辑构造及其在中国的运用》，《思想战线》2021 年第 1 期。

唐贤兴、马婷：《积极的公共政策与健康权保障：新议题和新框架》，《复旦政治学评论》2018 年第 1 期。

徐小言：《农村居民"贫困—疾病"陷阱的形成分析》，《山东社会科学》2018 年第 8 期。

翟绍果、严锦航：《健康扶贫的治理逻辑、现实挑战与路径优化》，《西北大学学报》（哲学社会科学版）2018 年第 3 期。

贾海彦：《"健康贫困"陷阱的自我强化与减贫的内生动力——基于中国家庭追踪调查（CFPS）的实证分析》，《经济社会体制比较》2020 年第 4 期。

A. Carleton. "Social and Economic Impacts of Climate." *Science*, 2016（9）：1112.

F. Wu. "Planning Centrality, Market Instruments: Governing Chinese Urban Transformation under State Entrepre-neurialism." *Urban Studies*, 2018, Vol. 55（7）：1383 – 1399.

Chirico, Francesco. "Comments on Climate Change and Public Health: A Small Frame Obscures the Picture". *NEW SOLUTIONS A Journal of Environmental and Occupational Health Policy*, 2018：5 – 7.

Székely M., Carletto L., Garami A.. "The Pathophysiology of Heat Exposure." *Temperature*：*Multidisciplinary Biomedical Journal*, 2015（4）：452.

Aspects. "Contribution of Working Group II to the Fifth Assessment Report of the Intergovernmental Panel on Climate Change." *Climate Change* 2014：Impacts, Adaptation, and Vulnerability, 2014（1）：1132.

Klompstra L, Jaarsma T, Strömberg A, et al. "Seasonal Variation in Physical Activity in Patients with Heart Failure." *Heart & Lung*, 2019 (5): 381 – 385.

Richman J, "Holding Public Health Up for Inspection" in John Costello and Monica Haggart eds. Public Health and Society, Gordonsville: Palgrave Macmillan, 2003, p. 4.

Daniel Callahan and Bruce Jennings, "Ethics and Public Health: Forging a Strong Relationship", *American Journal of Public Health*, 2002, vol. 2, no. 92, p. 169.

附录1 评价方法与评价模型

本文城市健康发展评价指标体系包括健康经济、健康社会、健康环境、健康文化和健康管理等5个方面，涉及大量不同性质的指标和数据，为保证数据的可加性和可比性，本文先对所有数据进行无量纲化处理和逆指标的同趋化处理，然后通过德尔菲法初步确定各指标的权重，再利用因子分析法进行检验和校正，最后对健康城市指数进行综合评价。

首先，对数据进行如下标准化处理。

正指标的标准化：

$$Y_n = \frac{y_n - \min_{1 \leq n \leq p}(y_n)}{\max_{1 \leq n \leq p}(y_n) - \min_{1 \leq n \leq p}(y_n)} \tag{1}$$

逆指标的标准化：

$$Y_n = \frac{\max_{1 \leq n \leq p}(y_n) - y_n}{\max_{1 \leq n \leq p}(y_n) - \min_{1 \leq n \leq p}(y_n)} \tag{2}$$

公式中，Y_n 为 n 指标的标准化值；y_n 为某城市 n 指标的原始值；max（y_n）为各城市 n 指标的最大样本值；min（y_n）为各城市 n 指标的最小样本值。

其次，利用德尔菲法进行指标赋权。组织城市健康发展领域的专家进行指标赋权，逐级确定各项指标的权重，对健康城市指数进行预评价和预测算。

再次，建立因子分析模型进行检验校正：

$$\begin{cases} x_1 = a_{11}F_1 + a_{12}F_2 + \cdots + a_{1m}F_m + a_1\varepsilon_1 \\ x_2 = a_{21}F_1 + a_{22}F_2 + \cdots + a_{2m}F_m + a_2\varepsilon_2 \\ \cdots \\ x_n = a_{n1}F_1 + a_{n2}F_2 + \cdots + a_{nm}F_m + a_n\varepsilon_n \end{cases} \tag{3}$$

其中 x_1、$x_2 \cdots$、x_n 为 n 个原变量，F_1、$F_2 \cdots$、F_m 为 m 个因子变量。

通过矩阵转换，求解公因子。

$$X_i = HE_j + \varepsilon_i = \sum_{j=1}^{n} h_{ij}e_j + \varepsilon_i \tag{4}$$
$$(1 \leqslant i \leqslant p、1 \leqslant j \leqslant m)$$

其中：H 为因子载荷阵，E_j 为公因子，h_{ij} 为因子载荷，ε_i 为残差。

利用上述模型，使用 SPSS 软件进行因子分析，采用最大方差正交旋转法（Varima）求解公因子，计算各因子的变量得分和综合得分，并对其显著性水平进行测度。

最后，根据因子分析模型和德尔菲法的预测算结果，调整校正健康城市评价指标体系的指标因子及其权重分布，分别计算得出城市的健康经济指数、健康文化指数、健康社会指数、健康环境指数、健康管理指数，并在此基础上，综合计算和形成健康城市指数。

$$I_h = \sum_{j=m}^{i=n} \lambda_i \lambda_{ij} Z_{ij} \tag{5}$$

$$UHDI = \sum_{h=1}^{5} A_n I_h \tag{6}$$

其中：$I_{h(h=1,2,3,4,5)}$ 分别为健康经济指数、健康文化指数、健康社会指数、健康环境指数和健康管理指数，λ_i 为 i 项指标的权重，λ_{ij} 为 i 项指标下的第 j 因子变量的权重，Z_{ij} 为 i 项指标下的第 j 因子变量的标准化值，m 为各指标所包含的因子数量，n 为各指数所包含的指标数量，$UHDI$ 为健康城市指数，$I_{h(h=1,2,3,4,5)}$ 为各分项指数，$A_{h(h=1,2,3,4,5)}$ 为各分项指数的权重。

附表 1　2020 年中国城市健康发展评价

城市名称	城市健康发展指数	排名	健康经济	健康文化	健康社会	健康环境	健康管理
深圳市	62.20	1	58.99	44.31	68.43	81.79	44.47
上海市	61.31	2	60.68	45.07	61.19	74.47	56.82
北京市	61.24	3	57.89	54.53	69.19	69.56	49.07
南京市	59.78	4	48.43	58.65	64.80	69.57	56.81
广州市	58.08	5	44.87	45.26	67.53	77.83	47.38
长沙市	56.80	6	48.88	40.39	65.78	67.70	56.28
佛山市	56.78	7	51.55	41.94	62.63	71.09	48.66
苏州市	56.70	8	46.12	53.31	69.16	69.90	39.12
珠海市	56.45	9	41.37	40.17	72.35	79.12	38.90
无锡市	56.05	10	42.75	40.42	66.56	70.05	56.48
宁波市	55.82	11	47.31	51.48	66.13	71.09	35.19
厦门市	55.78	12	43.39	29.75	57.59	80.25	59.26
杭州市	55.59	13	48.42	38.15	68.50	71.55	41.16
泉州市	55.54	14	34.69	27.15	70.47	79.09	59.56
龙岩市	55.20	15	44.23	27.03	57.23	79.61	58.29
鄂尔多斯市	55.18	16	44.47	35.20	57.50	80.00	48.56
福州市	55.01	17	36.18	30.84	61.70	80.57	59.02
温州市	54.91	18	40.33	39.15	67.95	77.84	39.38
丽江市	54.61	19	36.22	34.26	57.29	77.25	64.30
三亚市	54.50	20	45.53	29.71	57.86	78.73	49.36
湖州市	54.15	21	39.79	43.81	59.66	73.13	49.45
玉溪市	54.04	22	47.37	38.47	36.95	72.79	72.29
三明市	53.81	23	34.73	42.30	55.06	79.97	51.87
成都市	53.66	24	41.14	31.00	56.47	72.26	62.44
南通市	53.50	25	37.19	35.16	62.27	71.13	57.96
绍兴市	53.47	26	41.95	28.06	64.01	74.69	48.65
昆明市	53.26	27	35.71	42.10	59.42	71.25	55.48
丽水市	52.99	28	36.99	22.47	63.98	80.00	50.47
威海市	52.63	29	32.29	22.20	59.09	74.93	71.16
舟山市	52.48	30	42.90	29.32	57.42	80.16	38.92
镇江市	52.41	31	40.30	32.11	61.83	67.21	55.69
常州市	52.41	32	44.40	34.49	64.03	66.40	44.87
南昌市	52.37	33	34.88	15.85	59.92	74.87	70.49

城市名称	城市健康发展指数	排名	健康经济	健康文化	健康社会	健康环境	健康管理
台州市	52.27	34	37.14	24.57	64.68	80.06	42.34
漳州市	52.22	35	32.22	19.41	59.54	79.90	62.47
黄山市	52.10	36	28.98	45.16	53.37	90.22	32.32
大庆市	51.78	37	36.64	30.38	47.31	74.84	65.94
武汉市	51.72	38	44.94	33.13	61.56	64.46	47.25
克拉玛依市	51.63	39	44.85	40.22	45.63	80.97	33.45
太原市	51.61	40	38.88	37.54	44.00	62.08	79.60
合肥市	51.48	41	35.14	39.98	64.72	66.73	47.16
东莞市	51.47	42	34.24	24.21	69.80	72.66	47.70
沈阳市	51.46	43	38.40	35.39	54.46	65.71	61.53
嘉兴市	51.45	44	38.12	30.46	61.63	71.45	47.77
扬州市	51.43	45	38.59	35.20	57.21	65.57	57.82
南宁市	51.34	46	26.47	39.71	53.82	74.68	62.21
银川市	51.27	47	28.50	41.59	54.89	67.36	67.29
常德市	51.23	48	38.88	23.78	53.83	74.40	57.20
长春市	51.22	49	30.34	43.03	52.45	71.57	58.68
呼和浩特市	51.19	50	39.20	25.19	57.09	64.88	66.48
金华市	51.16	51	36.94	24.43	65.14	75.05	43.12
乌鲁木齐市	51.11	52	36.84	28.30	58.82	74.71	48.06
嘉峪关市	51.04	53	38.08	33.80	51.54	74.40	50.31
衡阳市	51.04	54	40.48	29.23	55.95	66.20	58.63
景德镇市	50.97	55	25.72	25.12	47.21	83.66	69.42
怀化市	50.80	56	37.30	21.61	56.25	76.01	53.21
岳阳市	50.79	57	38.89	32.38	55.00	67.09	56.26
绵阳市	50.74	58	29.19	26.18	55.19	73.58	67.23
辽阳市	50.74	59	35.77	42.41	47.55	64.95	64.56
九江市	50.64	60	36.48	21.12	53.13	76.71	57.01
大连市	50.63	61	40.33	22.63	52.67	74.22	53.75
东营市	50.58	62	39.60	33.77	56.93	64.48	54.08
贵阳市	50.54	63	31.04	28.98	56.15	73.17	59.42
吉安市	50.51	64	26.67	29.56	53.76	77.62	61.69
青岛市	50.45	65	39.65	25.93	56.83	70.55	51.00
衢州市	50.45	66	34.10	31.78	57.73	78.18	40.46
重庆市	50.16	67	36.41	27.26	49.36	67.32	65.75

续表

城市名称	城市健康发展指数	排名	健康经济	健康文化	健康社会	健康环境	健康管理
盐城市	50.11	68	35.23	33.27	54.92	69.09	53.71
上饶市	50.07	69	41.19	16.14	49.97	74.40	58.39
泰州市	49.88	70	35.10	29.06	60.63	67.07	52.34
新余市	49.87	71	30.89	19.70	48.49	80.45	62.51
湘潭市	49.82	72	33.23	30.03	59.60	67.36	55.00
抚州市	49.71	73	39.82	13.02	47.02	78.11	59.16
廊坊市	49.71	74	37.00	23.65	56.89	68.30	56.37
娄底市	49.58	75	27.55	23.96	54.34	74.88	63.40
连云港市	49.57	76	29.47	37.60	52.63	71.72	54.00
桂林市	49.45	77	24.33	34.17	56.65	73.62	56.74
株洲市	49.43	78	33.26	28.24	58.22	69.27	52.79
济南市	49.28	79	42.93	27.51	61.72	61.60	44.52
玉林市	49.28	80	24.67	35.32	53.68	73.64	57.78
郴州市	49.27	81	26.69	16.69	58.90	74.22	65.04
烟台市	49.25	82	33.27	19.10	58.82	67.55	62.77
南平市	49.21	83	33.77	22.75	51.16	79.47	48.38
西安市	49.17	84	31.61	38.01	53.62	60.61	64.57
淮安市	49.17	85	31.63	39.79	53.95	65.00	55.01
肇庆市	49.14	86	22.18	35.60	51.09	75.55	60.97
包头市	49.08	87	35.31	53.70	49.45	66.77	37.41
萍乡市	49.07	88	27.15	45.59	38.00	76.85	57.52
金昌市	49.00	89	35.77	33.52	48.01	67.18	57.55
牡丹江市	48.98	90	20.70	32.72	48.40	61.03	93.07
郑州市	48.90	91	36.62	25.04	65.13	58.01	56.42
曲靖市	48.80	92	31.24	27.87	49.47	76.25	52.38
宁德市	48.80	93	32.52	18.53	54.26	72.17	59.98
乌海市	48.80	94	33.52	30.68	48.22	69.80	58.13
惠州市	48.78	95	29.85	15.10	56.60	77.74	55.29
邵阳市	48.70	96	24.95	43.82	52.20	70.61	51.96
徐州市	48.68	97	34.00	20.63	58.48	63.63	63.19
遵义市	48.64	98	29.73	23.93	53.56	68.34	64.40
柳州市	48.62	99	29.47	21.28	53.78	71.79	62.37
天津市	48.55	100	45.24	30.94	56.38	60.20	40.26
马鞍山市	48.49	101	33.20	31.90	54.69	68.70	48.61

续表

城市名称	城市健康发展指数	排名	健康经济	健康文化	健康社会	健康环境	健康管理
沧州市	48.42	102	35.11	25.52	51.79	65.02	61.33
黄石市	48.33	103	28.53	31.40	53.71	65.24	62.92
铜陵市	48.10	104	28.62	40.08	53.18	63.49	56.16
鹰潭市	48.07	105	28.90	23.68	53.96	71.64	57.28
海口市	48.00	106	26.62	32.76	54.21	77.31	41.76
临沂市	47.93	107	32.10	15.78	41.87	58.18	97.43
潍坊市	47.90	108	31.40	28.37	57.80	63.82	55.22
咸阳市	47.86	109	30.98	29.09	60.01	58.28	61.17
滁州市	47.85	110	28.96	26.14	52.88	70.28	56.92
宜昌市	47.73	111	35.99	20.53	56.75	61.89	58.87
韶关市	47.73	112	22.86	24.81	52.51	76.14	58.38
哈尔滨市	47.66	113	26.51	38.45	50.73	65.23	58.78
永州市	47.64	114	28.56	16.47	53.44	73.44	59.86
北海市	47.63	115	30.79	8.46	53.41	75.67	60.43
宣城市	47.61	116	39.57	20.17	47.54	72.00	47.90
中山市	47.57	117	34.31	25.33	59.89	66.11	44.61
赣州市	47.53	118	29.00	21.27	42.56	78.82	59.15
泸州市	47.50	119	33.45	12.55	54.01	71.15	57.76
茂名市	47.42	120	32.97	9.84	48.58	76.30	59.43
湛江市	47.34	121	30.19	22.19	50.46	75.64	49.72
普洱市	47.34	122	28.71	30.11	43.46	72.18	59.36
兰州市	47.11	123	31.81	20.53	54.03	70.52	50.96
晋中市	46.94	124	29.10	36.49	48.60	62.66	58.69
莆田市	46.89	125	31.64	11.61	45.09	78.46	57.36
鄂州市	46.89	126	31.50	16.59	47.81	70.34	62.52
黄冈市	46.74	127	20.23	32.34	52.61	65.91	65.54
榆林市	46.71	128	36.49	12.66	52.15	60.48	67.60
随州市	46.49	129	25.71	23.53	45.04	67.80	70.50
咸宁市	46.48	130	28.28	25.72	52.16	68.54	53.22
西宁市	46.47	131	25.14	21.82	50.48	71.71	59.28
临沧市	46.44	132	22.46	28.15	50.10	71.37	58.23
德阳市	46.43	133	28.13	22.47	50.57	70.10	55.92
日照市	46.41	134	31.06	17.97	52.59	67.31	57.33
铜仁市	46.34	135	31.04	26.73	57.53	56.68	59.31

续表

城市名称	城市健康发展指数	排名	健康经济	健康文化	健康社会	健康环境	健康管理
唐山市	46.30	136	33.85	21.82	51.60	60.35	61.07
池州市	46.23	137	28.80	22.76	51.54	70.74	50.83
宜春市	46.23	138	23.94	22.06	45.61	78.29	54.92
白银市	46.20	139	24.05	29.47	43.76	70.67	62.28
益阳市	46.11	140	31.73	19.92	53.24	65.44	54.52
本溪市	46.05	141	25.90	16.87	44.03	81.34	52.67
营口市	45.97	142	34.33	21.10	45.76	66.97	55.58
贺州市	45.95	143	29.38	12.57	50.39	70.98	59.33
蚌埠市	45.91	144	28.96	17.68	51.10	68.70	57.48
保定市	45.86	145	30.94	19.86	47.95	66.32	59.82
广元市	45.81	146	26.67	7.57	50.67	75.93	59.29
张家界市	45.81	147	27.39	22.46	51.31	76.57	41.27
赤峰市	45.73	148	26.12	20.04	48.50	67.85	63.56
十堰市	45.68	149	24.32	24.79	40.45	72.04	65.21
眉山市	45.67	150	22.78	14.86	47.55	74.37	64.33
梧州市	45.61	151	22.78	20.38	54.44	68.76	58.55
贵港市	45.59	152	28.54	18.66	51.43	67.49	56.67
钦州市	45.57	153	26.36	12.44	48.63	74.84	57.85
延安市	45.51	154	38.31	32.05	27.73	66.41	59.85
荆州市	45.50	155	25.95	23.46	57.17	60.81	59.05
毕节市	45.48	156	28.34	23.42	45.45	66.36	61.38
汉中市	45.45	157	32.77	17.06	47.35	64.06	61.41
防城港市	45.44	158	39.34	9.70	56.14	67.75	39.91
河池市	45.25	159	22.17	19.54	50.24	71.93	58.28
芜湖市	45.22	160	30.18	26.64	57.75	66.05	37.46
宿迁市	45.15	161	24.19	36.75	52.54	61.55	51.27
安康市	45.13	162	27.96	11.47	47.60	70.65	61.56
石家庄市	45.11	163	30.17	19.35	52.53	60.60	60.06
承德市	45.11	164	24.33	30.07	51.68	63.67	55.06
安阳市	45.06	165	31.33	32.30	53.50	51.78	58.25
新乡市	45.01	166	28.35	23.16	53.35	56.75	63.97
乌兰察布市	44.88	167	26.40	25.76	30.42	78.84	57.48
荆门市	44.86	168	26.81	29.02	48.45	62.22	57.06
安庆市	44.85	169	26.76	19.99	53.58	68.72	48.46

续表

城市名称	城市健康发展指数	排名	健康经济	健康文化	健康社会	健康环境	健康管理
宜宾市	44.79	170	32.02	12.40	47.94	68.83	54.18
六盘水市	44.74	171	21.66	27.57	35.23	73.17	65.66
自贡市	44.70	172	29.32	10.75	48.91	70.53	55.58
济宁市	44.65	173	28.45	24.36	52.08	59.07	57.97
中卫市	44.62	174	31.10	21.33	43.96	70.86	47.56
河源市	44.61	175	19.76	14.81	50.31	76.38	55.28
阳江市	44.58	176	25.30	12.84	53.23	76.21	44.18
梅州市	44.52	177	21.56	15.16	52.76	80.94	40.48
洛阳市	44.50	178	33.50	23.68	52.04	54.62	56.74
淄博市	44.44	179	34.44	22.53	54.42	57.44	48.08
许昌市	44.43	180	30.10	14.47	53.69	59.16	61.43
襄阳市	44.27	181	30.76	17.10	52.87	58.86	58.21
雅安市	44.25	182	23.91	12.97	51.02	67.86	61.04
固原市	44.22	183	25.27	25.95	42.47	71.50	50.97
安顺市	44.17	184	21.96	29.17	48.01	64.95	56.48
秦皇岛市	44.10	185	18.45	25.36	51.62	68.16	55.44
盘锦市	43.99	186	23.14	25.09	47.20	71.97	46.75
双鸭山市	43.98	187	20.61	25.06	41.29	75.63	52.70
保山市	43.89	188	30.11	23.22	30.19	74.47	54.82
泰安市	43.88	189	28.08	22.17	49.13	60.80	56.76
乐山市	43.88	190	32.74	9.00	48.21	69.36	49.12
呼伦贝尔市	43.83	191	25.99	15.43	45.24	66.57	62.22
滨州市	43.82	192	25.02	20.20	56.38	59.87	55.30
张掖市	43.79	193	23.70	21.21	42.61	72.39	53.77
广安市	43.78	194	23.77	10.94	45.40	70.62	63.09
商丘市	43.74	195	29.28	19.29	50.71	59.31	57.05
吉林市	43.71	196	24.60	21.75	45.13	66.93	56.94
漯河市	43.69	197	27.31	10.33	54.74	59.52	63.24
三门峡市	43.58	198	33.11	23.09	54.02	50.21	56.58
资阳市	43.58	199	25.99	14.59	43.86	71.01	55.79
菏泽市	43.57	200	32.30	19.54	46.18	57.53	59.66
南充市	43.57	201	25.20	21.48	44.61	66.45	56.73
南阳市	43.52	202	26.81	15.01	54.95	58.50	59.69
汕头市	43.44	203	24.92	14.14	48.47	76.65	41.54

续表

城市名称	城市健康发展指数	排名	健康经济	健康文化	健康社会	健康环境	健康管理
葫芦岛市	43.39	204	28.40	18.22	41.06	63.89	62.49
锦州市	43.36	205	34.83	26.08	43.54	60.29	46.40
晋城市	43.34	206	29.57	31.94	55.12	54.75	42.96
通辽市	43.27	207	22.84	23.52	42.27	70.08	53.69
鹤壁市	43.19	208	25.12	15.93	54.76	58.52	59.62
石嘴山市	43.15	209	26.49	25.11	44.89	68.28	44.78
昭通市	43.15	210	31.65	19.30	33.10	68.21	57.78
临汾市	43.14	211	25.50	32.29	51.82	52.11	56.84
内江市	43.12	212	24.20	12.14	45.24	68.80	60.04
吴忠市	43.10	213	25.98	18.70	42.61	67.74	55.60
白城市	43.04	214	21.84	18.65	46.54	71.63	50.44
七台河市	42.95	215	26.29	11.83	40.33	74.96	52.00
清远市	42.89	216	20.36	12.83	50.26	73.60	49.50
潮州市	42.87	217	21.04	20.66	45.61	70.44	51.85
松原市	42.79	218	21.39	15.20	47.43	68.52	56.98
揭阳市	42.77	219	21.56	8.73	46.61	70.26	61.23
云浮市	42.75	220	22.64	16.14	45.52	71.61	51.06
遂宁市	42.74	221	22.18	8.94	45.24	73.81	55.69
焦作市	42.64	222	24.61	20.77	52.20	54.98	61.23
阜阳市	42.63	223	25.90	18.19	50.39	60.18	55.32
抚顺市	42.58	224	33.81	12.22	43.96	60.44	55.95
朔州市	42.51	225	35.73	27.22	34.82	56.48	56.09
百色市	42.50	226	30.97	15.33	38.85	64.92	56.40
铜川市	42.47	227	23.08	26.10	49.44	64.39	45.35
六安市	42.46	228	21.43	13.48	50.16	70.74	49.08
宝鸡市	42.42	229	27.49	25.82	48.87	58.53	48.48
鞍山市	42.32	230	28.98	23.80	43.95	61.94	48.23
平顶山市	42.32	231	26.72	12.97	54.66	56.17	58.10
来宾市	42.31	232	25.09	5.68	47.39	68.81	56.66
枣庄市	42.27	233	25.53	16.67	50.34	58.51	57.96
长治市	42.25	234	28.40	20.32	47.96	58.02	53.35
衡水市	42.18	235	25.78	19.18	49.51	58.16	56.13
巴彦淖尔市	42.17	236	28.56	18.83	35.70	63.13	61.89
开封市	42.17	237	26.48	17.13	50.40	56.47	58.52

续表

城市名称	城市健康发展指数	排名	健康经济	健康文化	健康社会	健康环境	健康管理
渭南市	42.08	238	22.16	9.10	54.50	59.94	61.95
天水市	42.06	239	21.99	10.40	45.11	70.33	55.97
驻马店市	42.06	240	25.01	13.43	44.81	63.67	59.41
邯郸市	41.96	241	29.57	18.44	46.68	55.36	57.52
辽源市	41.92	242	17.51	23.29	44.37	69.95	51.23
佳木斯市	41.91	243	21.61	18.44	45.01	67.47	52.49
张家口市	41.83	244	21.34	17.18	46.90	65.64	54.20
朝阳市	41.82	245	25.40	19.82	43.69	62.00	55.06
聊城市	41.77	246	27.46	22.84	47.00	56.44	53.14
庆阳市	41.65	247	24.63	18.73	33.36	68.96	58.51
濮阳市	41.61	248	26.28	19.41	43.26	57.78	60.24
黑河市	41.47	249	21.05	17.40	42.08	71.03	49.48
四平市	41.39	250	21.91	18.03	45.86	66.20	49.95
淮北市	41.29	251	23.30	19.07	48.66	63.54	46.60
宿州市	41.16	252	27.92	9.01	49.29	60.38	52.50
阜新市	41.08	253	29.78	14.95	41.47	62.49	49.88
亳州市	41.00	254	26.65	11.64	52.01	58.76	50.02
酒泉市	40.93	255	24.77	16.34	40.44	64.24	54.26
海东市	40.92	256	36.79	17.64	30.65	63.08	47.84
汕尾市	40.92	257	16.69	8.17	48.22	74.00	49.17
武威市	40.88	258	22.99	18.85	36.09	69.20	51.89
丹东市	40.53	259	21.56	21.03	41.92	56.89	62.49
淮南市	40.41	260	24.63	19.23	49.52	62.32	39.20
邢台市	40.34	261	12.74	21.79	52.35	60.93	54.58
德州市	40.34	262	26.08	12.79	45.33	59.32	53.38
崇左市	40.27	263	20.26	10.68	51.91	61.44	52.38
平凉市	39.96	264	22.75	16.41	25.70	72.56	56.88
齐齐哈尔市	39.90	265	21.76	21.84	42.49	58.77	53.31
孝感市	39.79	266	22.78	21.58	33.87	64.26	53.44
信阳市	39.70	267	24.11	6.47	42.22	61.59	59.05
周口市	39.67	268	21.40	14.84	43.17	59.89	56.61
忻州市	39.59	269	28.76	19.93	32.13	57.67	57.13
江门市	39.49	270	26.01	16.67	54.61	71.20	11.73
大同市	39.28	271	11.51	26.34	45.62	61.85	52.42

续表

城市名称	城市健康发展指数	排名	健康经济	健康文化	健康社会	健康环境	健康管理
陇南市	39.18	272	29.06	15.17	28.02	62.54	56.02
铁岭市	39.07	273	22.80	12.95	31.15	63.50	62.14
鹤岗市	39.01	274	19.57	15.59	40.90	63.13	52.11
攀枝花市	38.94	275	26.98	19.85	35.16	53.51	58.68
阳泉市	38.88	276	29.26	12.36	46.57	48.85	54.56
巴中市	38.41	277	19.25	14.70	29.34	68.74	55.56
运城市	38.34	278	22.12	37.63	31.17	52.80	51.53
达州市	38.18	279	21.49	14.02	24.99	64.55	63.77
定西市	38.15	280	19.41	16.15	27.29	68.43	55.40
绥化市	38.14	281	21.30	11.28	36.81	62.20	54.74
商洛市	38.08	282	21.01	23.74	30.93	59.12	55.31
白山市	38.00	283	19.77	9.71	40.35	62.06	53.42
通化市	37.58	284	18.73	15.02	45.87	56.25	49.41
吕梁市	36.97	285	16.81	23.63	31.65	59.30	53.83
鸡西市	36.19	286	17.25	2.63	40.43	61.01	54.30
伊春市	36.17	287	18.57	15.76	39.99	54.40	50.41

附表2　2020年中国超大城市健康发展评价

城市名称	城市健康发展指数	排名	健康经济	健康文化	健康社会	健康环境	健康管理
深圳市	62.20	1	58.99	44.31	68.43	81.79	44.47
上海市	61.31	2	60.68	45.07	61.19	74.47	56.82
北京市	61.24	3	57.89	54.53	69.19	69.56	49.07
广州市	58.08	4	44.87	45.26	67.53	77.83	47.38
成都市	53.66	5	41.14	31.00	56.47	72.26	62.44
重庆市	50.16	6	36.41	27.26	49.36	67.32	65.75
天津市	48.55	7	45.24	30.94	56.38	60.20	40.26

附表3　2020年中国特大城市健康发展评价

城市名称	城市健康发展指数	排名	健康经济	健康文化	健康社会	健康环境	健康管理
南京市	59.78	1	48.43	58.65	64.80	69.57	56.81
长沙市	56.80	2	48.88	40.39	65.78	67.70	56.28

续表

城市名称	城市健康发展指数	排名	健康经济	健康文化	健康社会	健康环境	健康管理
佛山市	56.78	3	51.55	41.94	62.63	71.09	48.66
杭州市	55.59	4	48.42	38.15	68.50	71.55	41.16
昆明市	53.26	5	35.71	42.10	59.42	71.25	55.48
武汉市	51.72	6	44.94	33.13	61.56	64.46	47.25
东莞市	51.47	7	34.24	24.21	69.80	72.66	47.70
沈阳市	51.46	8	38.40	35.39	54.46	65.71	61.53
大连市	50.63	9	40.33	22.63	52.67	74.22	53.75
青岛市	50.45	10	39.65	25.93	56.83	70.55	51.00
济南市	49.28	11	42.93	27.51	61.72	61.60	44.52
西安市	49.17	12	31.61	38.01	53.62	60.61	64.57
郑州市	48.90	13	36.62	25.04	65.13	58.01	56.42
哈尔滨市	47.66	14	26.51	38.45	50.73	65.23	58.78

附表4 2020年中国大城市健康发展评价

城市名称	城市健康发展指数	排名	健康经济	健康文化	健康社会	健康环境	健康管理
苏州市	56.70	1	46.12	53.31	69.16	69.90	39.12
珠海市	56.45	2	41.37	40.17	72.35	79.12	38.90
无锡市	56.05	3	42.75	40.42	66.56	70.05	56.48
宁波市	55.82	4	47.31	51.48	66.13	71.09	35.19
厦门市	55.78	5	43.39	29.75	57.59	80.25	59.26
泉州市	55.54	6	34.69	27.15	70.47	79.09	59.56
福州市	55.01	7	36.18	30.84	61.70	80.57	59.02
温州市	54.91	8	40.33	39.15	67.95	77.84	39.38
南通市	53.50	9	37.19	35.16	62.27	71.13	57.96
绍兴市	53.47	10	41.95	28.06	64.01	74.69	48.65
常州市	52.41	11	44.40	34.49	64.03	66.40	44.87
南昌市	52.37	12	34.88	15.85	59.92	74.87	70.49
台州市	52.27	13	37.14	24.57	64.68	80.06	42.34
大庆市	51.78	14	36.64	30.38	47.31	74.84	65.94
太原市	51.61	15	38.88	37.54	44.00	62.08	79.60
合肥市	51.48	16	35.14	39.98	64.72	66.73	47.16

续表

城市名称	城市健康 发展指数	排名	健康经济	健康文化	健康社会	健康环境	健康管理
扬州市	51.43	17	38.59	35.20	57.21	65.57	57.82
南宁市	51.34	18	26.47	39.71	53.82	74.68	62.21
银川市	51.27	19	28.50	41.59	54.89	67.36	67.29
长春市	51.22	20	30.34	43.03	52.45	71.57	58.68
呼和浩特市	51.19	21	39.20	25.19	57.09	64.88	66.48
乌鲁木齐市	51.11	22	36.84	28.30	58.82	74.71	48.06
衡阳市	51.04	23	40.48	29.23	55.95	66.20	58.63
绵阳市	50.74	24	29.19	26.18	55.19	73.58	67.23
贵阳市	50.54	25	31.04	28.98	56.15	73.17	59.42
盐城市	50.11	26	35.23	33.27	54.92	69.09	53.71
连云港市	49.57	27	29.47	37.60	52.63	71.72	54.00
烟台市	49.25	28	33.27	19.10	58.82	67.55	62.77
淮安市	49.17	29	31.63	39.79	53.95	65.00	55.01
包头市	49.08	30	35.31	53.70	49.45	66.77	37.41
惠州市	48.78	31	29.85	15.10	56.60	77.74	55.29
徐州市	48.68	32	34.00	20.63	58.48	63.63	63.19
遵义市	48.64	33	29.73	23.93	53.56	68.87	64.58
柳州市	48.62	34	29.47	21.28	53.78	71.79	62.37
海口市	48.00	35	26.62	32.76	54.21	77.31	41.76
临沂市	47.93	36	32.10	15.78	41.87	58.18	97.43
潍坊市	47.90	37	31.40	28.37	57.80	63.82	55.22
咸阳市	47.86	38	30.98	29.09	60.01	58.28	61.17
赣州市	47.53	39	29.00	21.27	42.56	78.82	59.15
泸州市	47.50	40	33.45	12.55	54.01	71.15	57.76
兰州市	47.11	41	31.81	20.53	54.03	70.52	50.96
西宁市	46.47	42	25.14	21.82	50.48	71.71	59.28
唐山市	46.30	43	33.85	21.82	51.60	60.35	61.07
保定市	45.86	44	30.94	19.86	47.95	66.32	59.82
芜湖市	45.22	45	30.18	26.64	57.75	66.05	37.46
石家庄市	45.11	46	30.17	19.35	52.53	60.60	60.06
宜宾市	44.79	47	32.02	12.40	47.94	68.83	54.18
自贡市	44.70	48	29.32	10.75	48.91	70.53	55.58
济宁市	44.65	49	28.45	24.36	52.08	59.07	57.97
洛阳市	44.50	50	33.50	23.68	52.04	54.62	56.74

续表

城市名称	城市健康发展指数	排名	健康经济	健康文化	健康社会	健康环境	健康管理
淄博市	44. 44	51	34. 44	22. 53	54. 42	57. 44	48. 08
襄阳市	44. 27	52	30. 76	17. 10	52. 87	58. 86	58. 21
秦皇岛市	44. 10	53	18. 45	25. 36	51. 62	68. 16	55. 44
泰安市	43. 88	54	28. 08	22. 17	49. 13	60. 80	56. 76
吉林市	43. 71	55	24. 60	21. 75	45. 13	66. 93	56. 94
南充市	43. 57	56	25. 20	21. 48	44. 61	66. 45	56. 73
南阳市	43. 52	57	26. 81	15. 01	54. 95	58. 50	59. 69
汕头市	43. 44	58	24. 92	14. 14	48. 47	76. 65	41. 54
抚顺市	42. 58	59	33. 81	12. 22	43. 96	60. 44	55. 95
鞍山市	42. 32	60	28. 98	23. 80	43. 95	61. 94	48. 23
枣庄市	42. 27	61	25. 53	16. 67	50. 34	58. 51	57. 96
开封市	42. 17	62	26. 48	17. 13	50. 40	56. 47	58. 52
邯郸市	41. 96	63	29. 57	18. 44	46. 68	55. 36	57. 52
张家口市	41. 83	64	21. 34	17. 18	46. 90	65. 64	54. 20
淮南市	40. 41	65	24. 63	19. 23	49. 52	62. 32	39. 20
德州市	40. 34	66	26. 08	12. 79	45. 33	59. 32	53. 38
齐齐哈尔市	39. 90	67	21. 76	21. 84	42. 49	58. 77	53. 31
江门市	39. 49	68	26. 01	16. 67	54. 61	71. 20	11. 73
大同市	39. 28	69	11. 51	26. 34	45. 62	61. 85	52. 42

附表 5　2020 年中国中等城市健康发展评价

城市名称	城市健康发展指数	排名	健康经济	健康文化	健康社会	健康环境	健康管理
鄂尔多斯市	55. 18	1	44. 47	35. 20	57. 50	80. 00	48. 56
三亚市	54. 50	2	45. 53	29. 71	57. 86	78. 73	49. 36
湖州市	54. 15	3	39. 79	43. 81	59. 66	73. 13	49. 45
威海市	52. 63	4	32. 29	22. 20	59. 09	74. 93	71. 16
舟山市	52. 48	5	42. 90	29. 32	57. 42	80. 16	38. 92
镇江市	52. 41	6	40. 30	32. 11	61. 83	67. 21	55. 69
漳州市	52. 22	7	32. 22	19. 41	59. 54	79. 90	62. 47
嘉兴市	51. 45	8	38. 12	30. 46	61. 63	71. 45	47. 77
常德市	51. 23	9	38. 88	23. 78	53. 83	74. 40	57. 20
金华市	51. 16	10	36. 94	24. 43	65. 14	75. 05	43. 12

续表

城市名称	城市健康发展指数	排名	健康经济	健康文化	健康社会	健康环境	健康管理
景德镇市	50.97	11	25.72	25.12	47.21	83.66	69.42
怀化市	50.80	12	37.30	21.61	56.25	76.01	53.21
岳阳市	50.79	13	38.89	32.38	55.00	67.09	56.26
辽阳市	50.74	14	35.77	42.41	47.55	64.95	64.56
九江市	50.64	15	36.48	21.12	53.13	76.71	57.01
东营市	50.58	16	39.60	33.77	56.93	64.48	54.08
上饶市	50.07	17	41.19	16.14	49.97	74.40	58.39
泰州市	49.88	18	35.10	29.06	60.63	67.07	52.34
湘潭市	49.82	19	33.23	30.03	59.60	67.36	55.00
抚州市	49.71	20	39.82	13.02	47.02	78.11	59.16
廊坊市	49.71	21	37.00	23.65	56.89	68.30	56.37
娄底市	49.58	22	27.55	23.96	54.34	74.88	63.40
桂林市	49.45	23	24.33	34.17	56.65	73.62	56.74
玉林市	49.28	24	24.67	35.32	53.68	73.64	57.78
郴州市	49.27	25	26.69	16.69	58.90	74.22	65.04
肇庆市	49.14	26	22.18	35.60	51.09	75.55	60.97
牡丹江市	48.98	27	20.70	32.72	48.40	61.03	93.07
曲靖市	48.80	28	31.24	27.87	49.47	76.25	52.38
乌海市	48.80	29	33.52	30.68	48.22	69.80	58.13
邵阳市	48.70	30	24.95	43.82	52.20	70.61	51.96
马鞍山市	48.49	31	33.20	31.90	54.69	68.70	48.61
沧州市	48.42	32	35.11	25.52	51.79	65.02	61.33
黄石市	48.33	33	28.53	31.40	53.71	65.24	62.92
铜陵市	48.10	34	28.62	40.08	53.18	63.49	56.16
滁州市	47.85	35	28.96	26.14	52.88	70.28	56.92
宜昌市	47.73	36	35.99	20.53	56.75	61.89	58.87
韶关市	47.73	37	22.86	24.81	52.51	76.14	58.38
永州市	47.64	38	28.56	16.47	53.44	73.44	59.86
中山市	47.57	39	34.31	25.33	59.89	66.11	44.61
茂名市	47.42	40	32.97	9.84	48.58	76.30	59.43
湛江市	47.34	41	30.19	22.19	50.46	75.64	49.72
晋中市	46.94	42	29.10	36.49	48.60	62.66	58.69
莆田市	46.89	43	31.64	11.61	45.09	78.46	57.36
榆林市	46.71	44	36.49	12.66	52.15	60.48	67.60

续表

城市名称	城市健康发展指数	排名	健康经济	健康文化	健康社会	健康环境	健康管理
随州市	46.49	45	25.71	23.53	45.04	67.80	70.50
德阳市	46.43	46	28.13	22.47	50.57	70.10	55.92
日照市	46.41	47	31.06	17.97	52.59	67.31	57.33
宜春市	46.23	48	23.94	22.06	45.61	78.29	54.92
益阳市	46.11	49	31.73	19.92	53.24	65.44	54.52
本溪市	46.05	50	25.90	16.87	44.03	81.34	52.67
营口市	45.97	51	34.33	21.10	45.76	66.97	55.58
蚌埠市	45.91	52	28.96	17.68	51.10	68.70	57.48
广元市	45.81	53	26.67	7.57	50.67	75.93	59.29
赤峰市	45.73	54	26.12	20.04	48.50	67.85	63.56
十堰市	45.68	55	24.32	24.79	40.45	72.04	65.21
眉山市	45.67	56	22.78	14.86	47.55	74.37	64.33
梧州市	45.61	57	22.78	20.38	54.44	68.76	58.55
荆州市	45.50	58	25.95	23.46	57.17	60.81	59.05
汉中市	45.45	59	32.77	17.06	47.35	64.06	61.41
宿迁市	45.15	60	24.19	36.75	52.54	61.55	51.27
承德市	45.11	61	24.33	30.07	51.68	63.67	55.06
安阳市	45.06	62	31.33	32.30	53.50	51.78	58.25
新乡市	45.01	63	28.35	23.16	53.35	56.75	63.97
荆门市	44.86	64	26.81	29.02	48.45	62.22	57.06
安庆市	44.85	65	26.76	19.99	53.58	68.72	48.46
阳江市	44.58	66	25.30	12.84	53.23	76.21	44.18
许昌市	44.43	67	30.10	14.47	53.69	59.16	61.43
盘锦市	43.99	68	23.14	25.09	47.20	71.97	46.75
乐山市	43.88	69	32.74	9.00	48.21	69.36	49.12
滨州市	43.82	70	25.02	20.20	56.38	59.87	55.30
商丘市	43.74	71	29.28	19.29	50.71	59.31	57.05
漯河市	43.69	72	27.31	10.33	54.74	59.52	63.24
菏泽市	43.57	73	32.30	19.54	46.18	57.53	59.66
葫芦岛市	43.39	74	28.40	18.22	41.06	63.89	62.49
锦州市	43.36	75	34.83	26.08	43.54	60.29	46.47
临汾市	43.14	76	25.50	32.29	51.82	52.11	56.84
内江市	43.12	77	24.20	12.14	45.24	68.80	60.04
清远市	42.89	78	20.36	12.83	50.26	73.60	49.50

续表

城市名称	城市健康发展指数	排名	健康经济	健康文化	健康社会	健康环境	健康管理
潮州市	42.87	79	21.04	20.66	45.61	70.44	51.85
揭阳市	42.77	80	21.56	8.73	46.61	70.26	61.23
遂宁市	42.74	81	22.18	8.94	45.24	73.81	55.69
焦作市	42.64	82	24.61	20.77	52.20	54.98	61.23
阜阳市	42.63	83	25.90	18.19	50.39	60.18	55.32
六安市	42.46	84	21.43	13.48	50.16	70.74	49.08
宝鸡市	42.42	85	27.49	25.82	48.87	58.53	48.48
平顶山市	42.32	86	26.72	12.97	54.66	56.17	58.10
长治市	42.25	87	28.40	20.32	47.96	58.02	53.35
衡水市	42.18	88	25.78	19.18	49.51	58.16	56.13
渭南市	42.08	89	22.16	9.10	54.50	59.94	61.95
天水市	42.06	90	21.99	10.40	45.11	70.33	55.97
驻马店市	42.06	91	25.01	13.43	44.81	63.67	59.41
佳木斯市	41.91	92	21.61	18.44	45.01	67.47	52.49
朝阳市	41.82	93	25.40	19.82	43.69	62.00	55.06
聊城市	41.77	94	27.46	22.84	47.00	56.44	53.14
濮阳市	41.61	95	26.28	19.41	43.26	57.78	60.24
四平市	41.39	96	21.91	18.03	45.86	66.20	49.95
淮北市	41.29	97	23.30	19.07	48.66	63.54	46.60
宿州市	41.16	98	27.92	9.01	49.29	60.38	52.50
阜新市	41.08	99	29.78	14.95	41.47	62.49	49.88
丹东市	40.53	100	21.56	21.03	41.92	56.89	62.49
邢台市	40.34	101	12.74	21.79	52.35	60.93	54.58
信阳市	39.70	102	24.11	6.47	42.22	61.59	59.05
鹤岗市	39.01	103	19.57	15.59	40.90	63.13	52.11
攀枝花市	38.94	104	26.98	19.85	35.16	53.51	58.68
阳泉市	38.88	105	29.26	12.36	46.57	48.85	54.56
运城市	38.34	106	22.12	37.63	31.17	52.80	51.53
达州市	38.18	107	21.49	14.02	24.99	64.55	63.77
鸡西市	36.19	108	17.25	2.63	40.43	61.01	54.30
伊春市	36.17	109	18.57	15.76	39.99	54.40	50.41

附表6　2020年中国小城市健康发展评价

城市名称	城市健康发展指数	排名	健康经济	健康文化	健康社会	健康环境	健康管理
龙岩市	55.20	1	44.23	27.03	57.23	79.61	58.29
丽江市	54.61	2	36.22	34.26	57.29	77.25	64.30
玉溪市	54.04	3	47.37	38.47	36.95	72.79	72.29
三明市	53.81	4	34.73	42.30	55.06	79.97	51.87
丽水市	52.99	5	36.99	22.47	63.98	80.00	50.47
黄山市	52.10	6	28.98	45.16	53.37	90.22	32.32
克拉玛依市	51.63	7	44.85	40.22	45.63	80.97	33.45
嘉峪关市	51.04	8	38.08	33.80	51.54	74.40	50.31
吉安市	50.51	9	26.67	29.56	53.76	77.62	61.69
衢州市	50.45	10	34.10	31.78	57.73	78.18	40.46
新余市	49.87	11	30.89	19.70	48.49	80.45	62.51
株洲市	49.43	12	33.26	28.24	58.22	69.27	52.79
南平市	49.21	13	33.77	22.75	51.16	79.47	48.38
萍乡市	49.07	14	27.15	45.59	38.00	76.85	57.52
金昌市	49.00	15	35.77	33.52	48.01	67.18	57.55
宁德市	48.80	16	32.52	18.53	54.26	72.17	59.98
鹰潭市	48.07	17	28.90	23.68	53.96	71.64	57.28
北海市	47.63	18	30.79	8.46	53.41	75.67	60.43
宣城市	47.61	19	39.57	20.17	47.54	72.00	47.90
普洱市	47.34	20	28.71	30.11	43.46	72.18	59.36
鄂州市	46.89	21	31.50	16.59	47.81	70.34	62.52
黄冈市	46.74	22	20.23	32.34	52.61	65.91	65.54
咸宁市	46.48	23	28.28	25.72	52.16	68.54	53.22
临沧市	46.44	24	22.46	28.15	50.10	71.37	58.23
铜仁市	46.34	25	31.04	26.73	57.53	56.68	59.31
池州市	46.23	26	28.80	22.76	51.54	70.74	50.83
白银市	46.20	27	24.05	29.47	43.76	70.67	62.28
贺州市	45.95	28	29.38	12.57	50.39	70.98	59.33
张家界市	45.81	29	27.39	22.46	51.31	76.57	41.27
贵港市	45.59	30	28.54	18.66	51.43	67.49	56.67
钦州市	45.57	31	26.36	12.44	48.63	74.84	57.85
延安市	45.51	32	38.31	32.05	27.73	66.41	59.85
毕节市	45.48	33	28.34	23.42	45.45	66.36	61.38
防城港市	45.44	34	39.34	9.70	56.14	67.75	39.91

续表

城市名称	城市健康发展指数	排名	健康经济	健康文化	健康社会	健康环境	健康管理
河池市	45.25	35	22.17	19.54	50.24	71.93	58.28
安康市	45.13	36	27.96	11.47	47.60	70.65	61.56
乌兰察布市	44.88	37	26.40	25.76	30.42	78.84	57.48
六盘水市	44.74	38	21.66	27.57	35.23	73.17	65.66
中卫市	44.62	39	31.10	21.33	43.96	70.86	47.56
河源市	44.61	40	19.76	14.81	50.31	76.38	55.28
梅州市	44.52	41	21.56	15.16	52.76	80.94	40.48
雅安市	44.25	42	23.91	12.97	51.02	67.86	61.04
固原市	44.22	43	25.27	25.95	42.47	71.50	50.97
安顺市	44.17	44	21.96	29.17	48.01	64.95	56.48
双鸭山市	43.98	45	20.61	25.06	41.29	75.63	52.70
保山市	43.89	46	30.11	23.22	30.19	74.47	54.82
呼伦贝尔市	43.83	47	25.99	15.43	45.24	66.57	62.22
张掖市	43.79	48	23.70	21.21	42.61	72.39	53.77
广安市	43.78	49	23.77	10.94	45.40	70.62	63.09
三门峡市	43.58	50	33.11	23.09	54.02	50.21	56.58
资阳市	43.58	51	25.99	14.59	43.86	71.01	55.79
晋城市	43.34	52	29.57	31.94	55.12	54.75	42.96
通辽市	43.27	53	22.84	23.52	42.27	70.08	53.69
鹤壁市	43.19	54	25.12	15.93	54.76	58.52	59.62
石嘴山市	43.15	55	26.49	25.11	44.89	68.28	44.78
昭通市	43.15	56	31.65	19.30	33.10	68.21	57.78
吴忠市	43.10	57	25.98	18.70	42.61	67.74	55.60
白城市	43.04	58	21.84	18.65	46.54	71.63	50.44
七台河市	42.95	59	26.29	11.83	40.33	74.96	52.00
松原市	42.79	60	21.39	15.20	47.43	68.52	56.98
云浮市	42.75	61	22.64	16.14	45.52	71.61	51.06
朔州市	42.51	62	35.73	27.22	34.82	56.48	56.09
百色市	42.50	63	30.97	15.33	38.85	64.92	56.40
铜川市	42.47	64	23.08	26.10	49.44	64.39	45.35
来宾市	42.31	65	25.09	5.68	47.39	68.81	56.66
巴彦淖尔市	42.17	66	28.56	18.83	35.70	63.13	61.89
辽源市	41.92	67	17.51	23.29	44.37	69.95	51.23
庆阳市	41.65	68	24.63	18.73	33.36	68.96	58.51

续表

城市名称	城市健康发展指数	排名	健康经济	健康文化	健康社会	健康环境	健康管理
黑河市	41.47	69	21.05	17.40	42.08	71.03	49.48
亳州市	41.00	70	26.65	11.64	52.01	58.76	50.02
酒泉市	40.93	71	24.77	16.34	40.44	64.24	54.26
海东市	40.92	72	36.79	17.64	30.65	63.08	47.84
汕尾市	40.92	73	16.69	8.17	48.22	74.00	49.17
武威市	40.88	74	22.99	18.85	36.09	69.20	51.89
崇左市	40.27	75	20.26	10.68	51.91	61.44	52.38
平凉市	39.96	76	22.75	16.41	25.70	72.56	56.88
孝感市	39.79	77	22.78	21.58	33.87	64.26	53.44
周口市	39.67	78	21.40	14.84	43.17	59.89	56.61
忻州市	39.59	79	28.76	19.93	32.13	57.67	57.13
陇南市	39.18	80	29.06	15.17	28.02	62.54	56.02
铁岭市	39.07	81	22.80	12.95	31.15	63.50	62.14
巴中市	38.41	82	19.25	14.70	29.34	68.74	55.56
定西市	38.15	83	19.41	16.15	27.29	68.43	55.40
绥化市	38.14	84	21.30	11.28	36.81	62.20	54.74
商洛市	38.08	85	21.01	23.74	30.93	59.12	55.31
白山市	38.00	86	19.77	9.71	40.35	62.06	53.42
通化市	37.58	87	18.73	15.02	45.87	56.25	49.41
吕梁市	36.97	88	16.81	23.63	31.65	59.30	53.83

综 合 篇

Comprehensive Article Chapters

B.3
我国城市水环境治理的
主要模式与成效

李红玉*

摘　要：　"十三五"期间，中国城市水环境治理成效显著，城市地表水水质持续向好，城市流域水质不断改善，城市湖泊（水库）水质稳步提高，城市集中式饮用水水源地保障能力增强，城市水环境治理形成了以面源治理为主的综合治理思路，运作模式以PPP模式为主，EPCO模式兴起。中国城市水环境治理的财政、制度、组织等支撑能力不断增强，中央财政为城市水环境治理提供了有力的资金支持，国家和各城市的一系列制度政策为城市水环境治理提供了制度支撑，国家组建生态环保部，各级城市全面推行河长制，为城市水环境治理提供组织保障。"十三五"时期，中国城市水环境治理涌现出海口美舍河、南宁竹排

* 李红玉，中国社会科学院生态文明研究所、生态文明研究智库执行研究员，城市政策研究中心主任，主要研究方向为城市经济学、城市发展战略。

江等一批典型成功案例。展望"十四五",中国将形成城市水环境治理高质量发展新格局,迎来"三水统筹"的协同治理新阶段,城市水环境治理能力现代化水平将得到进一步提高。

关键词: 水环境 治理模式 支撑能力

2015 年,国务院正式发布《水污染防治行动计划》(简称"水十条"),标志着我国城市水环境治理由末端治理进入到面源治理的新阶段。"十三五"时期,在各级政府、企业、公众等各方的共同努力下,我国发挥政策的集成效应,大力推进以城市为主导的流域水环境治理,城市水环境治理取得显著成效,城市水环境治理模式逐渐成熟,形成了一批典型经验,为"十四五"时期进一步推进城市水环境治理工作打下了坚实基础。

一 我国城市水环境治理政策集成发力

(一)中央财政支持

为支持生态文明建设,打赢水污染防治攻坚战,2015 年以来财政部分别联合住建部、水利部、自然资源部、生态环境部等部门开展了黑臭水体治理示范城市、海绵城市建设试点、山水林田湖草生态保护修复工程试点等环境治理示范试点工作,对入选的示范城市和地区给予财政资金支持。城市水环境治理是这些项目的重要组成部分,财政资金对这些项目的支持大大提升了我国城市水环境治理能力。

1. 支持城市黑臭水体治理

为推动城市全面达到黑臭水体治理目标,建立长效机制,做好水污染防治工作,2018～2020 年财政部、住建部和生态环境部等三部门共同组织了三批次全国城市黑臭水体治理示范城市竞争性评选工作,每批次 20 个,共评选出 60 个城市，对入选的示范城市给予定额补助，每个城市中央财政分 3 年共支持 6 亿元。

要求试点城市制订城市黑臭水体治理 3 年方案，明确总体和年度目标，统筹使用中央财政资金及地方配套资金重点用于控源截污、内源治理、生态修复、活水保质、海绵体系建设以及水质监测能力提升等重点任务和环节，结合实际创新投融资模式，视情况规范采用 PPP 等模式，建立完善制度和政策，形成水环境保护的长效机制。

2. 支持海绵城市建设

为加强海绵城市建设，财政部、住建部、水利部等三部门自 2015 年起开展了海绵城市建设试点工作，由中央财政对试点城市给予为期 3 年的专项资金支持，按城市规模分档确定具体补助数额，直辖市、省会城市、其他城市每年的资金补助分别为 6 亿元、5 亿元、4 亿元。对采用 PPP 模式达到一定标准的城市在补助基数上奖励 10%。试点城市按 3 年滚动预算开展实施方案编制，将城市建设为具备吸水、蓄水、净水和释水等功能的"海绵体"，提高城市防洪排涝减灾能力。三部门定期对试点城市组织绩效评价，对评价结果好的城市，给予中央补助基数 10% 的奖励，对评价结果差的城市，扣回中央补助资金。

在海绵城市建设试点工作的基础上，2021 年财政部、住建部、水利部三部门联合开展"十四五"期间系统化全域推进海绵城市建设示范工作。三部门通过竞争性选拔确定第一批 20 个示范城市，对示范城市给予为期 3 年（2021～2023 年）的定额补助，补助资金分 3 年拨付。补助标准依据所在区域和城市等级确定，东部地区地级及以上城市，每个城市给予总额 9 亿元的补助，县级市每个城市给予总额 7 亿元的补助，中部地区地级及以上城市，每个城市给予总额 10 亿元的补助，县级市每个城市给予总额 8 亿元的补助，西部地区地级及以上城市，每个城市给予总额 11 亿元的补助，县级市每个城市给予总额 9 亿元的补助。要求示范城市制订全域开展海绵城市建设工作方案，建立相应的长效机制，统筹中央和地方资金，结合城市防洪排涝设施和地下空间建设，以及老旧小区改造等，完善体制机制及配套政策，争取通过 3 年时间，明显提升城市防洪排涝能力，提高地下空间建设水平，

全面有效落实海绵城市理念，推动全国海绵城市建设迈上新台阶。

3. 支持山水林田湖草沙一体化保护和修复

为系统性开展山水林田湖生态保护修复工作，财政部、原国土资源部、原环境保护部三部门自2016年起分两批遴选了陕西黄土高原、青海祁连山等11个区域，支持区域内各城市实施山水林田湖草生态保护修复重大工程，两批次共下达基础奖补资金160亿元。2018年，财政部、自然资源部、生态环境部三部门开展第三批山水林田湖草生态保护修复工程试点工作，要求试点地区内各城市充分统筹资金，开展山上山下、地上地下、陆地海洋以及流域上下游整体保护、系统修复、综合治理，统筹实施矿山环境治理恢复、推进土地整治与污染修复、开展生物多样性保护、推动流域水环境保护治理、全方位系统开展综合治理修复。根据财政部的统计，2016年以来，中央财政已遴选了25个山水林田湖草生态保护修复试点项目，累计下达360亿元重点生态保护修复治理资金。

在"十三五"期间山水林田湖草生态保护修复工程试点工作的基础上，2021年，财政部、自然资源部、生态环境部三部门开展了山水林田湖草沙一体化保护和修复工程试点工作，重点支持"三区四带"重点生态地区，对每个项目给予不超过20亿元的中央财政奖补，这些措施将进一步增强重点生态地区城市科学系统性开展水环境治理的中央财政支撑。

（二）顶层制度建设

2015年以来，我国在水环境治理领域出台了一系列政策，不断完善城市水环境治理相关体制机制，建立健全相关制度，提升城市水环境治理的制度保障能力。

北京、上海、广州、深圳等地也纷纷出台水环境治理相关规划，着力提高污水处理厂建设标准、加强污水管网配套、初期雨水治理和雨污混接改造，推进污泥无害化处理，持续开展河湖综合治理，推进农村污水治理，加强规划引领，提高水环境治理水平。

以上制度建设情况见表1。

表1   2015年以来我国城市水环境领域政策法规

文件名称	发布时间	主要内容
《水污染防治行动计划》	2015年4月	全面控制污染物排放,加强工业、城镇生活、农业农村、船舶港口等污染控制。调整产业结构、优化空间布局,推进循环发展。节约保护水资源,强化科技支撑,充分发挥市场机制作用,严格环境执法监管。强化水环境目标管理、污染物排放总量控制,严格风险控制,全面推行排污许可。保障饮用水安全,加强重点流域污染防治,加强近岸海域环境保护,整治城市黑臭水体,保护水和湿地生态系统
《关于推进水污染防治领域政府和社会资本合作的实施意见》	2015年4月	鼓励在水污染防治中应用PPP模式,完善制度规范,优化机制设计。存量为主、因地制宜、突出重点。明晰项目边界,健全回报机制,规范操作流程
《城市黑臭水体整治工作指南》	2015年9月	城市黑臭水体定义、识别与分级,整治方案编制,整治技术,整治效果评估
《"十三五"全国城镇污水处理及再生利用设施建设规划》	2016年12月	完善污水收集系统,污水处理设施能力建设,污泥无害化处理处置,再生水利用,初期雨水污染治理,城市黑臭水体综合整治,监管能力建设
《关于全面推行河长制的意见》	2016年12月	建立省、市、县、乡四级河长体系,省级设立总河长,各河湖所在市、县、乡均分级分段设立河长。县级及以上河长设置相应的河长制办公室。各级河长负责组织领导水资源保护、水域岸线管理、水污染防治、水环境治理等河湖的管理和保护工作
《关于修改〈中华人民共和国水污染防治法〉的决定》	2017年6月	新增建立河长制、实施排污许可制度、加大处罚力度、建立流域水环境保护联合协调机制等内容
《重点流域水污染防治规划(2016~2020年)》	2017年10月	实施以水质改善为核心的分区管理,明确长江、黄河等流域污染防治重点方向,强化京津冀、长江经济带等重点战略区水环境保护,规划重点任务为工业污染防治、城镇生活污染防治、流域水生态保护、饮用水水源环境安全保障
《长江保护修复攻坚战行动计划》	2018年12月	以改善长江生态环境质量为核心,以长江干流、主要支流及重点湖库为突破口,统筹山水林田湖草系统治理,"两手发力""三水共治""四源齐控""五江共建",创新体制机制,强化监督执法,着力解决突出问题,逐步恢复长江生态功能,改善环境质量
《中央生态环境保护督察工作规定》	2019年6月	设立专职督察机构,对省、自治区、直辖市党委和政府、国务院有关部门以及有关中央企业等组织开展生态环境保护督察。中央生态环境保护督察包括例行督察、专项督察和"回头看"等

文件名称	发布时间	主要内容
《北京市进一步加快推进城乡水环境治理工作三年行动方案（2019年7月～2022年6月）》	2019年11月	开展小微水体整治,加强合流制溢流污染和面源污染治理,完善城镇地区污水处理和再生水利用设施,进一步强化水环境监督管理
《关于构建现代环境治理体系的指导意见》	2020年3月	到2025年,建立健全环境治理的领导责任体系、企业责任体系、全民行动体系、监管体系、市场体系、信用体系、法律法规政策体系,落实各类主体责任,提高市场主体和公众参与的积极性,形成导向清晰、决策科学、执行有力、激励有效、多元参与、良性互动的环境治理体系
《支持引导黄河全流域建立横向生态补偿机制试点实施方案》	2020年4月	逐步建立黄河流域生态补偿机制,进一步完善和提升黄河流域生态环境治理体系和治理能力,逐步恢复河湖、湿地生态功能,增强水源涵养、水土保持等生态功能,稳步增加生物多样性,有效保护和节约集约利用水资源得到,水质稳中向好,建立健全生态产品价值实现机制
《上海市水系统治理"十四五"规划》	2021年6月	提升污水收集处理能力,妥善处理处置污泥,推进河湖水系生态治理,推进原水系统和供水厂网建设,加强水土保持与滩涂保护,推进水资源集约节约高效利用

（三）各级组织保障

1. 加强城市水环境治理的顶层设计

2018年，国务院进行机构改革，重新组建生态环境部，整合原环境保护部职责，国家发改委应对气候变化和减排职责，国土资源部监督防治地下水污染职责，以及水利部编制水功能区划、排污口设置管理、流域水环境保护职责，农业部监督指导农业面源污染治理职责，国家海洋局海洋环境保护职责，国务院南水北调办公室的环境保护职责。

此次机构改革，将原来分散在环保部、国土资源部、水利部、农业部等部门的水环境规划、治理、监督等职责整合并入生态环境部，改变了"九龙治水"格局。新组建的生态环境部对全国城市水环境治理工作的指导更加系统，城市水环境治理职能更加集中，避免了多头管理，强化了水环境监管、行政执法和政策执行力度。

2019 年，生态环境部围绕水环境治理进一步深化机构改革，组建长江、黄河、淮河、海河流域北海海域、珠江流域南海海域、松辽、太湖流域东海海域 7 个流域（海域）生态环境监督管理局及其监测科研中心，推动形成流域、海域生态环境保护政策标准制定、监测评估、监督执法、督察问责"四统一"新格局，为城市协同治理流域、海域水环境提供了更科学系统的指导。

2. 各级城市全面推行河长制

2016 年，国务院印发《关于全面推行河长制的意见》，要求全面建立以省、市、县、乡四级党政领导为河长的责任体系。各省、自治区、直辖市设立总河长，由党政主要负责同志担任，行政区域内主要河湖设立河长，由省级负责同志担任。各河湖所在市、县、乡分级分段设立河长，由同级负责同志担任。县级及以上河长设置相应的河长制办公室。

各级城市全面推行河长制，城市河长主要负责组织领导水资源保护、水域岸线管理、水污染防治、水环境治理等河湖管理和保护工作，牵头组织对超标排污等突出问题进行整治，对下一级河长和相关部门进行督导，对目标任务进行考核，强化激励问责。各级城市推行河长制有助于建立健全以党政领导负责制为核心的城市水环境治理责任体系，强化城市水环境工作措施，增强协调力量，形成层层落实的城市水环境治理格局。

二 我国城市水环境治理的主要成效

（一）城市地表水水质持续向好

2015～2020 年，全国地级及以上城市地表水考核断面水环境质量持续向好。2015 年全国 967 个地表水质断面监测，Ⅰ类水质断面占 2.8%，Ⅱ类占 31.4%，Ⅲ类占 30.3%，Ⅳ类占 21.1%，Ⅴ类占 5.6%，劣Ⅴ类占 8.8%。2020 年全国 1937 个地表水质断面监测，Ⅰ类和Ⅱ类占比分别提升

至 7.3% 和 47%，Ⅲ类、Ⅳ类、Ⅴ类、劣Ⅴ类占比分别降至 29.2%、13.6%、2.4%、0.6%，劣Ⅴ类水体比例下降明显。

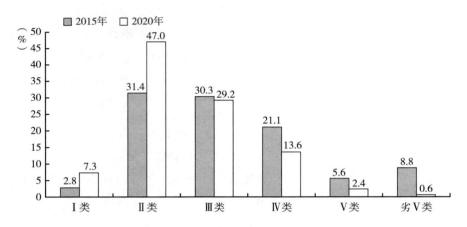

图1　2015~2020年全国地表水水质变化

资料来源：《中国环境状况公报》（2015年、2020年）。

（二）城市流域水质不断改善

2015~2020年，在全国城市协同治理下，我国流域水质不断改善。2015年，长江、黄河、珠江、松花江、淮河、海河、辽河七大流域和浙闽片诸河、西北诸河、西南诸河的700个水质断面监测，Ⅰ类水质断面占2.7%，Ⅱ类占38.1%，Ⅲ类占31.3%，Ⅳ类14.3%，Ⅴ类4.7%，劣Ⅴ类占8.9%。2020年，七大流域和浙闽片诸河、西北诸河、西南诸河的1614个水质断面监测，Ⅰ类和Ⅱ类占比分别提升至7.8%和51.8%，Ⅲ类、Ⅳ类、Ⅴ类、劣Ⅴ类占比分别降至27.8%、10.8%、1.5%、0.2%，劣Ⅴ类比例下降明显，Ⅱ类占比过半。

2015~2020年，全国地级及以上城市入海河流水质提升显著。2015年入海河流水质断面监测，Ⅱ类水质断面占11.3%，Ⅲ类占30.2%，Ⅳ类占22.5%，Ⅴ类占14.4%，劣Ⅴ类占21.5%。2020年，入海河流水质断面监测，Ⅱ类、Ⅲ类、Ⅳ类占比分别提升至22.3%、45.6%、

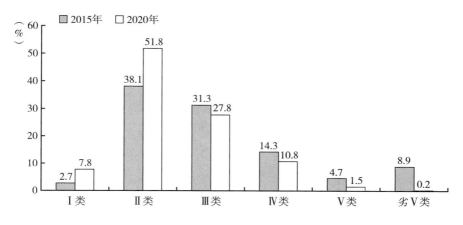

图 2　2015～2020 年流域水质变化

资料来源:《中国环境状况公报》(2015 年、2020 年)。

24.9%, V类、劣 V 类占比分别降至 6.7%、0.5%, 劣 V 类比例大幅下降。

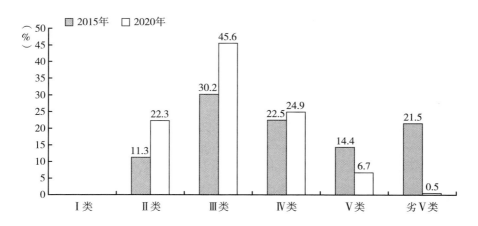

图 3　2015～2020 年入海河流水质变化

资料来源:《中国环境状况公报》(2015 年、2020 年)。

(三)城市湖泊(水库)水质稳步提高

2015～2020 年, 在相关城市协同治理下, 全国湖泊(水库)水质不断

改善。2015 年，62 个重点湖泊（水库）监测，Ⅰ 至 Ⅲ 类水质的湖泊（水库）占 69.35%，Ⅳ 至 Ⅴ 类占 22.58%，劣 Ⅴ 类占 8.07%。2020 年，112 个重点湖泊（水库）监测，Ⅰ 至 Ⅲ 类水质的湖泊（水库）占比提升至 76.8%，Ⅳ 至 Ⅴ 类占比降至 17.8%，劣 Ⅴ 类占比降至 5.4%，劣 Ⅴ 类比例下降明显。

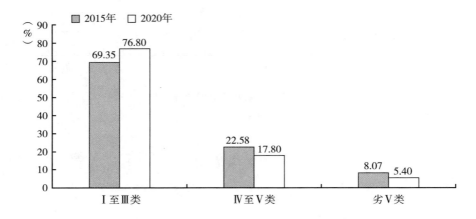

图 4　2015～2020 年湖泊（水库）水质变化

资料来源：《中国环境状况公报》（2015 年、2020 年）。

从太湖（主要涉及无锡、湖州、常州、苏州等城市）、巢湖（主要涉及合肥市）、滇池（主要涉及昆明市）等重要湖泊（水库）来看，各湖泊（水库）水质均有所提升。2015 年太湖水质监测，Ⅱ 类水质断面占 2.9%，Ⅲ 类占 38.2%，Ⅳ 类占 50%，Ⅴ 类占 2.9%，劣 Ⅴ 类占 5.9%。2020 年，太湖水质监测，Ⅱ 类和Ⅲ类占比分别提升至 23.6% 和 70.9%，Ⅳ 类占比降至 5.5%，Ⅴ 类、劣 Ⅴ 类清零。

2015 年巢湖水质监测，Ⅱ 类水质断面占 9.1%，Ⅲ 类占 63.6%，劣 Ⅴ 类占 27.3%。2020 年，巢湖水质监测，Ⅱ 类占比提升至 21.4%，Ⅱ 类和Ⅲ类合计占比达 85.7%，劣 Ⅴ 类清零。

2015 年滇池水质监测，Ⅱ 类水质断面占 6.2%，Ⅲ 类占 12.5%，Ⅳ 类占 56.2%，Ⅴ 类占 12.5%，劣 Ⅴ 类占 12.5%。2020 年，滇池水质监测，Ⅱ

类和Ⅲ类占比分别提升至25%和66.7%，Ⅳ类占比降至8.3%，Ⅴ类、劣Ⅴ类清零。

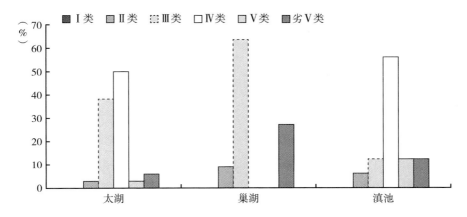

图 5　2015 年重要湖泊（水库）水质情况

资料来源：《中国环境状况公报》（2015 年）。

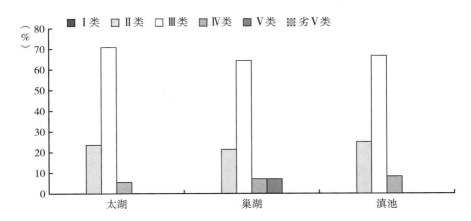

图 6　2020 年重要湖泊（水库）水质情况

资料来源：《中国环境状况公报》（2020 年）。

（四）城市集中式饮用水水源地保障能力增强

2015～2020 年，全国地级及以上城市集中式饮用水水源地达标率进一

步提高。2015 年，国考断面监测的 557 个地表饮用水水源地，达标率为 92.6%，2020 年，国考断面监测的 598 个地表饮用水水源地，达标率升至 97.7%。2015 年，国考断面监测的 358 个地下饮用水水源地，达标率为 86.6%，2020 年，国考断面监测的 304 个地下饮用水水源地，达标率升至 88.2%。

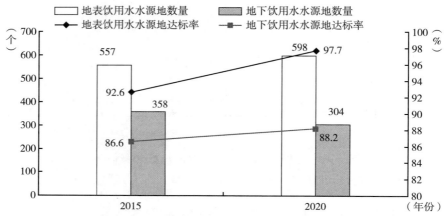

图 7　2015～2020 年全国地级以上城市集中式饮用水水源地情况

资料来源：《中国环境状况公报》（2015 年、2020 年）。

三　我国城市水环境治理的模式总结

（一）技术模式

1. 以面源治理为主的综合治理思路

城市水环境治理的传统思路是以污水厂建设为主进行末端治理，末端治理可以在短时间内缓解水环境恶化情况，但无法实现标本兼治，面源污染日益突出，氮磷等污染物排放水平依旧较高。随着"水十条"的发布，我国城市水环境治理进入了以面源治理为主的综合治理时代，逐渐形成以源头减排、过程控制、末端治理为一体的综合治理理念，将分散的单体项目通盘考虑，加强了顶层设计，使水环境治理成为一项系统性工程。

城市水环境综合治理是多目标体系，综合水环境、水安全、水资源、水生态、水文化等，涉及水务、固废、环保、建筑、园林技术企业统一配合。水务、固废企业主要负责控源截污及后期运营，环保企业主要负责河道清淤、污水处理以及水质在线监测，建筑企业负责设施建设，园林企业负责生态修复和景观建设。

城市水环境综合治理可分为前、中、后期三个阶段。前期阶段包括调查分析、模型预测、控源截污，在对水环境治理区域进行系统调查的基础上，建设污水厂、再生水厂和排水系统，控制外源污染，并进行底泥疏浚等内源治理。控源截污是当前水环境治理的核心环节。中期阶段包括水利工程、生态修复、滨水景观，在前期工作基础上，开展防洪内涝、水生态、景观等工作。后期阶段包括搭建智慧系统、运营管理、经济文化建设，通过监测系统和运营管理对水环境进行持续维护，并通过生态公园等方式开展水文化建设。

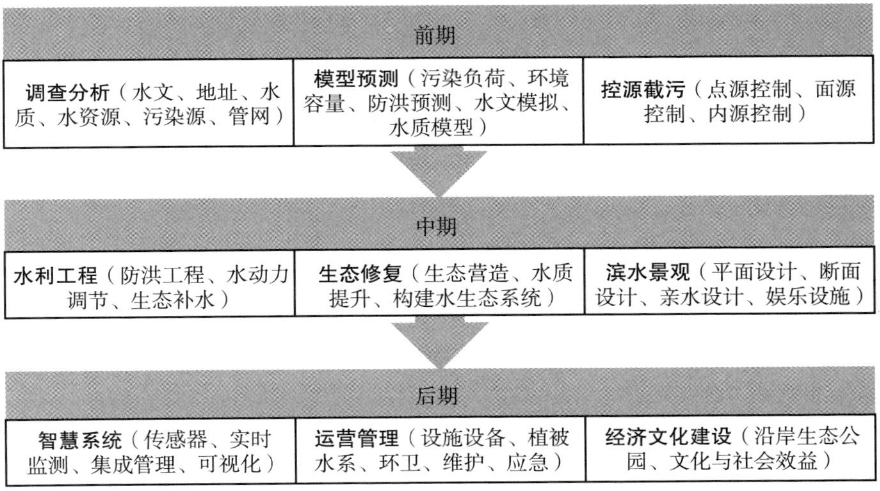

前期		
调查分析（水文、地址、水质、水资源、污染源、管网）	**模型预测**（污染负荷、环境容量、防洪预测、水文模拟、水质模型）	**控源截污**（点源控制、面源控制、内源控制）

中期		
水利工程（防洪工程、水动力调节、生态补水）	**生态修复**（生态营造、水质提升、构建水生态系统）	**滨水景观**（平面设计、断面设计、亲水设计、娱乐设施）

后期		
智慧系统（传感器、实时监测、集成管理、可视化）	**运营管理**（设施设备、植被水系、环卫、维护、应急）	**经济文化建设**（沿岸生态公园、文化与社会效益）

图8　城市水环境治理流程

2. 城市黑臭水体治理技术体系

城市黑臭水体治理是水环境治理的重点，是水环境综合治理的五大方向

（其他四个方向为重要河流、重要湖库、重大调水工程沿线、近岸海域）之一。在实践中，黑臭水体治理主要包括控源截污、内部控制、生态修复、其他技术四大类工程技术。控源截污主要包括截污纳管、面源控制等，内部控制主要包括垃圾清理、生物残体及漂浮物清理、清淤疏浚等，生态修复主要包括岸带修复、生态净化、人工增氧等，其他技术主要包括活水循环、清水补给、旁路治理等。

控源截污是黑臭水体整治的根本，可以从源头控制污水排放至城市水体，主要应用于城市水体沿岸排污口、合流制污水沿岸排放口、分流制雨水管道初期雨水或旱流水排放口等治理中。截污纳管是其他技术措施的前提，通过将污水截流管线沿河沿湖铺设，并设置提升（输运）泵房，起到截流污水并将污水纳入城市污水收集和处理系统的作用。在对老旧城区雨污合流制管网进行治理时，一般应在沿河岸或湖岸设置溢流控制装置。

在黑臭水体治理过程中，也可结合海绵城市理念，更好地控制城市初期雨水、畜禽养殖污水、地表固废等污染源。可运用各种低影响开发技术、地表固废收集、土壤与绿化肥分流失控制、初期雨水控制与净化、生态护岸与隔离等技术。在畜禽养殖面源控制中，采用粪尿分类、雨污分离、固体粪便堆肥、污水就地处理后农地回用等技术。

3. 面向未来的智慧运营平台

在城市水环境治理中，智慧水务运营平台建设日益重要。智慧水务运营平台运用大数据、物联网、GIS、BIM、AR、模型分析等技术，可实现水务管理、信息采集和发布、运营交流等工程。

（二）运作模式

当前，我国城市水环境治理工作已形成由项目发起、污水处理设备供给、化学药剂供给、工程设计咨询、投融资、工程施工、项目运营等环节构成的专业分工体系。城市水环境治理具备公共事业属性，一般由城市环保、水利、住建等政府部门针对当地流域、湖泊（水库）、生产及生活污水等问

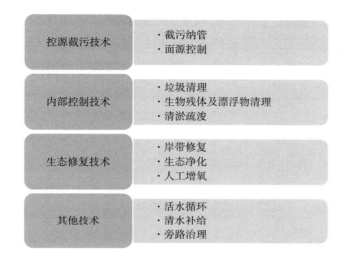

图9 黑臭水体治理技术体系

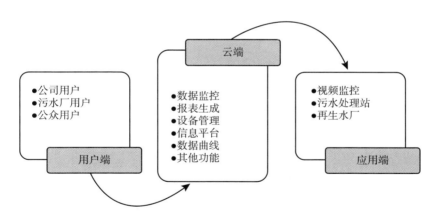

图10 智慧水务运营平台系统

题发起项目，并招标具有较强资金实力和综合服务能力的企业进行投资建设，开展项目设计、采购设备及药剂、工程施工等。水治理项目建成后，由投资建设方或委托专业第三方进行后续运营。

当前我国城市水环境治理项目以 PPP 模式和 EPCO 模式为主。

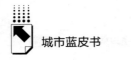

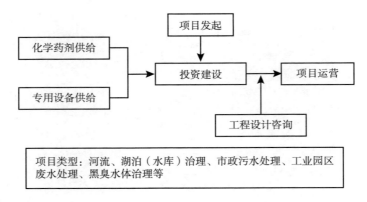

图 11 城市水环境治理项目专业分工

1. PPP 模式

PPP 模式，即政府和社会资本合作模式，具体指政府和社会资本方针对某一水环境处理项目签订合作协议，共同出资及运营，分工合作，形成"风险共担、利益共享、全程合作"的合作伙伴关系。

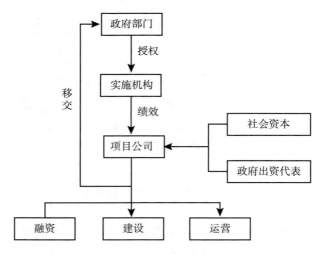

图 12 城市水环境治理 PPP 模式

"水十条"实施后，由于城市水环境治理项目具有投资规模大、专业性强、建设运营周期长等特点，国内许多城市开始积极探索和实践 PPP 模式。

根据财政部政府和社会资本合作中心的数据，截至 2020 年底，共有 1716 个污水、垃圾处理领域在库项目，投资总额 6968 亿元。

根据城市水环境治理 PPP 项目的具体类型、投融资需求、建设需求、收费机制、风险水平、收益水平、期满处置等因素，PPP 项目又可分为建设 - 运营 - 移交（BOT）、建设 - 拥有 - 运营（BOO）、购买 - 建设 - 运营（BBO）、改建 - 运营 - 移交（ROT）、委托运营（OM）、管理合同（MC）、租赁 - 运营 - 移交（LOT）、移交 - 运营 - 移交（TOT）、区域特许经营（Concession），以及这些方式的组合等。从我国实践来看，BOT 模式是我国水环境治理的主流模式，在 BOT 模式中，一般情况下，政府将水环境治理项目通过特许经营的方式交给项目公司，并为项目提供政府支持，项目公司牵头联系多个参与者对项目进行设计、建设、运营（一般 15 ~ 20 年），项目公司通过运营收回投资并偿还贷款，取得收益，项目期满，项目公司将项目无偿移交政府部门。

根据不同的水环境问题，城市水环境治理 PPP 项目的建设和运营重点不同。以黑臭水体整治为核心的 PPP 项目的建设和运营重点是改善黑臭水体水质、使水质达标，建设内容主要包括黑臭河流治理、活水循环等。以截污整治为核心的 PPP 项目的建设和运营重点是水系功能、防洪保安以及水质达标，建设内容主要包括水系联通、防洪工程、水安全保障等。以生态景观、智慧平台为核心的 PPP 项目的建设与运营重点是园林绿化、智能平台的多信息技术集成，建设内容主要包括生态景观构建、智慧系统设计等。

实践证明，PPP 模式可以拓宽融资渠道，优化资源配置，有效利用社会资本，降低政府财政压力。PPP 模式将市场规则和竞争引入公共服务领域，可以确保项目建设运营团队具有较强的专业性和综合实力，提高公共服务供给质量和效率。作为典型的公共基础设施项目，水环境治理项目涉及范围广，投入资金大，建设周期长，收益水平低，适合采用 PPP 模式。当前我国城市 PPP 模式也存在一些问题，如 PPP 项目门槛高、企业资金压力大、长周期内企业回款风险大、政府监管不足等。

随着我国城市 PPP 模式的不断推广，政府部门也探索出了 TOP（交通

导向）、EOD（生态环境导向）等水环境综合治理和产城融合发展等多种新模式，用好用活公园等运营权，供排水、环保等相关经营权，广告投放、商业地产开发等经营性资源，通过资源配置和规模经济，将项目自身开发利益融入产业功能区整体价值，促进外部效应内部化，减少了财政补贴支出，带动了区域环境、经济、社会价值整体提升。

2. EPCO 模式

EPCO 模式是集设计、采购、施工、运营于一体的总承包模式，是在传统 EPC（工程总承包）模式下增加了运营环节，是一种运营导向的全生命周期管理模式。EPCO 模式是在地方政府专项债和市场化融资背景下兴起的，政府可通过专项债和市场化融资解决项目资金问题，项目建设运营由总承包商负责。传统模式下，政府投资项目的建设和运营是分开的，容易产生建设和运营衔接不畅、技术不匹配、全生命周期内成本较高等问题。EPCO 模式强化了运营环节，使后期运营内置到承包商设计、采购、施工等环节，提高了项目全生命周期运行效率。

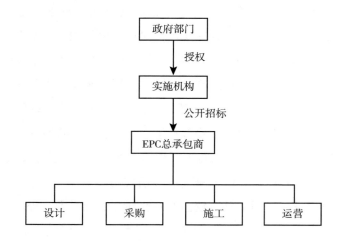

图 13　水环境治理 EPCO 模式

在 PPP 模式中，政府项目审批程序多，需要完成物有所值评价、财承论证、实施方案等，审批严格，并受 10% 的财承红线限制。在 EPCO 模式中，不需要走 PPP 的流程，项目审批高效，不受 10% 的财承红线限制，对企业来说，不需要承担较大的资金压力。在当前多地政府财政承受能力有限、企业融资难的情况下，EPCO 模式备受关注。但 EPCO 模式下，政府资金负担较重，承担项目风险较大，项目总承包商的协调统筹难度也较大。

四 我国城市水环境治理的典型案例

（一）海口美舍河水环境治理

1. 基本情况

美舍河流域是海口母亲河，全长 31 千米，水域面积 0.7 平方千米，流经海口三个区，沿线 33 万居民。2016 年以前，美舍河流域水环境质量差，生态功能退化，主要污染源分为点源污染（沿线污水直排口）、面源污染（雨季合流制溢流、初期雨水）和内源污染（河道底泥和垃圾）。河道淤积、阻断，过水断面不足，沿岸低洼处内涝严重；河道内外源污染较重，污染物严重超标，水体黑臭；河道渠化，河道生态环境被破坏，水体自净能力丧失。

2. 主要做法

2016 年 6 月，海口市开启美舍河水环境治理工作，采用"控源截污、内源治理、生态修复、景观提升"的技术模式，高位推动、高效推进、系统治理。

成立专项机构。加强组织保障，组建由生态环境、财政、税务、城管委等 11 个部门参与的治水领导机构，形成部门合力，建立高效沟通、重在实施、严格监管的工作机制。

创新治理模式。实行"PPP + EPC + 跟踪审计 + 全程监管"模式，市场公开招标，与中标企业签订为期 15 年的运营协议，按效付费。聘请专业第三方团队提供全过程技术支持。

以河长制为抓手。全面实施河长制，"河湖长 + 治水办 + 治水企业"共

治，河长牵头，统领治理工作，部门协作、分级管理、齐抓共管，勤督勤查抓落实，促进河湖长制见实效。

以控源截污为核心。把控源截污作为关键环节，全面排查沿岸排放口，排查管线 216.8 千米，排查排水口 339 个，实行截污纳管、行政执法取缔、雨污分流等分类处理。

建立管护长效机制。依法治水，颁布《海口市美舍河保护管理规定》，明确规范管护任务。科技管水，建设信息化平台，快速处理咨询、投诉举报等问题。全民护水，将水域环境纳入城镇环卫 PPP 作业范围，聘请百姓河长。

3. 治理成效

2017 年底已消除黑臭水体，水质常态达到 V 类及以上标准。2018 年 8 月，市政府宣布美舍河治理阶段完工，进入运维阶段，众多媒体专题报道，获得社会各界一致认可。

水环境和水生态得到有效改善。由黑臭水体状态改善为常态 V 类及以上标准，初步形成鸟类群落、鱼类、微生物、两栖生物的栖息空间，逐步恢复河道自净能力。

水安全得到有效保障。拓宽了河道洪水位断面，增强了河道雨洪蓄排能力，缓解了内涝问题。

水景观得到有效提升。以本地草、本地花、本地树为主构建滨水景观系统及凤翔湿地公园，下游 6 千米慢行系统全线贯通，增建 22 个市民活动广场。

水环境治理助推城市增值。融入"城市经营"理念，以绿化带、湿地公园等资源为基础，打造酒吧一条街等以休闲产业为主的滨河新业态。

（二）南宁市竹排江水环境治理

1. 基本情况

竹排江是南宁市最主要的内河之一，主河道长 35.9 千米，流域面积 117 平方千米，贯穿市区，汇入母亲河邕江，主要支流有那考河、沙江河、凤岭冲沟、翠竹支流等。治理前，竹排江是一条有名的"纳污河"，其主要支流沙江河、那考河水质劣 V 类，d 段重度黑臭，f 段、g 段轻度黑臭，大部分河段污水横流、恶臭扑鼻、周边渣土漫布。竹排江入河污染主要为上游农村生活污水直排、农业面源污染和下游合流制溢流污染。

2. 主要做法

结合海绵城市建设理念，开展全流域全要素治理。建成区段划分流域单元，系统制订治理方案，实行"源头减排、过程控制、系统治理"与"控源截污、内源治理、生态修复、活水保质、长制久清"相结合的技术模式，以控源截污为重点全流域、全要素通盘采取治理措施。

建设污水厂和管网。补齐缺失污水管网，打通断头管，提高污水收集转输水平。实施清污分流改造雨污管网，清淤排水管道，整治排口防江水倒灌。新建污水处理厂和两岸截污管，对旱天污水截流并处理，提升污水处理能力。

控制合流制溢流污染。改造整治沿河溢流口，"灰绿结合"，增强溢流污染控制能力。采用雨污分流装置对南湖截流改造，降低合流制溢流频次。

治理农村农业面源污染。在流域上游农村建设分散式污水处理站，并配套建设污水管收集污水。

试点建设海绵城市。以雨污分流改造、降低合流溢流频次、断接改造雨落管、硬化铺装改造等工程为主试点建设海绵设施，适当建设下沉式绿地、透水铺装等。

3. 治理成效

竹排江水环境综合治理成效显著，生态、经济、社会效益明显，全国各地和东盟等国家考察学习团队纷至沓来，为国内外水环境治理提供了"南宁经验"。

生态效益显著。有效控制污染物入河，昔日"纳污河"蜕变成"网红"湿地公园。

经济效益明显。周边进行商业开发用途，提升了休闲娱乐购物功能，带动了周边房产增值、土地升值及休闲旅游产业发展。

社会效益突出。百姓幸福感和获得感、城市内涵和品质、城市就业机会均得到提升，促进了城市节能减排。

五 "十四五"时期我国城市水环境治理工作展望

（一）迎来"三水统筹"的协同治理新时期

"十四五"是"三水统筹"的系统治理新时期，应采取有效措施，积极推动城市水环境治理从以水污染防治为主向"三水统筹"转变。一是规划引领。高水平完成"十四五"相关规划编制工作，其中做好地级市水生态环境保护要点编制十分关键，可以为后续各级规划、各流域规划打下良好基础。做好规划编制，应注重组织协调，需要高度重视生态环境部、水利部、住建部、自然资源部、农业农村部等多部门的联动。充分调研是规划编制的前提，应结合调研厘清问题、成因、对策，在此基础上做好从基础材料收集到问题诊断、目标任务制定、项目提炼筛选等环节，二是建立健全跨地域、跨流域协同治理的有效机制。水环境天然具有地域特征，具有负外部性的水环境问题需要跨地域、跨流域解决方案。水环境协同治理需要政府、社会、公众的多元参与，应结合各方主体情况，均衡各方力量，强化资源统合能力。应重视新一代信息技术在水环境协同治理中的重要支撑作用，要进一步完善数据信息的共享路径，实现治理主体的关键信息互联互通，建立健全良好的沟通机制，形成部门联治、全民群治的良好局面。

（二）城市水环境治理 PPP 模式不断完善和创新

PPP 模式是城市水环境治理的主流模式，各方应共同努力，助推城市水环境治理 PPP 高质量发展。一是完善 PPP 顶层设计，司法部联合财政部应加快出台 PPP 条例，解决法律冲突和政策衔接问题，坚持依法行政，贯彻物有所值、风险分担、利益共享等核心理念，加强政府信用体系建设，强化信息公开，增强社会资本信心。二是优化 PPP 项目管理，规范安全有序发展水环境治理 PPP，强化 PPP 项目前期工作，从严把握项目入库标准和程序，加强财政支出预算管理，强化公平竞争性采购，加强全生命周期绩效管理，牢牢守住 10% 的财政承受能力红线和不增加地方政府债务风险的底线。三是加快 PPP 信息平台智能化升级，运用大数据、区块链、人工智能等新一代信息技术，不断完善信息平台，提升水环境治理 PPP 项目监管、服务、信息采集和披露能力，提高市场透明度，加强数据分析应用，提高各方履约约束力。四是统筹多方资源，促进水环境治理 PPP 可持续发展，加强对地方各级政府的工作指导及技术支持，鼓励金融机构创新水环境治理 PPP 金融产品，拓宽融资渠道，加强财政和金融手段的协调配合，强化产学研一体化，推进水环境治理 PPP 理论研究，加强人才培养，推动水环境治理 PPP 咨询机构等第三方规范化管理。

（三）进一步提高城市水环境治理能力现代化水平

高水平的城市水环境治理能力是高水平开展城市水环境治理的关键，"十四五"期间要不断提升城市水环境治理能力现代化水平。一是建立健全精准科学的流域生态环境空间管理体系、责任管理体系和污染源管理体系。坚持问题导向，积极稳妥改进水环境质量评价方法，更加注重生态，建立"三水统筹"的质量评价体系，在目标设置上要根据实际需要有所突破。二是做好"十四五"重点流域水生态环境保护规划的编制实施工作，完善问题的发现和解决机制，把以往水环境治理受区域分割制约、盲目上项目、规划项目与环境目标脱钩等情况，转变为围绕具体河流研究问题，提出目标并进行分析评估，根据实际情况，有序采取措施，上下游配合，左右岸联手，对症施策，实现水环境精准治理。三是深入打好碧水保卫战，发挥好河湖的统领作用，进一步巩固城市黑臭水体治理成果，做好水源地保护，重点开展长江、黄河等重点流域生态保护修复。四是继续推动重点区域、重点城市、重点行业水环境治理，指导地方科学制定差别化的流域性环境和管控标准，坚决杜绝违反自然规律的行为。五是鼓励有条件的地方先行先试，争取在水生态恢复、面源污染防治等关键领域和环节实现突破，配套开展优秀案例征集活动，宣传先进经验，形成良好的水环境治理文化氛围。

参考文献

高秀哲、付翠彦：《生态文明视角下的城市郊区河道水环境综合治理模式》，《环境工程》2021 年第 5 期。

仝奔：《城市黑臭水体网络治理模式研究》，《环境科学与管理》2021 年第 4 期。

王江寒：《关于我国生态环境治理模式及其实施路径研究》，《价格理论与实践》2020 年第 9 期。

付晓灵、翟子瑜：《水环境治理 PPP 项目利益主体行为的演化博弈研究》，《资源与产业》2021 年第 3 期。

简迎辉、崔志鹏：《基于 Fuzzy – DEMATEL 的水环境治理 PPP 项目风险因素分析》，《水利经济》2021 年第 3 期。

詹国彬、陈健鹏：《走向环境治理的多元共治模式：现实挑战与路径选择》，《政治学研究》2020 年第 2 期。

B.4
"水十条"颁布以来中国水环境治理成效

张　晶　赵进勇　刘业森　刘媛媛*

摘　要：　本文统计分析了自2015年《水污染防治行动计划》（简称
　　　　　"水十条"）颁布到2020年，全国地表水水质状况和水污染
　　　　　物排放量等数据，说明"水十条"作为全国水污染防治工作
　　　　　的行动指南对我国水环境治理有明显成效。截至2020年底，
　　　　　全国高质量完成了《水污染防治行动计划》中2020年任务指
　　　　　标要求，水污染物减排工作取得显著成效，全国主要江河流
　　　　　域监测的1614个水质断面中，Ⅰ～Ⅲ类水质断面比2015年上
　　　　　升7.7个百分点，占比达87.4%；而劣Ⅴ类水质断面则比2015
　　　　　年下降9.7个百分点，降低到0.2%，水质得到明显改善。为
　　　　　了完成"水十条"中2030年的指标要求，还应深入打好污染
　　　　　防治攻坚战，解决遗留难点，继续开展水污染防治行动。

关键词：　水环境　水污染防治行动计划　水污染物减排

一　《水污染防治行动计划》主要内容

水环境保护事关人民群众切身利益，国家高度重视水污染防治工作。

---

* 张晶，博士，中国水利水电科学研究院，教授级高级工程师，研究方向为水环境、生态水利
工程；赵进勇，博士，中国水利水电科学研究院，教授级高级工程师，研究方向为生态水利
工程；刘业森，博士，中国水利水电科学研究院，副高级工程师，研究方向为智慧水利；刘
媛媛，博士，中国水利水电科学研究院，教授级高级工程师，研究方向为防洪减灾。

"十三五"时期，由于工业化、城镇化、农业现代化尚未完成，水污染防治工作既有紧迫性，又具有复杂性、艰巨性、长期性。2015年国务院印发《水污染防治行动计划》（国发〔2015〕17号），即"水十条"。"水十条"成为当前和今后一段时期全国水污染防治工作的行动指南，其涉及工业、城镇、农业、港口等不同类型水污染治理、城市黑臭水体治理、饮用水、环境监管等各方面，坚持系统治理、改革创新理念，按照"节水优先、空间均衡、系统治理、两手发力"的十六字原则，突出重点污染物、重点行业和重点区域，注重发挥市场机制决定性作用、科技支撑作用和法规标准引领作用，切实加大水污染防治力度，保障国家水安全，加快推进水环境质量改善。

"水十条"提出，到2020年，全国水环境质量得到阶段性改善，污染严重水体较大幅度减少，饮用水安全保障水平持续提升，地下水超采得到严格控制，地下水污染加剧趋势得到初步遏制，近岸海域环境质量稳中趋好，京津冀、长三角、珠三角等区域水生态环境状况有所好转。到2030年，力争全国水环境质量总体改善，水生态系统功能初步恢复。到21世纪中叶，生态环境质量全面改善，生态系统实现良性循环。"水十条"设定的主要指标包括，到2020年，七大重点流域水质优良（达到或优于Ⅲ类）比例总体达到70%以上；地级及以上城市建成区黑臭水体均控制在10%以内，集中式饮用水水源水质达到或优于Ⅲ类比例总体高于93%；全国地下水质量极差的比例控制在15%左右；近岸海域水质优良（Ⅰ类和Ⅱ类）比例达到70%左右。京津冀区域丧失使用功能（劣Ⅴ类）的水体断面比例下降15%左右，长三角、珠三角区域力争消除丧失使用功能的水体。到2030年，七大重点流域水质优良比例总体达到75%以上，城市建成区黑臭水体总体得到消除，城市集中式饮用水水源水质达到或优于Ⅲ类比例总体为95%左右。

为了实现以上目标，改善我国水环境质量，"水十条"针对社会关注的水污染问题，提出相应的政策措施，系统推进水污染预防和治理、水资源调度、管理、水生态修复和保护等。

二 水环境质量改善效果

2015 年，在七大流域和浙闽片诸河、西北诸河、西南诸河等主要江河的 700 个国控断面中，Ⅰ类、Ⅱ类、Ⅲ类、Ⅳ类、Ⅴ类、劣Ⅴ类水质断面比例分别为 2.7%、38.1%、31.3%、14.3%、4.7%、8.9%。劣Ⅴ类水质断面主要集中在海河、淮河、辽河和黄河流域。

"水十条"颁布实施后，我国水环境质量明显改善。至 2020 年，全国主要江河流域监测的 1614 个水质断面中，Ⅰ类、Ⅱ类水质断面比例分别为 7.8%、51.8%，分别比 2015 年上升 5.9、15.5 个百分点；Ⅲ类、Ⅳ类、Ⅴ类比例分别为 27.8%、10.8%、1.5%、0.2%，分别比 2015 年下降 4 个、4.5 个、4.3 个、9.7 个百分点（见图 1）。

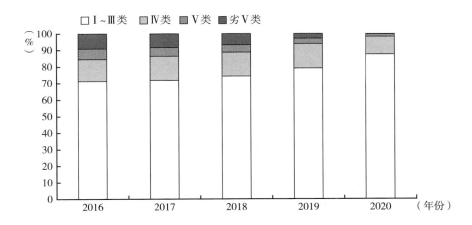

图 1 2016～2020 年我国主要江河流域水质整体情况

资料来源：2016～2020 年生态环境部《中国生态环境状况公报》。

2020 年是"水十条"完成阶段任务目标的关键年。从《2020 年全国生态环境状况公报》中相关水质数据及"水十条"2020 年水质目标来看，虽然 2020 年七大流域断面水质整体呈现改善的趋势，且均达到考核目标要求，但不均衡的现象仍然突出（见表 1）。

总体来看，长江、珠江流域水质为优。黄河、松花江、淮河流域水质良，Ⅰ～Ⅲ类水质断面占比还需提升。辽河、海河流域为轻度污染，虽然完成2020年目标任务，但是与"水十条"中2030年的指标要求仍有一定差距，Ⅰ～Ⅲ类水质断面占比提升和劣Ⅴ类水质断面占比降低的任务还很艰巨。

表1 七大流域断面水质考核的规划目标和2020年情况

分类		长江流域	黄河流域	珠江流域	松花江流域	淮河流域	海河流域	辽河流域
Ⅰ～Ⅲ类	现状	96.6	84.7	92.8	82.4	78.9	64	70.9
	目标	>76	>63	>89	>65	>60	>44	>52
劣Ⅴ类	现状	0	0	0	0	0	0.6	0
	目标	<3	<6	<2	<3	<3	<25	<2

资料来源：2020年生态环境部《中国生态环境状况公报》。

根据图2分析，截至2020年，水质为优的区域为：长江流域、珠江流域、浙闽片诸河、西北诸河和西南诸河。水质为良的区域为：黄河流域、淮河流域和松花江流域。辽河流域和海河流域为轻度污染。其中，西南诸河和

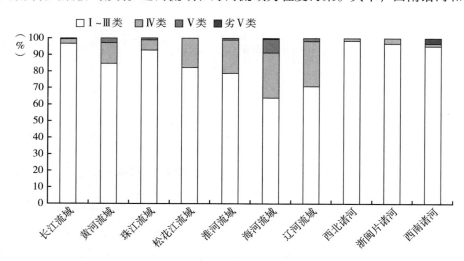

图2 2020年我国主要江河流域水质状况

资料来源：2020年生态环境部《中国生态环境状况公报》。

海河流域未全部消除劣Ⅴ类水质断面，其余主要江河流域中劣Ⅴ类水质断面全部消除。根据图3分析，水质提升最为显著的是黄河流域、海河流域、辽河流域，珠江流域、西北诸河、西南诸河、浙闽片诸河流域提升相对缓慢。总体上，全国主要江河流域水环境治理效果明显，水环境质量得到很大改善，但水生态环境保护仍存在不均衡的问题。

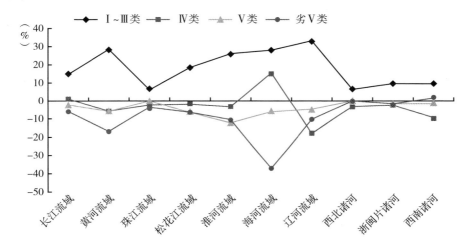

图3　2020年较2015年我国主要江河流域水质变化状况

资料来源：2016年、2020年生态环境部《中国生态环境状况公报》。

"水十条"实施以后，我国流域治理技术已经取得了显著进步，流域治理战略布局更加清晰，以习近平生态文明思想为根本遵循，大江大河生态环境保护修复思路更加明确。生态修复和环境污染治理、流域生态环境改善、生态系统优化、整体功能不断深入推进。

自"水十条"实施以来，我国主要江河流域水环境治理成效显著，具体情况如下。

（一）长江流域

2015年，长江流域160个国控断面中，Ⅰ、Ⅱ、Ⅲ、Ⅳ、Ⅴ、劣Ⅴ类比例分别为3.8%、55.0%、30.6%、6.2%、1.2%、3.1%。

"水十条"实施后,2016~2020年长江流域水质持续提升,整体水质改善趋势平稳,至2020年水质为优,其中干流和主要支流水质均为优,治理效果显著(见图4)。

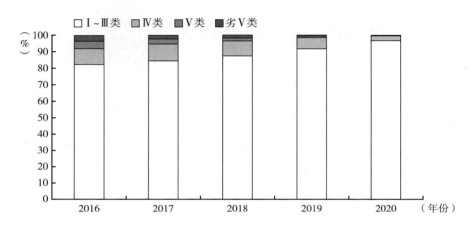

图4 2016~2020年长江流域水质状况

资料来源:2016~2020年生态环境部《中国生态环境状况公报》。

2016年长江流域水质为良。监测的510个水质断面中,Ⅰ、Ⅱ、Ⅲ、Ⅳ、Ⅴ、劣Ⅴ类比例分别为2.7%、53.5%、26.1%、9.6%、4.5%、3.5%,相较2015年,Ⅰ、Ⅱ、Ⅳ、Ⅴ类分别上升0.5、7.0、0.2、1.8个百分点,Ⅲ、劣Ⅴ类分别下降7.0、2.6个百分点。

2017年长江流域水质为良。监测的510个水质断面中,Ⅰ、Ⅱ、Ⅲ、Ⅳ、Ⅴ、劣Ⅴ类比例分别为2.2%、44.3%、38.0%、10.2%、3.1%、2.2%,相较2015年,Ⅰ类水质断面比例持平,Ⅲ、Ⅳ、Ⅴ类分别上升4.9、0.8、0.4个百分点,Ⅱ、劣Ⅴ类分别下降2.2、2.6个百分点。

2018年长江流域水质为良。监测的510个水质断面中,Ⅰ、Ⅱ、Ⅲ、Ⅳ、Ⅴ、劣Ⅴ类比例分别为5.7%、54.7%、27.1%、9.0%、1.8%、1.8%,相较2015年,Ⅰ、Ⅱ类水质断面比例分别上升3.5、8.2个百分点,Ⅲ、Ⅳ、Ⅴ、劣Ⅴ类断面比例分别下降6.0、0.4、0.9、4.3个百分点。

2019年长江流域水质为优。监测的509个水质断面中,Ⅰ、Ⅱ、Ⅲ、

Ⅳ、Ⅴ、劣Ⅴ类比例分别为 3.3%、67.0%、21.4%、6.7%、1.0%、0.6%，相较 2015 年，Ⅰ、Ⅱ类水质断面比例分别上升 1.1、20.5 个百分点，Ⅲ、Ⅳ、Ⅴ、劣Ⅴ类断面比例分别下降 11.7、2.7、1.7、5.5 个百分点。

2020 年长江流域水质为优，干流和主要支流水质均为优。监测的 510 个水质断面中，无劣Ⅴ类，Ⅰ、Ⅱ、Ⅲ、Ⅳ、Ⅴ类比例分别为 8.2%、67.8%、20.6%、2.9%、0.4%，相较 2015 年，Ⅰ、Ⅱ类水质断面比例分别上升 6.0、21.3 个百分点，Ⅲ、Ⅳ、Ⅴ、劣Ⅴ类断面比例分别下降 12.5、6.5、2.3、6.1 个百分点。

（二）黄河流域

2015 年，黄河流域的 62 个国控断面中，Ⅰ、Ⅱ、Ⅲ、Ⅳ、Ⅴ、劣Ⅴ类比例分别为 1.6%、30.6%、29.0%、21.0%、4.8%、12.9%。

黄河流域水质在 2017 年有下降趋势，但 2016～2020 年整体上呈上升趋势。至 2020 年水质良好，劣Ⅴ类水质断面消除，治理效果显著。其中，干流水质为优，主要支流水质良好（见图 5）。

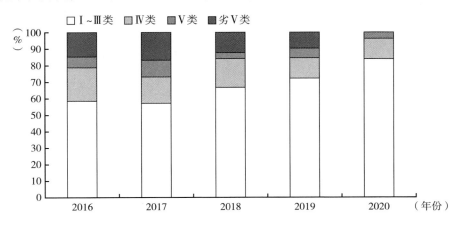

图 5　2016～2020 年黄河流域水质状况

资料来源：2016～2020 年生态环境部《中国生态环境状况公报》。

2016 年黄河流域为轻度污染，监测的 137 个水质断面中，Ⅰ、Ⅱ、Ⅲ、Ⅳ、Ⅴ、劣Ⅴ类比例分别为 2.2%、32.1%、24.8%、20.4%、6.6%、13.9%，相较 2015 年，Ⅰ类持平，Ⅱ、Ⅳ类分别上升 3.6、2.2 个百分点，Ⅲ、Ⅴ、劣Ⅴ类分别下降 0.7、2.2、2.9 个百分点。

2017 年黄河流域为轻度污染，监测的 137 个水质断面中，Ⅰ、Ⅱ、Ⅲ、Ⅳ、Ⅴ、劣Ⅴ类比例分别为 1.5%、29.2%、27.0%、16.1%、10.2%、16.1%。相较 2015 年，Ⅰ、Ⅳ、劣Ⅴ类水质断面比例分别下降 0.7、2.1、0.7 个百分点，Ⅱ、Ⅲ、Ⅴ类分别上升 0.7、1.5、1.4 个百分点。

2018 年黄河流域为轻度污染，监测的 137 个水质断面中，Ⅰ、Ⅱ、Ⅲ、Ⅳ、Ⅴ、劣Ⅴ类比例分别为 2.9%、45.3%、18.2%、17.5%、3.6%、12.4%。相较 2015 年，Ⅰ、Ⅱ类水质断面比例分别上升 0.7、16.8 个百分点，Ⅲ、Ⅳ、Ⅴ、劣Ⅴ类分别下降 7.3、0.7、5.2、4.4 个百分点。

2019 年黄河流域为轻度污染，监测的 137 个水质断面中，Ⅰ、Ⅱ、Ⅲ、Ⅳ、Ⅴ、劣Ⅴ类比例分别为 3.6%、51.8%、17.5%、12.4%、5.8%、8.8%。相较 2015 年，Ⅰ、Ⅱ类水质断面比例分别上升 1.4、23.3 个百分点，Ⅲ、Ⅳ、Ⅴ、劣Ⅴ类分别下降 8.0、5.8、3.0、8.0 个百分点。

2020 年黄河流域水质良好，干流水质为优，主要支流水质良好。监测的 137 个水质断面中，Ⅰ、Ⅱ、Ⅲ、Ⅳ、Ⅴ类比例分别为 6.6%、56.2%、21.9%、12.4%、2.9%，无劣Ⅴ类。相较 2015 年，Ⅰ、Ⅱ、Ⅲ类水质断面比例分别上升 4.4、27.7、3.6 个百分点，Ⅳ、Ⅴ、劣Ⅴ类分别下降 5.8、5.9、16.8 个百分点。

（三）珠江流域

2015 年，珠江流域的 54 个国控断面中，Ⅰ、Ⅱ、Ⅲ、Ⅳ、劣Ⅴ类比例分别为 3.7%、74.1%、16.7%、1.8%、3.7%，无Ⅴ类水质断面。

"水十条"实施后，珠江流域水环境治理成效明显，整体呈现上升趋势，Ⅰ~Ⅲ类水质断面占比在 2016~2018 年有所下降，但在 2018~2020 年不断上升。至 2020 年珠江流域水质保持良好，劣Ⅴ类水质消除（见图 6）。

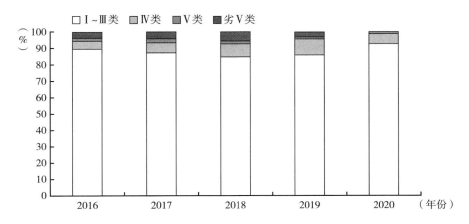

图6　2016～2020 年珠江流域水质状况

资料来源：2016～2020 年生态环境部《中国生态环境状况公报》。

2016 年珠江流域水质良好，监测的 165 个水质断面中，Ⅰ、Ⅱ、Ⅲ、Ⅳ、Ⅴ、劣 Ⅴ 类比例分别为 2.4%、62.4%、24.8%、4.8%、1.8%、3.6%。相较 2015 年，Ⅰ、Ⅱ、Ⅲ、Ⅴ类分别上升 0.6、1.2、1.2、0.6 个百分点，Ⅳ类下降 3.6 个百分点，劣 Ⅴ 类持平。

2017 年珠江流域水质良好，监测的 165 个水质断面中，Ⅰ、Ⅱ、Ⅲ、Ⅳ、Ⅴ、劣 Ⅴ 类比例分别为 3.0%、56.4%、27.9%、6.1%、2.4%、4.2%。相较 2015 年，Ⅰ、Ⅲ、Ⅴ、劣 Ⅴ 类水质断面比例分别上升 1.2、4.3、1.2、0.6 个百分点，Ⅱ、Ⅳ类分别下降 4.8、2.3 个百分点。

2018 年珠江流域水质良好，监测的 165 个水质断面中，Ⅰ、Ⅱ、Ⅲ、Ⅳ、Ⅴ、劣 Ⅴ 类比例分别为 4.8%、61.8%、18.2%、7.9%、1.8%、5.5%。相较 2015 年，Ⅰ、Ⅱ、Ⅴ、劣 Ⅴ 类水质断面比例分别上升 3.0、0.6、0.6、1.9 个百分点，Ⅲ、Ⅳ类下降 5.4、0.5 个百分点。

2019 年珠江流域水质良好，监测的 165 个水质断面中，Ⅰ、Ⅱ、Ⅲ、Ⅳ、Ⅴ、劣 Ⅴ 类比例分别为 3.6%、69.1%、13.3%、9.7%、1.2%、3.0%。相较 2015 年，Ⅰ、Ⅱ、Ⅳ类水质断面比例分别上升 1.8、7.9、1.3 个百分点，Ⅲ、劣 Ⅴ 类分别下降 10.3、0.6 个百分点。

2020 年珠江流域水质良好，其中，干流、主要支流和海南岛内河流水质均为优。监测的 165 个水质断面中，Ⅰ、Ⅱ、Ⅲ、Ⅳ、Ⅴ类比例分别为 9.9%、67.3%、16.4%、6.1%、1.2%，无劣Ⅴ类。相较 2015 年，Ⅰ、Ⅱ类水质断面比例分别上升 7.3、6.1 个百分点，Ⅲ、Ⅳ、劣Ⅴ类分别下降 7.2、2.3、3.6 个百分点，Ⅴ类持平。

（四）松花江流域

2015 年，松花江流域的 86 个国控断面中，无Ⅰ类水质断面，Ⅱ、Ⅲ、Ⅳ、Ⅴ、劣Ⅴ类比例分别为 8.1%、57.0%、26.7%、2.3%、5.8%。

"水十条"实施后，松花江流域水环境治理整体呈现上升趋势，但 2018 年为突变年份，劣Ⅴ类水质断面增加。至 2020 年松花江流域水质良好，无劣Ⅴ类水质断面（见图 7）。

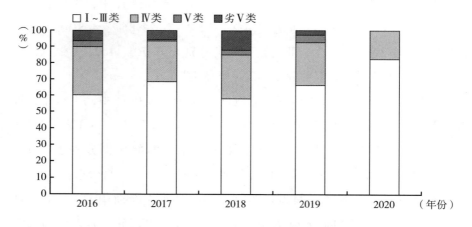

图 7　2016～2020 年松花江流域水质状况

资料来源：2016～2020 年生态环境部《中国生态环境状况公报》。

2016 年松花江流域为轻度污染，监测的 108 个水质断面中，无Ⅰ类水质断面，Ⅱ、Ⅲ、Ⅳ、Ⅴ、劣Ⅴ类比例分别为 13.9%、46.3%、29.6%、3.7%、6.5%。相较 2015 年，Ⅰ类和Ⅳ类水质断面比例持平，Ⅱ、Ⅴ类、劣Ⅴ类分别上升 3.7、0.9、2.8 个百分点，Ⅲ类下降 7.4 个百分点。

2017 年松花江流域为轻度污染，监测的 108 个水质断面中，无 I 类水质断面，II、III、IV、V、劣 V 类比例分别为 14.8%、53.7%、25.0%、0.9%、5.6%。相较 2015 年，I 类水质断面比例持平，II 类上升 4.6 个百分点，III 类持平，IV、V、劣 V 类分别下降 5.5、5.6、0.9 个百分点。

2018 年松花江流域为轻度污染，监测的 107 个水质断面中，无 I 类水质断面，II、III、IV、V、劣 V 类比例分别为 12.1%、45.8%、27.1%、2.8%、12.1%。相较 2015 年，I 类水质断面比例持平，II、IV、劣 V 类分别上升 1.9、7.6、5.6 个百分点，III、V 类分别下降 7.9、3.7 个百分点。

2019 年松花江流域为轻度污染，监测的 107 个水质断面中，无 I 类水质断面，II、III、IV、V、劣 V 类比例分别为 13.1%、53.3%、26.2%、4.7%、2.8%。相较 2015 年，I 类水质断面比例持平，II、IV 类分别上升 2.9、6.7 个百分点，III、V、劣 V 类分别下降 0.4、1.8、3.7 个百分点。

2020 年松花江流域水质良好，监测的 108 个水质断面中，无 I 类水质断面，II、III、IV 类比例分别为 18.5%、63.9%、17.6%，无 V 类和劣 V 类。相较 2015 年，I 类水质断面比例持平，II、III 类分别上升 8.3、10.2 个百分点，IV、V、劣 V 类分别下降 1.9、6.6、6.5 个百分点。其中，干流水质为优，主要支流、图们江水系、乌苏里江水系和绥芬河水质良好，黑龙江水系为轻度污染。

（五）淮河流域

2015 年，淮河流域的 94 个国控断面中，无 I 类水质断面；II、III、IV、V、劣 V 类比例分别为 6.4%、47.9%、22.3%、13.8%、9.6%。

"水十条"实施后，淮河流域水环境治理成效显著，I～III 类水质占比稳步提升。至 2020 年淮河流域水质良好，劣 V 类水质断面消除（见图 8）。

2016 年淮河流域为轻度污染，监测的 180 个水质断面中，无 I 类水质断面，II、III、IV、V、劣 V 类比例分别为 7.2%、46.1%、23.9%、15.6%、7.2%。相较 2015 年，I 类持平，II、劣 V 类分别下降 2.8、3.3 个百分点，III、IV、V 类分别上升 3.3、0.6、2.2 个百分点。

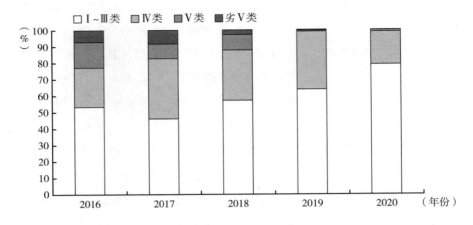

图 8　2016～2020 年淮河流域水质状况

资料来源：2016～2020 年 生态环境部《中国生态环境状况公报》。

2017 年淮河流域为轻度污染，监测的 180 个水质断面中，无Ⅰ类水质断面，Ⅱ、Ⅲ、Ⅳ、Ⅴ、劣Ⅴ类比例分别为 6.7%、39.4%、36.7%、8.9%、8.3%。相较 2015 年，Ⅰ类水质断面比例持平，Ⅱ、Ⅲ、Ⅴ、劣Ⅴ类分别下降 3.3、3.4、4.5、2.2 个百分点，Ⅳ类上升 13.4 个百分点。

2018 年淮河流域为轻度污染，监测的 180 个水质断面中，Ⅰ、Ⅱ、Ⅲ、Ⅳ、Ⅴ、劣Ⅴ类比例分别为 0.6%、12.2%、44.4%、30.6%、9.4%、2.8%。相较 2015 年，Ⅰ、Ⅱ、Ⅲ、Ⅳ类水质断面比例分别上升 0.6、2.2、1.6、7.3 个百分点，Ⅴ、劣Ⅴ类分别下降 4.0、7.7 个百分点。

2019 年淮河流域为轻度污染，监测的 179 个水质断面中，Ⅰ、Ⅱ、Ⅲ、Ⅳ、Ⅴ、劣Ⅴ类比例分别为 0.6%、20.1%、43.0%、35.2%、0.6%、0.6%。相较 2015 年，Ⅰ、Ⅱ、Ⅲ、Ⅳ类水质断面比例分别上升 0.6、10.1、0.2、11.9 个百分点，Ⅴ、劣Ⅴ类分别下降 12.8、9.9 个百分点。

2020 年淮河流域水质良好，监测的 180 个水质断面中，无Ⅰ类和劣Ⅴ类水质断面，Ⅱ、Ⅲ、Ⅳ、Ⅴ类比例分别为 20.6%、58.3%、20.0%、1.1%。相较 2015 年，Ⅰ类水质断面比例持平，Ⅱ、Ⅲ类分别上升 10.6、

15.5 个百分点，Ⅳ、Ⅴ、劣Ⅴ类分别下降 3.3、12.3、10.5 个百分点。其中，干流和沂沭泗水系水质为优，主要支流水质良好，山东半岛独流入海河流为轻度污染。

（六）海河流域

2015 年，64 个国控断面中，Ⅰ、Ⅱ、Ⅲ、Ⅳ、Ⅴ、劣Ⅴ类比例分别为 4.7%、15.6%、21.9%、6.2、12.5%、39.1%。

"水十条"实施后，海河流域水环境治理成效显著，尤其是对劣Ⅴ类水质的治理，以及Ⅰ～Ⅲ类水质断面占比提升。至 2020 年通过治理，海河流域由重度污染变为轻度污染（见图 9）。

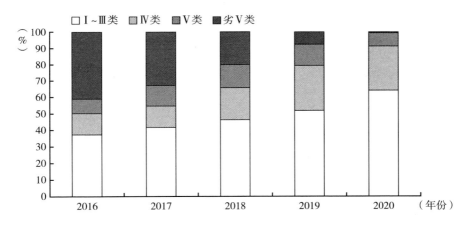

图 9 2016～2020 年海河流域水质状况

资料来源：2016～2020 年生态环境部《中国生态环境状况公报》。

2016 年海河流域为重度污染，监测的 161 个水质断面中，Ⅰ、Ⅱ、Ⅲ、Ⅳ、Ⅴ、劣Ⅴ类比例分别为 1.9%、19.3%、16.1%、13.0%、8.7%、41.0%。相较 2015 年，Ⅰ、Ⅲ、Ⅴ类水质断面比例分别下降 0.6、1.3、5.6 个百分点，Ⅱ、Ⅳ、劣Ⅴ类分别上升 3.2、1.2、3.1 个百分点。

2017 年海河流域为中度污染，监测的 161 个水质断面中，Ⅰ、Ⅱ、Ⅲ、Ⅳ、Ⅴ、劣Ⅴ类比例分别为 1.9%、20.5%、19.3%、13.0%、12.4%、

32.9%。相较 2015 年，Ⅰ、Ⅴ、劣Ⅴ类水质断面比例分别下降 0.6、1.9、5.0 个百分点，Ⅱ、Ⅲ、Ⅳ类水质断面比例分别上升 4.4、1.9、1.2 个百分点。

2018 年海河流域为中度污染，监测的 160 个水质断面中，Ⅰ、Ⅱ、Ⅲ、Ⅳ、Ⅴ、劣Ⅴ类比例分别为 5.6%、21.9%、18.8%、19.4%、14.4%、20.0%。相较 2015 年，Ⅰ、Ⅱ、Ⅲ、Ⅳ、Ⅴ类水质断面比例分别上升 3.1、5.8、1.4、7.6、0.1 个百分点，劣Ⅴ类下降 17.9 个百分点。

2019 年海河流域为轻度污染，监测的 160 个水质断面中，Ⅰ、Ⅱ、Ⅲ、Ⅳ、Ⅴ、劣Ⅴ类比例分别为 6.9%、28.8%、16.2%、27.5%、13.1%、7.5%。相较 2015 年，Ⅰ、Ⅱ、Ⅳ类水质断面比例分别上升 4.4、12.9、15.7 个百分点，Ⅲ、Ⅴ、劣Ⅴ类分别下降 1.2、1.2、30.4 个百分点。

2020 年海河流域为轻度污染，监测的 161 个水质断面中，Ⅰ、Ⅱ、Ⅲ、Ⅳ、Ⅴ、劣Ⅴ类比例分别为 10.6%、26.7%、26.7%、27.3%、8.1%、0.6%。相较 2015 年，Ⅰ、Ⅱ、Ⅲ、Ⅳ类水质断面比例分别上升 8.1、10.6、9.3、15.5 个百分点，Ⅴ、劣Ⅴ类分别下降 6.2、37.3 个百分点。其中，干流 2 个断面，三岔口为Ⅱ类水质，海河大闸为Ⅴ类水质；滦河水系水质为优；主要支流、徒骇马颊河水系和冀东沿海诸河水系为轻度污染。

（七）辽河流域

2015 年，辽河流域的 55 个国控断面中，Ⅰ、Ⅱ、Ⅲ、Ⅳ、Ⅴ、劣Ⅴ类比例分别为 1.8%、30.9%、7.3%、40.0%、5.5%、14.5%。

"水十条"实施后，辽河流域水环境治理成效显著，整体呈上升趋势，但 2018 年劣Ⅴ类水质断面增加，辽河流域干流、主要支流和大辽河水系为中度污染，大凌河水系为轻度污染，鸭绿江水系水质为优。至 2020 年辽河流域为轻度污染，Ⅰ~Ⅲ类水质断面占比提升，劣Ⅴ类水质断面消除（见图 10）。

2016 年辽河流域为轻度污染，监测的 106 个水质断面中，Ⅰ、Ⅱ、Ⅲ、Ⅳ、Ⅴ、劣Ⅴ类比例分别为 1.9%、31.1%、12.3%、22.6%、

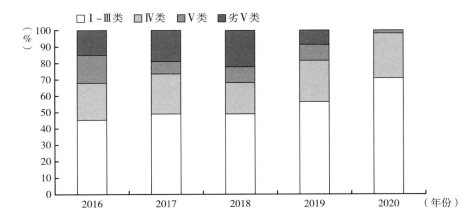

图 10   2016～2020 年辽河流域水质状况

资料来源：2016～2020 年生态环境部《中国生态环境状况公报》。

17.0%、15.1%。相较 2015 年，Ⅰ、Ⅳ类水质断面比例分别下降 0.9、22.7 个百分点，Ⅱ、Ⅴ、劣Ⅴ类分别上升 8.5、10.4、4.7 个百分点，Ⅲ类持平。

2017 年辽河流域为轻度污染，监测的 106 个水质断面中，Ⅰ、Ⅱ、Ⅲ、Ⅳ、Ⅴ、劣Ⅴ类比例分别为 2.8%、23.6%、22.6%、24.5%、7.5%、18.9%。相较 2015 年，Ⅰ类水质断面比例持平，Ⅱ、Ⅲ、Ⅴ、劣Ⅴ类断面比例分别上升 1.0、10.3、0.9、8.5 个百分点，Ⅳ类下降 20.8 个百分点。

2018 年辽河流域为中度污染，监测的 104 个水质断面中，Ⅰ、Ⅱ、Ⅲ、Ⅳ、Ⅴ、劣Ⅴ类比例分别为 3.8%、28.8%、16.3%、19.2%、9.6%、22.1%。相较 2015 年，Ⅰ、Ⅱ、Ⅲ、Ⅴ、劣Ⅴ类断面比例分别上升 1.0、6.2、4.0、3.0、11.7 个百分点，Ⅳ类下降 26.1 个百分点。

2019 年辽河流域为轻度污染，监测的 103 个水质断面中，Ⅰ、Ⅱ、Ⅲ、Ⅳ、Ⅴ、劣Ⅴ类比例分别为 3.9%、37.9%、14.6%、25.2%、9.7%、8.7%。相较 2015 年，Ⅰ、Ⅱ、Ⅲ、Ⅴ类断面比例分别上升 1.1、15.3、2.3、3.1 个百分点，Ⅳ、劣Ⅴ类分别下降 20.1、1.7 个百分点。

2020 年辽河流域为轻度污染，监测的 103 个水质断面中，Ⅰ、Ⅱ、Ⅲ、

Ⅳ、Ⅴ类比例分别为3.9%、40.8%、26.2%、27.2%、1.9%，无劣Ⅴ类。相较2015年，Ⅰ、Ⅱ、Ⅲ类水质断面比例分别上升1.1、18.5、13.9个百分点，Ⅳ、Ⅴ、劣Ⅴ类分别下降18.1、4.7、10.4个百分点。其中，大凌河水系和鸭绿江水系水质为优，大辽河水系水质良好，干流和主要支流为轻度污染。

（八）浙闽片诸河

2015年，浙闽片诸河的45个国控断面中，Ⅰ、Ⅱ、Ⅲ、Ⅳ、Ⅴ类比例分别为4.4%、31.1%、53.3%、8.9%、2.2%，无劣Ⅴ类水质断面。

"水十条"实施后，浙闽片诸河水环境治理成效有波动，但整体上稳定提升，2018~2020年Ⅰ~Ⅲ类水水质断面占比增长率高，至2020年，浙闽片诸河水质为优，劣Ⅴ类水质断面消除（见图11）。

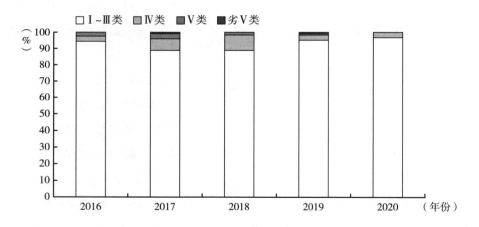

图11　2016~2020年浙闽片诸河水质状况

资料来源：2016~2020年生态环境部《中国生态环境状况公报》。

2016年浙闽片诸河水质为优，监测的125个水质断面中，Ⅰ、Ⅱ、Ⅲ、Ⅳ、Ⅴ类比例分别为3.2%、53.6%、37.6%、3.2%、2.4%，无劣Ⅴ类。相较2015年，Ⅰ、Ⅱ类断面比例分别上升0.8、12.8个百分点，Ⅲ、Ⅳ、Ⅴ、劣Ⅴ类分别下降6.4、2.4、2.4、2.4个百分点。

2017年浙闽片诸河水质良好，监测的125个水质断面中，Ⅰ、Ⅱ、Ⅲ、Ⅳ、Ⅴ、劣Ⅴ类比例分别为2.4%、40.8%、45.6%、7.2%、3.2%、0.8%。相较2015年，Ⅰ类水质断面比例持平，Ⅱ类持平，Ⅲ、Ⅳ类均上升1.6个百分点，Ⅴ、劣Ⅴ类均下降1.6个百分点。

2018年浙闽片诸河水质良好，监测的125个水质断面中，Ⅰ、Ⅱ、Ⅲ、Ⅳ、Ⅴ类比例分别为2.4%、52.8%、33.6%、9.6%、1.6%，无劣Ⅴ类。相较2015年，Ⅰ类水质断面比例持平，Ⅱ、Ⅳ类分别上升12.0、4.0个百分点，Ⅲ、劣Ⅴ类分别下降10.4、1.6个百分点，Ⅴ类持平。

2019年浙闽片诸河水质为优，监测的125个水质断面中，Ⅰ、Ⅱ、Ⅲ、Ⅳ、Ⅴ、劣Ⅴ类比例分别为3.2%、56.8%、35.2%、3.2%、0.8%、0.8%。相较2015年，Ⅰ、Ⅱ、劣Ⅴ类水质断面比例分别上升0.8、16、0.8个百分点，Ⅲ、Ⅳ、Ⅴ类分别下降8.8、2.4、0.8个百分点。

2020年浙闽片诸河水质为优，监测的125个水质断面中，Ⅰ、Ⅱ、Ⅲ、Ⅳ类断面比例分别为4.8%、62.4%、29.6%、3.2%，无Ⅴ类和劣Ⅴ类。相较2015年，Ⅰ、Ⅱ类水质断面比例分别上升2.4、21.6个百分点，Ⅲ、Ⅳ、Ⅴ、劣Ⅴ类分别下降14.4、2.4、1.6、1.6个百分点。

（九）西北诸河

2015年，西北诸河的51个国控断面中，Ⅰ、Ⅱ、Ⅳ、Ⅴ类比例分别为7.8%、88.2%、2.0%、2.0%，无Ⅲ类和劣Ⅴ类水质断面。

"水十条"实施后，至2020年西北诸河水环境治理成效显著，2016~2017年、2019~2020年为水环境治理提升显著年份，整体上消除了劣Ⅴ类水质断面（见图12）。

2016年西北诸河为水质为优，监测的62个水质断面中，Ⅰ、Ⅱ、Ⅲ、Ⅳ、Ⅴ类比例分别为4.8%、75.8%、12.9%、4.8%、1.6%，无劣Ⅴ类。相较2015年，Ⅰ、Ⅴ类分别下降1.7、1.6个百分点，Ⅱ、Ⅲ类都上升1.6个百分点，Ⅳ类和劣Ⅴ类持平。

2017年西北诸河水质为优，监测的62个水质断面中，Ⅰ、Ⅱ、

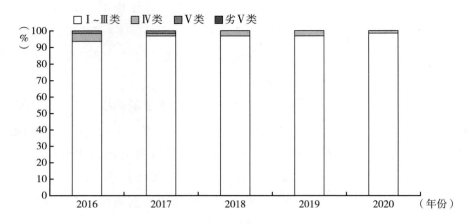

图 12 2016～2020 年西北诸河水质状况

资料来源：2016～2020 年生态环境部《中国生态环境状况公报》。

Ⅲ、Ⅳ、Ⅴ类比例分别为 12.9%、77.4%、6.4%、1.6%、1.6%，无劣Ⅴ类。相较 2015 年，Ⅰ、Ⅱ类水质断面比例分别上升 6.4、3.2个百分点，Ⅲ、Ⅳ、Ⅴ类分别下降 4.9、3.2、1.6 个百分点，劣Ⅴ类持平。

2018 年西北诸河水质为优，监测的 62 个水质断面中，Ⅰ、Ⅱ、Ⅲ、Ⅳ类比例分别为 25.8%、62.9%、8.1%、3.2%，无Ⅴ类和劣Ⅴ类。相较2015 年，Ⅰ类水质断面比例上升 19.3 个百分点，Ⅱ、Ⅲ、Ⅳ、Ⅴ类分别下降 11.3、3.2、1.6、3.2 个百分点，劣Ⅴ类持平。

2019 年西北诸河水质为优，监测的 62 个水质断面中，Ⅰ、Ⅱ、Ⅲ、Ⅳ类比例分别为 22.6%、71.0%、3.2%、3.2%，无Ⅴ类和劣Ⅴ类。相较2015 年，Ⅰ类水质断面比例上升 16.1 个百分点，Ⅱ、Ⅲ、Ⅳ、Ⅴ类分别下降 3.2、8.1、1.6、3.2 个百分点，劣Ⅴ类持平。

2020 年西北诸河水质为优，监测的 62 个水质断面中，Ⅰ、Ⅱ、Ⅲ、Ⅳ类比例分别为 46.8%、50.0%、1.6%、1.6%，无Ⅴ类和劣Ⅴ类。相较2015 年，Ⅰ类水质断面比例上升 40.3 个百分点，Ⅱ、Ⅲ、Ⅳ、Ⅴ类分别下降 24.2、9.7、3.2、3.2 个百分点，劣Ⅴ类持平。

（十）西南诸河

2015 年，西南诸河监测的 29 个国控断面中，无 I 类、V 类和劣 V 类水质断面、II、III、IV类水质断面比例分别为 72.4%、24.1%、3.4%。

"水十条"实施后，至 2020 年西南诸河水环境治理成效明显但仍有不足，I ~ III 类水质断面占比提升，但劣 V 类水质断面占比提升明显。西南诸河流域整体上水质为优，水质保持稳定（见图 13）。

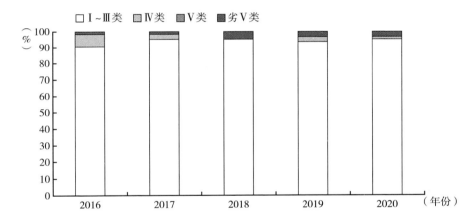

图 13　2016～2020 年西南诸河水质状况

资料来源：2016～2020 年生态环境部《中国生态环境状况公报》。

2016 年西南诸河水质为优，监测的 63 个水质断面中，I、II、III、IV、劣 V 类比例分别为 1.6%、79.4%、9.5%、7.9%、1.6%，无 V 类。相较 2015 年，I、II 类分别上升 1.6、25.4 百分点，III、IV、V 类分别下降 17.5、7.9、1.6 个百分点，劣 V 类持平。

2017 年西南诸河水质为优，监测的 63 个水质断面中，II、III、IV、劣 V 类比例分别为 79.4%、15.9%、3.2%、1.6%，无 I 类和 V 类。相较 2015 年，I 类水质断面比例持平，II 类上升 25.4 个百分点，III、IV、V 类分别下降 11.1、12.6、1.6 个百分点，劣 V 类均持平。

2018 年西南诸河水质为优，监测的 63 个水质断面中，I、II、III、劣

Ⅴ类比例分别为 9.5%、73.0%、12.7%、4.8%，无Ⅳ类和Ⅴ类。相较
2015 年，Ⅰ、Ⅱ、劣Ⅴ类水质断面比例分别上升 9.5、19.0、3.2 个百分
点，Ⅲ、Ⅳ、Ⅴ类分别下降 14.3、15.8、1.6 个百分点。

2019 年西南诸河水质为优，监测的 63 个水质断面中，Ⅰ、Ⅱ、Ⅲ、
Ⅳ、劣Ⅴ类比例分别为 7.9%、76.2%、9.5%、3.2%、3.2%，无Ⅴ类。
相较 2015 年，Ⅰ、Ⅱ、Ⅳ、劣Ⅴ类水质断面比例分别上升 7.9、22.2、
12.6、1.6 个百分点，Ⅲ、Ⅴ类分别下降 17.5、1.6 个百分点。

2020 年西南诸河水质为优，监测的 63 个水质断面中，Ⅰ、Ⅱ、Ⅲ、
Ⅳ、劣Ⅴ类比例分别为 6.3%、81.0%、7.9%、1.6%、3.2%，无Ⅴ类。
相较 2015 年，Ⅰ、Ⅱ、劣Ⅴ类水质断面比例分别上升 6.3、27.0、1.6 个百
分点，Ⅲ、Ⅳ、Ⅴ类分别下降 19.1、14.2、1.6 个百分点。

三 水污染物减排情况

"十二五"时期，我国实现了经济社会快速稳定的发展。"十三五"时
期，我国经济发展进入"新常态"，但是社会经济发展带来的环境污染形势
仍然严峻。根据《2015 年环境统计年报》统计的数据，全国废水排放总量
735.3 亿吨。废水中化学需氧量排放量 2223.5 万吨，氨氮排放量 229.9 万吨
（见表 2），污染减排工作仍有很大空间。新形势下颁布的"水十条"，为水
污染减排工作提出了目标任务，针对污染物不同来源等出台了配套减排政策
措施，加快推进了水环境质量综合治理，持续改善了全国水环境质量。

表 2 2015～2019 年废水污染物排放量统计

指标		单位	2015 年	2016 年	2017 年	2018 年	2019 年
化学需氧量	工业源	万吨	354.8	122.8	91	81.4	77.2
	农业源	万吨	1186.1	57.1	31.8	24.5	18.6
	生活源	万吨	938.8	473.5	483.8	476.8	469.9
	集中式	万吨	20.1	4.6	2.3	1.5	1.4
	总计	万吨	2223.5	658.1	608.9	584.2	567.1

续表

指标		单位	2015 年	2016 年	2017 年	2018 年	2019 年
氨氮	工业源	万吨	28.1	6.5	4.4	4	3.5
	农业源	万吨	82.7	1.3	0.7	0.5	0.4
	生活源	万吨	147.7	48.4	45.4	44.7	42.1
	集中式	万吨	2	0.7	0.3	0.2	0.3
	总计	万吨	260.4	56.8	50.9	49.4	46.3
总氮	工业源	万吨		18.4	15.6	14.4	13.4
	农业源	万吨		4.1	2.3	1.8	1.3
	生活源	万吨		100.2	101.9	103.6	102.4
	集中式	万吨		0.8	0.5	0.4	0.4
	总计	万吨		123.6	120.3	120.2	117.6
总磷	工业源	万吨		1.7	0.8	0.7	0.8
	农业源	万吨		0.6	0.3	0.2	0.2
	生活源	万吨		6.7	5.8	5.4	5
	集中式	万吨		0	0	0	0
	总计	万吨		9	7	6.4	5.9
废水重金属	工业源	吨		162.6	176.4	125.4	117.6
	集中式	吨		5.1	6.2	3.4	3.1
	总计	吨	333.9	167.8	182.6	128.8	120.7
石油类(工业源)		万吨	1.5	1.2	0.8	0.7	0.6
挥发酚(工业源)		吨	973.2	272.1	244.1	174.4	147.1
氰化物(工业源)		吨	146.2	57.9	54	46.1	38.2

资料来源:2016~2020 年生态环境部《中国生态环境状况公报》。

根据生态环境部公布的《2016~2019 年全国生态环境统计公报》中污染物排放统计数据,具体情况如下。

2016~2019 年,废水中化学需氧量排放量从 658.1 万吨下降为 567.1 万吨,下降 13.8%。其中,工业源、农业源、集中式化学需氧量排放量均逐年下降,2019 年分别为 77.2 万吨、18.6 万吨、1.4 万吨;生活源化学需氧量排放量总体持平,2019 年为 469.9 万吨。

废水中氨氮排放量了降了 18.5%,由 2016 年的 56.8 万吨下降为 2019 年的 46.3 万吨。其中,2019 年工业源、农业源、生活源氨氮排放量分别为 3.5 万吨、0.4 万吨、42.1 万吨,均逐年下降。

废水中总氮排放量下降了4.8%，由2016年的123.6万吨下降为2019年的117.6万吨。其中，2019年工业源、农业源总氮排放量分别为13.4万吨、1.3万吨，均逐年下降；2019年生活源总氮排放量为102.4万吨，总体持平。

废水中总磷排放量下降了34.0%，由2016年的9.0万吨下降为2019年的5.9万吨。其中，2019年工业源、农业源、生活源总磷排放量分别为0.8万吨、0.2万吨、5万吨，均逐年下降。

废水中重金属（铅、汞、镉、铬和类金属砷合计，下同）排放量总体，下降了28.0%，由2016年的167.8吨下降为2019年的120.7吨。其中，2019年工业源、集中式重金属排放量分别为117.6吨、3.1吨，均总体下降。

工业源废水中石油类、挥发酚、氰化物排放量分别下降45.7%、46.0%、34.0%，分别由2016年的1.2万吨、272.1吨、57.9吨，下降为2019年的0.6万吨、147.1吨、38.2吨，均逐年下降。

由数据可见，"水十条"颁布并顺利实施后，全国水污染物减排效果明显。废水污染物排放量逐年递减的同时，化学需氧量、氨氮、废水重金属等重要指标均呈现逐年递减。截至2020年底，水污染物减排工作已取得明显成效。

参考文献

国务院：《国务院印发〈水污染防治行动计划〉》，http：//www. gov. cn/xinwen/2015 - 04/16/content_ 2847709. htm，最后检索日期：2021年7月18日。

国务院：《国务院关于印发水污染防治行动计划的通知》，http：//www. gov. cn/zhengce/content/2015 -04/16/content_ 9613. htm，最后检索日期：2021年7月18日。

生态环境部：《2015中国环境状况公报》，https：//www. mee. gov. cn/hjzl/sthjzk/zghjzkgb/index. shtml，最后检索日期：2021年7月18日。

生态环境部：《2020中国生态环境状况公报》，https：//www. mee. gov. cn/hjzl/

sthjzk/zghjzkgb/index. shtml，最后检索日期：2021 年 7 月 18 日。

生态环境部：《2016 中国环境状况公报》，https：//www. mee. gov. cn/hjzl/sthjzk/zghjzkgb/index. shtml，最后检索日期：2021 年 7 月 18 日。

生态环境部：《2017 中国生态环境状况公报》，https：//www. mee. gov. cn/hjzl/sthjzk/zghjzkgb/index. shtml，最后检索日期：2021 年 7 月 18 日。

生态环境部：《2018 中国生态环境状况公报》，https：//www. mee. gov. cn/hjzl/sthjzk/zghjzkgb/index. shtml，最后检索日期：2021 年 7 月 18 日。

生态环境部：《2019 中国生态环境状况公报》，https：//www. mee. gov. cn/hjzl/sthjzk/zghjzkgb/index. shtml，最后检索日期：2021 年 7 月 18 日。

生态环境部：《2015 年环境统计年报》，https：//www. mee. gov. cn/hjzl/sthjzk/sthjtjnb/index. shtml，最后检索日期：2021 年 7 月 18 日。

生态环境部：《2016～2019 年全国生态环境统计公报》，https：//www. mee. gov. cn/hjzl/sthjzk/sthjtjnb/index. shtml，最后检索日期：2021 年 7 月 18 日。

重点流域篇
Important Basin Chapters

B.5
三江源流域生态保护与高质量
发展经验、问题与路径[*]

张卓群^{**}

摘　要：　三江源流域素有"中华水塔"之称，是长江、黄河、澜沧江
的源头汇水区，构成我国重要的生态安全屏障。新千年以
来，国家持续开展三江源流域生态保护与建设工作，在坚持
人与自然和谐共生发展、践行绿水青山就是金山银山、打造
山水林田湖草沙生命共同体、创新生态保护管理体制机制、
坚持生态惠民利民为民方向等方面取得了显著成效。进入新
时期之后，三江源流域生态保护与高质量发展仍然面临一些
问题，需要进一步加大改革力度，在"三期规划"出台、产

　*　本文受国家社科基金重点项目"基于人与自然耦合系统的黄河流域城市群高质量发展研究"
（项目编号：21AZD043）资助。
　**　张卓群，中国社会科学院生态文明研究所助理研究员，经济学博士，研究方向为城市与环境
经济学、数量经济与大数据科学。

业转型升级、人才科技强化、治理能力提升等方面全方位发力，不断开创三江源流域生态保护与高质量发展新局面。

关键词： 三江源流域 生态保护 高质量发展

三江源流域位于我国青海省南部，处于青藏高原腹地，是长江、黄河、澜沧江的源头汇水区，三江源地区也是我国最大的自然保护区，生物多样性集中、水资源丰富，素有"中华水塔"之称。三江源地区是我国重要的生态安全屏障，在我国的生态文明建设中具有特殊地位，其生态保护与高质量发展，事关中华民族永续发展的千年大计。本文首先对三江源流域生态保护历史开展回顾，在此基础上全面总结三江源流域生态保护与高质量发展的主要经验，辨识主要问题，为新时期三江源流域生态保护与高质量发展提出对策建议。

一 三江源流域生态保护历史回顾

自 20 世纪中叶以来，受气候变化和人类活动的双重影响，三江源流域生态退化情况日益严重，林草地区病虫害猖獗、水土流失进一步加剧、源头产水量逐步减少、生物多样性面临重大威胁。为了从根本上扭转三江源流域的生态状况，筑牢青藏高原生态安全屏障，国家和青海省先后出台一系列措施（见图 1），加强三江源流域的生态保护力度，促进该地区的生态环境不断好转。

（一）三江源流域生态保护的早期探索

1997 年，青海省着手编制《青海省 1998 ~ 2010 年森林、湿地和野生动物植物类型自然保护区发展规划》，首先提出在长江、黄河源区建立野生动物、森林灌丛和湿地类型保护区的构想。

	批准 "一期规划"		批准 "二期规划"	
建立三江源省 级自然保护区	国务院第79次 常务会议批准 实施《青海三 江源自然保护 区生态保护和 建设总体规 划》		国务院第33次 常务会议审议 通过《青海三 江源生态保护 和建设二期工 程规划》	
青海省政府 《关于建立三 江源省级自然 保护区的批 复》				

| 2000年5月 | 2003年1月 | 2005年1月 | 2011年11月 | 2013年12月 | 2015年12月 |

| | 建立国家级自
然保护区 | 建立青海三江
源国家生态保
护综合试验区 | | 建立三江源国
家公园 |
| | 国务院办公厅
下达《关于发
布内蒙古额济
纳胡杨林等9
处新建国家级
自然保护区的
通知》 | 国务院第181次
常务会议决定 | | 中央全面深化
改革领导小组
第19次会议审
议通过《三江
源国家公园体
制试点方案》 |

图1　三江源流域生态保护历史进程

资料来源：作者编制。

1999年，中国科学院探险协会组织对三江源流域开展科学考察，提出"开发大西北、保护三江源"的建议，并于2000年1月正式向国家林业局、国家环保局提出尽快"建立三江源自然保护区"的书面建议。2月，国家林业局向青海省政府发出《关于请尽快考虑建立青海三江源自然保护区的函》，对三江源自然保护区的成立起到加速作用。5月，青海省政府正式批准建立三江源省级自然保护区。9月，三江源自然保护区管理局正式挂牌。自此，三江源流域由一个地域概念上升为自然保护区层面，三江源流域的生态保护进入新的历史时期。

（二）国家级自然保护区的创建与发展

在建立省级自然保护区的同时，2001年7月，三江源自然保护区升级为国家级自然保护区的科考工作同步启动。中国林业科学院、国家林业局调查规划设计院和青海省林业局组织相关专家组成科考队，对三江源流域生态情况进行全面的科学研究，并完成三江源国家级自然保护区科学考察报告的编写工作。

2003年1月，国务院办公厅下达《关于发布内蒙古额济纳胡杨林等9处新建国家级自然保护区的通知》，正式批准三江源自然保护区升级为国家级自然保护区。至此，三江源流域生态环境保护工作上升到国家层面。随后，三江源地区生态保护总体规划进入到紧锣密鼓的编制过程之中。

经过近两年的调查研究和多轮的征求意见，2005年1月，国务院正式批准实施《青海三江源自然保护区生态保护和建设总体规划》（又称"一期规划"），规划划定保护区面积15.23万平方千米，涵盖玉树、果洛、海南、黄南4个藏族自治州16个县以及格尔木市的唐古拉山乡。"一期规划"将生态环境保护与建设、保证群众生产生活和促进地区经济发展统筹考虑，提出总投资75亿元的生态环境保护与建设项目、农牧民生产生活基础设施建设项目和生态保护支撑项目（又称"一期工程"）。"一期规划"的颁布确立了顶层设计，标志着三江源流域的生态保护工作拥有了第一个纲领性文件，有章可循、有法可依，"一期工程"的稳步实施有效保护和修复三江源流域的生态环境，三江源流域的生态价值日益彰显。

在"一期规划"和"一期工程"取得良好生态收益的情况下，2011年11月，国务院第181次常务会议决定建立青海三江源国家生态保护综合试验区。2013年12月，国务院审议通过《青海三江源生态保护和建设二期工程规划》（又称"二期规划"，配套工程又称"二期工程"）。"二期规划"的期限为2013～2020年，提出到2020年森林覆盖率提高到5.5%、可治理沙化土地治理率达到50%等一系列具体目标。"二期工程"包含的范围进一步细化，主要包括草原生态系统保护和建设、森林生态系统保护和建设、荒漠生态系统保护和建设、湿地、冰川与河湖生态系统保护和建设、生物多样性保护和建设五大方面及一揽子支撑配套工程，预计总投资规模160亿元左右。2018年，国家发改委发布"二期规划"和"二期工程"的实施中期评估结果，显示三江源地区生态系统退化趋势得到初步遏制，生态建设工程区生态环境状况明显好转，生态保护体制机制日益完善，农牧民生产生活水平稳步提高，生态安全屏障进一步筑牢。

（三）国家公园体制试点的改革与突破

2015 年 12 月，为了进一步保护好"中华水塔"和地球"第三极"，中央全面深化改革领导小组审议通过《三江源国家公园体制试点方案》（简称"试点方案"），建立三江源国家公园。三江源国家公园总面积 12.31 万平方千米，涉及果洛、玉树藏族自治州的 4 个县的 12 个乡镇，下辖长江源、黄河源、澜沧江源三个园区。"试点方案"的颁布，是"绿水青山就是金山银山"的具体实践，标志着我国第一个国家公园试点正式建立，确立了三江源流域"一园三区"的保护格局，有利于打破"条块分割""九龙治水"的体制机制藩篱，实现自然资源资产管理与国土空间用途管制的"两个统一行使"。

2016 年 4 月，青海省委省政府制定下发《关于实施〈三江源国家公园体制试点方案〉的部署意见》（简称"部署意见"），提出"一年夯实基础工作，两年完成试点任务，五年建成国家公园"的工作目标和具体时间进度。6 月，三江源国家公园管理局正式挂牌。至 2020 年，"部署意见"确定的 8 个方面 31 项重点工作任务全部完成。

二　三江源流域生态保护与高质量发展的成效与经验

三江源流域经过二十多年的持续保护与发展，在习近平生态文明思想的指导下，在坚持人与自然和谐共生发展、践行绿水青山就是金山银山、打造山水林田湖草生命共同体、创新生态保护管理体制机制、坚持生态惠民利民为民方向等方面取得了显著成效，其主要经验和做法为国内其他流域的生态保护与高质量发展提供了广泛借鉴。

（一）坚持人与自然和谐共生发展

人与自然和谐共生构成了习近平生态文明思想的历史观。生态兴则文明兴，生态衰则文明衰，生态文明建设是关系中华民族永续发展的根本大计。

马克思指出："人本身是自然界的产物，人是自然界的一部分，是在自己所处的环境中并且和这个环境一起发展起来的。"人与自然不是对立的关系，而是辩证统一的关系，自然为人类的生存和发展提供前提和基础，人类必须尊重自然、顺应自然、保护自然才能实现人与自然和谐共生的现代化。在三江源流域的生态保护与高质量发展工作中，对人与自然和谐共生发展模式的有益探索，取得一系列的成就与经验。

一方面，生态文化建设成效显著。三江源流域基本地处藏区，辖区藏族人口超过90%。在传统藏族文化中，敬畏生命、万物有情、众生平等、人与自然和谐相处等朴素的自然伦理观占据重要地位。在三江源流域的生态保护与高质量发展工作中，充分尊重广大藏族人民的风俗、习惯，吸纳藏族朴素的生态保护思想，形成了多元生态文化。这种生态文化既体现在相关立法中，形成对三江源流域自然环境的有效保护；又体现在人民群众的自发行动之中，三江源地区的人民逐步由生态环境的利用者向生态环境的保护者转变。

另一方面，生物多样性得到有效保护。三江源流域是世界高海拔地区生物多样性最集中的地区之一。在20世纪下半叶，三江源流域的生物多样性受到严重威胁。随着"一期工程"和"二期工程"的稳步推行，三江源流域及青海全地区动植物的物种数量和种群的个体数量出现明显增长。以藏羚羊为例，在20世纪80年代，其种群数量不足两万只，到如今已经超过六万只，其濒危等级已经由濒危调整至了近危。[①] 此外，藏野驴、岩羊、野牦牛等野生动物种群数量明显增多，雪豹在青海各州市均有分布，还有一些在青海没有发现和记录的物种也陆续出现，野生动物的栖息和活动范围出现扩大趋势。此外，植物的数量和类型也均有增加。

---

① 中央电视台：《青海三江源地区生物多样性显著提升》，http：//tv.cctv.com/2021/05/22/VIDEzeI0v8L6l54VTkV1my86210522.shtml? vfrm = 2 – 3 – 0 – 1，最后访问日期：2021 年 5 月 22 日。

（二）践行绿水青山就是金山银山

绿水青山就是金山银山是生态文明建设的核心理念。随着我国经济发展进入新阶段，资源和环境约束日益趋紧，经济发展和环境保护之间的矛盾日益突出。绿水青山就是金山银山，本质上就是理顺经济发展与环境保护之间的关系，提供从工业文明向生态文明跨越的指导工具。通过彻底改变经济发展方式和人民生活方式，将生产和生活限制在资源和环境能够承受的范围之内，达到新的稳态平衡，保证我国能够成功跨越"中等收入陷阱"，稳步实现社会主义现代化。三江源国家公园充分利用当地自然禀赋优势，在特色种养殖业、生态旅游业方面不断尝试，寻求新的突破。

在特色种养殖方面，"种养加"结合＋品牌建设模式初见成效。第一产业是三江源国家公园的主导产业。养殖业方面，牦牛、藏羊都是当地的特色物种，随着退牧还草工作的稳步推进，当地的养殖业已经由农户散养、放养模式向规模化、产业化方向迈进。此外，为了进一步提高产品附加值，养殖业与加工业结合的趋势明显，奶酪、牦牛奶、特色风干肉、熟肉制品的比重稳步提高。种植业方面，当地的汉藏药材具有独特的资源优势，冬虫夏草、红景天、雪莲、大黄、羌活等珍稀药材驰名海外。早期当地的汉藏药材主要以野生采挖为主，现阶段部分药材人工种植的技术日益成熟，以汉藏药材为主的特色种植业前景广阔。另一方面，三江源国家公园种养殖业开始走品牌化道路，通过有机产品认证、可追溯体系建设，其特色农牧产品已经在全国享有一定知名度。

在生态旅游业方面，多层次的旅游服务体系逐步建立。三江源流域地形地貌多样，河流、湖泊、冰川、雪山、森林、草地错落排布，自然景观秀美，是天然的旅游目的地。近年来，在严格的自然保护制度约束下，三江源地区已经着手合理开发旅游资源，三江源旅游板块成为"大美青海"的重要旅游目的地之一。一方面，一批道路、景区、文化公园和住宿餐饮配套服务设施建设取得较快进展；另一方面，文化游、科考游、探险游、康养游、生态观光游等旅游模式不断创新，促使旅游业逐步成为当地经济发展的重点产业之一。

（三）打造山水林田湖草沙生命共同体

山水林田湖草沙生命共同体是生态文明建设的必然要求。在改革开放相当长的一段时间里，我国污染治理和环境保护工作确实存在"头痛医头、脚痛医脚"的问题，这种"分散式"的治理模式难以从根本上解决问题。因此，必须从系统观念出发，将山、水、林、田、湖、草、沙等多个单一生态系统作为有机整体进行保护与治理，注重多种政策和工具的系统性和整体性，从全方位、全地域、全过程开展生态文明建设。三江源流域的生态保护工作从全局出发，科学划定生态功能保护区，稳步推进重大生态工程，生态环境出现明显好转。

三江源国家公园生态功能保护区主要分为核心保育区、生态保育修复区和传统利用区三类。三类区域实行差别化管理，分别占三江源国家公园面积的73.55%、4.81%和21.64%。核心保育区主要用于维护三江源的自然生态系统功能，生态保育修复区是核心保育区外的生态重点治理和恢复地区，传统利用区主要是当地居民的生产和生活区域，具有生态功能缓冲区和经济发展支撑区的双重作用。此外，在每个一级分区之下，设立核心区、缓冲区、实验区和非自然保护区等二级功能分区，实现生态、生产、生活空间的精细化管理，确保管控对象、管控目标、管控措施相一致。

截至目前，三江源流域共实施两期重大生态工程。至2013年底，"一期工程"各项建设任务已经全面完成，实际投资76.5亿元，完成退牧还草8471万亩、退耕还林（草）9.8万亩、治理黑土滩522.6万亩、防治鼠害8796.5万亩、封山育林510.8万亩、防治沙漠化土地66.2万亩、保护湿地160.1万亩，治理水土流失492.6平方千米。植被覆盖率由2004年的6.32%提升至2012年的7.01%。[①] 在"一期工程"的基础上，"二期工程"无缝衔接开展。2018年中期评估显示，植被覆盖率进一

---

① 《关于三江源生态保护和建设工程实施情况的报告》，《青海人大》公报版，http://www.qhrd.gov.cn/html/1520/11909.html，最后访问日期：2015年1月29日。

步提升至 7.43%，可治理沙化土地治理率提高到 47%，年平均出境水量比 2005~2012 年平均出境水量增加 59.67 亿立方米，监测断面水质均在Ⅱ类以上。① 总体来看，三江源流域的生态退化问题得到有效遏制，生态系统质量出现显著提高。现阶段，"二期工程"进入收尾期，"三期工程"正在研究之中。

（四）创新生态保护管理体制机制

用最严格制度、最严密法治保护生态环境是生态治理能力现代化的集中体现。长期以来，我国的生态环境保护工作存在着"条块分割""九龙治水"的突出问题。部门之间管理职能交叉重叠、责权利不清晰、管理效率低下，生态系统的完整性受管理部门制约被人为割裂。党的十八届三中全会提出，全面深化改革的总目标是完善和发展中国特色社会主义制度，推进国家治理体系和治理能力现代化。生态文明体制机制改革，既是全面深化改革在生态领域的重要探索，也是全面提升生态治理能力的必然要求。三江源流域生态保护管理体制机制改革走在全国前列，以系统性观念开展生态文明建设工作取得显著成效。

在管理机构改革方面，三江源国家公园管理局挂牌成立，实现管理部门的职能整合。三江源国家公园管理局机关内设生态环保处、规划财务处、执法监督处和人力资源管理与宣传教育处，同时设立长江源、黄河源、澜沧江源三个园区管委会，将环保、国土、水利、农牧、林业等部门的管理职能全面整合，构建起"一园三区"的系统化生态保护与管理格局。有效解决管理职能交叉的问题，逐步实现自然资源资产管理与国土空间用途管制的"两个统一行使"。此外，三江源国家公园管理局与管理范围内所辖的 4 个县的管理职权进一步划清。各个县政府的组成部门由原来的 20 个左右缩减为 15 个左右，三江源国家公园管理局主要负责环境保护与管理工作，县政

---

① 《三江源二期中期评估结果公布，三江源地区生态系统退化趋势得到初步遏制》，《青海日报》，http://www.qh.gov.cn/zwgk/system/2018/04/16/010299709.shtml，最后访问日期：2019 年 4 月 16 日。

府主要负责当地经济社会发展工作。

在管理制度创新方面，三江源国家公园管理局制定并实施全国首部国家公园条例。2017 年 6 月，青海省人大常委会审议通过《三江源国家公园条例（试行）》［简称"条例（试行）"］，并于 8 月 1 日起正式施行。"条例（试行）"以保护优先、科学规划、社会参与、改善民生、永续利用作为基本原则，提出建立以三江源国家公园管理局为主体、管理委员会为支撑、保护管理站为基点、辐射到村的管理体系，划定生态保护功能分区，明确 7 类保护对象，建立以财政投入为主、社会共同参与的资金筹措保障机制，建立健全生态保护绩效考核制度、领导干部自然资源资产离任审计和生态环境损害责任追究制度，构建人人共建共享、共同参与的发展格局。"条例（试行）"的颁布与实施为我国国家公园法律体系建设提供了先行先试的经验与借鉴。

（五）坚持生态惠民利民为民方向

以人民为中心是生态文明建设的本真追求。良好的生态环境是最普惠的民生福祉，进入新时代后，我国社会的主要矛盾已经转化为人民日益增长的美好生活需要和不平衡不充分发展之间的矛盾，人民群众对优美生态环境的需要成为主要矛盾在生态文明建设领域的重要体现。坚持以人民为中心的发展思想，开展生态文明建设工作是解放生产力、发展生产力的必然要求，是大势所趋、人心所向，体现出中国共产党人深厚的民生情怀和强烈的责任担当。三江源流域生态保护与高质量发展坚持生态惠民、利民、为民，形成社会有序共同参与生态建设新局面。

首先，三江源流域的生态保护工作与精准扶贫工作紧密结合，按照中央"六个精准"和"五个一批"要求，三江源地区大力发展特色农牧和生态旅游产业，促进贫困户增收；开展异地搬迁安置，改善贫困居民生活条件；设置 17211 个生态管护公益岗位，实现生态保护与群众工作安置双赢。其次，引入特许经营机制，引进社会资本，在严格保护生态环境的前提下，适度开展中藏药材种植、有机农牧产品加工、文化和旅游资源开发，促进经济发展

与生态保护相协调。再次，推动可可西里申报世界自然遗产名录成功，促进生态文明理念由中国走向世界，彰显中国气派。最后，广泛开展生态宣传与引导活动，编写《希望三江源》《走进三江源》《大美三江源》《影像三江源》等系列丛书，开展三江源生态保护纪录片采编工作，通过传统媒体、新媒体等多种传播渠道，宣传三江源生态保护与建设工作，打造三江源生态发展的亮丽名片。

三 三江源流域生态保护与高质量发展的主要问题

经过二十余年的努力，三江源流域生态保护与高质量发展工作取得突出成绩。但同时需要认识到，三江源流域的生态环境保护、经济发展、人才与创新、体制机制改革等相关工作仍然存在一些问题，对"十四五"时期三江源流域生态保护与高质量发展工作提出新的挑战。

第一，生态环境依然较为脆弱。"一期工程"评估结果显示，2005～2012 年，三江源地区多年平均年土壤流失量增加了 1572.33 万立方米，土壤水蚀情况总体呈现上升趋势。另外，至 2018 年，"二期工程"评估结果公布之时，三江源植被覆盖率为 7.43%。[1] 而《中国森林资源报告（2014～2018）》表明全国森林覆盖率已经达到 22.96%。二者统计口径虽有差异，但足以说明三江源地区的林草恢复程度与全国平均水平相比仍有巨大差距。另外，相关研究表明，三江源地区超过 70% 的区域仍然属于中度以上生态脆弱地区。[2] 由此可见，三江源流域的生态保护工作依然任重道远。

第二，经济发展水平整体滞后。三江源流域主要地处玉树、果洛、海南、黄南 4 个藏族自治州，这些地区普遍为欠发达地区，虽然近年来努力发展种养殖业和生态旅游业，但产业结构单一、产品附加值不高、绿色发展水

---

① 《三江源二期中期评估结果公布，三江源地区生态系统退化趋势得到初步遏制》，《青海日报》，http://www.qh.gov.cn/zwgk/system/2018/04/16/010299709.shtml，最后访问日期：2019 年 4 月 16 日。

② 韦晶、郭亚敏、孙林等：《三江源地区生态环境脆弱性评价》，《生态学杂志》2015 年第 7 期。

平偏低等问题依然较为突出。根据全国及各地区国民经济和社会发展统计公报整理，2019 年，以上 4 个自治州的全体居民人均可支配收入分别为 18242元、15494 元、19655 元和 17058 元，而青海平均水平为 22618 元，全国平均水平为 30733 元。该地区财政收入占财政支出的比重仅为 7% 左右，严重依赖财政补贴，新的经济增长点亟待形成。

第三，人才科技支撑能力不足。由于三江源流域地处高原，生活环境艰苦，交通较为不便，公共服务水平不高，长期以来难以吸引人才进入当地发展。随着国家公园体制试点的推行，当地的管理人才、产业人才、科技人才和基层技能人才出现巨大缺口。另外，当地产业层次不高，科技支撑产业发展和生态保护的动能不足。从科技的研发端来看，当地具备研发能力的科技企业较少，高校和科研院所的数量偏少、层次偏低。从科技的转换端来看，生态产业具有巨大潜力，但投资周期长、回报率低，对国内外的科技企业缺乏吸引力。

第四，体制机制改革仍有阻碍。首先，三江源国家公园内各职能部门的整合时间较短，部门之间的冲突和博弈在所难免，原有的"条块分割"管理模式对如今的系统化管理模式仍有影响，需要较长时间逐步理顺。其次，特许经营机制有待进一步规范，现阶段该模式的成熟度较低，存在的主要问题包括经营主体不明确、特许经营保护机制不清晰等。最后，多元化的资金投入机制尚未形成，现阶段三江源辖区内的各个地方普遍存在资金缺口较大问题，生态保护与修复、产业发展需要大量资金，如何合理使用财政资金、吸引社会资金，并且科学应用成为现今资金制度改革的主要问题。

四 促进三江源流域生态保护与高质量发展的对策建议

"十四五"时期，我国经济社会发展全面进入新阶段，三江源流域生态保护与高质量发展进入新时期。在新的环境下，需要进一步加大改革力度，在"三期规划"出台、产业转型升级、人才科技强化、治理能力提升等方面全方位发力，努力开创三江源流域生态保护与高质量发展新局面。

加快出台"青海三江源生态保护和建设三期工程规划"。根据"一期规划"总体评估和"二期规划"中期评估来看，生态保护与建设工程的实施对三江源流域生态恢复起到至关重要作用。现阶段，"二期规划"处于收官阶段，亟须全面总结前两期规划及其配套工程的经验做法，并与国务院以及国家发改委、生态环境部、自然资源部等相关部门颁布的相关法律法规紧密衔接，尽快研究出台"三期规划"以及配套的"三期工程"，实现"二期规划"与"三期规划"的无缝结合，进一步保护好"中华水塔"，促进三江源流域生态环境持续好转。

大力发展生态经济，促进产业转型升级。在严格施行生态环境分区管控制度的前提下，需要大力推进生态与经济协同发展。一方面，要大力发展有机特色种养殖业，持续推进规模化、生态化养殖与有机种植，进一步拓展物流网络，让三江源流域的有机农牧产品走上全国各个大中城市的餐桌。另一方面，在坚持"生态优先、绿色发展"的前提下，大力发展第三产业。特别需要持续发掘生态旅游业的潜力，继续扩大旅游基础设施建设，与现有的一、二产业相衔接开发特色旅游产品，结合当地藏族特色文化打造特色文旅品牌，将三江源流域的生态文旅产业推出西部、走向全国。此外，要加强三江源流域的新型基础设施建设，利用现代化的信息技术不断促进新业态和新模式的发展。

强化人才队伍建设，注重科技成果转化。要着力构建多层次的人才体系，在选育留用等环节全方位发力。一方面，着力引进三江源流域生态保护与高质量发展亟须的各类高端人才、中端骨干人才和基础技能人才，根据不同层次人才需求制订分层次的人才引进计划，探索刚性引进和柔性引进相结合的机制，以多种形式满足当地人才需求。另一方面，加强本地人才培养，持续开展人才技能培训和职业教育，不断提升人才服务本地能力。要丰富科技成果应用场景、加快转换落地。三江源地区科技创新能力较弱，但科技应用前景广阔，可以与全国高等院校、科研院所和高新企业开展广泛合作，将先进的技术手段运用于当地的产业升级和生态保护之中，形成更为合理的利益分配机制，以科技应用不断促进三江源流域的可持续发展。

持续深化体制改革，构建共建共享机制。一方面，三江源国家公园建设要持续深化机构和制度改革，彻底破解部门"条块分割"问题，形成全面、系统治理格局；要加快推进《生态文明体制改革总体方案》提出的八项核心制度改革，全面提升生态治理能力。另一方面，要探索政府主导、企业和社会各界参与的市场化机制，完善多元化的资金投入机制，以特许经营机制改革作为突破口，进一步理顺各方面的利益关系，发挥市场在资源配置过程中的决定性作用，形成多元主体参与生态文明建设的新局面。

参考文献

　　李晓南：《聚焦生态保护和民生改善 三江源国家公园扶贫工作取得阶段性成效》，《青海党的生活》2019 年第 2 期。

　　姜春兰、宋霞：《三江源国家公园试点体制下产业发展研究》，《当代经济》2019 年第 8 期。

　　《青海三江源生态保护和建设大事记》，《中国工程咨询》2019 年第 11 期。

　　邵全琴、樊江文、刘纪远等：《三江源生态保护和建设一期工程生态成效评估》，《地理学报》2016 年第 1 期。

　　魏珍：《三江源国家公园绿色产业发展形势研究》，《区域治理》2019 年第 31 期。

　　张立：《论三江源自然保护区立法的民情基础——以藏民族生态文化为视角》，《民间法》2014 年第 2 期。

B.6
长江经济带上游地区水生态治理与水生态屏障建设：内涵、挑战与对策

丛晓男　李国昌*

摘　要： 长江经济带上游地区水生态治理和水生态屏障建设对于保障全流域高质量发展具有重要意义。水生态治理不能孤立进行，必须坚持统筹推进"山水林田湖草沙冰"的综合治理。上游地区生态本底脆弱，水生生物多样性仍存在退化风险，水环境污染防治工作依然艰巨，跨区域水生态保护的体制机制仍有待完善。为此，要以水生态治理为抓手加强生态综合保护和修复，切实加强水生生物多样性保护，全面推进沿江工业污染治理、水环境污染治理和农村、农业环境治理，完善水环境污染联防联控和水生态保护的跨区协同机制，构建以城市群和都市圈为主要载体的上游绿色增长极网络，加快推动生态文明范式下的发展模式转型。

关键词： 长江经济带　水生态　水环境　水污染

一　引言

　　长江经济带是引领中国区域协调发展的重大战略。长江经济带横跨东中

---

　　* 丛晓男，博士，中国社会科学院生态文明研究所执行研究员，研究方向为区域可持续发展；李国昌，湖北省社会科学院长江流域经济研究所，研究方向为流域经济、经济地理。

西三大板块，各板块在经济发展水平、产业基础、资源禀赋、生态环境状况等方面差异明显。全面推进长江经济带高质量发展，上中下游地区要强化目标引领，以协同融通共赢为导向，充分发挥各自比较优势，促进各板块协调发展，服务于构建新发展格局。2018 年 11 月，中共中央、国务院出台《关于建立更加有效的区域协调发展新机制的意见》，要求"以共抓大保护、不搞大开发为导向，以生态优先、绿色发展为引领，依托长江黄金水道，推动长江上中下游地区协调发展和沿江地区高质量发展"。

推动长江经济带高质量发展，必须将修复长江生态环境摆到压倒性位置。习近平总书记先后三次主持召开推动长江经济带发展座谈会（2016 年 1 月于上游的重庆、2018 年 4 月于中游的武汉和 2020 年 11 月于下游的南京），对加强长江生态环境系统保护修复格外重视。2016 年 9 月印发的《长江经济带发展规划纲要》明确提出"大力保护长江生态环境，打造生态文明建设的先行示范带，保护和修复长江生态环境"的目标。

"共抓大保护、不搞大开发"意味着长江经济带发展必须坚持"生态优先、绿色发展"的基本原则。这一原则对于上游地区有着更加特殊的内涵和意义。长江经济带上游地区（以下简称"上游地区"）包括四川省、重庆市、云南省和贵州省，该区域水系发达、水能资源丰富、地质构造复杂、地貌形态多样、生态环境脆弱，是三峡库区腹心地带，连接着中国地理第一阶梯和第三阶梯，生态区位十分关键。上游地区在长江经济带中具有重要的战略安全地位，承担着中下游地区生态屏障的重任，关乎全流域的生态安全。长江经济带有三大城市群，即长三角城市群、长江中游城市群和成渝城市群，经济和人口密集度高，上游地区生态屏障是三大国家级城市群经济社会发展的重要基础和保障。未来，长江经济带面临着长三角一体化发展、长江中游城市群协同发展、成渝地区双城经济圈建设，进而以中心城市和城市群推动全域高质量发展的重大任务，全面推动这些任务亟须筑牢上游生态屏障。

流域经济的纽带是河流，生态屏障建设的核心内容是水生态屏障。生态屏障是一个综合概念，涵盖内容十分丰富，包括水质净化、水源涵养、水土

保持、保持生物多样性等。然而，作为一种特殊类型的区域经济形态，流域经济区以河流为重要廊道，其生态治理的重中之重在于水生态治理。加强长江经济带上游地区的水生态保护、筑牢水生态屏障，既是在新发展阶段全面贯彻新发展理念的重要战略举措，也是保障全流域生态安全、促进长江经济带安全发展的内在要求。为此，必须深刻认识上游水生态治理和水生态屏障建设的现状和制约因素，科学提出保护和建设策略。本文系统梳理了长江经济带特别是上游地区的水生态保护状况，分析了上游地区水生态保护及生态屏障建设存在的主要问题，并针对性地提出了相应的对策建议。

二　上游水生态治理和水生态屏障建设的重要意义

"生态屏障"源于我国生态环境建设实践，学界在 21 世纪初就开展研究。从生态屏障概念内涵、功能特点，进而围绕长江上游生态屏障建设的战略目标、主要内容、存在问题、体制机制等问题，学界展开了广泛而深入的探讨。2011 年 6 月，国务院发布《全国主体功能区规划》，构筑了"两屏三带"的生态安全战略格局，其中，"两屏三带"中的"青藏高原生态屏障"、"黄土高原—川滇生态屏障"和"南方丘陵山地带"各有一部分位于长江经济带上游地区。上游地区提供的屏障功能不仅服务于上游地区，也服务于中下游地区，承担着保障国家生态安全的重大责任。因此，水生态屏障是生态屏障的核心构成，但单纯对水体的孤立治理和保护并不能有效实现屏障功能。由于水生态与森林、草地、湿地等各类生态资源密切相关，统筹"山水林田湖草沙冰"系统治理才能达到水生态屏障的效果。上游地区水生态屏障功能主要体现在净化水质、水源涵养、水土保持、保持水生生物多样性四大方面。

（一）净化水质

净化水质是生态系统的过滤器功能，对于流域生产生活用水安全具有重要的保障作用。在水质净化方面，森林生态系统发挥了重要作用，一方面，森林生态系统本身具有一定的吸收和溶滤功能，能够有效降低水环境中的各类污染物浓度，使水体保持一定清洁度；另一方面，森林生态系统还能够吸附和净化农业生产中的农药和化肥等，从而降低水体中的农药及氮、磷、钾等元素浓度，减轻河流、湖泊等富营养化程度。上游地区河网密布、湖泊众多，有如金沙江、岷江、沱江、嘉陵江、乌江等长江重要支流，泸沽湖、邛海、长寿湖、滇池、洱海、抚仙湖、草海等重要湖泊。上游地区丰富的森林资源形成了重要的森林生态功能区，起到净化水质的重要作用。最新数据显示，截至 2019 年底，四川省和重庆市森林覆盖率分别达到 39.6%、50.1%[①]；截至 2020 年底，云南省和贵州省森林覆盖率分别达到 65.04%、61.51%[②]，四省市均远高于全国 23.04% 的平均水平。

（二）水源涵养

水源涵养功能概念较广，内涵随人们认识不断深入变化，主要包括拦蓄降水、土壤含水、调节径流、影响雨量等。上游地区是我国重要的水源涵养功能区，不仅影响着本地区的水资源供给与利用，而且对中下游地区甚至全国的水资源供给与利用都发挥着重要的保障作用。三峡库区生态脆弱、敏感度高，是上游地区最后一道生态屏障。三峡水库作为我国重要的淡水资源战略储备库，维系全国35%的淡水资源涵养，关乎长江中下游3亿多人的饮水安全。与此同时，三峡水库也是南水北调中线工程重要的补充水源地，引江补汉工程推荐方案即是从三峡库区引水，从丹江口大坝下游入汉江。

（三）水土保持

森林、草地等植被能够有效减轻风蚀、水蚀作用，阻止或减缓水土流失。长期以来，长江经济带上游地区是我国水土流失重点预防保护区和重点治理区。该区域地质构造复杂、地貌多样、沟壑纵横、水系密布、地势较

---

① 资料来源于《2019 年四川省国土绿化状况公报》、《2019 年重庆市生态环境状况公报》。
② 资料来源于《2020 年贵州林业年鉴》、《2020 年云南省环境状况公报》。

高、土质稀松，山体崩塌、滑坡、泥石流等自然灾害易发频发。西部大开发战略实施以来，西部地区先后实施了 11 个国家级水土保持重点工程，长江中上游水土防治工程便是其中之一。

（四）保持水生生物多样性

长江是世界上水生生物多样性最为丰富的河流之一，但长期以来，长江水生生物生存环境日益恶化，水域生态功能明显退化，水质下降、水系隔断、非法捕捞、围网围栏养殖直接危及上游地区水生生物多样，诸多物种濒临灭绝。上游大规模水电开发也对长距离洄游生物的迁徙产生阻断影响。更重要的是，长江经济带上游地区的水环境质量不仅影响该区域水生生物生存，同时危及中下游水生生物。

三　上游地区与水生态治理相关的生态资源情况

水生态治理不能孤立对待，必须以"山水林田湖草沙冰"系统思维综合治理。长江经济带上游与水生态治理相关的生态资源包括水资源、森林资源、草原资源和湿地资源等，这些资源不仅是自然生态环境的重要组成部分，而且在净化水质、水源涵养、水土保持和保持生物多样性等方面也发挥着重要作用，与水生态屏障建设息息相关。

（一）水资源

长江经济带上游地区水资源量较为丰富。据统计，2019 年长江经济带水资源总量为 12802.8 亿立方米，占全国水资源总量的 44.09%。长江经济带各省份水资源分布不均衡，其中，上游地区水资源量为 5897.8 亿立方米，中游地区为 4763.6 亿立方米，下游地区为 2141.4 亿立方米，分别占长江经济带水资源总量的 46.1%、37.2% 和 16.7%（见图 1）。可见，上游地区水资源较为丰富，而中下游地区水资源则相对较为匮乏。上游地区的四川省水资源量为 2748.9 亿立方米，是长江经济带水资源最为丰富的省份。

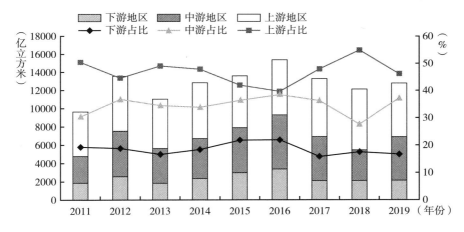

图1 长江经济带上中下游地区水资源量及其占比情况

资料来源：2012～2020年《中国统计年鉴》。

长江经济带上中下游人均水资源量空间分布差距较为悬殊，中上游地区普遍高于全国水平，下游地区则低于全国水平。2019年，上游地区人均水资源量，除重庆市外，四川省、云南省和贵州省均远高于全国水平2077.7立方米/人，其人均水资源量分别为3288.9立方米/人、3166.4立方米/人和3092.9立方米/人。

（二）森林资源

长江经济带上游地区森林资源较为丰富。《中国森林资源报告（2014～2018）》数据显示，长江经济带林业用地面积为11911.48万公顷，森林面积为9047.53万公顷，森林覆盖率为44.08%，远高于全国森林覆盖率。长江经济带森林资源量地理空间分布不均，中上游地区森林资源较为丰富，而下游地区森林资源则相对贫乏。据统计，上中下游地区森林面积分别为4587.72万公顷、2727.61万公顷和1150.69万公顷，分别占森林总面积的54.19%、32.22%和13.59%。具体而言，云南省和四川省森林面积分别为2106.16万公顷、1839.77万公顷，遥遥领先于其他省份（见图2）。上游丰富的森林资源为其水生态保护、发挥水生态屏障作用提供了有利条件。

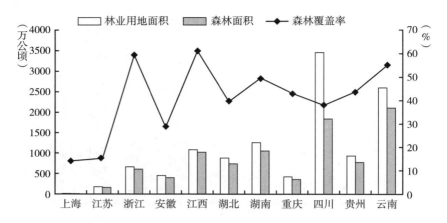

图2 长江经济带各省市林业用地面积、森林面积和森林覆盖率情况

注：林业用地面积为2017年数据，森林面积和森林覆盖率为2018年数据。
资料来源：2020年《中国统计年鉴》。

（三）草原资源

长江经济带草原资源总体并不丰富，但相对而言上游地区较为丰富。我国草原主要集中分布在地理第一阶梯和第二阶梯，内蒙古、新疆、西藏、青海、甘肃和四川作为六大牧区，其草原总面积约占全国草原总面积的3/4。长江经济带草原总面积为6462.08万公顷，仅占全国草原总面积的16.45%。长江经济带草原分布呈现空间不平衡性，上游地区草原面积为4213.45万公顷，占长江经济带草原总面积比重为65.20%，中游地区和下游地区草原面积分别为1716.72万公顷、531.91万公顷，占比分别为26.57%、8.23%，草原资源总量在空间分布上以"上游、中游、下游"依次递减（见表1）。

表1 长江经济带各地区湿地面积和草原面积情况

地区	草原面积（万公顷）	湿地面积（千公顷）
上海	7.33	464.6
江苏	41.27	2822.8
浙江	316.99	1110.1
安徽	166.32	1041.8

地区	草原面积（万公顷）	湿地面积（千公顷）
江西	444.23	910.1
湖北	635.22	1445.0
湖南	637.27	1019.7
重庆	215.84	207.2
四川	2038.04	1747.8
贵州	428.73	209.7
云南	1530.84	563.5
长江经济带	6462.08	11542.3
下游地区	531.91	5439.3
中游地区	1716.72	3374.8
上游地区	4213.45	2728.2

注：表中草原面积数据为 2017 年数据，湿地数据为第二次湿地资源调查（2009～2013）资料数据。

资料来源：2020 年《中国统计年鉴》。

（四）湿地资源

长江经济带湿地资源较为丰富，但空间分布不平衡，上游地区占比相对较小。我国第二次湿地资源调查（2009～2013）资料①显示，长江经济带湿地面积为 1154.23 万公顷，占全国湿地总面积的 21.53%。其中，长江经济带上游地区湿地面积为 272.82 万公顷，中游地区湿地面积为 337.48 万公顷，下游地区湿地面积为 543.93 万公顷（见表 1），湿地资源总量在空间分布上从上游至中下游依次递增。

四　上游水生态治理面临的挑战

水生态保护是长江全流域生态文明建设的重要内容，上游地区水生态治理已经进入了关键期、攻坚期和窗口期，面临着生态系统破碎化、水环境污

---

① 我国第三次湿地资源调查正在进行中，第二次调查结果仍为最新数据。

染严重、水生生物多样性退化等全流域生态文明建设中存在的共性问题。此外，上游地区独特的自然地理、生态环境因素，也使其水生态治理面临着生态本底脆弱、水土流失严重等特有的挑战。

（一）生态本底脆弱

长江经济带上游地区是生态脆弱区、生态敏感区，也是国家生态重点功能区。从地理因素来说，上游地区地势高、起伏大，地质构造复杂，地貌类型多样，山洪、滑坡、泥石流等自然灾害频发；从历史因素来说，由于人类大规模开发、无序开发、掠夺式开发及过度开发行为，人地矛盾不断激化，人地关系逐渐失衡，生态环境遭到破坏，具体表现为森林减少、水土流失、土地荒漠化、石漠化等，其中水土流失和石漠化问题尤为严重；从经济社会因素来说，随着工业化和城镇化推进，建设用地比重不断攀升，生产生活的生态环境影响加大，造成原有生态景观碎片化，进一步危及生态本底条件。

一是水土流失仍较严重。《中国水土保持公报（2019年）》显示，2019年长江经济带水土流失面积为39.52万平方千米，占区域国土面积的19.18%。其中，水蚀面积39.16万平方千米，风蚀面积为0.36万平方千米。与2011年相比，尽管水土流失面积减少了4.47万平方千米，降幅达10.16%，但绝对面积、占全国比例仍然很高。特别是上游地区又是其水土流失的重点区域，其中，金沙江岷江上游、"三江并流"、嘉陵江上游等地区是国家水土流失重点预防区，金沙江下游、嘉陵江及沱江中下游、乌江赤水河上中游以及三峡库区等地区是国家水土流失重点治理区。与2011年对比可知，当前上游地区水土流失情况一定程度上有所好转，但水土流失绝对面积仍然较大、占辖区国土面积比重仍然较高，重庆水土流失面积占辖区国土面积比重超过30%。总体来说，上游地区水土流失情况仍然严重，治理压力仍然较大（见图3）。

二是石漠化现象仍较突出。石漠化与水土严重流失互为因果，并发展为生态破坏的恶性循环链，导致山穷、水枯、林衰、土瘦等一系列生态问题，不利于水生态治理。我国八大生态脆弱区之一的西南岩溶山地石漠化生态脆

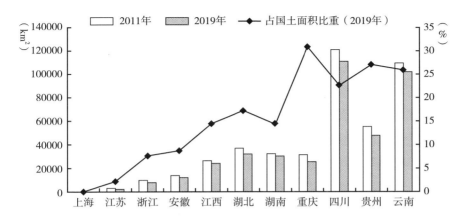

图3　2011年和2019年长江经济带各省市水土流失情况

资料来源：《中国水土保持公报（2018年）》和《中国水土保持公报（2019年）》。

弱区主要分布于川、渝、滇、黔等省份。其中，贵州省是石漠化的"重灾区"，其岩溶土地面积约占全省国土面积的60%，石漠化面积大、程度深、危害大。《中国·岩溶地区石漠化状况公报》显示，截至2016年底，贵州、云南、重庆和四川石漠化土地面积分别为247万、235.2万、77.3万和67万公顷，分别占全国石漠化土地总面积的24.5%、23.4%、7.7%、6.7%（见图4）。为积极应对石漠化生态治理，川渝滇黔四省市采取了植树造林、退耕还林、生态移民等一系列举措，近年来岩溶地区石漠化扩展趋势得到有效遏制，生态环境得到有效改善。但是，鉴于石漠化治理的复杂性、艰巨性和长期性，治理形势仍然严峻，治理难度依然较大，治理成果仍有恶化风险，治理工作仍然任重而道远。

三是城镇化快速推进造成生态系统格局破碎化。快速推进的城镇化是长江经济带生态系统格局演化的首要驱动因素，导致生态廊道阻断、动植物栖息地破碎化。基于长江经济带土地利用数据实证研究表明，20世纪90年代以来，长江流域建设用地持续扩张、耕地面积持续减少。"十二五"时期以来，长江上游地区的建设用地扩张速度远超过中下游地区，扩张区域主要集中在成渝城市群、滇中城市群和黔中城市群。上游地区用地类型的变化导致

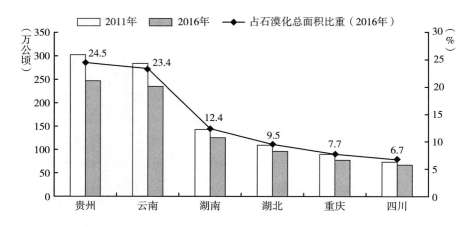

图4　2011年和2016年长江经济带部分省市石漠化情况

资料来源：《中国·岩溶地区石漠化状况公报》。

生态系统格局急剧变化，生态系统连续性、稳定性和平衡性受到严重影响，生态系统服务功能降低，资源环境承载能力下降，水生态亦不例外。2020年，川渝滇黔常住人口城镇化率分别为56.73%、69.46%、53.15%和49.95%，除重庆外，其他三省城镇化率均低于同期全国63.89%的城镇化率（见图5）。随着上游地区新型城镇化推进，以及各都市圈、城市群的进一步发育，生态功能承载区域破碎化风险仍然较大，上游水生态保护和水生态屏障建设面临巨大压力。

（二）水污染防治工作依然艰巨

近年来，长江水质总体有所好转，但污染治理压力依然存在。就上游重要河流而言，四川省岷江水系、沱江水系，重庆市嘉陵江流域，云南省长江水系等受到轻度污染，Ⅴ类和劣Ⅴ类水质断面仍占一定比例，主要污染物指标为总磷、化学需氧量和高锰酸盐指数等。《2020年四川省生态环境状况公报》、《2020年重庆市生态环境状况公报》和《2020年云南省环境状况公报》显示，2020年，四川省岷江水系和沱江水系Ⅳ类水质比例分别为5.1%和13.9%，重庆市嘉陵江流域Ⅳ类和Ⅴ类水质比例分别为12.8%和2.1%，

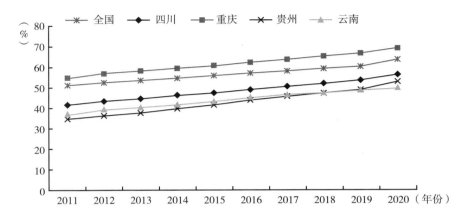

图5　2011～2020年全国及川渝滇黔四省市城镇化水平

资料来源：2020年《中国统计年鉴》、《第七次全国人口普查公报》、《四川省第七次全国人口普查公报》、《重庆市第七次全国人口普查公报》、《贵州省第七次全国人口普查公报》和《云南省第七次全国人口普查公报》。

云南省Ⅴ类和劣Ⅴ类水质断面分别为2.3%和3.8%。水环境污染对集中式饮用水水源地和地下水水质也造成了负面影响，此外，湖泊、水库富营养化现象也不容忽视。就各省份水功能区水质状况而言，相较于2013年，2018年川渝黔滇四省市水功能区水质达标率均有不同程度的提升（见图6）。总体来说，由于沿江工业废水、城市生活污水、农业生产污水等的影响，上游地区干、支流部分河段污染依然严重，部分湖泊、水库富营养化仍然严峻，部分饮用水水源地水质尚不达标，水环境治理巩固难度较大，水质安全形势不容乐观。

上游地区水污染的主要原因是工业废水、城市生活污水以及农田排水，污染源分散，治理难度大。在2011～2017年的统计期①，2015年长江经济带废水排放量达到最大值318.84亿吨，占全国废水排放总量的比重为43.36%。2017年，长江经济带上游地区、中游地区和下游地区废水排放量分别为86.62亿吨、72.27亿吨和147.49亿吨。从时间变化趋势来看，长江

———————

① 2020年《中国统计年鉴》的统计结果还停留在2017年数据。

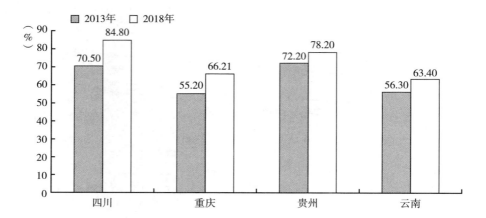

图6　2013年与2018年川渝黔滇四省市水功能区水质达标情况

资料来源：《2013年四川省水资源公报》、《2018年四川省水资源公报》、《重庆市水资源公报（2013年）》、《重庆市水资源公报（2018年）》、《贵州省2013年水资源公报》、《贵州省2018年水资源公报》、《2013年云南省水资源公报》和《2018年云南省水资源公报》。

经济带中游、下游地区和整体均呈现先增加后减小的趋势，但上游地区逐年增加，且单位产出的废水排放量大于中下游地区，治理压力依然较大（见图7）。

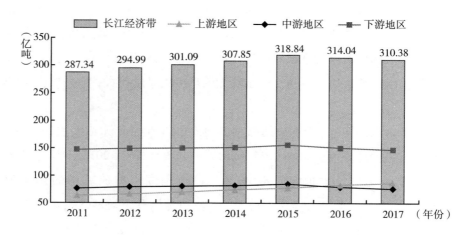

图7　2011~2017年长江经济带上中下游地区废水排放情况

资料来源：2012~2018年《中国统计年鉴》。

除此之外，土壤污染随降雨径流又会加重水体污染。首先，工业固体废物中重金属污染、医疗废物等危险废物污染隐患很大。长江经济带大部分省市工业固体处理情况有所好转，少数省市却有恶化的趋势。总体来说，上游地区工业固体废物综合利用率要低于中下游地区。据统计，2018～2019 年下游地区一般工业固体废弃物综合利用率较高，其中上海市、江苏省和浙江省均超过 90%，排名前列。四川省和云南省一般工业固体废弃物综合利用率排名倒数，分别为 37.29% 和 51.5%，上下游差距悬殊（见图 8）。其次，生活垃圾堆积如山，生活垃圾清运量持续增加，上游地区从 2011 年的 1469.1 万吨增加到 2019 年的 2590.9 万吨。最后，由于农药和化肥的不合理使用，土壤污染由城市蔓延到农村，进而对长江水环境保护带来较大压力。

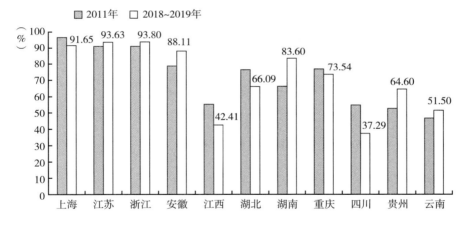

图 8　2011 年和 2018～2019 年长江经济带各省市一般工业固体废物综合利用率

资料来源：2012 年和 2020 年各省份统计年鉴。上海、浙江、重庆和云南为 2019 年的数据，其他省份为 2018 年的数据，均为能查阅到的最新数据。

　　由于历史因素和地理条件不一，我国区域发展并不平衡，川渝黔滇四省市发展相对滞后，粗放式发展形势依然严峻。长期高能耗、高排放、高污染的粗放式发展，水环境及其关联生态载体受到严重破坏，水生态安全受到严重威胁，水生态系统稳定平衡受到严重干扰。

（三）水生生物多样性仍存退化风险

长江经济带上游水生生物多样性丰富，是我国重要的生态宝库和生物基因。然而，由于人类对自然生态空间的干预活动不断增多，上游水生生物多样性指数持续下降，水生生物种群数量逐步减少，濒危物种数量逐渐增多，重点保护物种濒危程度加剧。以鱼类为例，中华鲟、长江鲟、胭脂鱼等国家重点保护水生野生动物和长江上游珍稀特有鱼类明显减少，在长江重点生态区，长江上游受威胁鱼类种类占全国受威胁鱼类总数的40%。长江上游及其支流还是我国水能丰富地区，可利用价值很高，但是水电的大规模开发极易对水生生物的生存产生负面影响。梯级电站的存在导致河流流速显著变缓、水深增大、泥沙沉积，水的透明度、水温、溶氧、饵料组成均受到影响而改变，一些鱼类在水库内不能生存，一些鱼类则生长良好，鱼类群落结构发生改变。必须让人警醒的是，有"水中大熊猫"之称的白鳍豚已于2007年宣布为功能性灭绝，同样有"水中大熊猫"之称的长江白鲟也于2019年12月宣布灭绝，此外，2018年科学考察估算长江江豚数量仅剩约1012头，面临极度濒危的态势。

（四）水污染治理投资模式有待优化

环保工作历史欠账较多，环保任务比较艰巨，环境污染治理资金投入仍然相对不足，环保市场体制机制有待进一步完善。一是环境污染投资总量不足。2017年，川渝滇黔四省市环境污染治理投资占GDP的比重分别为0.83%、1.14%、0.86%和1.60%（见图9），除贵州外，另外三个省市都低于1.15%的全国总体水平。根据国际经验，当环境污染治理投资占GDP的比例达到1%~1.5%时，可以控制环境恶化的趋势；当达到2%~3%时，环境质量可有所改善。二是环境污染投资结构不够合理。从环境污染治理投资用途上看，2017年上游四省市用于城镇环境基础设施建设比重高达61.92%，而工业污染源治理投资占比仅为3.38%。环保投资过于侧重环境基础设施建设，而环保基础设施建设项目大多建设周期长、资金投入高、经济风险高，部分项目预期的环境绩效有可能难以实现。三是环保市场体制机制仍有待完善。环保投资市场化程度不高，参与主体市场竞争不足，环保投资市场机制、回报机制、监督机制、保障机制等还不够完善，导致社会资本进入环保市场的意愿不高。

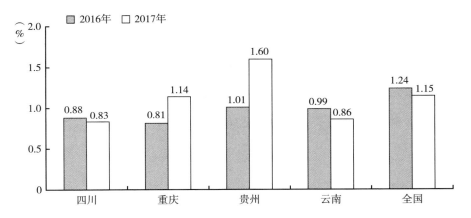

图9　川渝滇黔及全国环境污染治理投资占 GDP 比重

资料来源：《中国环境统计年鉴 2017》和《中国环境统计年鉴 2018》。

（五）跨区域水生态保护的体制机制有待完善

第一，跨流域水生态保护各自为政。水生态保护是一个复杂系统工程，必须各地区紧密配合、高度协同开展各项工作，如生态廊道建设、三峡库区水土流失综合治理等工作，但各地区经济发展水平不同，各主体在投入意愿和强度上存在较大差异，水生态保护工作无法形成有效合力，导致水生态保护成效不够显著，属地管理分割与河流跨区域分布之间的矛盾凸显。此外，通过在川渝两地调研发现，产业梯级转移中存在着沿江产业路径依赖和产业转移协作污染外溢等问题，环境综合治理效果非但没有达到预期，反而扩大了污染范围，延缓了环境治理进程。第二，跨省生态补偿机制有待完善。首先，尽管长江流域上中下游之间已经有跨省生态补偿的实践探索，典型案例有浙江和安徽的新安江流域生态补偿机制，云南、贵州、四川三省的赤水

河流域横向生态补偿机制，重庆和湖南的酉水河流域生态补偿机制等，但就目前来说，跨省的生态补偿机制在实践中还存在不少问题，有待进一步发展和完善。其次，从权责利视角出发，长江上游地区承担着主要的水生态保护和水生态屏障建设重任，这给中下游地区带来了巨大的正外部性，而中下游地区作为主要受益者，上游地区并没有得到足够的补偿，权责不明和激励机制的不健全严重影响了上游地区的积极性。因此，从上游各省份之间、上中下游各地区之间构建一套科学合理的成本共担及利益共享机制已迫在眉睫。

五　上游水生态治理和水生态屏障建设的政策建议

长江经济带上游地区生态治理和水生态屏障建设的根本着眼点，在于有效协调短期利益与长远利益、经济利益与安全利益、局部利益与全局利益之间的关系。应充分认识到上游水生态保护对维护全流域乃至国家水安全水生态屏障的重要意义，将该工作置于长江经济带生态文明建设的重中之重，坚持系统观念、高点站位、全域统筹，加快构建科学合理的水生态治理和水生态屏障建设政策体系。

（一）以水生态为核心全面加强生态治理和修复

坚持以治水贯通生态总体治理。以长江上游地区重点生态区为依托大力推进"山水林田湖草沙冰"生态保护和修复。一是协同提升生态环境治理和国土空间治理能力。加快推进"三线一单"编制和完善，实现省市县三级全覆盖，建立以"三线一单"为核心的生态环境分区管控体系，加强国土空间规划编制中"三区三线"与"三线一单"的衔接，科学划定生产、生活和生态"三生"空间，确保生态用地空间不受挤压。二是坚持"人水和谐"、推进"三水并重"。合理利用水资源，强化水资源总量控制，优化水资源配置，建立健全水资源保护和开发利用协调机制，加强水生态保护和修复，着力改善水环境。三是加大河湖、湿地生态保护修复力度。加强洱海、草海等重要湖泊、湿地保护修复，推进富营养化湖泊生态修复，推动长江岸线生态恢复，改善河湖连通性。四是加强天然林保护、退耕还林还草、防护林体系建设、草原保护修复。开展长江上游天然公益林建设，推进长江干流及其重要支流、河道及渠道沿线造林绿化，打造绿色生态廊道和网络。统筹推进川渝地区造林绿化，以重庆永川区、荣昌区国家森林城市和成都平原、川南、川东北、攀西四大森林城市群为基础，协同推进川渝地区国家森林城市建设，积极创建国家级森林城市群。五是持续推进水土流失和石漠化综合治理。对金沙江中下游、嘉陵江上游、乌江流域、三峡库区等区域实施小流域综合治理，实施生物措施与工程措施相结合的综合治理，建立水土保持生态屏障区，全面改善严重石漠化地区生态状况。

（二）全面推进环境污染综合治理

一是加强沿江工业污染源治理。依据已经划定的生态保护红线，将其作为优化工业布局前置条件，严格管控沿江工业发展。长江干流及主要支流岸线 1 千米范围内，不再新增化工园区，对于违法违规工业园区依法取缔。长江干流及主要支流岸线 5 千米范围内，园区之外的化工企业须全部搬迁入园，且化工园区与企业都要达到环保和安全相应地要求。要规范园区建设和管理，推动化工产业绿色转型。

二是加强水环境污染治理。对于城市建成区和农村人口聚集区，要加强黑臭水体问题的整治；对于劣V类水体，要开展水环境综合治理，尤其是云南省，其劣V类水体断面（点位）较多，治理任务较重；要综合推进"三磷"（即磷矿、磷肥和含磷农药制造等磷化工企业、磷石膏库）综合整治，四省市要组织开展"三磷"专项排查整治行动，集中推进三峡库区及其上游、岷江、沱江、乌江和清水江等流域总磷污染防治。

三是加强农村和农业环境治理。大力实施农村环境综合整治，以县（市、区）为单位，开展饮用水水源地环境保护专项行动，因地制宜推进生活垃圾处理和污水治理，实施农村水系综合整治工程，建设生态宜居的美丽

乡村。加大农业生态环境保护力度，加快推动农业绿色发展、可持续发展，严格控制农业面源污染，持续推进农药、化肥减量化，全面推进规模化畜禽养殖企业的污染防治，让绿色成为农业高质量发展的底色。

（三）构建以城市群和都市圈为主要载体的上游绿色增长极网络

以生态优先、绿色发展为导向，推动成渝地区双城绿色经济圈、黔中绿色城市群、滇中绿色城市群完成生态文明范式下的经济发展模式转变，逐渐形成以城市群和都市圈为主要载体的绿色增长极网络。一是提高生态承载能力，构建国土空间新格局。成渝地区双城经济圈、黔中城市群、滇中城市群应提高各自资源环境承载能力，高效集聚经济和人口，科学有序统筹布局生态、农业、城镇功能空间，加快构建可持续发展的国土空间新格局。二是建立产业生态化、生态产业化模式的生态经济体系。各城市群、都市圈应根据自身实际情况，推动产业向低碳化、绿色化转型升级，有重点、有步骤培育和壮大战略性新兴产业，紧扣生态主题，探索生态产业化道路，稳步推进基于生态禀赋的优势特色产业发展。三是积极稳妥化解旧动能，淘汰落后污染产能。重点针对钢铁、水泥、电解铝、纺织、化工、造纸等"高耗能、高排放、高污染"产业，对于仍存市场前景且能够实现工艺改造的，应加快绿色化改造，对于经济效益差且不存在工艺改造可能的，应加快淘汰。

（四）完善水环境污染联防联控机制

生态系统的整体性和长江流域的系统性决定了水环境污染治理必须把握好整体推进和重点突破之间的关系，这就要求沿江各省份完善水污染联防联控机制。一是加强环境信息共享。沿江各省份应建立水生态保护和水污染治理合作联席会议定期化召开机制，共同应对跨省水污染问题，加强生态环境部门沟通与合作。加强环保标准统一和制度衔接，推进落实"一张负面清单管全流域"，确保各地环境准入规定统一管控尺度，堵住下游污染企业向上游转移的漏洞。二是共建水污染防治协同治理平台。以打好水污染防治攻坚战为目标，积极运用云计算、大数据、人工智能和5G等先进技术，共建水污染防治协同治理平台，打造水环境治理信息化管理体系，构建重点突出、职责明确、奖惩清晰、治理精准的一体化运行机制。三是提升水污染防治能力。上游地区四省市应加大水污染防治财政保障力度，加强水污染处理设施建设，加强沿江工业园区布局管控，提升水污染监测能力，严控工业污水排放，提升水环境污染综合防治能力，切实推动水环境质量改善。

（五）建立水生态保护的跨区协同体制机制

一是上游地区要积极争取全流域的支持。长江经济带各省份应牢固树立"一盘棋"思想，要深刻认识上游地区水生态屏障的重要性，打破行政区划利益壁垒，强化上中下游协作，进一步完善跨省市合作体制机制，共同推进上游地区水生态屏障建设，确保"一江清水向东流"。在顶层设计方面，可由长江经济带发展领导小组、长江委从国家层面统筹协调上中下游水生态保护与水生态屏障建设，推动形成上中下游地区统筹保护水生态治理新格局。上游各地应立足自身实际情况，明确生态屏障建设的功能定位，将水生态屏障建设统筹至国土空间规划当中，作为一项长期性、制度性的举措确立下来。二是建立健全跨省市、跨流域的横向生态补偿机制。认真落实中央办公厅、国务院办公厅于2021年9月印发的《关于深化生态保护补偿制度改革的意见》，由长江委牵头，加快出台更加具体和细化的长江生态补偿机制与实施方案。方案应加大对上游地区生态功能区的生态补偿力度，提出具有针对性和可操作性的生态补偿方案，制定科学合理的生态补偿标准。要发展多样化的横向生态补偿方式，除资金补偿直接型生态补偿方式外，还要积极发展股权补偿、产业合作、人才培训、技术援助、园区共建等间接型横向生态补偿方式，绿色融资、投资、保险等金融帮扶型横向生态补偿方式，以及用水权、用地权、林草权、矿业权等市场交易型横向生态补偿方式。

（六）切实加强水生生物多样性保护

进一步完善自然保护区体系。加快形成以国家公园为主体、自然保护区为基础、自然公园为补充的中国特色自然保护地体系，以负面清单形式，对

不适合开发和建设的河段给予清晰界定。提升自然保护区规范化建设水平，对中华鲟、江豚等珍稀特有生物就地保护或者迁地保护，加快救护基地和设施升级改造。加大已有生产设施的改造力度，科学评估其对水生生物可能产生的影响，采取有效措施弥补生态缺陷、减轻生态影响，对于一些失去功能或经济效益较差的涉水建筑物应予以拆除，以改善河岸生态、改变水系破碎化局面。应坚决依法取缔非法渔猎，禁止围网围栏养殖，清除废弃渔网，下大力气减少上游对长江鲟、胭脂鱼的误捕数量，合理处置误捕生物。科学论证上游地区梯级电站对水生生物的影响，为长距离洄游生物通过水坝水库提供必要条件。开展生物多样性调查、评估与监测，重点是在上游地区开展水生生物（水生植物、鱼类、浮游生物、水生哺乳动物等）的本底调查。要以 2021 年联合国生物多样性大会在上游云南省召开为契机，呼吁社会各界加大对长江上游水生生物保护的重视，吸引社会各界投入更多的保护资金。

参考文献

达凤全：《重建生态屏障：长江上游地区生态环境建设的战略目标》，《中国农村经济》2001 年第 2 期。

陈国阶：《对建设长江上游生态屏障的探讨》，《山地学报》2002 年第 5 期。

潘开文、吴宁、潘开忠、陈庆恒：《关于建设长江上游生态屏障的若干问题的讨论》，《生态学报》2004 年第 3 期。

王德忠、范研、吴琳：《长江上游生态屏障建设的难点与长效机制构建》，《经济问题探索》2007 年第 8 期。

重庆社会科学院课题组：《充分发挥长江上游重要生态屏障的生态功能》，《重庆日报》2019 年 8 月 20 日。

国家林业和草原局：《我国森林覆盖率达 23.04%》，2020 年 12 月 18 日，http：//www. forestry. gov. cn/main/65/20201218/105033996901192. html。

龚诗涵、肖洋、郑华、肖燚、欧阳志云：《中国生态系统水源涵养空间特征及其影响因素》，《生态学报》2017 年第 7 期。

崔鹏、靳文：《长江流域水土保持与生态建设的战略机遇与挑战》，《人民长江》2018 年第 19 期。

林建华、李琳：《西部大开发 20 年西部地区绿色发展的历史进程、存在问题与未来路径》，《陕西师范大学学报》（哲学社会科学版）2019 年第 4 期。

生态环境部：《中国生态环境状况公报（2019 年）》，2020。

环境保护部、国家发展改革委、水利部：《长江经济带生态环境保护规划》，2017。

国家林业和草原局：《中国·岩溶地区石漠化状况公报》，2018 年 12 月 14 日，http：//www. forestry. gov. cn/main/195/20181214/104340783851386. html。

孔令桥、张路、郑华、徐卫华、肖燚、欧阳志云：《长江流域生态系统格局演变及驱动力》，《生态学报》2018 年第 3 期。

史娜娜、肖能文、王琦、韩煜、冯瑾、全占军：《长江经济带生态系统格局特征及其驱动力分析》，《环境科学研究》2019 年第 11 期。

钟业喜、朱治州：《长江经济带土地利用及其生态系统服务价值演变研究》，《江西师范大学学报》（哲学社会科学版）2018 年第 3 期。

刘录三、黄国鲜、王璠、储昭升、李海生：《长江流域水生态环境安全主要问题、形势与对策》，《环境科学研究》2020 年第 5 期。

何立峰：《扎实推动长江经济带高质量发展》，《宏观经济管理》2019 年第 10 期。

农业农村部：《长江江豚减少 仅剩约 1012 头》，2018 年 7 月 25 日，http：//www. xinhuanet. com/politics/2018 - 07/25/c_ 1123171998. htm? baike。

国家统计局：《中国环境统计年鉴2018》，中国统计出版社，2018。

鲍晓倩：《环保投入占 GDP 比重应尽快提高至 3%》，《经济日报》2013 年 4 月 15 日。

邓玲、何克东：《国家战略背景下长江上游生态屏障建设协调发展新机制探索》，《西南民族大学学报》（人文社科版）2019 年第 7 期。

国家发展改革委、自然资源部：《全国重要生态系统保护和修复重大工程总体规划（2021～2035 年）》，2020。

生态环境部、国家发展改革委：《长江保护修复攻坚战行动计划》，2018。

张伟：《促进横向生态补偿方式多样化》，《光明日报》2021 年 4 月 6 日。

B.7
黄河流域城市水资源与生态保护问题研究[*]

董亚宁 王茵 李少鹏 单菁菁[**]

摘　要：　黄河流域是中华文明的发祥地,也是我国重要的生态安全屏
　　　　障。本文首先立足生态文明时代背景,针对黄河流域生态保
　　　　护和高质量发展战略需求,系统提出了基于"生态—空间—
　　　　时间"的流域生态文明三维分析框架;然后系统识别了黄河
　　　　流域生态保护与高质量发展面临的水资源承载、水资源污
　　　　染、生态环境与生态修复、空间体系以及高质量发展等方面
　　　　的瓶颈制约,最后从强化流域水资源高效利用与生态补偿、
　　　　强化流域水资源跨流域协作治理、培育优化黄河流域生态空
　　　　间体系、培育激发黄河流域高质量发展新动能等方面提出了
　　　　对策建议。

关键词：　生态文明　黄河流域　水资源　生态保护　生态—空间—
　　　　时间

---

[*] 本文受国家社科基金重点项目"基于人与自然耦合系统的黄河流域城市群高质量发展研究"
（项目编号：21AZD043）、中国社会科学院博士后创新项目"黄河流域经济社会发展与生态
环境保护时空耦合协调发展研究"资助。
[**] 董亚宁,中国社会科学院生态文明研究所,助理研究员,经济学博士,地理学博士后,研究
方向为生态文明经济学基础理论、区域发展与规划;王茵,中国社会科学院生态文明研究
所,管理学博士,经济学博士后,研究方向为城市与区域经济、网络经济、金融政策与金融
市场等;李少鹏,首都经济贸易大学,博士研究生,研究方向为区域经济学、生态经济;单
菁菁,中国社会科学院生态文明研究所,研究员,博士,研究方向为城市与区域发展战略
等。感谢首都经济贸易大学博士生范博凯对本文的数据资料支持。

一　引言

黄河流域在我国经济社会发展和生态安全方面具有十分重要的地位。黄河流域全长 5464 千米，发源于青藏高原，是我国仅次于长江的第二大河。千百年来，奔腾不息的黄河同长江一起，孕育了中华文明，哺育着中华民族。近年来，党和政府高度重视生态文明建设，黄河流域防洪抗旱、水资源管理和生态保护等方面治理成效显著。截至 2020 年底，黄河流域流经省区常住人口约 4.2 亿，占全国 30% 左右；流域 GDP 为 25.4 万亿元，占全国 1/4 左右，其中万元 GDP 用水量、万元工业增加值用水量、亩均灌溉用水量分别较 2019 年下降 3.4%、9.3% 和 8.8%；干流和 6 条支流 15 个断面生态流量均实现达标条件，黄河干流连续 22 年未出现断流情况。当然，黄河流域水资源与生态保护问题依然突出，流域水资源总量 2947 亿立方米，约占全国的 10.7%，人均占有量为全国的 27%，开发利用率远超健康河流的警戒线；流域水土流失严重、生态系统局部退化，河川径流下降幅度逐年加大，水沙不协调。为此，习近平总书记在黄河流域生态保护和高质量发展座谈会上提出了要让黄河成为造福人民的幸福河的五大任务①，在中央财经委员会第六次会议上又明确了四大原则。因此，面对黄河流域生态保护和高质量发展要求，探讨黄河流域水资源和生态环境保护问题具有重要意义。

二　流域生态文明分析框架

流域是人类文明的摇篮和中心，是人与自然和谐共生的主要自然空间，以流域为基础的生态文明建设至关重要②。习近平总书记指出"生态文明是

---

① 习近平：《在黄河流域生态保护和高质量发展座谈会上的讲话》，《求是》2019 年第 20 期，第 1~7 页。
② 杨开忠、单菁菁、彭文英等：《加快推进流域的生态文明建设》，《今日国土》2020 年第 8 期，第 29~30 页。

工业文明发展到一定阶段的产物，是实现人与自然和谐发展的新要求。"从生态文明经济学角度，工业文明是重生产的，追求生产效益最大化和物质利益最大化，并且绿色工业文明也不是生态文明①；生态文明则同时注重生产、生活和生态，追求经济高质量发展、空间高质量发展和生态可持续发展，进而实现"三生"的平衡协调和人民福祉的最大化。实际上，自然界是一个系统，人类社会是自然界的有机组成部分，自然环境与人类社会发展的作用方式体现为经由自然稀缺性控制人类社会的持续发展、经由空间差异性控制人类社会的空间分化和区域发展及经由其时间上的变化控制人类社会发展的波动与周期②。杨开忠等围绕黄河流域社会经济生态转型、实现黄河流域生态保护与高质量发展要求，提出了"要素—空间—时间"多维分析框架③，并从社会经济物质代谢、人与自然共生空间格局和路径依赖等方面识别了关键制约因素。在此基础上，下面提出"生态—经济—空间"多维框架下流域生态文明分析范式。

所谓生态维，Ehrlich 提出"生态系统服务"（ES），根据联合国《千年生态系统评估报告》（MA）定义，生态系统服务是人们从自然系统获得的收益，其中基于水资源和粮食等物质的供给服务、基于调控水土流失的调节服务和基于养分再生的支持服务都离不开流域生态系统的供给。然而，自工业革命以来，受人类高强度经济活动的长期干预影响，一些流域生态系统的结构和功能发生了巨大变化，生态系统退化严重，提供服务的能力下降，对生态安全及人类可持续发展产生了重要的影响④。因此，流域生态系统服务供需平衡是人与自然和谐共生的前提。流域生态系统供需平衡是流域生态系

① 张永生：《基于生态文明推进中国绿色城镇化转型——中国环境与发展国际合作委员会专题政策研究报告》，《中国人口·资源与环境》2020 年第 10 期，第 19～27 页。
② 杨开忠：《论自然环境对人类社会发展作用方式》，《人文地理》1992 年第 3 期，第 64～70 页。
③ 杨开忠、董亚宁：《黄河流域生态保护和高质量发展制约因素与对策——基于"要素—空间—时间"三维分析框架》，《水利学报》2020 年第 9 期，第 1038～1047 页。
④ 傅伯杰、周国逸、白永飞等：《中国主要陆地生态系统服务功能与生态安全》，《地球科学进展》2009 年第 6 期，第 571～576 页。

统为人类供给的资源和服务与人类消耗与消费达到均衡的状态，分析这一均衡状态的前提是要同时纳入空间和时间尺度，其关键是对流域生态系统服务供给和需求的量化评估。

所谓空间维，杨开忠教授提出空间格局不经济"4D"理论，"4D"包含密度（Density）、距离（Distance）、分割（Division）和特色化或差异化（Difference）①。从空间体系角度来讲，"4D"可以进一步引申为空间发展、空间组织、空间一体化和空间差异化。空间发展是流域的经济发展特征，主要衡量流域的经济发展和繁荣程度；空间组织是流域内不同地域范畴经济活动主体的结合、空间联系与空间集聚，典型的空间组织形式如城市、村落、流域等。空间一体化内涵丰富，包括商品、要素等到达市场的可及性，也包括对物流、人流、资金流、信息流等产生影响的有形或无形的限制因素。空间差异化是一种特色化、品牌化的发展方式，特色化的空间发展有助于形成优势互补的空间格局，品牌化的发展有助于形成富有竞争力的发展局面。

所谓时间维，联合国可持续发展目标就旨在从时间维度以综合方式解决社会、经济和环境发展问题。自然环境的周期性特征往往会形成人类经济行为的历史预期，从而导致经济行为的路径依赖，这种路径依赖特性则会使空间体系发展不会脱离现有空间体系，而只是在其基础上推进。当空间体系处于路径依赖的正向锁定阶段时，要素资源配置效率不断提升，产业布局逐渐调整，最终形成优化的生态空间体系；而当空间体系处于路径依赖的负向锁定阶段时，要素配置效率低下，产业布局僵化，经济空间格局不平衡凸显，则会形成一种非效率的生态空间体系。事实上，经济活动同时表现为时间性存在和空间性存在。时间、空间与自然生态环境之间存在着必然联系。路径依赖与历史选择不可分割，而历史选择则会受自然环境约束。综上，"生态—空间—时间"多维理论分析框架包括生态、空间和时间三个维度，且生态维、空间维和时间维之间相互联系、相互作用（见图1）。

---

① 杨开忠：《西部开发呼唤四大战略》，《大陆桥视野》2003年第Z1期，第24~25页。

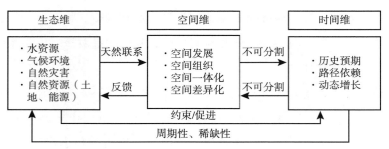

图1 "生态—空间—时间"多维理论分析框架

三 黄河流域城市水资源与生态环境保护问题识别

（一）黄河流域水资源承载问题识别

流域水资源承载力是流域发展的内生变量和刚性约束条件，流域发展与生态资源承载力协调一致是实现流域可持续发展的关键。2008～2018年黄河流域全域水资源生态流量达标率为5%，仅为全国的1/9；上游宁蒙河段淤积形成新悬河，下游高村以上299千米游荡性河段河势尚未完全控制；流域大部分地区年降水量小于年蒸发量。[①] 总体来看，黄河流域水资源超载问题突出，水资源利用空间格局失衡，局地协调可控性较弱，发展模式亟待转型。黄河流域经济、人口空间重心偏向中下游，人均综合用水量大致呈现上游、中游、下游逐渐下降的梯形趋势，而人均水资源拥有量除青海、川北外，大致呈现上游（宁夏）、中游（山西）、下游（河南和山东）极度匮乏而中游（内蒙古、陕西）相对欠缺，其中宁夏人均水资源量最低，但其人均综合用水量最高（见图2）。同时人均工业废水排放强度呈上下游相对集中、中游过度分散的高治理成本格局。从局部视角来看，黄河上游海西州水

---

① 王浩、钮新强、杨志峰等：《黄河流域水系统治理战略研究》，《中国水利》2021年第5期，第1～4页。

资源丰富却存在人均废水高排放现象（人均水资源拥有 45748.09 立方米、人均污水排放 122.21 立方米），兰西和宁夏沿黄城市水资源匮乏呈连片状且叠加核心城市人均废水高排放问题，中游西安、太原、呼和浩特和包头高废水排放地零星分布于黄河沿岸且呈现局部空间溢出态势（人均废水排放量依次为 63.1 立方米、64.63 立方米、57.73 立方米、54.6 立方米），下游中原城市群和山东半岛城市群则面临缺水和高污染的双重压力，尤以黄河入海口沿岸为甚。

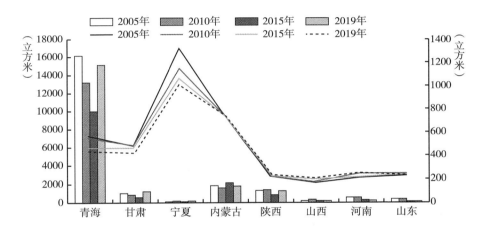

图 2 黄河流域人均水资源量和人均综合用水量情况（分年份、分省份）

注：柱状图表示人均水资源量，折线图表示人均综合用水量。

资料来源：根据国研网数据库整理而成。

（二）黄河流域水资源污染问题识别

黄河流域水资源紧张、支流污染严重，严重影响着流域人民的用水安全。黄河流域水污染物质主要来自工业和城镇生活废污水排放（点源污染），以及随地面泾流入黄河水体的化肥、农药等（面源污染）。根据历年《中国环境统计年鉴》，随着黄河流域评价河长的增加，黄河流域Ⅲ类及以上水质占比快速上升，但这一直低于全国水平，至 2019 年全国Ⅲ类及以上水质占比为 84.1%，黄河区Ⅲ类及以上水质占比为 80.3%；劣五类水质占比呈现下降趋势,但是一直高于全国水平,至2019年全国劣V类水质占比为3.6%,黄河区劣V类水质占比为9.2%,仅次于海河区,污染相当严重(见图3)。根据2020年《中国环境统计年鉴》,黄河流域137个监测断面中,Ⅲ类及以上水质断面占全部断面的72.9%,劣V类水质断面占全部断面的8.8%,与其他流域相比,劣V类水质断面占比最高,且远高于长江流域的劣V类水质断面占比情况(见图4)。此外,2017年全流域废污水排放量为44.94亿吨,其中城镇居民生活、第二产业、第三产业废污水排放量占比分别为38.4%、50.3%、11.3%。

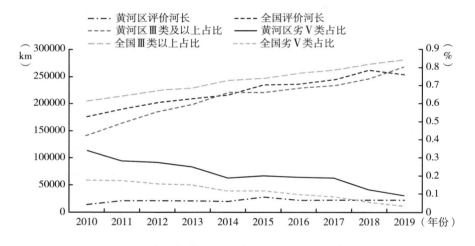

图3 全国与黄河流域的评价河长和水质情况

资料来源:2011~2020年《中国环境统计年鉴》。

从城市层面来看,黄河流域除四川之外的八个省份城市的万元GDP废水排放情况时间上呈现下降趋势,空间上大致呈现上游、中游、下游逐渐下降的梯形趋势。从城市污水处理情况来看,时间上呈现上升趋势,但是上升的幅度逐渐下降;空间上呈现上游、中游、下游逐渐增加的梯形趋势。其中,作为水源涵养区所在地的青海,万元GDP废水排放量最高,城市污水处理能力最低(见图5)。

从黄河流域人均污水排放量分布来看,92个市(州)的平均值为

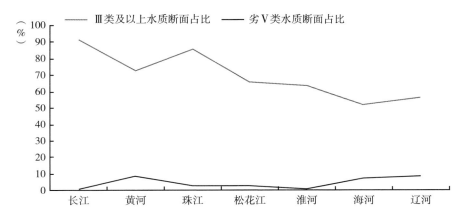

图4 2019年各流域水质情况

资料来源：2020年《中国环境统计年鉴》。

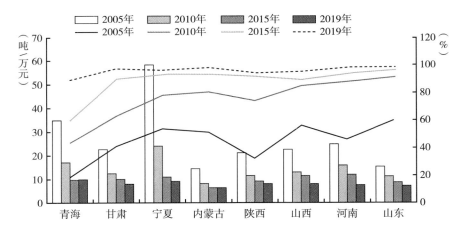

**图5 黄河流域万元GDP废水排放量和城市污水
处理率情况（分年份、分省份）**

注：柱状图表示万元GDP废水排放量，折线图表示城市污水处理率。
资料来源：根据国研网城市数据库整理而成。

23.08立方米，人均污水排放量最多的十个市（州）位于黄河流域的不同流域段，上、中、下游内部之间的人均污水排放量存在较大差异（见表1）。

表1　2017年黄河流域城市人均污水排放量分布情况

排名前十位 的市(州)	人均污水排放量 (立方米)	排名后十位的 市(州)	人均污水排放量 (立方米)
乌海市	126.25	商丘市	5.17
海西蒙古藏族自治州	122.21	临夏回族自治州	5.15
银川市	84.10	商洛市	4.72
东营市	65.35	甘孜藏族自治州	4.69
太原市	64.63	信阳市	4.57
西安市	63.31	周口市	3.31
西宁市	63.03	庆阳市	2.96
济南市	60.94	陇南市	2.09
兰州市	59.31	吕梁市	1.98
呼和浩特市	57.73	定西市	1.78
均值	76.69	均值	3.64

注：以黄河流域92个市（州）排名，排名越靠前，则人均污水排放量越多。
资料来源：根据国研网城市数据库整理而成。

（三）黄河流域生态环境与生态修复问题识别

黄河流域面临水沙关系不协调、水资源持续衰减和利用程度增加、洪水泛滥威胁、生态环境脆弱、水生态退化、水源涵养功能降低的困难和问题。具体而言，黄河上、中、下游的生态条件和生态问题存在不同程度问题和痛点。其中，黄河流域上游和下游之间的水资源分布极为不均衡（见表2），黄河上游的三江源、祁连山、甘南黄河是重要的水源涵养区和水源补给区，也是"中华水塔"的重要组成部分，面临着宁蒙河段洪水泛滥、降水较少、蒸发较大、生态系统退化、水源涵养功能降低、生物多样性敏感等痛点；中游禹门口至潼关河段、三门峡库区存在不同程度的洪水危害，土质疏松、植被减少、水土流失严重，湟水、汾河、渭河等支流污染问题突出，其中河口镇至三门峡区间的黄土高原地区暴雨集中，是下游洪水和泥沙的主要源区；下游面临河段洪水泛滥生态流量偏低、局部地区河口湿地萎缩，水资源匮乏。同时，黄河流域的生态系统退化较为严重，经济欠发展，财政实力偏弱，水生态系统的修复和治理需要大量财力的支持，单纯依靠流域自身的财政资金的支持难以实现更高的统筹目标。此外，水生态的修复和治理公益性较强，而市场主体的趋利性较强，难以通过市场化手段去实现丰富资金的来源、减轻财政的负担。

表 2　2017 年黄河流域城市人均水资源拥有量分布情况

排名前十位的 市（州）	人均水资源拥有量 （立方米）	排名后十位的 市（州）	人均水资源拥有量 （立方米）
玉树藏族自治州	72216.80	中卫市	111.64
果洛藏族自治州	67872.65	咸阳市	106.41
甘孜藏族自治州	55522.22	聊城市	100.00
海西蒙古藏族自治州	45748.09	濮阳市	97.45
阿坝藏族羌族自治州	42269.04	吴忠市	87.97
海北藏族自治州	22794.07	银川市	87.94
黄南藏族自治州	13507.70	郑州市	84.56
甘南藏族自治州	9301.09	乌海市	56.82
金昌市	8187.00	白银市	48.60
海南藏族自治州	5829.10	嘉峪关市	30.57

注：以黄河流域 92 个市（州）排名，排名越靠前，则人均水资源拥有量越多。
资料来源：根据国研网城市数据库整理而成。

（四）黄河流域空间体系问题识别

黄河流域空间体系不优是制约其水资源和生态高质量发展的重要因素。一是黄河流域空间发展差距显著。黄河流域经济发展不仅落后于沿海地带和长江经济带，而且落后于全国总体水平。二是黄河流域空间组织低效薄弱，黄河流域以胡焕庸线为界，东南和西北两壁经济和人口密度相差悬殊，西北半壁密度和开发效率低。相比长江流域、珠江流域，黄河流域的世界城市数量和层级均明显偏低。由于戈壁、沙漠、高山、峡谷的分割，流域城市、村落在空间上比较分散，对内对外联系度不高。三是黄河流域空间一体化和对外开放程度有待提高。通过对黄河流域 2017 年各城市的市场一体化指标进行测算，发现黄河流域内各城市市场一体化程度呈现不均衡、不均等的特

征，下游地区各城市的市场一体化程度相对较高。四是黄河流域空间特色化差异化优势有待开发。黄河流域具有丰富多元的生态特色农业资源和生态旅游文化资源，以各城市地理标志农产品为例，上游阿坝藏族羌族自治州、甘孜藏族自治州分别拥有 22 种和 12 种地理标志农产品，下游的济宁市更是拥有 100 余种，然而这些无形价值资源的开发推广程度还比较低。

（五）黄河流域高质量发展问题识别

依托 21 世纪以来西部大开发以及中部崛起等战略驱动，黄河流域各省经济得到极大发展，但是受历史因素、气候条件以及经济结构等影响，黄河流域创新与高质量发展的基础相对薄弱、内生转型动力亟待加强。一是黄河流域自然环境的非线性和周期性特征使经济活动预期不容乐观。两千多年来，黄河流域水患频发，素有"三年两决口、百年一改道"之称；历史上黄河流域年平均气温比现今大约高 1～2 摄氏度，年温差较小、雨水充沛、草木旺盛，如今黄河流域年温差较大、降水量分布不均、沙暴扬沙多。二是黄河流域的文化价值有待挖掘。千百年来，黄河流域衍生出夏文化、商文化、周文化、春秋战国文化、隋唐文化、宋文化等，孕育了河湟文化、河洛文化、关中文化、齐鲁文化等，形成了独特的人文因素。三是黄河流域高质量发展潜力有待挖掘。从产业层面看，流域产业结构层次偏低、结构优势渐弱，资源性、重化工特征突出，农业和服务业产业竞争力不足，"双碳"目标下产业转型任务繁重；从城市层面观察，黄河流域城市全要素生产率相对不高，流域内部城市群核心城市的创新驱动效力较低。

四　黄河流域城市水资源与生态环境保护对策

（一）强化水资源高效利用与生态补偿

坚持"以水定城、以水定地、以水定人、以水定产"的总原则，科学规划流域水资源利用，大力发展节水技术和产业，有序推动少水干旱地区的就近城镇化工作，减少因分散输水、分散耕作而致的无谓水资源损耗；针对黄河流域水少沙多、水沙比例失衡等问题，强化中游水土保持工程和上中下游的水利设施建设等长期养护治理措施。健全上下游一体、左右岸协调联动的空间生态补偿制度，建立协调地方政府间的区域治理机制，促进经济社会与生态系统的和谐共生与区域协同发展。从全流域来看，黄河上游承担着重要的生态涵养与生态修复任务，却因经济发展相对滞后难以承担生态修复成本，中游地区资源禀赋丰沃却面临环境污染和水土流失问题；下游地区基础设施完善、区位禀赋优越、集聚效益明显。因此要建立上中下游合理分工、整体调控的生态补偿机制，依托下游助力上游生态涵养和中游环境保护，以市场机制奠定黄河流域生态保护基础，提高生态修复效率。同时有效制定国家层面顶层设计、地方政府分类实施的联动治理政策，释放政府监督管理效能。

（二）强化流域水资源跨流域协作治理

统筹强化上中下游生态修复的协同治理，形成流域跨域治理合力。搭建流域生态修复管理议事与协商平台，协调推进流域水生态修复的联合防治工作，充分考虑各区域生态条件和生态问题存在的巨大差异，实行差异化管理，并实施动态管控调整，协同推进流域上中下游水生态修复和保护工作。上游加快实施三江源、祁连山等重点水源涵养区的生态保护工程，推进湿地、沙化土地的保护修复；中游加快推进水沙关系失衡的综合治理、完善水沙调控机制，同时加强产业基地和产业集聚区的联防联控及相关基础设施建设，推动淘汰落后产能、压缩过剩产能，严控新增煤电煤化工产业，倒逼企业加快技术创新和产品服务升级，发展生态型产业；下游加快实施滩区综合治理、地下水超采综合治理，以及黄河三角洲等湿地的保护和修复，同时推进节水农业发展，坚持生产性和生活性服务业并重，打造制造业高质量发展新高地。

（三）培育优化黄河流域生态空间体系

一要统筹规划、因地制宜，构建人居地理紧凑空间格局。根据流域生态

资源特别是水资源承载力将流域人口和经济活动压缩到优势地区，同时以退耕还林、退牧还草、流域生态补偿方式退"人口"还"自然"，实现流域生态保护要求。二要压缩距离、疏通障碍，构建便捷高效的通勤运输格局。考虑到黄河流域不具备通江达海的条件，为使上中下游实现联动发展，应统筹铁路、公路、航空等基础设施规划建设，上游地区注重补齐交通短板，中下游地区注重大通道、大枢纽建设，助力流域城市之间乃至与"一带一路"沿线国家的经济联系和社会文化交往。此外还应注重信息化发展战略，利用信息技术降低空间交易成本，赢得竞争优势。三要打破分割、消除壁垒，实现要素空间上的自由流动和集聚。面对营商环境政策、文化差异、地方保护等因素造成的各种限制性因素，要打破市场分割壁垒，积极扩大开放程度，加快市场一体化进程，注重内外融合；同时要重视招才引资，努力创造良好的营商环境。四要突出特色、品牌引领，以产品和服务的独特性获取竞争优势。黄河流域具有丰富而独特的自然资源、生物资源和人文资源，要立足这一优势建立人无我有、人有我优的别具一格的竞争优势，在突出特色的基础上，实施别具一格战略，培育创建一批名牌名标。

（四）培育激发黄河流域高质量发展新动能

一要合理引导预期，积极做好极端灾害风险的综合预防和控制方略，如采用筑堤、固道、蓄洪等工程性方法降低水患风险，综合重大水利工程和常规防御工作将黄河流域灾害风险防控战略化和常态化，最大限度降低灾害风险对发展预期的影响。[1] 二要充分认识黄河文化作为黄河流域经济活动原动力的重要性，保护和传承黄河文化，深入挖掘黄河文化的时代价值，以文化原动力促进黄河流域经济长期发展。三要秉承生态优先、绿色发展理念，推动流域高质量发展。[2] 上游都市圈发展相对外生于地理区位的虚拟经济（数字经济＋网络经济），通过创新动能转换降低因传统制造业和服务业受限于

---

① 王浩、赵勇：《新时期治黄方略初探》，《水利学报》2019 年第 11 期，第 1291～1298 页。
② 杨开忠：《新中国 70 年城市规划理论与方法演进》，《管理世界》2019 年第 12 期，第 17～27 页。

资本和人口稀疏而致的发展落后局面，引领上游产业绿色转型升级；中游都市圈应在资源化工产业体系上，以技术创新破解资源诅咒，加强产学研合作，着力完善清洁能源的更新换代，以技术更新和环境规制倒逼产业绿色化发展；下游都市圈应大力发展新兴科技产业，通过资本密集比较优势过渡至创新驱动发展新技术、新产品和新业态，通过工业互联网和区块链技术，提升制造业内涵科技水平并进一步压缩生产性服务业服务实体经济的分割成本，降低污染排放水平，提升污染治理效率，带动流域经济信息化、智能化、绿色化融合发展。

B.8
珠江—西江经济带环境污染的
驱动因素及空间效应

梁育填　张家熙　周 侃*

摘　要：　工业污染排放大、结构性污染突出是珠江—西江经济带污染
防治面临的严峻现实。本文以珠江—西江经济带规划范围内
83个县域级行政区域为研究单元，在基于熵值法测度由二氧
化硫、氮氧化物、化学需氧量和氨氮4项污染物构成的水气环
境污染指数（WAPI）基础上，采用空间计量模型探究珠江—
西江经济带环境污染的驱动因素及空间效应，为制定面向污
染源管控的环境规制提供科学参考。研究发现：（1）2012～
2016年珠江—西江经济带水气环境污染指数降低30.6%，
WAPI整体改善较为明显。同时，5年间的水气环境污染空间
格局整体稳定，在流域尺度呈现由上游向下游递增的趋势，
县域尺度呈现围绕高污染县域的核心—边缘结构。（2）中下
游地区是珠江—西江经济带水气环境污染防控的关键，其
中，下游的珠江三角洲流域水气环境污染态势尤其严峻，亟
须将环境承载能力及污染程度作为其开发保护的重要考量，
加速珠江三角洲流域的发展方式向生态文明转变。（3）珠
江—西江经济带本地水气环境污染程度明显受到周边县域的

---

* 梁育填，博士，中山大学地理科学与规划学院副教授，主要研究方向为经济地理与区域发展
研究；张家熙，中山大学地理科学与规划学院，主要研究方向为经济地理与区域发展研究；
周侃，博士，中国科学院地理科学与资源研究所副研究员，主要研究方向为资源环境承载力
与区域可持续发展研究。

影响。其中，工业化水平为主要驱动因素，实施工业转型升级已刻不容缓。未来应注重加大产能和生产技术中对减排指标和环境效益的考量，并在工业结构、生产方面实施系统化、源头化综合治理以缓解水气环境污染态势。（4）本地水气环境污染程度明显受到周边县域的影响,应针对水气环境污染的空间溢出效应,建立区域协同的环境规制准则,通过协同环境准入、污染跨境预警等手段推动珠江—西江经济带内环境容量的价值一体化，从而推动区域经济可持续发展。

关键词： 水气环境污染 驱动因素 空间效应 空间误差模型 珠江—西江经济带

一 引言

改革开放以来，我国进入快速工业化、城镇化阶段，高速度、高密度、高强度的空间扩张过程将不可避免地引发高耗能、高排放、高污染问题。珠江—西江经济带下游的珠江三角洲地区作为我国改革开放的前沿阵地，经济发展十分迅速。与此同时，高污染、高能耗行业以及加工制造业为主的产业结构也导致经济增长与环境污染之间的矛盾日益突出。其上游的西江经济带广西段同样面临工业污染排放大、结构性污染突出等一系列环境问题。不仅动摇了自身长远可持续发展的生态环境基础，而且直接威胁着西江下游特别是珠三角的水生态安全和水环境质量。2014 年《珠江—西江经济带发展规划》正式发布，逐步加大全流域污染管控与治理力度，力求通过生态环境联保联防的流域协同模式加强全流域生态建设和环境保护，推动流域可持续发展。因此，在探索跨省区流域生态建设新模式的背景下，从污染物入手分

析珠江—西江经济带环境污染的驱动因素和空间效应，能够为区域环境污染的联防联控和协同治理、推动流域生态文明建设、形成可持续发展的经济模式提供科学参考。

目前，国内外学者对水气环境污染的研究主要包括两方面。（1）环境污染的时空变化与空间溢出特征。对环境污染的刻画可按照研究对象分为单要素和多要素两个方面。对单一污染物的空间刻画显示了不同污染物与各类生产、生活场所的空间关联。如 PM2.5、SO_2、COD、氨氮等污染物被证实主要集中在工业区、矿产区和城市区域，且随着与生产、生活场所距离的增加，污染程度逐渐降低，环境污染在小空间尺度上呈现以主要集中区为核心、自核心向外围递减的圈层分布模式，进而在较大空间尺度上表现为网络结构形态。考虑不同污染物的空间分布及演化特征存在差异，以单要素污染物开展研究较难全面刻画研究区域整体的环境污染状况，部分学者开始探讨构建环境污染综合指数并尝试进行多要素污染物集成研究。如闫海波等通过测算复合环境污染指数呈现了省域环境污染的空间差异和空间关联，林黎等基于主成分分析方法对单要素评价因子进行重构后考察了长江经济带环境污染的空间关联效应，郭四代等基于熵权法构建综合指数并利用空间自相关方法分析了中国环境污染的空间集聚特征。（2）环境污染的影响因素研究。早期研究主要关注经济发展与环境污染的关联性，大量研究证实了库兹涅茨曲线的存在。20世纪70年代起，国内外学者开始对环境污染因素进行分解分析，对外贸易、财税体制、环境管制等被纳入分析框架，环境污染影响因素的分析进一步关注社会经济与制度领域。随后，人口规模、技术水平等人文因素也成为驱动力分析中重要的部分。国内已有许多学者基于省级、市级数据开展相关研究，如李从欣等采用LMDI 分解法对我国 1991~2010 年的工业废气排放进行分解，证实了人口总量、经济规模、经济结构对环境污染的促进作用和技术进步、环境规制的阻碍作用。空间计量方法的引入则进一步提高了各类因素对环境污染空间特征的解释能力，李存贵基于空间杜宾模型和面板门槛回归模型实证了城镇化对环境污染的显著驱动效应及相应的空间溢出效应。周侃等基于空间杜宾模型测度了长江经济带综合环境污染的驱动因素和空间溢出效应，为区域环境污染治理提供了科学依据。

总体来看，现有研究已充分揭示了人口增长、经济规模、经济结构、技术进步、劳动生产率、环境意识、制度等各类因素对区域环境污染的驱动作用。然而相关研究仍主要将单因素污染物作为核心关注对象，在多因素集成的研究中，也更多关注某一社会经济要素与环境污染的关系，缺乏对区域综合发展特征的全面考虑。更进一步地，现有研究多在国家、省域、市域等较大空间尺度下开展，对微观尺度的关注较少，研究成果较难为精细化决策提供支撑。因此，本文首先在研究尺度上进行下降，以县域级行政区为基础单元开展环境污染相关研究。其次，在环境污染度量指标的选取上，综合考虑污染物的代表性和表征作用，以化学需氧量（COD）、氨氮衡量水环境污染，以二氧化硫和氮氧化物衡量大气环境污染，构建水气环境污染指数，解析珠江—西江经济带在 2012~2016 年的环境污染变化特征和空间格局，并基于空间计量模型分析环境污染的驱动因素及空间溢出特征，以期为珠江—西江经济带环境协同治理对策提供参考依据。

二 数据与方法

（一）研究区与资料来源

珠江—西江经济带规划范围为广东省的广州、佛山、肇庆、云浮 4 市和广西壮族自治区的南宁、柳州、梧州、贵港、百色、来宾、崇左 7 市[①]，共计 83 个县域行政单元，区域总面积约 16.5 万平方千米。2013 年，珠江—西江经济带常住人口 5228 万人，国内生产总值 3.87 万亿元，经济增长稳

---

① 国家发展改革委：《珠江—西江经济带发展规划》，中国政府网，2014 年 7 月 16 日，http：//www. gov. cn/xinwen/2014 - 08/01/content_ 2728213. htm。

定。基于县域行政单元建立 2012～2016 年珠江—西江经济带的污染物排放和社会经济数据库。其中，行政边界数据从国家基础地理信息系统网站获取，污染物和县域社会经济资料来源于《中国环境年鉴》《中国环境统计年鉴》等环境数据统计年鉴和省级社会经济数据统计年鉴，最后通过获取所在县、市的统计年鉴对数据不完整或缺失的县域单元进行数据补充。

（二）研究方法

1. 水气环境污染指数

采用熵权法（Entropy weight method）构建县域单元的水气环境污染指数（Water and Air Pollution Index，WAPI）作为衡量环境污染的综合指数。基于熵权法的水气环境污染指数计算步骤如下。

①对单一污染物指标进行对数变换并进行极差标准化：

$$r_{ij} = \ln(a_{ij}) \tag{1}$$

$$r_{ij} = \frac{r_{ij} - \min\{r_{ij}\}}{\max\{r_{ij}\} - \min\{r_{ij}\}} \tag{2}$$

式（1）中，a_{ij} 为第 i 个县域第 j 类污染物的总量，r_{ij} 为进行自然对数变换后的属性值。式（2）中，r_{ij} 为极差标准化后的属性值，$\max\{r_{ij}\}$、$\min\{r_{ij}\}$ 分别为第 i 县域第 j 类污染物极差标准化后属性值的两个极值。

②测算第 j 类污染物在第 i 个县域的占比情况 R_{ij}、熵权 E_j、信息效用值 G_j 及权重 W_j：

$$R_{ij} = \frac{r_{ij}^{'}}{\sum_{i=1}^{n} r_{ij}^{'}} \tag{3}$$

$$E_j = -\frac{1}{\ln(n)} \sum_{i=1}^{n} R_{ij} \ln(R_{ij}) \tag{4}$$

$$G_j = 1 - E_j \tag{5}$$

$$W_j = \frac{G_j}{\sum_{j=1}^{m} G_j} \tag{6}$$

③测算第 i 县域水气环境污染指数 WAPI：

$$WAP I_i = \sum_{j=1}^{m} W_j r_{ij}' \tag{7}$$

WAPI 能够最大限度反映县域的水气环境污染状况，该指数的值越大，表明水气污染排放强度越高，该指数所表征区域面临的污染排放压力越大。

2. 空间计量模型

参考已有研究，同时考虑县域层面各项指标数据获取的难易程度，建立本文的回归模型，分析水气环境污染同社会经济因素的驱动关系及空间效应。其中，被解释变量为具有综合性特征的水气环境污染指数，解释变量以能够充分反映社会经济发展情况为出发点进行选取。在模型设定中，通过对变量进行对数变换来降低异方差，本文的回归模型如下：

$$\ln WAPI = \alpha + \beta \ln PGDP + \gamma \ln IS + \delta \ln TI + \zeta \ln FAI + \eta \ln RS + \theta \ln FE + \varepsilon \tag{8}$$

式中，WAPI 为水气环境污染指数；PGDP 为县域人均生产总值（元/人），反映县域经济发展状况，并对 2016 年的数据以 2012 年为基年借助平减指数进行处理，以客观反映经济水平变化对环境污染的影响；IS 为第二产业增加值占 GDP 的比重（%），反映县域工业化程度；TI 为第三产业增加值在 GDP 中的比重（%），反映县域服务业发展水平；FAI 为全社会固定资产投资额（亿元），反映县域固定资产投资规模；RS 为社会消费品零售总额（亿元），反映县域社会商品购买力的实现程度；FE 为地方财政支出分权程度，计算方式为：某县区财政支出分权程度 = 该县区人均财政支出/该县区所在地市人均财政支出；ε_i 为误差项。

考虑水气环境污染的驱动因素间可能存在空间交互影响，拟采用空间滞后模型（Spatial Lag Model）、空间误差模型（Spatial Error Model）这两种空间计量模型中的较优模型进行参数估计。

设定 Y 为因变量，当因变量存在空间滞后效应时，添加因变量的空间滞后项 W_Y，使一般线性回归模型转化为空间滞后模型（SLM）：

$$Y = \rho W_Y + X\beta + \varepsilon \tag{9}$$

当误差项存在空间依赖性时，即模型的误差项具有空间自相关的特征时，在一般线性回归模型的基础上添加空间自相关误差项，转化为空间误差模型：

$$Y = X\beta + \mu \tag{10}$$

其中，误差项 μ 的生成过程为：

$$\mu = \lambda W_{\mu} + \varepsilon, \varepsilon \sim N(0, \sigma^2 I_n) \tag{11}$$

其中，W 为空间权重矩阵，本文空间权重矩阵基于 Queen 邻接关系构建；X 为 n×k 数据矩阵，n 为样本量，k 为解释变量个数；β_{k+1} 为相应系数；ρ 为空间自回归系数；λ 为回归残差的空间自相关系数；ε 为随机误差项。使用最大似然（ML）法对各模型进行参数估计。

三 珠江—西江经济带水气环境污染的空间格局

"十二五"时期珠江—西江经济带水气环境污染程度呈现下降趋势，水汽环境污染指数的测算结果显示，2012～2016 年，珠江—西江经济带县域层面的 WAPI 均值分别为 0.137、0.095，水气环境污染程度降低了 30.6%。与此同时，水气环境污染在流域和县域层面的空间差异始终较为突出。

（一）流域尺度空间差异

2012～2016 年，珠江—西江经济带水气环境污染的空间特征表现为自上游向下游逐级递增（见图 1）。从 WAPI 指数变化情况来看，无论是在 2012 年还是 2016 年，上游地区的右江流域、左江及郁江干流流域 WAPI 均低于整体均值，且 2016 年两者仅为珠江—西江经济带水气环境污染平均水平的 73.49% 和 61.36%；中游地区的柳江流域、黔浔江及西江流域在 2012、2016 年的 WAPI 也低于珠江—西江经济带 WAPI 的均值，中游红河水流域和下游珠江三角洲流域的 WAPI 则在 2012 年、2016 年都高于均值。其中，下游珠江三角洲地区的水气环境污染程度最为严重。2012 年珠江三角洲地区的 WAPI 均值达到 0.242，是珠江—西江经济带 WAPI 均值的 1.73 倍。至 2016年，这一数值下降至 0.195，但相对于全流域 WAPI 均值的倍数提高至 1.96倍，表明珠江三角洲地区仍是珠江—西江经济带的污染重点区域。而中游红水河流域在 2012 年的 WAPI 均值为 0.697，达到珠江—西江经济带 WAPI 均值的 1.22 倍。至 2016 年，这一数值下降为 0.654，相对于全流域 WAPI 均值的倍数提高至 1.45 倍。珠江三角洲流域和红河水流域的 WAPI 均值及其变化情况表明中下游地区是珠江—西江经济带环境污染的主要压力区，确保中下游地区的污染得到有效治理是实现珠江—西江经济带环境污染防控的关键所在。

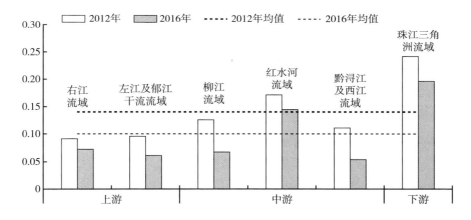

图1 珠江－西江经济带三级流域 WAPI 变化

资料来源：作者根据正文公式（7）测算结果。

（二）县域尺度分布特征与空间关联

借助自然间断法对县域单元的 WAPI 进行分级（见表1）。整体来看，2012～2016 年珠江—西江经济带水气环境污染程度趋于改善，较高污染和中等污染县域数量减少明显。具体地，在 2012 年，包括来宾市的兴宾区，柳州市的市辖区及佛山市的南海区、顺德区在内的 4 个县区均为高污染县域。至 2016 年，高污染县域降至 3 个，同时较高污染县域的数量也从 11个降至 4 个，减少近 1/3。空间格局方面，珠江—西江经济带的水气环境污染格局始终呈现以高污染值区域为核心、污染程度向外递减的核心—边缘结构。2012 年，珠江—西江经济带广西段以来宾市、柳州市、南宁市为核心，广东段则以佛山市为核心，呈现明显的核心—边缘结构，反映了汽车制造以及高污染、高耗能的加工制造业对环境污染的影响。2016 年，虽然整体的环境污染强度有明显的下降，但整体上仍保持这种核心—边缘结构。由此表明，这些核心区是珠江—西江经济带环境治理、防控的关键区域，应当对这些核心区采取更具有针对性的减排措施和更加严格的环境准入制度。

表 1　县域环境污染分级

分级	2012 年	2016 年
高污染县域	4	3
较高污染县域	11	4
中等污染县域	44	39
低污染县域	24	37

资料来源：作者根据公式（7）测算的结果。

县域单元的全局空间自相关分析显示，2012 年和 2016 年 WAPI 的全局莫兰指数（Moran's I）均通过显著性检验（P < 0.01），其值分别达到 0.3817 和 0.3385，反映出珠江—西江经济带县域尺度的水气环境污染存在显著的空间正相关。进一步计算 Getis-Ord G * 指数，探索珠江—西江经济带水气环境污染的集聚特征。结果显示，从集聚的高低值类型来看，珠江—西江经济带水气环境污染的空间集聚主要发生在高值簇，且集聚现象十分显著，不存在低值簇的集聚。从空间格局来看，2012 ~ 2016 年，水气环境污染的热点区主要集中在中下游地区（见表 2）。具体地，2012 年珠江—西江经济带下游的珠江三角洲流域形成以广州市、佛山市为主的热点区，同时外围肇庆市的部分县域参与形成次热点区；中游的柳江流域形成以柳州为主的次热点区。2016 年，下游的广佛热点区仍然显著，外围肇庆市的次热点区及中游的柳州次热点区则得到较好控制。

表2 2012年和2016年珠江－西江经济带水气环境污染热点区、次热点区

2012 年				2016 年			
热点区		次热点区		热点区		次热点区	
县域	所属市	县域	所属市	县域	所属市	县域	所属市
高明区	佛山市	三水区	佛山市	高明区	佛山市	花都区	广州市
南海区	佛山市	花都区	广州市	南海区	佛山市		
顺德区	佛山市	柳江县	柳州市	三水区	佛山市		
禅城区	佛山市	鼎湖区	肇庆市	顺德区	佛山市		
白云区	广州市	高要市	肇庆市	禅城区	佛山市		
番区	广州市	四会市	肇庆市	白云区	广州市		
海珠区	广州市			番禺区	广州市		
黄埔区	广州市			海珠区	广州市		
荔湾区	广州市			黄埔区	广州市		
南沙区	广州市			荔湾区	广州市		
天河区	广州市			南沙区	广州市		
越秀区	广州市			天河区	广州市		
				越秀区	广州市		

资料来源：作者根据公式（7），采用 Getis-Ord G* 指数计算。

四　珠江—西江经济带水气环境污染的驱动因素及空间效应

（一）模型检验与参数估计

首先，借助普通最小二乘回归模型检验珠江—西江经济带水气环境污染的空间自相关效应。诊断结果显示，2012年和2016年 Moran's I（error）指数均通过显著性检验，两个拉格朗日乘子统计量 LM-lag 和 LM-Error 的检验结果均显著，表明珠江—西江经济带水气环境污染存在显著的空间依赖性。即珠江—西江经济带内任一县域单元自身污染程度的增加都可能引起相邻县域单元的污染加剧。产生这一问题的原因可能如下：（1）地理邻近性会极大地增加货物、人员的流通效率，因此相邻县域单元在产业基础、市场环境等方面具有一定程度的同质性，相应地更容易发展导致同类产业。若本县域

单元所发展产业的环境威胁较大，邻近县域单元也会有面临相似的状况。（2）在环境政策不断收紧、环境管制越发严格的背景下，经济发展水平不均衡而导致的污染转移现象不断凸显。一方面，受到物流成本、供应链完整性等因素的制约，污染企业普遍存在就近转移的偏好；另一方面，若邻近县域单元存在经济快速发展的需求，则很容易降低环境准入的标准而成为污染转移的目的地。进一步比较 λ 值可以发现，2012～2016 年，水气环境污染的空间溢出效应逐渐弱化，在各级政府部门逐渐收紧环境管制政策的背景下，在一定程度上反映出采取严格环境管制手段对区域性水气环境污染状况的缓解作用。进一步地，极大似然估计结果显示，SEM 模型的拉格朗日乘子 LM-Error 和鲁棒性拉格朗日乘子 Robust LM（error）均高于 SLM 模型的相应值，同时，SEM 模型的 AIC、SC 值更小、R^2 和 log L 值更高（见表3），表明 SEM 模型拟合效果更佳。基于此，本文在分析珠江－西江经济带水气环境污染的全局驱动因素时引入 SEM 模型，以保证估计结果的准确性。

表3　OLS、SEM、SLM 模型的检验与参数估计结果

解释变量	2012 年			2016 年		
	OLS	SEM	SLM	OLS	SEM	SLM
CONSTANT	-1.4070 ***	-14.7804 ***	-12.4809 ***	-7.6452 ***	-9.4089 ***	-6.3072 **
lnPGDP	-0.0419	-0.0646	-0.1981	-0.5025 *	-0.4032	-0.5287 **
lnIS	0.0777 ***	0.6560 ***	0.6771 **	0.7531 ***	0.7322 ***	0.7419 ***
lnTI	0.0286	-0.12738	-0.2240	0.2580	0.2180	0.2649
lnFAI	0.0495	0.3549 *	0.3477 *	-0.0331	-0.0288	-0.0351
lnRS	-0.0628 **	-0.0992	-0.0150	0.0072	-0.0182	-0.0186
lnFE	0.0567 ***	0.1761	0.1423	-0.2462	-0.1191	-0.2824
λ		0.3641 ***			0.3571 ***	
ρ			0.2004 *			0.1237
AIC	-110.9610	184.223	188.305	212.1360	207.4820	213.137
SC	-94.0294	201.155	207.656	229.068	224.4140	232.488
R - squared	0.4705	0.6689	0.6520	0.5649	0.6019	0.5716
Log Likelihood	-62.4806	-85.1114	-86.1525	-99.0679	-96.7410	-98.5686

注：***、** 和 * 分别表示显著性水平为 0.01，0.05 和 0.1。

（二）驱动因素及空间效应

模型估计结果发现，2012 年珠江—西江经济带水气环境污染主要受到工业化水平和社会固定资产投资的影响，各因素均为正向驱动。2012 年社会固定资产投资促使水气环境污染加剧的具体表现为，社会固定资产投资因素每提升 1%，将相应引起污染程度提高 0.3549%。这一结果表明，珠江—西江经济带高度城市化区域经济发展与污染处理能力不相适应的环境短板亟待改善，应加快城镇污染处理设施建设，以更好地应对当前及未来快速发展引起的水气环境污染及空间溢出效应。工业化水平对影响珠江—西江经济带水气环境污染的具体表现为，第二产业比重每提升 1%，将相应引起水气环境污染程度提高 0.6560%，表明高速工业化是造成珠江—西江经济带全域水气环境污染物排放的重要原因，反映出珠江—西江经济带工业结构重型化特征突出、清洁生产占比较低对于水气环境造成的威胁。至 2016 年，人均生产总值和工业化水平成为驱动珠江—西江经济带水气环境污染的主要因素，其中人均生产总值的驱动作用为负，人均生产总值每提高 1% 将引起水气环境污染下降 0.5287%，表明经济发展与水气环境污染呈现负相关关系，经济水平的提高将对地方环境污染起到抑制作用。工业化水平的驱动作用为正，且驱动程度由 2012 年的 0.6560% 进一步提升至 0.7419%，表明实施工业转型升级已刻不容缓，需要对珠江—西江经济带内包括汽车工业、化工原料及化工产品生产、有色金属冶炼等重点排污行业实施清洁生产要求，加大产能和生产技术中对减排指标和环境效益的考量。

五　结论与对策建议

2012～2016 年珠江—西江经济带水气环境污染指数降低 30.6%，WAPI 均值由 0.137 降至 0.095，WAPI 整体改善较为明显。同时，五年间的水气环境污染空间格局整体稳定，从流域尺度来看，珠江—西江经济带的水气环境污染呈现由上游向下游递增的趋势，中下游地区是珠江—西江经济带环境污

染的主要压力区，确保中下游地区的污染得到有效治理是实现珠江—西江经济带环境污染防控的关键所在。从县域尺度来看，来宾市的兴宾区、柳州市的市辖区以及佛山市的顺德区、南海区是高污染县域的主要分布区，也是珠江—西江经济带环境污染治理和防控的关键区域，应当对这些核心区采取更具有针对性的减排措施和更加严格的环境准入制度。

珠江—西江经济带下游的珠江三角洲流域长期处于时空压缩下的快速城镇化和工业化进程中，生产与生活、内生与跨区排污累积叠加，导致水气环境污染态势严峻。针对这一现实，亟须将环境容量纳入区域环境污染治理框架，加速珠江三角洲流域的发展方式向生态文明转变。相关对策建议主要有：充分重视环境管制等相关规范性政策手段在环境污染防治中的红线作用，以环境容量作为区域发展规划的底线原则，按照区域环境承载力进行产业布局和发展规划，以保障环境质量为第一目标，综合产业准入清单、污染排放限值等一系列手段建立起适应区域发展需求和环境承载能力的污染联防联控管理体系。

珠江—西江经济带本地水气环境污染程度明显受到周边县域的影响。其中，工业化水平为主要的驱动因素，重视实施工业转型升级已刻不容缓。未来应注重加大产能和生产技术中对减排指标和环境效益的考量，并在工业结构、生产方面实施系统化、源头化综合治理以缓解水气环境污染态势。同时，社会固定资产投资也会引起地方水气环境污染的加剧，表明改善珠江—西江经济带高度城市化区域经济发展与污染处理能力不相适应的环境短板，是应对当前及未来快速发展引起的水气环境污染及空间溢出效应的重要举措。此外，经济发展对水气环境污染的负向驱动作用开始显现，未来应进一步重视对绿色、低碳的生产、生活方式的推行，持续提升珠江—西江经济带的可持续发展能力。

珠江—西江经济带水气环境污染过程具有显著空间溢出效应，本地污染程度增加的同时还会引起邻地污染加剧。这可能是由于相邻县域单元在产业基础、市场环境等方面具有一定程度的同质性，若本县域单元所发展产业的环境威胁较大，邻近县域单元很可能也面临相似的状况。此外，在环境政策不断收紧、环境管制越发严格的背景下，污染企业受到物流成本、供应链完整性等因素的制约倾向于就近转移，而邻近县域单元可能因快速发展经济的需求降低环境准入标准，导致污染就近转移现象普遍存在。空间误差项 λ 值估计发现，随着环境污染管控趋紧，珠江—西江经济带污染就近转移受限，水气环境污染的外部性有所缓解。应针对水气环境污染的空间溢出效应，建立区域协同的环境规制准则，通过协同环境准入、污染跨境预警等手段推动珠江—西江经济带内环境容量的价值一体化，从而推动区域经济可持续发展。

参考文献

Anselin L. 2013. Spatial econometrics：methods and models［M］. Berlin：Springer Science & Business Media.

Baek J. 2016. A new look at the FDI-income-energy-environment nexus：dynamic panel data analysis of ASEAN［J］. Energy Policy, 91：22 – 27.

陈祖海、雷朱家华：《中国环境污染变动的时空特征及其经济驱动因素》，《地理研究》2016 年第 11 期。

Ehrlich P R, Holdren J P. 1971. Impact of population growth［J］. Science, 171（3977）：1212 – 1217.

Elhorst J P. 2014. Spatial econometrics：from cross – sectional data to spatial panels［M］. Berlin：Springer.

Grossman G M, Krueger A B. 1995. Economic growth and the environment［J］. The quarterly Journal of Economics, 110（2）：353 – 377.

贾卓、强文丽、王月菊等：《兰州—西宁城市群工业污染集聚格局及其空间效应》，《经济地理》2020 年第 40 期。

Lazarus R S, Cohen J B. 1977. Environmental stress//Human behavior and environment［M］. New York：Springer, pp. 89 – 127.

LeSage J, Pace R K. 2009. Introduction to Spatial Econometrics［M］. Boca Raton：CRC Press.

Li R, Cui L, Li J, et al. 2017. Spatial and temporal variation of particulate matter and gaseous pollutants in China during 2014 – 2016［J］. Atmospheric Environment, 161：235 – 246.

Liu H, Fang C, Zhang X, et al. 2017. The effect of natural and anthropogenic factors on

haze pollution in Chinese cities: A spatial econometrics approach [J]. Journal of Cleaner Production, 165: 323 –333.

刘汉初、樊杰、曾瑜皙等：《中国高耗能产业碳排放强度的时空差异及其影响因素》，《生态学报》2019 年第 22 期。

Liu K, Lin B. 2019. Research on influencing factors of environmental pollution in China: A spatial econometric analysis [J]. Journal of Cleaner Production, 206: 356 –364.

Liu Q, Wang S, Zhang W, et al. 2018. Does foreign direct investment affect environmental pollution in China's cities? A spatial econometric perspective [J]. Science of the Total Environment, 613: 521 –529.

刘玉凤、高良谋：《中国省域 FDI 对环境污染的影响研究》，《经济地理》2019 年第5 期。

Lu Y, Song S, Wang R, et al. 2016. Impacts of soil and water pollution on food safety and health risks in China [J]. Environment International, 77: 5 –15.

Sapkota P, Bastola U. 2017. Foreign direct investment, income, and environmental pollution in developing countries: Panel data analysis of Latin America [J]. Energy Economics, 64: 206 –212.

孙博文、程志强：《市场一体化的工业污染排放机制：珠江—西江经济带例证》，《中国环境科学》2019 年第 2 期。

谭志雄、张阳阳：《财政分权与环境污染关系实证研究》，《中国人口·资源与环境》2016 年第 4 期。

夏军、左其亭：《中国水资源利用与保护 40 年（1978～2018 年)》，《城市与环境研究》2018 年第 2 期。

朱向东、贺灿飞、李茜等：《地方政府竞争、环境规制与中国城市空气污染》，《中国人口·资源与环境》2018 年第 6 期。

邹志红、孙靖南、任广平：《模糊评价因子的熵权法赋权及其在水质评价中的应用》，《环境科学学报》2005 年第 4 期。

B.9
浅析流域地表水生态环境治理
成效与方向

嵇晓燕　肖建军　杨凯　徐敏*

摘　要： 党的十八大以来，尤其是"十三五"时期，流域地表水生态环境治理成效显著，全国地表水环境质量显著提升，主要经验包括：高位推动，压实责任；强化监管，督导帮扶；质量主线，监测监控；上下联动，齐抓共管；问题导向，精准施策；因地制宜，系统治理；信息公开，公众参与。当前，水生态环境保护仍面临诸多问题，包括地表水环境质量改善存在不平衡性和不协调性；水资源不均衡且高耗水发展方式尚未根本转变；水生态环境遭破坏现象较为普遍；水生态环境安全风险依然存在；治理体系和治理能力现代化水平与发展需求不匹配。对标美丽中国建设目标，水生态环境保护需在以下方面继续发力：精准治污，深入打好重点流域水污染防治攻坚战役；三水统筹，着力推动重点流域水生态环境保护修复；多措并举，提升水生态环境治理体系和治理能力现代化水平。

关键词： 流域　水生态　环境治理

---

* 嵇晓燕，中国环境监测总站正高级工程师、博士，研究方向：环境监测与评价；肖建军，中国环境监测总站副站长，正高级工程师、博士，研究方向：环境监测与评价；杨凯，中国环境监测总站副总工程师，研究员，研究方向：环境监测与评价；徐敏，生态环境部环境规划院研究员，研究方向：水生态环境规划与管理。

党的十八大以来，尤其是"十三五"时期，在习近平新时代中国特色社会主义思想特别是习近平生态文明思想的指导下，各地区各部门认真贯彻党中央、国务院决策部署，坚决打好水污染防治攻坚战。我国水生态环境治理取得显著成效，水生态环境质量明显改善。水生态环境保护发生了历史性、转折性、全局性变化，人民群众对水生态环境改善的获得感、幸福感、安全感显著增强。

然而，我们也应清醒地看到，与欧美等发达国家相比，我国水环境理化指标总体上改善明显，但水环境质量改善不平衡不协调、高耗水发展方式尚未根本转变、水生态破坏现象十分普遍，与美丽中国建设目标要求仍有不小差距。因此，必须保持加强生态文明建设的战略定力，深入打好水污染防治攻坚战，持续改善水生态环境，使水生态环境保护在美丽中国建设和中华民族伟大复兴新征程中发挥重大作用。

一　地表水环境质量的改善情况

"十三五"时期，全国地表水环境质量显著提升。2020年全国地表水总体水质良好，Ⅰ～Ⅲ类水质（优良水体）断面比例为83.4%、劣Ⅴ类（水体功能较差）断面比例为0.6%，相较于2016年分别上升15.6个百分点、下降8.0个百分点，分别超出"十三五"规划目标要求13.4个和3.0个百分点。主要监测指标平均浓度和超标率基本呈现持续下降的变化趋势，氨氮、总磷、五日生化需氧量、化学需氧量和高锰酸盐指数平均浓度分别下降68.6%、43.5%、34.6%、16.0%和11.1%，总磷、氨氮、五日生化需氧量、化学需氧量和高锰酸盐指数断面超标率分别下降10.4个、9.8个、9.6个、8.4个和4.6个百分点。[①]

长江、黄河、珠江、松花江、淮河、海河和辽河等七大流域水质也逐年好转，七大流域干流水质基本优于其主要支流。2020年，长江和珠江干支

---

① 文中的统计数字来源于国家地表水环境质量监测网监测结果。

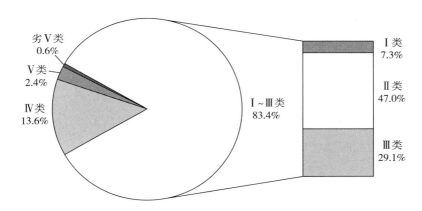

图1　2020年全国地表水质断面类别比例

资料来源：国家地表水环境质量监测网监测结果。

流水质均为优，长江干流首次全线达Ⅱ类水质；黄河、松花江和淮河干流水质为优，主要支流水质良好；海河和辽河流域干、支流虽然仍处于轻度污染，但污染状况有所减轻。

表1　"十三五"时期七大流域主要江河水质状况对比

年度	长江干流	珠江干流	黄河干流	松花江干流	淮河干流	海河干流	辽河干流
2016	优	良好	优	优	优	中度污染	轻度污染
2020	优	优	优	优	优	轻度污染	轻度污染
年度	长江主要支流	珠江主要支流	黄河主要支流	松花江主要支流	淮河主支流	海河主要支流	辽河主要支流
2016	良好	良好	轻度污染	轻度污染	轻度污染	重度污染	中度污染
2020	优	优	良好	良好	良好	轻度污染	轻度污染

资料来源：国家地表水环境质量监测网监测结果。

长江经济带9省2市2020年Ⅰ～Ⅲ类水质断面比例为87.6%、劣Ⅴ类为0.4%，相较于2016年分别上升14.3个百分点、下降2.9个百分点。环渤海入海河流2020年Ⅰ～Ⅲ类水质断面比例为43.5%、劣Ⅴ类为0，相较于2016年分别上升30.5个百分点、下降34.8个百分点；《渤海综合治理攻

坚战行动计划》消劣断面全部完成目标。珠三角城市群 2020 年 I～III 类水质断面比例为 85.4% 、劣 V 类为 0，相较于 2016 年分别上升 25.0 个百分点、下降 16.7 个百分点。

31 个省（自治区、直辖市）的水质均呈逐年好转的趋势，由 2016 年的 3 个重度污染、2 个中度污染和 13 个轻度污染，变为 2020 年的 8 个轻度污染①、其余省份水质优良的状态。

2020 年，参加国控断面水环境质量排名的 337 个地级及以上城市中，有 287 个城市的水质指数同比均出现了不同程度的好转，水质好转的前 30 名城市中辽宁和山西各 6 个，广东 4 个，河北 3 个，内蒙古、云南和甘肃各 2 个，吉林、陕西、山东、河南和四川各 1 个。此外，截至 2020 年底，全国地级及以上城市（不含州、盟）黑臭水体消除比例为 98.2%。

二　地表水环境治理的主要经验

（一）高位推动，压实责任

《中华人民共和国水污染防治法》修正案颁布施行，修改和增加了地方政府环境保护责任、流域水污染联合防治与生态保护、水污染防治监督管理、加大对违法行为处罚力度、严格法律责任等内容，水污染防治和水环境保护的法律政策保障得到加强。国务院印发的《水污染防治行动计划》（下文简称《水十条》），确定了水污染防治的总体要求、工作目标、主要指标以及十个方面的主要措施，是全国水污染防治工作的行动指南。与 31 个省（自治区、直辖市）签订的目标责任书更是明确了各省份水污染防治的具体目标，要求各省份人民政府制定并公布工作方案，将国家下达的水环境质量目标逐级分解到地方，并与各地级市人民政府签订目标责任书，明确年度工

---

① 8 个省份分别为：河北省、山西省、山东省、辽宁省、黑龙江省、北京市、天津市、内蒙古自治区。

作目标与任务，层层落实"党政同责"和"一岗双责"，加大督促考核力度，确保水环境质量逐年提高。

（二）强化监管，督导帮扶

由中纪委、中组部、生态环境部联合开展的中央环保督察，使全社会对生态环境保护的重视程度发生根本性变化，推动了思想认识的根本性转变，建立起一套生态环境保护机制，解决了一批长期想解决而没有解决的突出问题。自"九五"规划以来，我国编制实施了 5 期水污染防治规划，为推动全国水环境质量改善发挥了重要作用；而"十三五"时期的规划范围第一次覆盖全国范围的重点流域，全国地表水环境第一次形成"一盘棋"管理；这对于落实《水十条》、完善问题发现和综合督导机制、夯实流域环境综合治理主体责任、坚决打赢水污染防治攻坚战具有重要意义。此外，还组建并完善流域海域生态环境监督管理局和生态环境保护综合执法队伍，建立了实施分析预警、调度通报、独立调查、跟踪督办相结合的水生态环境问题发现和推动解决工作机制。

（三）质量主线，监测监控

为实现《水十条》中以改善水环境质量为核心的总体目标，客观、科学评价考核水环境质量状况和变化情况，保证监测数据"真实、准确、全面"，以"国家考核、国家监测"为原则，以确保地表水监测数据质量为核心，实施了 2050 个国控断面的监测事权上收。通过引入第三方机构开展水质采样监测和水质自动监测站运维工作，形成水质自动监测与采测分离、手工监测相结合的监测模式，减少行政干预，最大限度保证监测数据的客观性与真实性，保证《水十条》目标责任考核的客观公正性。建成的 1903 个水质自动监测站也实时发挥监控预警作用，倒逼地方水污染防治工作开展。同时，坚持"保真"与"打假"两手发力，严守水环境监测数据质量"生命线"，形成内部质控为主、外部监督为辅的质量管理体系。

（四）上下联动，齐抓共管

各级政府、各部门多方联合推动水污染防治攻坚，形成合力。建立流域污染联防联控机制、流域生态补偿制度、排污许可制度等，形成上中下游、江河湖库、左右岸、干支流协同治理的格局。如在长江保护修复攻坚战中印发《关于建立跨省流域上下游突发水污染事件联防联控机制的指导意见》，指导督促长江经济带 11 省（市）加强联防联控，持续推动长江生态环境保护修复联合研究和沿江 58 个驻点城市技术帮扶工作。在渤海综合治理攻坚战中明确了中央统筹、省负总责、县市抓落实的工作推进机制；充分发挥了生态环境部门的综合监管作用，落实了自然资源、农业农村、住房城乡建设、交通运输、海事等有关部门海洋生态环境保护责任，形成了部门联动的工作格局；同时，三省一市高度重视、坚决扛起治理主体责任；三省一市以及各部门之间密切配合、合力攻坚，形成齐抓共管的工作体系。

（五）问题导向，精准施策

针对"十三五"时期水污染防治攻坚的总目标，聚焦重点流域区域、重点突出问题，分别制定了长江保护修复、渤海综合治理、城市黑臭水体、水源地保护等多个专项攻坚战计划，以问题为导向，精准发力、精准施策。如长江保护修复攻坚战中，紧盯长江经济带生态环境警示片（以下简称警示片）披露的问题清单进行整改、专项督察；强化"三磷"行业排污许可管理，对含磷农药企业排污许可证核发及落实情况开展检查；指导沿江 11 个省（市）完成涉危重企业、长江干流县级以上水源地环境应急预案备案全覆盖；定期调度有关省市尾矿库污染防治进展情况。在渤海综合治理攻坚战中，入海排污口排查整治和入海河流消劣是减少陆源污染入海的 2 个主要抓手，入海排污口排查采取"一竿子插到底"的组织方式，组织全国生态环境系统执法人员，异地交叉、自上而下、一沉到底开展排查，徒步查遍渤海每一段岸线，排查出渤海入海排污口 1.8 万余个，全面摸清了渤海近岸海域点源污染底数；入海河流消劣方面，打好督导帮扶

"组合拳"，有效传导攻坚动力，实现国控入海河流断面劣 V 类水体明显减少的治理效果。

（六）因地制宜，系统治理

以解决实际问题为导向，查找分析原因、科学确定目标、研究提出对策，淡化常规性、一般性任务要求，突出针对性、差异性、可操作性任务要求，多措并举，实施综合治理，制定因地制宜的治理方案。如江苏省以农田肥水不下河、退水不直排、养分循环利用为目标，坚持农田排灌系统生态化改造、构建农业生态安全缓冲区两手发力，深入实施生态型高标准农田示范区建设，积极探索规模化农田面源污染日常监管模式和突破农业面源污染防治瓶颈。如渭河流域的水生态环境质量改善就是沿渭两省六市一区十年如一日推进渭河流域整体污染治理的成果展现。全流域充分发挥了结构、工程和管理"三个减排"的合力，推进污水深度处理，控制和削减污染物排放量；建设跨流域调水工程，优化水资源配置，保障生态基流；实施滩面整治工程和渭河水生态自然修复工程，整体推进渭河生态区生态修复，恢复水生物多样性。突出了治水的综合性、整体性和系统性，把"柔性治水"理念贯穿渭河治理全过程，兼顾治水与治山、治林、治田有机结合，整体推进。

（七）信息公开，公众参与

始终坚持以人民为中心。一方面，为了人民、服务人民，不断满足人民日益增长的优美生态环境需要。通过多渠道、多媒体定期公开水环境质量监测数据、水环境质量评价报告和地级及以上城市地表水环境质量排名结果，满足群众的信息知情权。各种专项工作也接受公众和社会监督，多渠道引入社会公众参与决策。如水源地保护攻坚战中要求各地在当地党报和政府网站上开设专栏，每月公开问题清单和整治进展，生态环境部也组织"守护水源地 我们在行动"主题采访活动，并在"两微"开设水源地攻坚专栏。另一方面，依靠人民、相信人民，将人民群众信访投诉作为发现生态环境问题线索的"金矿"，对发现的问题及时推动解决。如城市黑臭水体攻坚战中把

核实群众举报作为重要内容，将群众反映突出问题较多的城市列为检查重点，在行动中充分听取群众的意见，凡是群众反映治理成效不满意或举报黑臭反弹的水体，都被重新纳入整治清单。始终把群众满意度作为检验黑臭水体治理成效的首要标准，人民群众参与黑臭水体治理的积极性、主动性进一步发挥，获得感、幸福感、安全感得到进一步提升。

三 水生态环境保护的主要问题

虽然我国的水生态环境治理取得了显著成效，但水生态环境保护面临的结构性、根源性、趋势性压力尚未根本缓解，与美丽中国建设目标要求仍有不小差距。七大流域水生态环境面临的主要问题存在差异性。长江流域水生生物多样性下降，沿江水环境风险高，大型湖库富营养化加剧；黄河流域高耗水发展方式与水资源短缺并存，生态环境脆弱；珠江流域城市水体防止返黑返臭压力大，中游重金属污染风险高；松花江流域城镇基础设施建设短板明显，农业种植、养殖污染量大面广；淮河流域水利设施多、水系连通性差，农业面源污染防治压力大；海河流域生态流量严重不足，水体污染重；辽河流域水环境质量改善成效不稳固，生态流量保障不足。综合分析，主要表现在以下五个方面。

（一）地表水环境质量改善存在不平衡性和不协调性

工业和城市生活污染治理成效仍需巩固深化，全国城镇生活污水集中收集率仅为60%左右，农村生活污水治理率不足30%；城乡环境基础设施欠账仍然较多，特别是老城区、城中村以及城郊接合部等区域，污水收集能力不足，管网质量不高，大量污水处理厂进水污染物浓度偏低，汛期污水直排环境现象普遍存在，城市雨水管网成"下水道"，各类污染物在雨水管网"零存整取"。城乡面源污染防治瓶颈亟待突破，受种植业、养殖业等农业面源污染影响，汛期特别是6月至8月是全年水质相对较差的月份，长江流域、珠江流域、松花江流域和西南诸河氮磷上升为首要污染物。城市黑臭水体尚未实现长治久清，松花江、黄河和海河流域等仍存在不少劣 V 类水体。

（二）水资源不均衡且高耗水发展方式尚未根本转变

我国人多水少，水资源时空分布不均，供需矛盾突出，部分河湖生态流量难以保障，河流断流、湖泊萎缩等问题依然严峻，成为当地生态环境顽疾。黄河、海河、淮河和辽河等流域水资源开发利用率远超 40% 的生态警戒线，京津冀地区汛期超过 80% 的河流存在干涸断流现象，干涸河道长度占比约 1/4。作为高耗水行业的煤化工，全国 80% 的企业集中在黄河流域。2020 年，我国农田灌溉水有效利用系数为 0.565、万元国内生产总值用水量和万元工业增加值用水量为 57.2 立方米和 32.9 立方米，用水效率仍明显低于先进国家水平。

（三）水生态环境遭破坏现象较为普遍

流域水源涵养区、河湖水域及其缓冲带等重要生态空间过度开发，造成生态功能严重衰退、生物多样性丧失、湖泊蓝藻水华居高不下等一系列生态问题。全国各流域水生生物多样性降低趋势尚未得到有效遏制，长江上游受威胁鱼类种类较多，白鳍豚已功能性灭绝，江豚面临极危态势；黄河流域水生生物资源量减少，北方铜鱼、黄河雅罗鱼等常见经济鱼类分布范围急剧缩小，甚至成为濒危物种；2020 年国控网监测的重点湖库中处于富营养化的湖库个数为 32 个，较 2016 年上升 7 个，太湖、巢湖、滇池等湖库蓝藻水华发生面积及频次居高不下。

（四）水生态环境安全风险依然存在

大量化工企业临水而建，长江经济带 30% 的环境风险企业离饮用水水源地周边较近，存在饮水安全隐患；因安全生产、化学品运输等引发的突发环境事件频发。河湖滩涂底泥的重金属累积性风险不容忽视，长江和珠江上中游的重金属矿场采选、冶炼等产业集中地区存在安全隐患。环境激素抗生素、微塑料等新污染物管控能力不足。

（五）治理体系和治理能力现代化水平与发展需求不匹配

我国发展仍然处于重要战略机遇期，新型工业化深入推进，城镇化率仍将处于快速增长区间，粮食安全仍需全面保障，工业、生活、农业等领域污染物排放压力持续增加。生态文明改革还需进一步深化，地上地下、陆海统筹协同增效的水生态环境治理体系亟待完善。水生态保护修复刚刚起步，监测预警等能力有待加强。水生态环境保护相关法律法规、标准规范仍需进一步完善，流域水生态环境管控体系需进一步健全。经济政策、科技支撑、宣传教育、能力建设等还需进一步加强。

四 水生态环境保护的发展方向

对标 2035 年美丽中国建设目标，水生态环境保护应坚持以习近平新时代中国特色社会主义思想为指导，全面贯彻落实党的十九大和十九届二中、三中、四中、五中全会精神，牢牢把握新发展阶段、贯彻新发展理念、构建新发展格局，深入贯彻习近平生态文明思想，全面落实党中央和国务院决策部署，以水生态修复为核心，深入打好污染防治攻坚战，以河湖为统领，污染减排和生态扩容两手发力，统筹水环境、水生态、水资源等要素，坚持问题导向，突出精准治污、科学治污、依法治污，不断提升治理体系和治理能力现代化水平，持续改善水生态环境质量，促进经济社会发展全面绿色转型，为实现美丽中国建设目标奠定良好基础。

（一）精准治污，深入打好重点流域水污染防治攻坚战役

着力推进经济社会绿色转型。调整产业结构，依法淘汰落后产能，严格生态环境准入，推进差别化的流域性环境标准和管控。优化空间布局，合理确定发展布局、结构和规模，推动污染企业退出。推进绿色发展，推进工业企业绿色升级，提升产业园区和产业集群循环化水平，加快农业绿色发展。

健全深化流域水生态环境综合管控体系。完善流域水生态环境功能分区

管理体系，细化行政管理责任体系，建立打通水里和岸上的污染源管理体系，建立健全"流域＋"综合管控机制。推进流域区域协同治理，推进地表水与地下水协同治理，强化流域海域统筹治理。

巩固深化水污染治理。加强入河入海排污口排查整治。推动工业企业稳定达标排放，加大工业园区整治力度，推动工业废水资源化利用。推进城镇污水收集处理，补齐城镇污水收集管网短板，强化污水处理能力建设，推进污泥无害化资源化处理处置，推进初期雨水污染控制。持续推进农业农村污染防治，推进农村生活垃圾、污水治理，防治畜禽养殖污染，防治水产养殖污染，突破农业面源污染防治瓶颈。加强船舶废水排放监管，深入开展船舶污水治理，严格船舶淘汰制度，进一步加强港口码头船舶水污染物收集转运处理能力建设，完善交通运输生态环境保护修复机制。

有效防范水环境风险。加强环境风险预防设施建设，落实工业企业环境风险防范主体责任，加强工业园区环境风险防范。提升环境风险预警能力，加强环境风险调查评估，强化监控预警体系建设。强化环境风险应急处置，强化环境风险应急协调联动机制建设，全面提升环境风险应急处置能力。

梯次深化黑臭水体整治。推进地级及以上城市黑臭水体长治久清，基本消除县级城市黑臭水体，统筹实施农村黑臭水体治理。

优先保障饮用水水质安全。推进城市饮用水水源全面达标，加快农村饮用水水源保护进程，加强饮用水水源地环境监管，保障重大调水工程水质安全。

（二）三水统筹，着力推动重点流域水生态环境保护修复

坚持"山水林田湖草生命共同体"理念，从生态系统整体性和流域系统性出发，从源头系统开展生态环境修复和保护，强化山水林田湖草等各种生态要素的协同治理、系统治理，以河湖为统领，深化水环境、水生态、水资源等"三水"统筹管理，推动流域上中下游地区的互动协作，增强各项举措的关联性和耦合性。

积极推动水生态保护修复。提升水源涵养能力，严格重要水源涵养区用

途管制，强化重要水源涵养区保护修复，加强重要水源涵养区监督管理。实施生态缓冲带保护和建设，推进生态缓冲带划定，强化河湖生态缓冲带监管，开展河湖生态缓冲带修复与建设试点。推进重要湖泊湿地生态保护治理，强化自然湿地修复和恢复，开展重要湖泊保护修复。保护水生生物多样性，强化就地保护，加强迁地保护，科学实施水生生物洄游通道和重要栖息地恢复工程。

着力保障河湖生态用水。提高水资源利用效率，强化用水强度约束，实施用水全过程管理，加强农业、工业、城镇节水。推进区域再生水循环利用，实施区域再生水循环利用工程，合理规划布局再生水输配设施。有效保障生态流量，积极推进生态流量管理全覆盖，健全河湖生态流量保障机制，加强江河湖库水量配置与调度管理。

持续推进长江流域共抓大保护，把修复长江生态环境摆在压倒性位置。明确长江流域不同区域保护治理重点，推进长江水生生物多样性恢复，加强长江水生生物调查与濒危物种保护，加强长江水生生境保护修复，严格水域开发利用管理。防范化解沿江水环境风险，优化沿江企业和码头布局，加强中上游重金属污染防治。

深入推进黄河流域生态保护与环境治理。强化黄河流域水资源刚性约束，科学配置流域水资源，严格取用水管理，转变高耗水生产方式。维护黄河水源涵养功能和湿地功能，加强黄河中上游重要鱼类栖息地保护，实施黄河三角洲湿地保护修复。实施重污染支流消劣达标。

（三）多措并举，提升水生态环境治理体系和治理能力现代化水平

强化组织领导。强化地方政府水环境保护责任，加强宣传培训，提升党政领导干部生态文明意识。健全法规标准，积极推进长江大保护、生态环境监测、排污许可等方面的法律法规制修订，研究制定生态保护补偿条例。发挥市场作用，拓展资金渠道，发挥价格杠杆作用，继续推进生态保护补偿，推进流域污染源排放量管理。加强科技支撑，开展科技专项攻关，研发推广适用技术。加强监督管理，建立考核机制，加强水生态监测评估，强化流域

生态环境监管，严格环境执法。促进全民行动，健全水生态环境信息发布机制，积极引导公众参与。

参考文献

《国务院关于印发水污染防治行动计划的通知》（国发〔2015〕17 号），2015。

环境保护部、国家发展和改革委员会、水利部：《关于印发〈重点流域水污染防治规划（2016－2020 年）〉的通知》（环水体〔2017〕142 号），2017。

生态环境部、国家发展和改革委员会：《关于印发〈长江保护修复攻坚战行动计划〉的通知》（环水体〔2018〕181 号），2018。

环境保护部、国家发展和改革委员会、自然资源部、交通运输部、农业农村部：《关于实施〈渤海综合治理攻坚战行动计划〉有关事项的通知》（环海洋〔2019〕5号），2019。

嵇晓燕、孙宗光、刘允、李东一：《基于事权上收的国家网流域水环境质量监测技术体系构建》，《环境保护》2017 年第 24 期。

嵇晓燕、马丽娟、杨凯、陈亚男：《地表水质监测数据应用于环境管理的思考》，《2020 中国环境科学学会科学技术年会论文集》，2020。

嵇晓燕、刘廷良、孙宗光：《河流健康概念与评价研究进展》，《环境监测科技新进展——第十次全国环境监测学术论文集》，化学工业出版社，2011。

嵇晓燕、宫正宇、聂学军：《基于系统理论的复合河流系统健康概念探析》，《人民黄河》2015 年第 3 期。

嵇晓燕、肖建军、杨凯：《复合河流系统健康监测和预警理论初探》，《2020 中国环境科学学会科学技术年会论文集》，2020。

专项行动篇
Special Action Chapters

B.10
以流域为单元的
山水林田湖草一体化保护修复*

郝　庆**

摘　要：　山水林田湖草是一个生命共同体，推动国土空间生态保护与
　　　　　修复对于维护国家生态安全、保障经济社会可持续发展具有
　　　　　重要意义。我国高度重视生态保护和修复治理工作，但仍存
　　　　　在科学基础较弱、组织机制不完善、投入资金不足、修复技
　　　　　术及其标准缺乏等问题，影响了国土空间生态保护修复工作
　　　　　成效。未来需要按照推进生态文明建设的要求，更新修复理
　　　　　念，以科学规律为基础开展系统保护修复；完善组织机制，形
　　　　　成多部门联合与多元主体共同参与的治理机制；加大资金投

　　＊　本文受国家社会科学基金重大项目"健全国土空间规划和用途统筹协调管控制度研究"（项
　　　　目编号：20ZDA086）、中国社会科学院创新工程项目"生态文明新范式下国土空间治理研
　　　　究"（项目编号：2021STSB02）资助。

　＊＊　郝庆，中国社会科学院生态文明研究所博士后、副研究员，研究方向：国土空间规划、国土
　　　　空间治理、城市发展与区域管理。

入，鼓励全社会参与，形成资金多元投入机制；加强技术保障，大力实施技术体系创新和标准体系构建；明确实施单元，推进以流域为单元的山水林田湖草沙一体化保护修复，不断提升自然生态系统与经济社会发展的协调程度，促进人与自然的和谐共生。

关键词：　山水林田湖草生命综合体　生态修复　系统治理　流域

一　历史上水土治理的重大意义与发展历程

自古至今，水土治理就是一项具有重要经济、社会、政治、军事意义的活动，在中华文明和中国大统一王朝的形成和发展中占据重要的地位。从传说中上古时期的大禹治水，到春秋战国时期为发展农业生产、治理洪涝灾害、方便交通而修建的郑国渠、都江堰、灵渠等水利工程，再到隋朝的京杭大运河、历朝历代的治理黄河等工作，在改善农业生产条件、巩固王朝统治、促进区域间的交流和工商业的发展等方面发挥了重要作用。例如，秦国通过建设郑国渠，在关中平原北部，泾、洛、渭之间构成密如蛛网的灌溉系统，使4万余顷耕地得到灌溉，改善了关中的农业生产条件，增加了土质肥力，粮食亩产量超过黄河中游地区土地数倍①。通过修建都江堰水利工程，根治了岷江水患，保证了大约300万亩良田的灌溉，发展了川西农业，使成都平原成为旱涝保收的"天府之国"。两项工程的实施为秦国统一中国创造了强有力的经济基础。而灵渠的修建则直接为征服南越、开疆拓土提供了军事运输保障。此外，我国历史上为服务农业生产等还开展了一系列的"治

---

① 《史记·河渠书》记载，"渠就，用注填阏之水，溉泽卤之地四万馀顷，收皆亩一钟（引者注——钟，古代容量单位，相当于六石四斗）。于是关中为沃野，无凶年，秦以富强，卒并诸侯，因命曰郑国渠"。当时黄河中游地区的粮食亩产仅为一石半。

水"工作。例如江淮、江汉之间以修治天然陂池为主的六门陂工程，东南地区以排水筑堤、变湿淤之地为良田为主的鉴湖工程，王安石变法中推行的大规模农田放淤（改良盐碱地），以及宁夏、新疆等地开展的治水整治工程都产生了很好的效果，有的甚至现在仍在发挥重要的作用。

新中国成立之后，党和国家高度重视"治水"工作，领导并组织开展了一系列卓有成效的整治修复工作。在改革开放之前，主要是侧重农田水利建设和水土保持工作。例如，"一五"期间，国家把基本建设总投资的7.1%用于农业基本建设，其中63.8%投入防洪灌溉等水利工程，集中力量治理淮河、海河等流域，先后建成官厅、梅山、佛子岭等7座大型水库。耕地中的有效灌溉面积达到2734万公顷，占耕地总面积的24.4%；水灾成灾率则降低了3个百分点。并在陕北绥德、米脂和甘肃西峰等地开展了黄河中游黄土高原水土流失和水土保持的调查研究与水土保持措施区划工作，开展了黄河三门峡、长江葛洲坝、汉江丹江口等大型水利枢纽工程勘察与建设。在这一时期，我国还组织了大规模的开荒运动，使得全国耕地由新中国成立初期的9800万公顷增加到1957年的11199.7万公顷，增长了14.3%。大规模的开荒活动为恢复农业生产、解决人民群众温饱问题做出了巨大贡献，但也对生态系统造成了一定程度的破坏，加剧了部分地区的水土流失。

改革开放之后，我国借鉴西方发达国家国土整治的经验，在原国家计委的领导下，开展了以自然资源综合开发、生产力布局和流域综合整治等为主要内容的国土整治与国土规划工作，编制了金沙江下游地区、乌江干流沿岸地区、京津唐地区、长江三角洲地区等区域性国土规划，以及长江、黄河、淮河、松花江、辽河、珠江、海滦河等流域整治规划。协调国土资源开发利用和治理保护的关系，推进大江大河大湖综合治理、水土保持，协调人口、资源、环境的关系，促进区域经济综合发展。

进入20世纪以后，我国的国土资源、生态环保、农业、林业、水利等相关部门按照部门职责，积极开展具有部门属性的水土治理与保护修复工作。如国土资源管理部门开展了农村土地整治、工矿废弃地复垦、高标准基本农田建设等工作，并推进"山水路林村"的综合整治。农业部门开展了中低产田改造、农田水利建设等工作。水利部门开展了水土流失防治、大江大河的流域综合整治等工作。生态环保部门开展了水污染治理、水生态保护等环境治理工作。林业部门通过植树造林，构筑了北方防风固沙屏障、沿海防护林屏障、西部高原生态屏障、长江流域生态屏障、黄河流域生态屏障、中小河流及库区生态屏障等十大国土生态安全屏障，并积极推进湿地保护。

二 新时代生态保护修复的工作进展与存在的问题

（一）工作进展

党的十八大以来，我国积极推进生态文明建设，在生态建设与保护领域的固定资产投资逐年上升（见图1）。并针对水土治理与保护修复中存在的部门分散、整治任务单一、总体性系统性不强、整治修复效果不佳等问题，积极推动形成跨部门合作的工作格局，提出"树立山水林田湖是一个生命共同体的理念，按照生态系统的整体性、系统性及其内在规律，统筹考虑自然生态各要素、山上山下、地上地下、陆地海洋以及流域上下游，进行整体保护、系统修复、综合治理"。2016年9月，财政部、国土资源部、环境保护部发布《关于推进山水林田湖生态保护修复工作的通知》，提出集成整合资金政策，开展山水林田湖生态保护修复工程试点工作，对生态系统进行整体保护、系统修复、综合治理。"十三五"时期，在全国24个省份开展了25项山水林田湖草生态保护修复工程试点。2021年，中央财政将继续通过竞争性评审方式公开择优支持山水林田湖草一体化保护和修复工程项目，每个项目中央财政奖补不超过20亿元。

2018年，党和国家机构改革之后，我国积极推进生态保护和修复治理的战略规划与技术规范研制工作。2020年6月，国家发展改革委、自然资源部联合印发《全国重要生态系统保护和修复重大工程总体规划（2021—2035年）》，从国家层面对重要生态系统保护和修复工作进行了系统谋划，

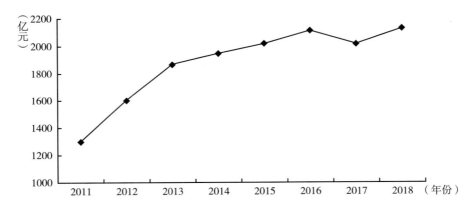

图1　全国生态建设与保护领域的固定资产投资（2011～2018年）

资料来源：国家统计局。

提出了实施全国重要生态系统保护和修复重大工程的总体思路、主要目标、总体布局、重大工程、重点任务和支持政策。在该规划的指引下，自然资源部要求各省、市、县逐级编制国土空间生态修复专项规划。同时，还部署了《海岸带生态保护和修复重大工程建设规划》《红树林保护修复专项行动计划（2020－2025年）》等专项规划和行动计划的编制实施工作，重点围绕海岸带等不同领域的生态系统保护和修复进行专题研究和工程部署。相关部门还发布了《山水林田湖草生态保护修复工程指南（试行）》等技术规程，全面指导和规范各地山水林田湖草生态保护修复工程实施，推动山水林田湖草一体化保护与修复，并积极推进实施方案编制规程、验收规程、效果评价规范、技术导则、适应性管理规范、可行性研究报告编制规程和资金测算规范等技术标准的研制工作。

在推进上述工作的过程中，我国不断更新生态保护修复的概念内涵、目标任务、工作理念、组织形式等。从简单的水土治理到"山水林田湖草一体化保护与修复"，整治修复的要素不断增多、整体性系统性不断提升，成为一项多尺度、多要素、多目标、多手段的工作。在空间尺度上从微观的农田生态系统、水系生态系统到村庄、地方、区域、全国等空间尺度，从单一的要素修复治理到山水林田湖草全要素的综合与系统治理，从单一的生态恢复到经济、社会、生态、文化等多目标协同治理，从末端治理修复的工程手段到源头治理、过程耦合、综合设计等经济社会、行政，从区域、部门自主治理走向国家顶层设计与多部门协同参与治理的多层级治理。

（二）存在的问题

我国"山水林田湖草"一体化保护修复工作正在积极推进，并取得了积极成效。但是由于科学决策的缺失、工作机制的不完善、投入资金的不足、修复技术及其标准缺乏等问题的存在，一些国土空间生态保护修复工程不仅未能实现修复受损国土的既定目标，反而对生态系统、地域功能造成新的损伤。

1. 科学基础整体较弱

生态保护修复具有专业性、科学性、系统性、整体性等特点，必须科学把握地域分异、植物群落演替等自然地理学、生态学的基本规律。但以往的生态修复工作由于对自然规律认知的缺乏，加之多沿袭"人定胜天""改造自然"的惯性思维，以及在具体保护修复中的工程思维，很多时候对自然过度干预，生态保护修复效果不佳，或者缺乏可持续性。主要表现在以下几个方面。

一是，在生态系统尺度忽视了"山水林田湖草"是一个生命共同体。开展的治理修复工作缺乏整体性思维，在项目设置上表现为"头痛医头，脚痛医脚"，只是针对某个要素开展治理工作；在管理上表现为种树的只管种树，治水的只顾治水，护田的单纯护田，没有形成工作合力。对生态系统整体性的认识不足，致使开展的生态修复项目效果不佳，并容易导致自然生态系统破碎化、生态系统功能退化等问题。例如，为了实现耕地的占补平衡，在一些干旱半干旱地区过度开发耕地，不仅造成水土资源匹配失衡，还占用大量生态空间和生态用水，破坏自然生态系统平衡，影响生态系统的服务功能。一些地方盲目开展"坡改梯"，投入了大量人力、物力、财力，结果往往导致生态系统的服务功能下降。一些地方进行的生态修复工作只追求

短时间内的复绿，不注重生态系统功能的重建，修复之后的生态系统稳定性和抗干扰性差，极易发生生态退化。不少地方还建设了大量的人为生态工程，出现树种单一化、植物群落多样性不足等问题。

二是，在区域尺度上忽视了"山水林田湖草"的空间关系。国土空间是由自然地理环境和人类社会活动两个子系统相互作用构成的人地耦合系统，人类活动成为影响国土空间开发利用的活跃因素。生态修复保护工作需要立足于某一区域整体生产、生活和生态环境的改善，进行统筹安排，合理布局，形成一个良好的国土开发利用与修复保护空间格局。但是，此前由于缺乏国土空间规划的总体统筹，以致生态保护修复的空间布局与其他的生产、生活、生态空间的不整合，不同生态修复保护项目之间、生态保护项目与其他国土空间开发保护利用活动之间缺少有机衔接，开展的生态修复工作多为特定点位或局地面状修复工程，忽略了区域尺度的过程耦合及空间集成，从而出现"部门项目多、局部改造多"、项目重复立项和分散立项等问题。如，生态修复保护工作的空间部署与民生基础设施建设、高标准基本农田建设、农林产业发展、城乡人口转移等衔接不够。此外，一些地区开展的"山水林田湖草"一体化保护修复项目尽管在形式上完成了统一，但实质上多是由相互关联较弱的单项工程拼盘而成，缺乏科学合理的系统性规划和整体性空间部署。对"山水林田湖草"空间关系的重视不足，既不利于生态修复保护项目集中连片的整体推进，也不利于国土空间整体功能的提升和有效利用。

三是，在时间尺度忽视了"山水林田湖草"的动态演替。"山水林田湖草"这一生命共同体是个动态变化的生态系统，可能表现为物种多样性增加、生态系统服务功能增强的正向演替，也可能表现为物种多样性减少、生态系统服务功能下降的逆向演替。当前，很多生态修复保护工程的实施周期较短，不少采取"一建了之"。对于受损生态系统是否朝着良性的正向演替缺乏必要的调查监测评估。此外，对于生态修复保护之后的自然资源权属调整、权益分配、后期管护等也缺乏必要考虑。不少地方开展的生态修复保护工程由于缺乏监测评估、后期管护等措施，生态修复效果难以长久持续发挥作用。

2. 组织机制有待完善

国土空间生态保护修复涉及财政、自然资源管理、生态环境保护，以及水利、农业农村、林草等多个部门，也涉及政府、公众、企业、社会组织等不同利益主体，还涉及前期的保护修复规划与工程实施方案编制、保护修复工程实施、后期的工程管护和监测监管等环节。当前在推进生态保护修复工作中，各部门、各利益主体，以及实施生态修复保护的各环节中仍然存在不衔接、不协调的问题。

一是，缺乏部门统筹的长效管理机制。虽然我国在推进国土空间生态修复保护的过程中不断探索建立部门协同管理的机制，实施了一些行之有效的措施，但多数是临时性和应急性措施，制度性、规范性不够，缺乏长效管理机制。此外，在开展规划编制、工程实施、标准研制、监测评价等具体工作时，管理层面与技术层面在不同环节之间的衔接、兼容等也存在问题，影响了规划编制和工程实施效果。

二是缺乏多元主体共同参与的治理机制。生态保护修复意识不足、生态保护修复责任错位、多元主体协调合作机制欠缺等影响形成多元利益主体共治共建共享的治理机制。主要表现为生态保护修复工作仍然以政府为主要，甚至政府是单一主体；企业没有履行相应的治理修复责任，没有动力主动参与修复治理工作；社会组织和工作参与不足。

三是缺乏生态保护修复的全生命周期管理。一些地方政府和有关部门在实施生态保护修复工程时多是"一建了之"，对如何进行后期管护缺乏考虑。例如，此前一些地方开展的矿山地质环境恢复治理工作，在实施土地复垦和复林复草措施后，往往缺乏植被的后期维护措施，影响保护修复效果的长期保持。此外，还缺乏对于保护修复工程的监测评估和后评价工作，无法长期检验生态保护修复的效果，影响生态保护修复工作的经验积累和技术改进。

3. 资金投入缺口较大

长期以来，高强度的经济社会活动对国土空间造成了极大的破坏，国土

空间生态保护修复的任务重、所需的资金投入也较多。我国虽然在国家层面形成了对重点生态功能区等财政转移支付体系，在地方层面也针对森林、草原、湿地、耕地等不同生态系统类型开展了大量生态补偿实践，探索了"新安江模式"等跨区域、跨流域生态补偿措施。但是仍然存在生态保护修复资金投入来源单一、市场化融资机制不健全等问题，导致生态保护修复资金缺口较大，影响生态保护修复工作的实施。

一是，资金来源单一。当前开展的生态修复保护工作在资金投入上仍然以财政资金为主。各地都在不同程度地推进生态保护修复工作，国家为了减轻地方政府的财政压力，每年都通过不同的途径给予一定的资金补助，但缺口仍然比较大。而且，这种必要的财力支持也没有以制度的形式固定下来，多是临时性、应急性的财力支持。生态保护修复工作任务重，中央及地方的资金缺口较多，而其他一些筹资渠道尚未通畅，这些都影响生态保护修复的开展和成效。

二是，市场化资金投入机制不健全。此前开展的生态修复工作多由政府主导，虽然一些地方通过"PPP"模式吸引社会资本参与生态保护修复项目，但在投资回报率、投入成本、投资周期、风险性等方面考虑不足，项目的质量不高、让利较少，对社会资本的吸引力不足。在生态保护修复中，对自然资源资产的价值认识不全面，没有充分挖掘生态保护修复的经济价值，项目的良性造血功能不足，也在一定程度上降低了社会资本参与生态保护修复的积极性。

4. 修复技术及其标准缺乏

技术及其标准是确保生态保护修复工程实施效果的重要保障。目前我国的生态修复技术较粗放，一些生态修复项目存在重工程措施、重短期效果等问题，缺乏大规模推广应用的技术及相应的标准规范。

一是，一些技术的可推广性差。对科学规律的把握不足，导致一些生态修复技术难以有效发挥作用。例如，有些地方在复林复草的时候，简单地恢复成单层林、人工林，难以发挥混交林或复层林的综合效果，生态效益较差。在流域生态治理的过程中对生态流量考虑不足、对流域内自然生态系统功能的维护与资源开发利用、城乡发展、基础设施建设的利益均衡考虑不足。

二是，缺乏技术经济标准。一些地方为了追求政绩上的"形象工程""样板效应"，不惜成本地打造少量的精品工程，并将其作为样板示范大力宣传。但是这些精品工程只重视技术可行性，忽略了经济可行性，难以大面积地复制推广。

三是，缺乏生态修复保护的后评价。各地在生态修复保护中探索了一些技术和经验。但是多数技术的效果还缺乏评价检验。在常态条件下，一些修复保护工程的效果表现得很好；但是在极端气候条件下，可能会出现问题。

三　进一步完善山水林田湖草一体化保护修复的建议

（一）修复理念：以科学规律为基础开展系统保护修复

"山水林田湖草"一体化保护修复是一项具体的业务实践，更是一项重要的科学命题，是地理学、资源科学、生态学、环境科学、农学、经济学、工程学的重要研究领域，是"人口、资源、环境、经济、社会"综合系统的核心问题。需要扎实推进重大科学问题的研究，更新生态保护修复理念，科学开展国土综合整治与系统修复。

一是，加强对生态保护修复重大问题的科学研究。主要包括：①通过科学评价识别生态保护修复工程的区域部署，即明确优先选择哪些区域部署实施重大工程；②基于实地调研和科学分析，选择适宜的生态保护与修复技术，即明确生态修复保护工程如何实施；③科学开展生态保护修复工程的监测，即明确生态保护修复工程的实施效果。

二是，更新生态修复治理的理念。在全球气候变化、大尺度生态系统功能退化背景下，宏观尺度的生态保护修复工作需求增加。在较大的空间尺度

上人地耦合系统中的经济社会与自然生态的互相反馈作用凸显。生态保护修复的对象也由自然生态系统转变为人地耦合系统，生态保护修复的目标也必须由单纯的自然生态系统修复扩大到经济发展、社会和谐、人民幸福、文化传承等多个维度，重建更为健康、可持续发展的人地系统，实现人与自然和谐共生。因此，对于修复功能受损的生态系统，不能仅从较小空间尺度去分析问题、开展治理，需要以系统思维考量、以整体观念推进。

三是，国土空间生态修复保护是国土空间要素、结构和功能的重塑，生态系统各要素、各子系统相互影响，不同的生物种群、群落等在生态系统中所处的层级、位序以及功能不同。开展生态修复工作需要基于生态系统自身的演替规律，并结合经济社会发展的需要，以自然恢复为主、人工修复为辅的方式推进。重点是依靠生态系统的自我调节能力和自我恢复能力，实现生态系统顺序演替，提升生态系统的稳定性和生态服务功能。

四是，注重生态修复的因地制宜性。受温度、降水、湿度、日照、地形等自然地理条件的影响，在地球表层形成了区域特色明显的地域生态系统和地理景观格局。加之不同地域的人类活动千差万别，其对生态系统的胁迫程度也各不相同。因此，在推进生态保护修复过程中，需要根据各地的自然地理条件、生态系统特征、经济社会发展需要、生态系统损害程度等，选择合适的保护与修复治理方式。

（二）组织机制：倡导多部门联合与多元主体共同参与

生态保护修复涉及多个部门和多个行政层级。在"筒仓思维"下，各个部门很容易踞守于自己的领域，维护部门的利益，这会将系统的生态修复保护工作碎片化。因此，需要构建多部门联合、多元利益主体共同参与的工作组织机制。

一是做好生态保护修复工作的顶层设计。各地需要依据本层级的国民经济与社会发展规划、国土空间规划以及上位的生态保护修复规划，科学编制本区域的生态保护修复规划及其专项规划（见图2），做好生态保护修复工作的顶层设计。包括明确国土空间治理中生态保护修复的主要问题、重点领域、重点任务、空间部署，以及工程实施范围、建设规模、工程期限、资金投入和各方责任等。在统一规划和总体部署下，提出系统化的修复治理方案，并明确各部门、各行业、各类社会主体的组织分工，明确推进国土空间生态保护修复工作的时空次序。

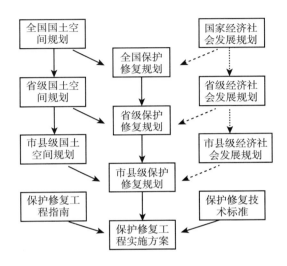

图2 生态保护修复规划与实施方案体系

资料来源：作者自绘。

二是建立多元利益主体共治共建共享的协同工作机制。一方面，政府要形成多部门协同联动的工作机制，加强协调联动，形成工作合力。另一方面，需要倡导科研院校、社会组织、企业、公众等多元利益主体的广泛参与和深度协作，形成多元利益主体共治共建共享的系统工作机制。特别是生态修复保护可能涉及自然资源权属、权益的重新分配，需要充分保证群众的知情权、参与权和监督权，尊重群众意愿、保障群众权益、吸纳群众智慧。此外，生态保护修复作为一项专业性较强的实践工作，需要充分发挥相关专家的专业技术优势，各地在推进生态修复保护工作时，应该建立健全由自然地理学、生态学、环境科学、经济学、工程学等多领域专家组成的专家库，在生态修复保护工作的立项、实施、监测评估等环节充分发挥专家作用。

三是建立后期维护管护机制。国土空间生态修复保护是一个持续的过程，需要实施全生命周期的管护。需要做好生态修复保护前的调查评估，修复保护过程中的工程管理、权属调整，以及修复保护工程后的监测监督、反馈调控、后期管护等。特别是要注重发挥群众的参与作用，让更多群众自觉地投入生态修复保护工程的后期维护之中，确保生态修复保护的效果长久保持并良性发展。

（三）资金投入：以资金多元化投入提升全社会参与度

国土空间生态修复保护是一项长期而艰巨的工作，需要大量的人力、物力、财力投入，难以单纯依靠政府投入。需要探索市场化参与机制，拓宽投融资渠道，建设和完善社会资金多元化投入机制，吸引更多社会力量参与其中。

一是，做好财政资金的统筹使用。应当允许地方政府按照系统修复、综合治理的要求，统筹使用土地整治、环境污染治理、农村环境保护、矿山地质环境治理、生态修复等各类资金。加大中央财政资金对国土空间修复保护重点区域的倾斜力度，对生态重要性高、实施效果好、集中连片、跨区域开展的"山水林田湖草"一体化保护修复工程进行奖补，调动地方积极性。

二是，探索市场化资金投入机制。拓宽投融资渠道，形成以政府资金为主导、广泛吸引社会资金的多元化投入机制。注重发挥生态修复保护重大工程的载体作用，聚合各部门投入，形成合力。探索建立相应的激励与约束机制，按照"谁破坏，谁治理"的原则，强化约束相关责任主体加大对生态保护修复的投入力度；按照"谁投资，谁受益"的原则，通过培育生态修复产业，激发市场活力，鼓励和引导社会资金参与生态保护与修复治理。

（四）技术保障：加强技术体系创新与标准体系建设

技术创新和标准规范是科学有序推进国土空间生态修复保护的重要支撑。需要在国土空间生态修复工作中的调查评价、工程实施、监测评估、修复技术等各个环节开展技术研发、加强标准规范的制修订工作。

一是，创新生态保护与修复治理的技术方法。一方面，需要加强与科研院所的合作，支持生态保护与修复治理的基础科学研究，通过长序列的野外实验观测研究等手段，系统了解自然生态系统的演替规律、内在机理、影响机制等，夯实生态保护修复的科学基础；另一方面，支持生态环保领域企业的技术研发和实践，积极推广较为成熟的生态修复技术。

二是，加强生态保护修复标准体系建设。相比于传统的环境治理，生态保护修复领域的技术规范和技术标准较为缺乏。需要在科学研究和实践工作的基础上，加快生态保护修复领域规划设计、工程实施、评估监测等环节的标准体系建设，并将其作为指导和规范生态保护修复的重要基础。此外，应当考虑我国地域差异性，除自然地理、经济发展阶段的差异性外，还需要充分考虑地域文化、风俗习惯、宗教信仰等人文方面的差异性，确保修复技术及其标准的因地制宜。

（五）实施单元：以流域为单元推进一体化保护修复

山水林田湖草一体化保护修复工作需要在具体的空间单元上进行落实，需要重视自然地理单元和生态系统的完整性，突出河流、水系、湖泊等流域人地和谐的重大综合性问题，以及凸显特色区域历史文化、区域科技创新网络与区域空间治理的作用，推进实施以流域单元为主的一体化保护修复工作。在流域单元内，系统考虑生态系统的完整性、资源环境的综合承载能力、人地耦合的相互作用机制等，整体设计山水林田湖草的一体化保护修复；同时，又要突出流域单元的自然特色、强调区域经济社会发展模式的差异性，制定区域差别化的实施策略。通过实施一系列的保护修复工作，在各类各级流域实现资源环境与经济社会协调可持续发展，促进人与自然的和谐共生。

参考文献

白中科：《国土空间生态修复若干重大问题研究》，《地学前缘》2021 年第 4 期。

郝庆、孟旭光、刘天科：《国土综合整治研究》，科学出版社，2018。

李永洁、王鹏、肖荣波：《国土空间生态修复国际经验借鉴与广东实施路径》，《生态学报》2021 年第 19 期。

陆大道、孙东琪：《黄河流域的综合治理与可持续发展》，《地理学报》2019 年第 12 期。

彭建、吕丹娜、董建权等：《过程耦合与空间集成：国土空间生态修复的景观生态学认知》，《自然资源学报》2020 年第 1 期。

叶玉瑶、张虹鸥、任庆昌等：《省级国土空间生态修复规划编制的思路与方法——以广东省为例》，《热带地理》2021 年第 4 期。

B.11
流域水生态保护的实践、问题与对策[*]

王　菡　王佳玮^{**}

摘　要： 流域的生态环境问题关键在水，水问题是流域内各地区生态系统退化的关键诱因。流域水生态系统的修复和保护不仅需要依靠生态系统本身的自我调节和自组织能力，还需要人类的合理参与。本文研究论述了水源涵养功能降低、水沙关系失调、水污染严重等各流域普遍存在的水生态问题及其修复和治理实践，据此分析总结了流域水生态修复和治理中面临的瓶颈制约，即流域水生态治理与经济发展关系难协同、流域水生态治理难避"公地悲剧"、现有法律法规难保跨区域有效协作。最后，本文针对治理过程中面临的痛点问题给出了几点对策建议，以期对推动流域水生态保护高质量进行提供帮助。

关键词： 水生态　区域协作　公地悲剧

一　引言

人类在开发利用自然资源的过程中，由于认识的滞后性，人类活动与

---

* 本文受国家社科基金重点项目"基于人与自然耦合系统的黄河流域城市群高质量发展研究（项目编号：21A ZD043）"、中国社会科学院博士后创新项目"黄河流域经济社会发展与生态环境保护时空耦合协调发展研究"资助。
** 王菡，中国社会科学院生态文明研究所经济学博士后，管理学博士，研究方向：城市与区域经济、网络经济、金融政策与金融市场等；王佳玮，桂林电子科技大学，研究方向：区域经济、创新管理。

自然灾害的双重因素使得生态系统产生各种退化现象，影响了生态系统结构的相对稳定性，结果使得生态系统的正常功能得不到应有的发挥，阻碍了人类社会经济的可持续发展。流域的生态环境问题关键在水，水问题是流域内各地区生态系统退化的关键诱因，制约了各地区社会经济的高质量发展。

生态保护与修复是利用生态系统的自我调节能力和自组织能力，辅以人工措施，使遭到破坏的生态系统逐步恢复或者使生态系统向良性循环方向发展，是在人为参与下有计划有步骤地解决生态破坏与环境污染问题。受人口的增加和以往"重发展、轻保护"发展理念的影响，水资源短缺、水环境承载能力超出上限、洪水泛滥、水土流失严重、城市河段和支流污染严重，以及水源涵养功能降低、水资源补给不足等问题累积显现，导致流域河湖生态系统失衡及逆向演变。因此，水生态系统的修复和保护工作不能只依靠生态系统本身的自我调节和自组织能力，简单的封山育林等措施不能遏制生态退化的自然惯性，生态保护和修复还需要人类的合理参与。

二 流域水生态保护与治理实践

目前为止，我国积极应对流域生态系统退化和水问题，已经在水土保持、河滩地修复、污染防治等方面开展了一系列水域生态功能修复工作，使得上游水源涵养能力显著提升、植被森林覆盖率大幅增加、水土流失治理面积稳步增长、水体污染有所缓解，生态系统的稳定性明显增强，生态安全的屏障基本形成，生态环境领域治理体系和治理能力现代化取得了重大进展，流域治理初见成效。

（一）水生态修复之水源湿地修复

1. 水源湿地萎缩

水源涵养区生态功能退化、水源涵养功能下降是流域普遍存在的生态问题。三江源是长江、黄河、澜沧江三大河流的发源地，是重要的水源涵养区和水源补给区，也是我国海拔最高的天然湿地以及生态系统最为敏感脆弱的地区。然而，由于自然湿地萎缩、高覆盖草原草甸减少、黑土滩退化等生态问题严重，三江源地区生态功能退化，水源涵养功能降低。有关数据显示，主要源区 1986～2020 年湿地面积减少 20.8%，河口淡水湿地面积 1992～2020 年减少近 50%。

2. 水源湿地修复

我国对三江源湿地萎缩的治理措施及其成效呈现阶段式递进式增益，主要采取了自然修复与工程建设双管齐下，经历了治理措施、治理力度、治理认识的不断改进和增强。至目前为止，我国对三江源的水生态修复和保护工作主要包含两期工程，分别是生态保护和建设总体规划一期工程（2005～2012 年），以及在一期工程基础上延续开展的二期工程（2013～2020 年）。

一期工程主要开展了以退牧还草、生态移民、封山育林、减人减畜、沙漠化土地防治、草原防火建设、草地鼠害治理、黑土滩治理等为主的生态保护和建设项目，以禁牧搬迁、养畜配套工程等为主的农牧民生产生活基础设施建设项目，以及以人工增雨、生态监测、引进湿地保护修复技术等为主的生态保护支撑项目，使得三江源生态系统退化趋势得到初步遏制，生态系统显现恢复迹象。三江源绝大部分河流断面水质达到Ⅰ类和Ⅱ类，草地面积净增加 123.70 平方公里，水体与湿地面积净增加 279.85 平方公里，荒漠生态系统面积净减少 492.61 平方公里，草地载畜超载量由 129% 降低到 46%，植被覆盖度提高的地区占全区总面积的 79.18%[①]，水源涵养能力与一期工程实施前相比增加了 15.6%。二期工程延续了一期工程，继续加大工程实施力度，并将治理范围从 15.2 万平方公里扩大至 39.5 万平方公里，以保护和恢复植被为核心，将自然修复与工程建设相结合，加强草原、森林、荒漠、湿地与河湖生态系统保护和建设，规定并严守生态保护红线，完善生态监测预警预报体系，统筹协调青海湖、祁连山、柴达木盆地、湟水流域生态

---

① http://sjy.qinghai.gov.cn/build.

保护和建设工作。历年《青海省国家经济和社会发展统计公报》显示，与2012年相比，2020年青海省国家级自然保护区增加至7个，森林面积增加168.9万公顷，森林面积覆盖率上升了2.3个百分点，湿地面积净增加257.47万公顷，其中自然湿地面积净增加247.04万公顷，国家重点公益林管护面积增加397.21万公顷。2021年以后三江源自然保护区的生态修复和保护工作将立足于保持自然生态系统的原真性和完整性、保护生物多样性，在巩固体制试点的基础上，加快向质量提升、全面推进转变，推动山水林田湖草沙冰系统协同治理，健全完善全民共建共享机制，促进人与自然和谐共生，持续强化生态保护，筑牢生态安全屏障。

（二）水生态修复之水土保持

1. 水沙关系失衡

水土流失严重、水少沙多、水沙关系不协调是十分重要的流域生态问题。降水集中、土质疏松以及人类的过度开发和利用是流域水土流失严重、水沙关系失衡的主要原因。以黄河流域为例，《中国水利统计年鉴》显示，2019年黄河流域除四川之外的8个省份的水土流失总面积为1116677平方公里，占全国水土流失总面积的41.19%，其中内蒙古水土流失最为严重，占黄河流域水土流失总面积的52.31%，青、甘、宁、内蒙古、陕、晋、豫七大省份地处黄土高原，其水土流失总面积为1092593平方公里，占黄河流域（除四川外）水土流失总面积的97.84%，黄河流域水土流失的重灾区，一直是我国水土保持工作的重点生态区（见图1）。

2. 水沙治理

我国对流域水沙关系失衡的治理措施及其成效呈现阶段递进式增益。水土保持是治理水沙不协调的根本举措。一直以来，我国黄土高原是水土流失的重灾区，在流域水沙治理中，黄土高原的水沙失衡最为关键。我国对黄土高原水土流失的治理尤为重视，经历了治理手段的阶段性成长和治理思想的不断升华。纵观对黄土高原的治理历程，大致可将其分为四个阶段。

黄土高原的水土保持最早可追溯到20世纪40～70年代的试验示范推

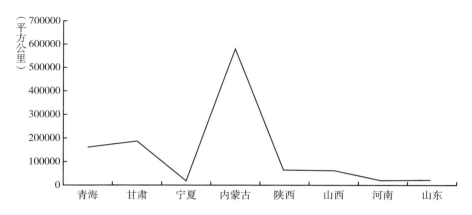

图1　2019年黄河流域8省份水土流失面积

资料来源：2020年《中国水利统计年鉴》。

广，该阶段经历了从单一的坡面治理到坡面和沟道联合治理，从控制坡面侵蚀到治理坡面与沟道淤地坝建设相结合的转变，采取了坡耕地培地埂、修梯田、植树造林、淤地坝等一系列措施，对拦截泥沙、改善农村生产条件发挥了较大作用。然后是20世纪70年代至80年代末的小流域综合治理阶段，该阶段经历了从试点、推广到全面发展阶段，将无定河、三川河等多沙粗沙集中来源区视为国家重点生态治理区域，总结出了"山顶植树造林戴帽子、山坡退耕种草披褂子、山腰兴修梯田系带子、沟底筑坝淤泥穿靴子"的治理模式，有效提升了粮食产量，降低了产沙量，为实现小流域的良性循环打下了生态基础。第三阶段是20世纪90年代以后的生态保护和建设阶段，颁布了《水土保持法》，确定了依法防治和科学防治的新观念，采取了退耕还林、封山禁牧、淤地坝系建设等一系列工程措施，有效降低了入黄泥沙、改善了黄河水沙不协调的局面，在人为参与的同时，强化生态自然修复。第四阶段是2019年以来习近平总书记提出的大保护和大治理的协同推进阶段，该阶段强调要坚持生态保护优先，坚持山水林田湖草沙一体化保护和系统治理、源头治理统筹推进，坚持经济社会高质量发展与生态保护相结合，完善水沙调控机制，统筹水资源合理开发利用和

保护，在加大江河流域生态环境保护和修复力度的同时，更加注重生态保护和治理的系统性、整体性和协同性。

表 1　黄土高原水沙治理历程

时间划分	主题	主要特点
20 世纪 40 ～ 70 年代	试验示范推广	从单一的坡面治理到坡面和沟道联合治理,从控制坡面侵蚀到治理坡面与沟道淤地坝建设相结合的转变
20 世纪 70 年代至 80 年代末	小流域综合治理	从试点、推广到全面发展阶段
20 世纪 90 年代至 21 世纪 10 年代	生态保护和建设阶段	确定了依法防治和科学防治的法制观念和新观念,强调在人为参与的同时,强化生态自然修复
2019 年以来	大保护和大治理的协同推进阶段	坚持生态保护优先、山水林田湖草沙一体化保护和系统治理,源头治理统筹推进,注重生态保护和治理的系统性、整体性和协同性

资料来源：作者根据相关政策文件、文献整理。

（三）水生态修复之污染防治

1. 水污染严重

水资源紧张、支流污染严重，严重影响着流域人民的用水安全。流域水污染物质主要来自工业和城镇生活废污水排放（点源污染），以及随地面径流入水体的化肥、农药等（面源污染）。历年《中国环境统计年鉴》显示，随着全国评价河长的增加，流域Ⅲ类及以上水质占比呈稳定上升趋势，至 2019 年达到 84.1%；劣Ⅴ类水质占比呈稳定下降趋势，至 2019 年达到 3.6%（见图 2）。2019 年Ⅲ类及以上水质占比最低者和劣Ⅴ类水质占比最高者均为海河区，分别为 50.5%、17.7%（见图 3）。

2. 水污染治理

流域水污染治理始于 1993 年，于 1996 年被明确纳入法律，到 2008 年再次修订《水污染防治法》并规范了流域污染防治体系，在 2018 年将河长制纳入其中，为解决水污染和水生态恶化问题提供了强有力的法律武器。河长制最早起源于太湖流域，是一项具有鲜明中国特色的流域水生态修复和治

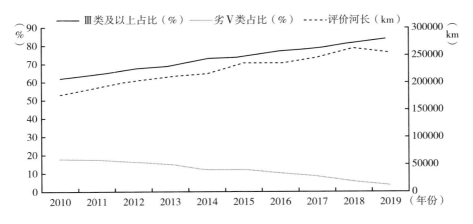

图2 2010～2019年全国评价河长和水质

资料来源：2010～2020年《中国环境统计年鉴》。

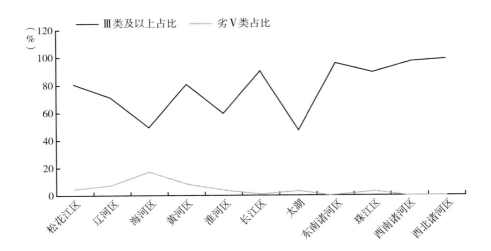

图3 2019年各流域分区Ⅲ类及以上与劣Ⅴ类占比

资料来源：2020年《中国环境统计年鉴》。

理制度，也是一项已取得显著效益的创新政策制度，在组织形式上由地方各级党政主要负责人担任各级河长，形成"省、市、县、乡"自上而下的垂直河长责任链，同时将环保指标纳入地方政府官员政绩考核体系中，并设置

环保考核问责机制，以此强化激励地方落实具体治污措施的执行力。这不仅有利于推进流域水生态修复和治理的综合管理和全面整治，还有利于进一步加强上下级政府之间的纵向行政协调。河长制还规定各级河长负责对跨行政区域的河湖明确管理责任，协调上下游、左右岸，实行联防联控，这有利于破解省域边界河湖水污染的治理困境。

自河长制实施以来，各地方基本取得初步的水污染治理效果，比如河长制实施区域的平均水污染治理效果显著高于未实施区域；河长制的实施会显著改善水体，推动区域产业结构转型升级，虽然在短期内会抑制地区经济的发展和就业水平的上升，但最终能够实现环境与经济双重红利效应；显著改变了江苏省水域的水体酸碱度和氨氮含量，但加大了水中化学需氧量和溶解氧；改善了长江经济带水域的总体水质状况，降低了水中化学需氧量；显著提升了中国大部分地区的水中溶解氧，有效改善了水体缺氧环境，缓解了水体黑臭问题。

目前，河长制治理水体污染的政策效应逐渐显现出较为显著的区域差异和长期非可持续性。河长制的实施面临环境保护和经济发展的再平衡困境，而这一因素往往是导致河长制存在区域空间异质性和时间非可持续性的关键因素。一方面，河长制的实施有利于推动地区控制工业污染排放，迫使地区迁移或关停高污染、高水耗、高能耗的传统产业去发展低污染或者无污染、低水耗、低能耗的绿色产业，从而推动产业的结构调整和转型升级。但是产业的转型升级和更替所带来的经济效益较难在短期内体现，由于面临环境治理资金的大量投入和经济绩效考核压力，经济发展相对落后的地区对河长制的实施倾向和实施力度弱于经济发展较为领先的地区，这就使得河长制的政策效应呈现较为显著的空间差异。另一方面，地方政府面对环境保护和经济发展之间依然存在的冲突，以及政策不确定性、激励机制和问责机制不健全等因素，可能会出现粉饰性治污、深度水体治污不力、治污执行力衰减现象，以及得益于水污染治理效益的空间溢出效应而存在邻近地区"搭便车"等现象。这会使得水污染的治理效果出现非线性动态变化，从而表现出长期非可持续性。有部分学者使用流域水质监测数据的面板数据，对河长制的实施效果进行了实证研究，发现经济发展领先地区的政策效应显著大于经济发展相对落后地区的政策效应；河长制有利于化解省域边界水污染治理的困境，但对省域边界河流污染的治理效果存在显著的区域差异，经济发展较为滞后的地区治理效果不显著，而且在时间上普遍呈现先强后弱的规律。

三 流域水生态保护的瓶颈制约

由上述研究分析可知，流域的水生态修复工作在治理手段、治理理念、治理制度上均已经取得重大进展和突破。然而，流域生态依然面临多重压力，综合治理任务依然繁重。

（一）流域水生态保护与经济发展亟待平衡

长期以来，经济的粗放式发展对流域生态环境产生了严重的负面影响，重化工业在带动流域经济快速发展的同时，也给流域水生态带来了诸多问题。如何有效缓解流域生态治理与流域经济发展之间的矛盾是目前各流域普遍存在的痛点问题。首先，淘汰、压缩落后产能，限制高污染、高能耗、高水耗产业发展，改善不合理的产业结构，虽然长期来看会促进流域整体经济发展水平的提升，但是在短期内势必会带来经济增长压力；其次，水生态保护工作需要大量的资金支持，比如污水处理的规模、污水处理的效率、污水处理技术的进步和应用在很大程度上取决于污水处理资金的规模，而我国污水处理资金主要来源于财政拨款。对于经济发展相对落后区域而言，经济发展和水环境治理所带来的双重压力尤其明显，推动趋利性较强的市场主体参与其中，以此缓解地方政府的财政压力，这还需要政策机制的进一步创新加以支持。

（二）流域水生态保护易现"公地悲剧"，亟待跨区域水污染协同治理

生态环境的污染具有扩散、无边界、外溢的自然属性，流域内河流的

污染问题尤其如此，与此相对应，治理污染所获得的收益也是无边界的、外溢的、扩散的。因此流域内河流的污染和防治，特别是省域边界的河流污染与防治容易造成生态"公地悲剧"问题。"公地悲剧"问题的本质是产权归属不明确，制度边界不清晰。而我国的水环境治理具有明显的属地管理原则，以行政区划为单元，分地块考核，行政区划和行政职责的分割，容易导致统筹不足、协调不力的问题。中央政府将环保指标纳入地方政府官员政绩考核体系中有效促进了地方政府官员对省域内生态环境问题的积极治理，但对省域边界的水环境治理作用较小。省域内河流污染的治理效益可以普及整个省域，甚至因流域水污染治理具有强烈的正外部性，其治理效益也会外溢到下游省份。然而，省域边界地区河流污染的治理，因其治理收益不易内部化，地方政府通常会采取差异化分配治污资源和排污强度的策略，致使省域边界的河流污染不能得到有效治理，甚至可能污染加剧，进而对下游河流产生污染负外部性，这不利于流域内水生态修复和治理工作的高效展开，同时也体现了流域水生态修复和治理工作的整体性、系统性、协同性。

（三）流域相关法律法规尚不健全，亟待跨省域跨层级跨部门统筹协调

流域水生态保护和修复存在跨区域跨省界统筹协作能力不足的问题。流域是整体性极强、关联度很高的区域，流域内不仅各自然要素间联系极为密切，而且上中下游、干支流、各地区间相互影响相互制约。这种特性决定了流域的水生态修复和治理需要跨区域跨省界跨部门，需要实现管理上的系统性、整体性、协同性。部分流域的现有法律法规未能有效规范和统筹跨区域跨省界跨部门水生态保护和修复的职能和职责，缺乏系统、整体、统一、综合的全流域层面的法律法规，不能充分满足流域上、中、下游生态环境保护和绿色协同发展的要求。以黄河流域为例，黄河流域现有法律法规可分为国家、流域、省域等三个层面，主要涉及了流域内流域与行政区域管理相结合的管理体制、流域水资源调度协调、流域管理机构职责、水污染防治按区统

一规划等方面，但未能明确和具体指出流域内不同层级管理部门的职责权限、跨区域水资源管理及调度上的职权层次和范围，不能有效解决因各行政区毗邻边界水质、水耗等相关标准差别过大而引起的治理措施和监管要求相冲突，以及跨行政区域水污染治理等问题，致使出现了流域内上中下游分段管理、行政分割、政出多门、职能交叉，重复立法较多，缺乏区域间的沟通协调机制，无法跨越行政壁垒，不能形成有效的合力协同治理流域生态系统退化、水资源紧张等问题。

四 流域水生态修复对策及建议

（一）推进流域生态保护和经济协同发展

统筹流域生态保护和经济发展的关系，协调好重点区域的产业发展与水资源承载能力。鼓励探索更多能够将生态治理与生态问题的外部性问题内部化相结合的政策措施创新。加强水生态适应性评价，坚持以水定城、以水定地、以水定人、以水定产，把水资源作为前置刚性约束条件，严守水资源消耗底线、环境质量底线、生态保护红线。统一协调城镇环境保护基础设施建设和重大生态修复工程等项目，扎实做好生态环境的基础工作。推动形成生态型产业结构，促进生产性和生活性服务业的发展，大力扶植和培育基于物联网、人工智能、大数据等高端、绿色产业，逐步摆脱对能源消耗性产业的依赖，以生态型产业的增量逐步消耗能源消耗性产业的存量。加强流域内交通基础设施，特别是河流、海洋、陆地和空中相互连通以及各流域之间的互联互通，提升立体交通和多式联运的能力，推动流域内各省份间的协同发展以及同流域外地区的交流和深度合作，加强人才、资本、能源等资源要素的流动，优化资源配置，提升资源利用效率，在促进资源优势转化为经济优势的同时，以资本赋能、科技赋能、人才赋能推动流域的绿色生态发展。

（二）强化流域考核协同和协作问责并举

加强各流域上中下游跨区域的考核协同，推动协作问责，支撑跨域水生态修复和保护的统筹协同。遵循国家大政方针，进一步明确中央、地方和企业的责权分工体系，结合水资源承载力，因地制宜制定水生态修复政策和具体实施措施，解决流域行政跨界治理的责任归属问题。鼓励推动流域考核机制、问责机制、奖惩机制等体制机制创新。完善辖区生态与跨界断面的水生态修复和治理的责任考核体系，将绿色 GDP 纳入政绩考核中，强化环境问责的刚性约束，改善制度执行力衰减、粉饰性治污和深度水体治污不力等问题。鉴于流域内各区域生态脆弱的异质性以及经济发展水平和发展质量的不平衡性，建议实行差异化的考核方式和绩效评估，建立具有较高独立性的动态评估机制。构建流域权责明晰、结构完善的问责机制，防止问责泛化、问责不力现象。加强、完善公众监督体系，拓宽公众参与渠道，确保公众投诉渠道有效畅通，增强国家监督与公众监督的良性互动，进而落实流域水生态的协同修复。

（三）健全流域生态利益补偿机制

健全流域生态利益补偿机制，加强跨流域跨省域协同治理。构建包含国家、上中下游各地区政府、企业以及公众参与的多主体协商平台，构建将国家补偿与跨区域横向生态补偿相结合，绩效考核与补偿资金相结合，补偿机制与问责机制相结合的流域生态利益补偿长效机制，以确保跨界流域生态补偿的有效性、公平性，并增强各省政府之间的协同、各层级政府之间的协同，以及政府与企业、公众之间的跨界协同。上游对水源涵养区的保护、水沙失衡的治理会产生对整个流域水生态系统的可持续发展效应，因此应加强下游主体对上游主体的补偿。在加强对流域水生态修复和保护的同时，加强对流域横向利益补偿的重视，比如对流域生物多样性的损害、流域文化遗产的损害等进行补偿。建立差别化生态补偿机制，丰富国家对各级政府、政府与政府之间、政府与企业之间的补偿方式，鼓励采用资金补偿、技术支持、对口协作等多元化补偿措施。此外，对于企业排污引起的污染，采取企业优先补偿，补偿不足时国家或地方政府补足补偿的补偿措施；对于低收入群体农民种植业、养殖业引起的水污染，为避免与惠农政策冲突，可采取激励措施鼓励上级财政向下级财政转移，设立农业污染防治专项资金进行补偿。

（四）完善流域水生态保护的法律法规

立足于各流域生态本底，从流域生态系统的整体性、系统性、协同性出发，加快推进适用于各流域的专项法律编制工作，用法律手段明确流域内各层级政府部门的权责，以及相关环境违法行为的责任归属问题，优化流域治理法律环境，解决制约流域生态修复的重点、难点问题，依法协同推进流域大保护和大治理，形成流域生态保护和经济社会高质量发展的合力。依法设立流域综合管理机构，建立流域管理机构协同机制和多边合作共享机制，统一协调中央、上下游各地区政府、部门以及企业之间的沟通、协商关系，强化多方协作和多边合作，促进流域重大环境问题的解决，比如流域不同层级管理部门的职责权限不清晰、跨区域水资源管理及调度上的职权层次和范围不明确、跨行政区域水污染治理等。健全水量调配、水权转让、入河排污的制度建设以及基本水费、水资源费、污水费等水费的经济调控和补偿机制，保障水资源的集约利用和水环境安全。加强对防洪排涝、抗旱调蓄、生态补水以及重要河湖断面生态流量管控的统筹，强化生态流量保障。加强流域立法研究，借鉴国内外其他流域立法经验，结合各流域自身状况，就协同治理、水量调拨、水土流失、跨域边界污染治理、生态利益补偿等问题开展专题研究。

参考文献

曹新富、周建国：《河长制何以形成：功能、深层结构与机制条件》，《中国人口·资源与环境》2020 年第 11 期。

吴丹、邵全琴等：《三江源地区林草生态系统水源涵养服务评估》，《水土保持通报》2016年第3期。

王力、孙中义：《河长制的环境与经济双重红利效应研究——基于长江经济带河长制政策实施的准自然实验》，《软科学》2020年第11期。

沈坤荣、金刚：《中国地方政府环境治理的政策效应——基于"河长制"演进的研究》，《中国社会科学》2018年第5期。

于红、杨林、郑潇：《河长制能实现"以邻为壑"到"守望相助"的协同治理吗？——来自七大流域准自然实验的检验》，《软科学》2021年7月11日。

王浩、钮新强等：《黄河流域水系统治理战略研究》，《中国水利》2021年第5期。

B.12

国家水安全战略视角下的河湖水系连通：
现状、问题及保障思路

苏德毕力格　孙义博*

摘　要：　水资源是人类生产发展最重要的自然资源之一，保护水资源
　　　　　安全是维系国民经济和社会可持续发展的重要基础。河湖水
　　　　　系作为水资源的固有载体，是自然生态环境的重要组成部
　　　　　分。实施河湖水系连通工程，是实现国家水资源安全、改善
　　　　　水资源配置、抵抗旱涝灾害、进行水生态环境治理、全面提
　　　　　升我国水资源水环境承载能力的重要战略手段。本文在总结
　　　　　梳理相关研究的基础上，首先探讨了河湖水系连通的基本内
　　　　　涵，叙述了我国河湖水系连通发展历程及不同时期河湖水系
　　　　　连通工程的主要特点，指出当下我国河湖水系连通中存在的
　　　　　主要问题，并对其未来发展思路提出了有关建议。

关键词：　水系连通　水资源安全　生态治理　水资源配置

引　言

河湖水系是指由自然水体和人工修建的水利工程共同形成的复合水系。
河湖水系既是自然生态系统的重要组成部分，也是人类社会发展的基础。在

---

* 苏德毕力格，中国环境科学研究院生态所，博士，研究员，研究方向：生态修复与生态安全
研究；孙义博，中国环境科学研究院生态所，博士，助理研究员，研究方向：陆表水循环。

全球水资源形势日趋严峻的背景下，为了从根本上提高我国水资源的统筹配置能力、改善河流健康状况并增强极端水旱灾害抵御能力，河湖水系连通作为国家新时期的一个重要治水战略被提出，是优化国土空间格局、增加水环境容量、改善水安全状况的重要战略举措。

当下，我国人口已突破 14 亿大关，同时水资源、水环境、水生态与人们日常生产生活的矛盾日益凸显，河道断流、湖泊萎缩、地下水超采等问题已成为制约我们经济社会发展的主要短板，我国正面临着前所未有的水资源安全问题。以往单一或局部性的水资源治理模式往往难以从根本上解决水资源短缺、水生态损害、水环境污染等问题，急需系统性、区域或流域性水资源治理模式，发展工程措施与非工程措施相结合、以生态治理为主的方式以解决水环境安全等综合性水资源问题。以河湖水系连通为基本内涵的水资源治理与可持续发展模式被普遍认可，并逐渐上升到国家战略层面。

作为一个水资源严重匮乏的国家，我国淡水资源约占全球的 6%，人均水资源占有量仅为世界平均水平的 1/4。在全球气候变化不断加剧的背景下，我国水资源安全形势的不确定性进一步增加，水资源安全风险日趋复杂严峻。水是生命之源、生产之要、生态之基。面对我国当下的严重水安全问题，习近平总书记深刻指出"水已经成为我国严重短缺的产品，成了制约环境质量的主要因素，成了经济社会发展面临的严重安全问题"，"全党要大力增强水忧患意识、水危机意识，重视解决好水安全问题"。水资源作为重要的民生资源、生态和环境要素，是资源安全、生态安全的重要基础，同时事关经济安全、社会安全等领域。保障水资源安全是治国大事，关系民族存续。河湖水系连通是保障国家水安全的治水新方略，研究河湖水系格局的形成机理、水系连通驱动机制及其演变规律，研究区域水系连通格局与水资源配置，目的是建立与区域经济社会发展和生态文明建设相适应的"十四五"国家水安全保障的总体思路和对策措施。

综上所述，河湖水系连通是在遵从水系演化规律、综合考虑经济社会发展与生态文明建设需求的基础上，为增强江河湖库等水体之间的连通、改善水力联系和水动力条件、维系良性的流域水循环，通过工程手段着力提高水资源统筹调配能力、水生态环境修复保护能力和水旱灾害抵御能力，最终实现水资源安全、水资源可持续利用，支撑经济社会可持续发展。通过河湖水系连通工程的实施，通过适当的疏导、沟通、引排、调度等，建立或改变江河湖库之间的水力联系，对于支撑生态文明建设、保障水资源安全、应对极端水文事件、引领科学治水兴水均具有重要意义。

一　我国河湖水系连通发展历史

为适应自然、改造自然，人类很早就开展了河湖水系连通的探索与实践。"兴水利，除水害"是我国早期水利工程的实施目标，通过巧妙利用河湖水系连通特征，合理调控河流湖泊水系，因地制宜，开渠疏流，充分保障了华夏文明的健康发展。我国最早的水利工程可追溯到公元前 256 年的都江堰工程，通过该工程使水灾频繁的川西变成了"天府之国"；位于广西壮族自治区兴安县的灵渠于公元前 214 年凿成通航，是世界上最古老的运河之一，连通了湘江（长江水系）与漓江（珠江水系），为秦王朝统一岭南提供了重要保障，经过历代修浚，至今仍然对航运、农田灌溉起着重要作用；始凿于春秋时期的京杭大运河，是世界上里程最长、工程最大、开凿最早的人工运河，沟通了黄河、海河、淮河、长江、钱塘江五大水系，全长 1794 千米，是世界上最长的人工运河。此外，我国历史上类似的水系连通工程还有郑国渠、淮扬运河（古称邗沟）、隋唐大运河以及坎儿井（古称井渠）等，这些连通工程在国家统一、除害兴邦、治国安邦中发挥了十分重要的作用。

进入现代社会之后，特别是新中国成立之初，出于生活与生产需要，我国组织兴建了许多以农业灌溉为主要目标的河湖水系连通工程，如引黄人民胜利渠、淠史杭灌区、江水北调工程、东深供水工程、红旗渠和景泰川电力提灌等工程。引黄人民胜利渠是新中国成立后兴建的第一个大型引黄自流灌溉工程，1951 年 3 月开工，1952 年第一期工程竣工，并开始发挥作用，以后又经续建、扩建，1987 年总灌溉面积达 88.5 万亩，灌区粮食亩产超千斤，皮棉超百斤，并给新乡市提供了工业、生活用水，为引黄输水至天津市

做出了贡献。

淠史杭灌区于 1958 年开工，1972 年骨干工程基本完成，是新中国成立后兴建的全国最大灌溉区，灌溉皖豫 2 省 4 市 17 个县（区），总设计灌溉面积 1198 万亩，实际灌溉面积 1060 万亩，是全国三个特大型灌区之一。江水北调工程是江苏省为缓解苏北地区缺水状况、合理配置水资源而建设的一项跨流域调水工程，至今已运行 50 多年。该工程保障了苏中及苏北地区防洪排涝、抗旱调水、农业灌溉、城市供水、交通航运等需求，较好地解决了工业与农业生产、城乡生活、生态与环境用水问题。

东深供水工程（东江－深圳供水工程）是为了缓解香港用水困难，由周恩来总理亲自批示，于 1964 年建设、1965 年竣工的大型调水工程，取水水源是珠江流域的东江，利用东江的一级支流石马河为主要输水渠道，在石马河上建造旗岭、马滩、塘厦、竹塘、沙岭、上埔等六座拦河闸坝，经 8 级抽水，使东江水沿石马河逆流而上注入雁田水库，然后通过 3000 米的人工渠道放水入深圳水库，最后从深圳水库坝下涵管分水至香港和深圳市。工程全长 83 公里，50 多年来一直为香港稳定供水，并成为香港的主要水源，为香港经济发展和人民生活用水提供了重要保障。

始建于 20 世纪 60 年代的红旗渠，被称为"人工天河"，总干渠全长70.6 公里，共削平了 1250 座山头，架设 151 座渡槽，开凿 211 个隧洞，干渠支渠分布全市乡镇。红旗渠的建成，彻底改善了林县人民靠天等雨的恶劣生存环境，被林州人民称为"生命渠""幸福渠"，结束了林州十年九旱、水贵如油的苦难历史。

景泰川电力提灌工程于 1969 年开始修建，是新中国成立以来甘肃省首次兴建的大型高扬程电力提灌工程，一期工程于 1974 年建成，二期工程于1984 年开工建设，1994 年基本建成，是横跨甘肃、内蒙古连通黄河流域和石羊河流域的大型电力提灌水利工程。景泰川电力提灌工程建成干、支、斗渠 1391 条，长 2422 公里，灌区总面积 1496 平方公里，总土地面积 197万亩，宜农地面积 142.40 万亩，控制灌溉面积 100 万亩，工程的建成从根本上改变了灌区农业生产条件，取得了显著的经济、社会和生态效益，成为腾格里沙漠南缘的一道绿色屏障。

此外，为应对日益严峻的防洪压力，保障人民生命财产安全，国家相继开展了对淮河、海河、黄河、长江等大江大河的治理，包括治淮工程、长江荆江分洪工程、官厅水库、三门峡水利枢纽、丹江口水利枢纽、刘家峡水电站等一批重要水利设施的兴建。新中国成立初期，由于长期受黄河泛滥淤积影响，淮河流域水系混乱，河道排水不畅，洪涝水缺乏出路，使淮河流域成为一个水旱灾害频繁的农业低产地区。1950 年中国政府建立了治淮机构，开始有计划、有步骤的系统治理工作。按照上中下游兼顾、上游以蓄为主、中游蓄泄兼筹、下游以排为主的治理方针，经 30 多年治理，初步控制水旱灾害，生产面貌明显改变。长江荆江分洪工程是新中国修建的第一个大型水利工程，位于湖北公安县内，建于 1952 年，实施虎渡河太平口进洪闸、黄山头东麓节制闸和分洪区南线大堤等主体工程后，荆江河道泄洪能力得到显著提高，缓解了与上游巨大而频繁的洪水来量不相适应的矛盾。官厅水库于 1951 年 10 月动工，是新中国成立后建立的第一座大型水库，水库流域面积 4.7 万平方公里，主要入库支流有洋河、桑干河和妫水河，控制永定河流域面积约 4.34 万平方公里，占全流域的 92.3%，基本上免除了永定河下游的洪水灾害。三门峡水利枢纽位于黄河中游下段，于 1957 年 4 月动工，1961 年 4 月建成投入运用，主要由大坝、泄流建筑物和电站组成，是我国在黄河干流兴建的第一座大型水利枢纽，被誉为"万里黄河第一坝"，控制流域面积 68.8 万平方公里，占黄河总流域面积的 86.5%、来水量的 89%、来沙量的 98%，为河南、河北、山西三省提供了丰富的电力，为河南提供了灌溉的水源，对河南、山东的防洪起了重大作用。丹江口水利枢纽位于湖北省丹江口市，于 1958 年破土动工，1973 年竣工，是 20 世纪 60 年代中国最壮观的水利工程，也是汉江上最大的水利枢纽。该工程由拦河大坝、水力发电厂、升船机及湖北、河南两座灌溉引水渠等四个部分组成，是我国自行勘测设计、自行施工建造的一座具有防洪、发电、灌溉、航运、养殖等综合效益的大型水利工程，累计向北方供水超过了 200 亿立方米。通过这些水系连通工程的实施，充分保障了新中国成立初期农业灌溉、人民生活供水的需求以

及防汛抗洪减灾目标的实现，保障了人民生命财产安全，解决了城市和农业、工业用水困难的问题，奠定了我国建立初期工农业快速发展的基础。

改革开放之后，我国人水矛盾日益尖锐，城市缺水越发严重，洪涝与干旱灾害频发，水资源安全问题成为阻碍我国社会经济发展的突出因素。在此背景下，我国实施了一系列重大的水系连通工程，如为保障供水和灌溉的一批调水工程，包括引黄河分别向山东、河北、天津供水的引黄济青（1989年）、引黄入卫（1994年）、引黄济冀（1995年）、引黄济津（2000年）等工程，引黄灌溉面积从新中国成立初的80万公顷增加到1994年的734万公顷；引海河流域滦河水向天津市和河北省唐山市供水的引滦入津（1983年）和引滦入唐（1984年）工程，合计总长度为286公里，大大缓和及改善了天津、唐山供水状况，控制了地面沉降，改善了市区排水及卫生环境，促进了生产，并间接改善了首都北京的供水情况；东北地区向辽宁省中西部供水的富尔江引水（1994年）工程，通过输水隧洞将富尔江跨流域引入苏子河，经大伙房水库调节供沈阳、抚顺两市用水；旨在解决大连市供水问题的引碧入连（1997年）工程，将碧流河水引到大连，使大连市城市日供水能力增至120万吨，基本满足了全市城乡现阶段经济发展和人民生活的用水需求；此外，还有西北地区的引大入秦（1995年）和东南地区湄洲湾南岸供水（1998年）等工程，从根本上解决了兰州市秦王川地区以及惠安、泉港干旱缺水的问题，保障了农业生产以及新农村建设，为人民生活水平的提高以及社会经济的发展奠定了坚实的基础。此外，为应对大江大河大湖干流治理以及防洪减灾的需求，我国建设了一批枢纽骨干工程以及重点水资源配置工程，如小浪底水利枢纽工程、三峡工程、长江干堤加固工程、黄河下游标准化堤防建设工程、治淮19项骨干工程等大江大河防洪工程。其中三峡工程从1994年开始动工，2009年全部完工，建成世界上规模最大的水电站，这也是中国有史以来最大型的工程项目。三峡水利枢纽的建立，从根本上化解了长江下游荆江地区的防洪困境，其巨大库容所提供的调蓄能力能使下游荆江地区抵御百年一遇的特大洪水，也有助于洞庭湖的治理和荆江堤防的全面修补。截至2018年12月，三峡电站累计生产超过1000亿千瓦时绿色电能，相当于节约标准煤消耗 0.319 亿吨，减排二氧化碳 0.858 亿吨，有效缓解了华中地区电力供应紧张的局面，并为我国绿色发展节能减排做出了积极贡献。

21 世纪以来，随着城市扩张、城市化进程加快、人口增长以及农业用水量激增，区域水生态问题日益突出。为了满足城市用水需求，我国建成了一批以水资源调配为首要目的的城市调水工程，如向山西供水的引黄入晋（2002 年）、向胶东半岛供水的胶东引黄调水（2004 年），以及向广州市供水的西江引水（2010 年）等。经过几十年研究论证后，南水北调工程也开始建设，工程从长江下、中、上游规划了东、中、西三条调水线路，"三线"工程干线总长 4350 千米，规划调水总规模 448 亿立方米。目前，东、中线一期工程已建成通水，西线工程具体方案正在深入研究论证中。此外，由人类活动影响和气候变化等原因造成的河流生态环境问题日益突出，以水质改善和生态修复为目标的跨流域生态调水和内陆河流域向下游尾闾生态输水受到重视，陆续开展了引江济太（2002 年）、黑河和塔里木河输水（2000年）、白洋淀生态补水（2004 年）、扎龙湿地补水（2008 年）等工程，改善了太湖、黑河、塔里木河、白洋淀以及扎龙湿地地表及地下水短缺的状况，改善了河湖水网的水资源环境，有效提高了流域水资源和水环境承载能力，取得显著的社会、环境和经济效益。近期，伴随着国家生态文明建设理念的提出，人民对安全、水环境、水景观、水文化及水生态要求的不断提高，全国纷纷加快了生态水网建设的步伐。以"节水优先、空间均衡、系统治理、两手发力"系统性治水思路，全面安排和部署河湖水系连通工作，逐步形成了"四横三纵、四片贯通、南北调配、东西互济"的全国性水资源调配格局，从根本上扭转了中国水资源分布严重不均的局面，取得了实实在在的经济、社会和生态综合效益。

二 当前河湖水系连通存在的主要问题

河湖水系连通是提高水资源配置能力、改善区域生态环境和实现流域良

性循环的重要途径，但是由于河湖水系、水文、地形和地貌特征、气候变化以及人为影响因素的复杂性和多变性，河湖水系连通工程的实施也有一些弊端，主要表现在以下几方面。

（一）不平衡不充分的问题

当前我国河湖水系连通发展不平衡不充分问题依然存在，经济发展和水资源不匹配的矛盾不断演变，用水竞争性加剧。从全国主要流域和地区的水资源缺水情况来看，我国北方地区主要表现为资源性缺水和对水资源的过度及不合理的开发利用。例如，黄河、淮河、海河、辽河4个水资源一级区总缺水量占全国总缺水量的66%。相反，我国南方地区主要表现为工程性缺水，部分地区为资源性缺水，例如贵州高原以西南喀斯特地形地貌为主，由于处于特殊的地理和地质环境，且存在水利基础设施工程建设仍然薄弱的局面，地区水资源总量并不短缺，但缺乏水利设施故而留不住水。而江苏、浙江、上海等沿海省市由于降水分布的不均一、人口过多、地下水过度开发等，以资源型缺水为主。同时，污染型缺水在全国范围内均非常普遍，无论是地表水还是地下水的污染都非常严重。除了经济较不发达或径流量很大的西南诸河、内陆河、东南诸河、长江和珠江水质良好或尚可、符合或优于Ⅲ类水标准的河长占总监测河长的70%以上之外，海河、黄河、松辽河和淮河50%以上河段水质低于Ⅲ类水标准，在平原地区更是70%以上河段被严重污染。

另外，水生态环境问题日益突出，水资源承载力近乎达到上限。长江上游地区水量丰沛，年径流量达到4515亿立方米，但河流梯级开发和小水电建设过多导致了天然水文过程发生强烈变异、水生态系统退化严重，有333条河流出现不同程度的断流，断流河段总长1017公里，同时还会导致流水性鱼类资源持续减少、产漂流性卵鱼类繁殖规模急剧下降等生态问题。我国华北地区水资源禀赋条件总体较差，而华北地区因区位条件优越、光热条件适宜，是全国重要的粮食主产区和蔬菜供应基地，同时还分布有大量的钢铁、电力、化工等高耗水产业，使得水资源和社会经济发展之间的矛盾突出。华北地区因地表水远不足以满足社会经济发展的需求，从而大规模开发地下水资源，使得地下水入不敷出，造成了严重的地下水超采，引发地下水位持续下降、地下水补给河水量大幅减少甚至消失等一系列生态环境地质问题，对建筑、交通、供水、防洪等安全构成严重威胁。

（二）污染问题

水资源属于开放的复杂系统，在实施河湖水系连通工程建设的同时，必须注意河湖连通前的环境背景和连通后的生态响应，否则极易引发水域水化学环境变化、底泥污染物释放、有害细菌扩散、血吸虫病传播、地表面源污染扩散以及地下水污染扩散等问题。例如，富尔江引水工程位于辽宁省肺吸虫病流行疫区，其主要环境问题是引水后富尔江流域肺吸虫病疫区可能扩大到浑河流域，从而影响沈阳、抚顺人民的健康，因此需要采取一系列的工程措施对肺吸虫病的传播予以控制；吉林西部河湖水系连通工程的实施使查干湖入湖水化学类型由以重碳酸钠型为主转为以重碳酸镁钙型为主，水生态系统相应发生了一些变化；松花江流域水系连通工程的建设改变了河流的水文节律，使丰水期水库下泄流量减少，下游河段污染物浓度升高；枯水期下泄流量增加，下游河段污染物浓度下降。

农业面源污染会直接导致水体污染，被污染的水体通过连通的水系网络将大大增加污染区域范围，致使附近大部分湖泊、水塘、中小水库及部分河段都出现不同程度的污染。大中城市附近的湖泊、河流及相关岸边水域水质状态普遍较差，多数处于富营养化或严重污染状态，通过连通的水系会严重影响水系下游的生产及生活用水。例如，太湖流域位于苏、浙、沪三省市交界处，是全国人口最稠密地区之一，长江流域每年排放的污水，约1/3在太湖流域。太湖水质在20世纪60年代为I～II类，到90年代中期平均为IV类，同时蓝藻、水花生频发，湖泊富营养化严重，水环境安全不容乐观，饮用水安全受到严重威胁。

（三）水量问题

河湖水系连通工程的实施必然会改变原有水系的结构形式和特性，打破原有水系的水量平衡关系。我国早期的河湖水系连通工程主要致力于保障农

业灌溉、工业和生活用水，缺乏系统性的水资源调度和水量分配计划。以引黄工程为例，在 20 余年内，黄河下游有超过 2/3 的时间都发生了断流；进入 90 年代后，黄河断流更加频繁，给人民生产和生活带来了严重困难。此外，相关水利工程若后期得不到维护，长年累月会导致河道淤积、蓄水量减小，河网与水库调蓄能力的下降，使区域内水流循环路径受阻、水流不畅。可见，诸多因素都会影响流域内水系的连通性，降低河流在调蓄水量、净化水质及维护水生态平衡等方面的功能，威胁地区防洪安全，增加区域水生态压力，致使河流的水环境问题更为严重，影响了流域内河流生态系统的健康及社会经济的可持续发展。

工程建设与水资源的过度开发加重了我国部分地区水资源的短缺情况，并大幅减少了河流系统的生态环境用水量，导致了我国北方许多河流频繁断流，以及湖泊湿地的萎缩甚至河道的阻塞。近十年来，长江上游兴建了大量的水库，水库的蓄水、调节和拦沙作用对中下游河川径流和泥沙产生了深刻影响，导致径流减少，径流季节提前，伏秋（特别是 10 月）流量显著降低、变差系数增大。

（四）生态问题

水系连通工程改变了原有水系生态格局以适应人类经济社会发展，建立多类型、多水源互联互通的供水体系，提高水资源调控能力及水资源安全保障能力。但是河湖水系的连通也可能带来外来物种的入侵，对原河流的物种产生威胁。此外，过度建设水闸、堰、坝、筑堤、建坝、切槽等水利设施，会使得河流流量明显减小，隔绝生物上下游迁徙路径，打破水沙、水热平衡，导致滩地淹没频率减少，水动力条件及调洪能力减弱，降低了生态系统的生产、养分交换和生物扩散等能力，严重影响连通河流水系的原有生态完整性。在生态水文过程方面，河湖水系连通工程的实施，会使径流量充足的河湖由于水量减少而导致水面蒸发量减少、影响地表水循环过程，长时间会造成局地区域气候变化，例如降水减少、河川径流变率加大、极端气候增加以及水旱灾害不确定性增大等不利影响。

三　河湖水系连通实现水安全保障的思路

（一）持续优化区域水资源配置

河湖水系连通是实现水资源以及与之相关的旱涝风险、生态资源的再分配过程，对水资源的调度和分配是河湖水系连通的重要目标。目前河湖水系连通工程处于高速发展阶段，必须用系统性、全局性思维，统筹考虑水资源调配及安全、水生态治理、水环境改善、生态效应以及社会经济的可持续发展等多方面因素，建立多功能、多目标、多层次、多要素的系统性河湖水系连通网络。

水资源配置是河湖水系连通的关键，水系连通工程需要根据一定的水量运行调度准则来实现科学合理的水资源配置，这个过程不仅涉及生态环境用水与经济社会发展用水的需求，而且涉及上下游、左右岸防洪、发电、灌溉等效益，需要从更高的站位、更大的范围对不同区域的生态保护目标、社会经济发展需求进行统筹，优化水资源配置方案。水资源配置过程中存在拦截破坏自然水循环的情况，上下游、地表水资源大部分被上游水利设施拦截利用，会导致中下游河床断流、干化，河道生态环境和生物多样性遭到破坏，致使水系调节气候、调蓄洪水、净化水体、提供野生动物栖息地和作为生物基因库的功能大大降低，同时工业废水、生活污水若未得到有效处理，就地排入河流，会使下游污染更为严重，人民生活、灌溉用水安全遭到破坏。

在当前生态文明建设和水资源可持续利用的重大需求下，实现区域水资源优化配置应从四个方面着手：①水系连通工程的实施应避免泛工程思维，尽量不破坏原有水系自然连通功能；②坚持节水为主、调水为辅的原则，两手发力；③水资源的调配应优先本流域的利用，保障自身流域的水资源安全；④开发利用水资源的同时应一并采取保护措施，并把水域水生态环境修复作为水资源优化配置的重要内容。

（二）生态治理为主

河湖水系连通实践必须因地制宜，遵循自然水文循环、水沙运动、河湖演变规律，不应因为过度开发利用某一项功能而造成其他功能的降低甚至丧失。在河湖水系连通工程的实施过程中，应尽可能地采取自然的生态治理方法，将治水实践中的新认识、新技术、新经验上升为理论层面的认知，深度挖掘水文化资源，弘扬特色水文化，促进河湖自然面貌的恢复，维护自然生态系统，并营造出更好的沿河、沿湖人文环境和健康宜居环境，提升老百姓生活幸福指数和强化其对家乡的热爱。

生态治理是采用生态学方法结合污染源控制技术对河湖水系进行治理，使其与周围景观协调。生态治理的基础理论包括水环境生态修复学、景观生态学、环境美学和生态服务功能等理论。生态治理是水环境修复与景观设计的结合体，主要方法包括水系问题诊断、水系问题评价、水系修复及生态工程实施、景观设计以及实施优化与水系管理等，实现水质、生态、景观的协同发展。

（三）发展水量－水质－水生态相结合的水系连通模式

发展水量－水质－水生态相结合的水系连通模式是新时期生态文明背景下水资源安全发展的新要求。实施河湖水系连通工程，应科学评估河流生态健康状况，系统地分析水系生态特点与问题，综合水量－水质－水生态问题，并制定系统化的水系连通方案，实现水资源可持续利用与生态环境的良性循环。河湖水系连通应同时具有水资源调配、水质改善以及恢复河流水系自然生态功能三个主要功能；并且，每一级主要功能又有多项子功能，比如水资源调配需要对水量重新分配，实现城市供水、农业灌溉、水运交通、水力发电、应对旱涝等功能；水质改善包括污染治理、水生态修复以及景观维护或修复等；恢复河流水系自然生态功能包括恢复河湖自然面貌、恢复河湖水系自生的生态系统结构与功能、改善河湖生境与生物多样性等功能。因此，水系连通须遵从自然规律，要尽可能全面、科学地分析河湖水系水资源供给的总量和质量、空间季节分布、使用效率等现状，遵从水文循环、水沙运动以及河湖的自然演变规律，因地因时制宜、因势利导，综合协调设计流域的利益关系，有效发挥河湖连通对综合利用水资源、保障水资源安全和保护流域生态环境的作用。

当下，我国已经初步形成以自然水系为主、连通工程为补充，河势基本得到控制的河湖水系连通格局。但在水资源开发利用中存在忽视河湖自然演变规律、减弱河湖水系连通性、污染扩散等问题，一定程度上影响了河湖健康。开展水量－水质－水生态相结合的系统性河湖水系连通工程，加快河湖水系连通模式由高速度向高质量转型，使河湖水系连通与水生态、水安全相协调，是全面提高水资源安全配置效率、增强流域发展协同性的战略需要。

（四）强化监管

加强监管是维护河湖水系健康连通、维护水系连通功能、降低连通不力导致的负面影响的关键手段。通过水文、水资源、生物多样性、水生态环境的监测体系的建设，建立科学的河湖水系连通评价体系，制定科学的水资源调度方案，可以使水利工程发挥最大的综合效益。此外，建议完善监管部门的联动机制，明确各部门的职责权限，消除部门壁垒，各部门形成一个合理的管理体系。第三，应强化环境评价的监管作用，尽可能降低工程对生态环境带来的不利影响。第四，应加强对区域的水环境监测，根据监测情况及时采取对策措施。第五，建议落实责任追究制度和损害赔偿制度，加强对违法行为的惩处。同时加强水环境保护的宣传，提升公众的参与度，形成全民保护水资源水环境的意识。

四　总结

水资源安全是国家安全的重要组成部分，水利工程既存在着洪涝干旱、工程事故等直接风险，也会影响到粮食供应、能源供给、生态环境等领域的安全保障。河湖水系连通是国家新时期的重要治水方略之一，是提高水资源

配置能力、改善区域生态环境和实现流域良性循环的重要途径。在河湖水系连通过程中，必须以规划为基础，科学评价，统筹考虑水的资源、环境和生态功能，科学实施调度，充分发挥江河湖库水系连通工程的综合效益，提高抵抗旱涝灾害能力，最大限度地造福于民。

参考文献

董哲仁、孙东亚、赵进勇：《水库多目标生态调度》，《水利水电技术》2007 年第 1 期。

纪小敏、聂青、张鸣等：《江水北调工程对沿线水文情势的影响浅析》，《江苏水利》2015 年第 7 期。

《深入贯彻新发展理念 推进水资源集约安全利用》，http：//finance. people. com. cn/ n1/2021/0322/c1004 – 32056976. html，2021 年 03 月 22 日。

张永勇、李宗礼、刘晓洁：《近千年淮河流域河湖水系连通演变特征》，《南水北调与水利科技》2016 年第 4 期。

李宗礼、李原园、王中根等：《河湖水系连通研究：概念框架》，《自然资源学报》2011 年第 3 期。

王中根、李宗礼、刘昌明等：《河湖水系连通的理论探讨》，《自然资源学报》2011 年第 3 期。

李宗礼、刘昌明、郝秀平等：《河湖水系连通理论基础与优先领域》，《地理学报》2021 年第 3 期。

秦昌波、苏洁琼、容冰等：《我国水资源安全面临的挑战与应对策略研究》，《环境保护》2019 年第 10 期。

崔国韬、左其亭：《河湖水系连通与最严格水资源管理的关系》，《南水北调与水利科技》2012 年第 2 期。

夏军、高扬、左其亭等：《河湖水系连通特征及其利弊》，《地理科学进展》2012 年第 1 期。

冯顺新、廖文根、王俊娜：《河湖水系连通生态环境影响评价概念模型研究》，《中国水利水电科学研究院学报》2017 年第 1 期。

佟巍：《我国水资源现状》，《才智》2012 年第 6 期。

王金南、孙宏亮、续衍雪等：《关于"十四五"长江流域水生态环境保护的思考》，《环境科学研究》2020 年第 3 期。

李宗礼、刘晓洁、田英等：《南方河网地区河湖水系连通的实践与思考》，《资源科学》2011 年第 12 期。

张铭洽：《从秦水利工程看秦文化的特点及影响》，《西安财经学院学报》2007 年第 5 期。

蓝颖春：《"世界古代水利建筑明珠"——灵渠》，《地球》2014 年第 7 期。

李原园、黄火键、李宗礼等：《河湖水系连通实践经验与发展趋势》，《南水北调与水利科技》2014 年第 4 期。

崔国韬、左其亭、窦明：《国内外河湖水系连通发展沿革与影响》，《南水北调与水利科技》2011 年第 4 期。

高媛：《隋朝大运河的修治及对后世经济发展的影响》，《兰台世界》2013 年第 30 期。

范留明：《走进人民胜利渠》，《河南水利与南水北调》2016 年第 6 期。

张勇：《淠史杭灌区现代化改造思路的探讨》，《治淮》2020 年第 9 期。

孙翠萍：《东深工程向香港供水的再考察》，《当代中国史研究》2016 年第 5 期。

刘绍泉：《人工天河红旗渠》，《中国地名》2020 年第 9 期。

吴冠衡：《景泰川电力提灌工程对区域生态环境影响分析及建议》，《中国水利》2021 年第 9 期。

刘长生：《1950 年淮河流域水灾与新中国初步治淮》，《安阳师范学院学报》2008 年第 1 期。

高峻：《论建国初期对淮河的全面治理》，《当代中国史研究》2003 年第 5 期。

孙又欣：《湖北省荆江分洪工程建设 60 周年启示》，《中国防汛抗旱》2012 年第 5 期。

杨喆、程灿、谭雪等：《官厅水库及其上游流域水环境容量研究》，《干旱区资源与环境》2015 年第 1 期。

李明堂：《三门峡水利枢纽工程管理探索与实践》，《人民黄河》2017 年第 7 期。

张睿、张利升、饶光辉：《丹江口水利枢纽综合调度研究》，《人民长江》2019 年第 9 期。

戴清、张治昊、胡健等：《黄河下游引黄灌区渠系工程技术问题及解决对策》，《中国水利》2008 年第 13 期。

张广建、杨明、张虹龙等：《黄河下游引黄灌区发展历程与面临的新问题》，《水利科技与经济》2013 年第 1 期。

王冰、宋秋波：《引滦水量分配方案适用性及其优化方案探讨》，《海河水利》2016 年第 3 期。

杨月：《富尔江引水工程受水区水量配置分析》，《东北水利水电》2017 年第 5 期。

李虹：《大连市引碧入连供水工程》，《给水排水》1997 年第 2 期。

苏强生：《福建泉州市冬春夏秋连旱的抗旱实践和启示》，《中国防汛抗旱》2010 年第 3 期。

毛登权：《浅析引大入秦工程对农田水利建设的启示》，《农业科技与信息》2017 年第 4 期。

张曼、周建军、黄国鲜：《长江中游防洪问题与对策》，《水资源保护》2016 年第 4 期。

胡鞍钢：《中国实现 2030 年前碳达峰目标及主要途径》，《北京工业大学学报》（社会科学版）2021 年第 3 期。

吴海峰：《南水北调工程与中国的可持续发展》，《人民论坛·学术前沿》2016 年第 2 期。

邓坤、张璇、杨永生等：《流域水资源调度研究综述》，《水利经济》2011 年第 6 期。

水利部南水北调规划设计管理局：《跨流域调水与区域水资源配置》，中国水利水电出版社，2012。

向莹、韦安磊、茹彤等：《中国河湖水系连通与区域生态环境影响》，《中国人口·资源与环境》2015 年第 S1 期。

马颖卓、轩玮、车小磊等：《治水兴水为人民　盛世千秋谱华章——专访水利部部长鄂竟平》，《中国水利》2019 年第 19 期。

李原园、郦建强、李宗礼等：《河湖水系连通研究的若干问题与挑战》，《资源科学》2011 年第 3 期。

李安峰：《建国以来西南喀斯特地区农田水利发展历程——以贵州省为例》，《铜仁学院学报》2013 年第 4 期。

张利平、夏军、胡志芳：《中国水资源状况与水资源安全问题分析》，《长江流域资源与环境》2009 年第 2 期。

张益章、周语夏、刘海龙：《国土尺度河流干扰度评价与空间分布制图研究》，《风景园林》2020 年第 8 期。

雷欢、谢文星、黄道明等：《丹江口水库上游梯级开发后产漂流性卵鱼类早期资源及其演变》，《湖泊科学》2018 年第 5 期。

李文鹏、王龙凤、杨会峰等：《华北平原地下水超采状况与治理对策建议》，《中国水利》2020 年第 13 期。

刘庆福、董光、田凤玲：《富尔江引水工程防止肺吸虫病疫区扩大措施》，《东北水利水电》2004 年第 3 期。

董建伟、高国明：《吉林西部河湖连通面临的主要生态环境问题》，《湖泊湿地与绿色发展——第五届中国湖泊论坛论文集》，中国吉林长春，2015 年。

吕军、汪雪格、王彦梅等：《松花江流域河湖连通性及其生态环境影响》，《东北水利水电》2017 年第 11 期。

杨滨键、尚杰、于法稳：《农业面源污染防治的难点、问题及对策》，《中国生态农业学报》（中英文）2019 年第 2 期。

李政海、王海梅、韩国栋等：《黄河下游断流研究进展》，《生态环境》2007 年第 2 期。

李云玲、郦建强、王晶：《我国水资源安全保障与水资源配置工程建设》，《中国水利》2011 年第 23 期。

周建军、张曼：《近年长江中下游径流节律变化、效应与修复对策》，《湖泊科学》2018 年第 6 期。

赵同谦、欧阳志云、王效科等：《中国陆地地表水生态系统服务功能及其生态经济价值评价》，《自然资源学报》2003 年第 4 期。

欧阳志云、赵同谦、王效科等：《水生态服务功能分析及其间接价值评价》，《生态学报》2004 年第 10 期。

狄高健、韩雷、田振华等：《基于连通功能的河湖水系连通国内相关案例分析》，《水利科学与寒区工程》2018 年第 1 期。

B.13
"南水北调"工程十年成就、问题与挑战[*]

耿　冰[**]

摘　要：　南水北调工程是事关战略全局、长远发展和人民福祉的重大
　　　　　工程，从开工建设到通水运行，顺利实现了东、中线一期工
　　　　　程的建设目标，有力地保障了受水区的饮水安全，补充受水
　　　　　区地下水，改善受水区生态环境，提升沿线防汛抗旱能力，
　　　　　促进经济社会的可持续发展，取得了经济、社会和生态综合
　　　　　效益。本文详细介绍了南水北调工程的建设背景、意义及建
　　　　　设进展，总结南水北调工程取得的成就，并在此基础上分析
　　　　　南水北调工程面临的水质水量和生态补偿方面的问题和挑
　　　　　战，提出加大水污染防治力度、提升水资源调配能力、发挥
　　　　　水价市场调节作用、完善生态补偿体制机制等建议。

关键词：　南水北调　调水补水　跨区域　战略性工程

　　南水北调工程是我国优化水资源配置、缓解华北水资源短缺、保障国家水
安全、促进社会经济可持续协调发展和改善民生的重大战略性基础设施。自
2002年正式开工以来，历经十余年的建设，克服重重困难，于2014年实现了东、

---

　*　本文受国家社会科学基金重大项目"健全国土空间规划和用途统筹协调管控制度研究"（项
　　目编号：20ZDA086）、中国社会科学院创新工程项目"生态文明新范式下国土空间治理研
　　究"（项目编号：2021STSB02）资助。
**　耿冰，中国社会科学院生态文明研究所博士后，研究方向：城市与区域规划，国土与生态安
　　全等。

中线一期工程全线正式通水。南水北调工程的建设，不仅推动了我国"南北调配，东西互补"的水网格局的形成，创造了长距离跨流域大规模调水工程建设的世界奇迹，还在经济、社会、生态环境保护等方面发挥了重要的作用。

一　南水北调工程概述

（一）南水北调工程背景及意义

我国水资源分布的时空差异大，夏汛冬枯、北缺南丰。长江流域多年平均年净流量达到 16731 亿立方米，约占全国主要江河年净流量的 70%[①]。而位于我国北方的黄河、淮河、海河的年净流量共计 2615 亿立方米，仅为长江流域的 1/6，约占全国主要江河年净流量的 10%，人均水资源占有量仅为全国人均水平的 1/5，北方资源型缺水十分严重。京津冀地区缺水问题更为突出，尽管该区域养育了全国 8% 的人口，创造了全国 10% 的 GDP，但人均水资源占有量却仅为 278 亿立方米，约为国际标准中人均 500 立方米的极度缺水红线的一半。不仅如此，伴随着城镇化的快速发展，水污染问题也日益严峻，黄河、淮河和海河一度成为全国地表水质量最恶劣的地区，最严重时几乎"有河皆枯、有水皆污"。长期的干旱缺水，使人们不得不超采地下水、回用再生水，甚至挤占维系生态功能的水源来填补庞大的用水缺口。

1952 年，毛泽东主席率先提出了"南水北调"的伟大设想。但由于工程规模宏大、施工难度高、覆盖的流域和地区面积广、覆盖的人口多、涉及的社会经济发展因素复杂而迟迟未能动工。经过 50 年的论证，2002 年工程的总体规划正式出炉。根据规划设计方案，工程规划总长度为 4350 公里，分东、中、西三条线路从长江上、中、下游调水北上，调水总规模达 448 亿立方米，最终形成"四横三纵、南北调配、东西互济"的中国水资源配置格局。2002 年 12 月，南水北调东线一期工程率先开工建设，正式进入实施

---

① 资料来源：《中国水利统计年鉴 2020》。

阶段。经过十余年的建设，2014 年东、中线一期工程全面通水，南水北调工程投入运行。

南水北调工程是世界上距离最长、受益范围最大、受益人口最多、规模最大的调水工程，对我国的社会经济发展和生态环境保护具有重要的战略性意义。一方面，南水北调工程有效地缓解了我国北方水资源严重短缺的问题，提高了北方地区的水资源承载能力和资源的配置效率。另一方面，南水北调工程也为工业生产、农业生产、民众生活和生态环境提供可靠的淡水资源，产生了巨大的经济效益和社会效益，特别是对我国北方地区的经济发展具有重要的促进作用。此外，借助南水北调工程，加快完善城乡基本公共设施建设，改善人民居住环境，带动了地区经济发展并推动工业文明向生态文明转型。

（二）南水北调工程建设与运行

南水北调工程分为东、中、西三条线路，其中东线工程规划主干线全长1466 千米，总调水规模 148 亿立方米；中线工程规划输水干线全长 1432 千米，总调水规模 130 亿立方米；西线规划总调水规模 170 亿立方米。经过十余年的建设，东线和中线的一期工程已于 2014 年通水，东线北延应急工程于 2019 年试水成功，东、中线二期工程正在着手准备，西线工程规划方案也已通过论证①。

1. 东线工程

东线工程规划目的是调长江下游水至黄、淮、海河下游地区，该路线始于扬州的江都水利枢纽，终于天津和山东威海，途经江苏、山东、河北，共分为三期工程建设实施。东线调水主干线利用京杭大运河及其平行河道，将长江水逐级提水北送，出东平湖后分两条路线，一条向东输水至胶东地区，该路线由一期工程建设；另一条穿过黄河引水至天津，该路线由二期工程建设；三期工程是在一、二期的基础上增加调水量，以满足受水区社会经济发展对水资源的需求。

---

① 《南水北调西线工程，有消息了》，https：//m. thepaper. cn/baijiahao_ 7061684。

自 2014 年东线一期工程建成通水以来，累计向山东调水 52 亿立方米，水质全部达到Ⅲ类，惠及沿线 18 个大中城市约 6700 万人①。2021 年，东线一期工程的北延应急工程正式向河北、天津供水，意味着东线工程的功能进一步健全，未来将与中线工程一起保障京津冀协同发展和雄安新区水资源安全。

2. 中线工程

南水北调中线工程对缓解华北地区缺水问题可起到至关重要的作用。中线工程源自丹江口水库，途经河南、河北，终于天津和北京，共分为两期工程建设实施，一期工程目标是实现多年平均供水 85.4 亿立方米，二期工程在一期工程的基础上增加调水量。一期工程建成通水七年来，累计向京津冀豫调水 348 亿立方米，年度供水提前达效，水质达Ⅱ类，惠及沿线 24 个大中城市约 7900 万人②。目前，中线工程的二期工程已着手开展，引江补汉工程正在加快推进。方案设计从三峡库区引水，从丹江口水库下游入汉江，全长 194 千米，年调水量 50 亿立方米。通过引江补汉工程，增加了对丹江口水库的水量补剂，提高了中线工程的调水量，同时也连通了长江、汉江和华北地区，形成我国新的水网格局。

3. 西线工程

西线工程主要用于缓解西部地区缺水的问题，是三条路线中实施难度最大的一条路线。西线工程规划调长江上游的通天河、雅砻江和大渡河水至黄河上游，引水过程不仅需要筑坝建库，还需要开凿输水隧洞，工程量极大，而且会对西部脆弱的生态环境造成影响，因此西线工程迟迟未动工。2020 年，西线工程有了重大的进展，完成了规划方案比选论证工作。根据最新的规划方案，西线工程将从长江上游调取约 240 亿立方米水到黄河上游，工程规划了"上线"和"下限"两条线路，两条线路以引水洞涵为主，均可形成自流，流到黄河上游③。

---

① 统计截至 2021 年 5 月。
② 统计截至 2021 年 5 月。
③ 《南水北调工程，为何进展缓慢？》，https：//www.huxiu.com/article/418393.html？f = member_ article。

二 南水北调工程成就

南水北调东、中线一期工程全面通水以来，有力地保障了受水区饮水安全，补充了受水区地下水，改善了受水区生态环境，提升了沿线防汛抗旱能力，促进了经济社会的可持续发展，发挥了显著的经济、社会和生态效益。

（一）供水格局得到改善，水资源配置不断优化

南水北调工程从根本上改变了北方的用水格局。南来之水成为北方许多城市新的生命线，为40多座大中城市、260余个县区、1.4亿多人口提供了用水保障。

1. 供水量持续增长

东、中线一期工程全面通水以来，累计调水超394亿立方米。其中，中线工程调水348亿立方米，约7900万人受益；东线工程向山东调水52亿立方米，惠及人口约5800万[①]。

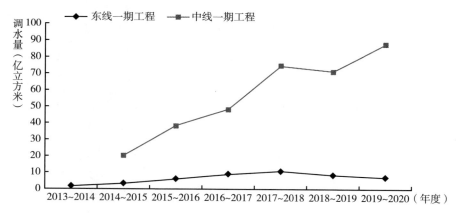

图1 南水北调东、中线一期工程2013～2020年调水量

资料来源：《中国南水北调工程建设年鉴2019》。

[①] 《南水北调 不只是调水》，http://www.xinhuanet.com/video/2021 – 05/14/c_ 1211156512.htm。

中线工程调水量逐年递增，通水 6 年即达效，2020 年度实际供水 86.22 亿立方米，超过中线工程规划多年平均供水规模。东线工程向山东省调水量也从 2013 年度的 1.6 亿立方米提高至 2019 年度的 7.03 亿立方米（见图 1）。随着中线北延应急供水工程的实施，目前在一期供水的基础上还可向京津冀地区每年增加 4.9 亿立方米供水①。

2. 供水格局得到改善

南水北调东、中线工程打通了我国南北方的调水通道，形成了新的水网结构，改善了我国的供水格局，极大地缓解了北方用水困境，优化了我国水资源时空配置。

从我国水资源安全和水网布局来看，通过南水北调工程，将长江和黄河两条重要的河流打通，构建了新的江河湖海连通体系，不仅有效地解决了南丰北枯的水资源不均衡分布问题，更有力地保障了我国水安全，完善了我国水网体系构建。东线一期工程将长江经济带与苏鲁两大经济强省连通起来，有效地缓解了苏北、胶东半岛和鲁北地区城市缺水的问题，使山东省大中城市基本摆脱缺水的制约，确保了城市供水安全，维护了社会稳定，改善了城镇居民的生活用水质量，惠及沿线百姓，为地区经济社会发展注入了新的动力。与东线工程借助已有的京杭大运河不同，中线工程则更多地依靠长江和黄河的支流以及开凿新渠道的方式构建了南北方新的水网。中线工程不仅惠及位于长江和黄河之间的河南省大中城市，更通过穿黄隧道一路北上，与引滦入津工程一同形成天津的双水源保障，并进一步向北至北京，保障了首都的用水安全，形成了京津冀地区本地水与外调水相互调剂使用的新格局。

从供水保障方面来看，南水北调工程极大地缓解了我国北方缺水的问题。东线一期工程惠及山东省 12 个受水地级市的 3500 余万人口，江苏省 50 个区县共 4500 多万亩农田的灌溉保证率得到提高。借助中线一期工程使河南省 37 个市县用上南水，南来之水在河南省的供水率达到 80% 以上，在

---

① 《南水北调中线工程累计调水 400 亿立方米》，https：//www. cenews. com. cn/news/202107/t20210719_ 978456. html。

河北省达到75%以上。对于天津和北京来说，南水的利用率更高，天津14个区的居民供水100%为南水，北京城市用水量的75%为南水，极大地缓解了首都用水紧张的局势。

（二）有力支撑受水区社会经济发展

南水北调工程不仅解决了我国水资源时空分布不协调的问题，也通过水资源的优化配置带动了北方缺水地区的社会经济发展，有效地促进了受水区产业结构调整，推动了经济发展方式的转变，提升了沿线群众的生活品质，获得了显著的社会效益和经济效益。

1. 促进社会经济发展，支撑国家重大战略实施

南水北调工程支撑了国家重大战略实施。工程的主要受水区分布于黄淮海流域，该流域承载了全国30%左右的人口，贡献了全国35%左右的GDP，在国民经济格局中占有重要地位。通过南水北调工程，突破了黄淮海流域水资源短缺的限制，为黄河流域高质量发展、京津冀协同发展、雄安新区等国家重大发展战略的实施提供了可靠的水资源保障。

南水北调工程促进了受水区经济增长。根据万元GDP平均需水量计算，南水北调工程已为北方地区累计创造了约4万亿元的GDP。通过南水北调工程，直接带动了建筑施工、工程机械设备制造、建筑材料、电子信息、污水处理等相关产业发展，间接地带动了相关上游产业和关联产品的生产发展以及相关服务业发展，促进产业发展形成集聚效应，拉动了地方经济建设。同时也带动了就业，在南水北调建设期间，参与建设的单位超过了1000家，每年增加数十万个就业岗位，促进了社会稳定和群众收入增长。相关研究表明，南水北调工程建设期年均投资拉动GDP约0.12个百分点。中线陶岔渠首工程、兴隆水利枢纽工程、丹江口水利枢纽工程均已发挥发电效益，为地方经济发展提供绿色能源，截至2019年10月底，累计发电量170.92亿千瓦时，收入达到38.09亿元，其中陶岔渠首工程发电量1.69亿千瓦时，收入0.54亿元；兴隆水利枢纽工程发电量11.06亿千瓦时，收入3.48亿元；丹江口水利枢纽工程发电量158.17亿千瓦时，收入34.07亿元。

通过南水北调工程倒逼产业结构调整。南水北调工程东线沿途城市集聚了大量的高耗水、高污染企业，对水生态造成了严重的破坏。借助南水北调工程，控制受水区用水总量，带动发展节水行业和节水技术，倒逼污染企业关停或改造，促进产业结构优化和转型升级。

2. 改善供水水质，人民群众幸福感、获得感增强

南水北调沿线河湖水质明显提升。一方面，通过南水北调工程的补水调水和地下水回补，使得上游或地下优质水补充至下游或地表，改善了当地河湖水质。例如，南四湖流域通过江水的持续补充，输水水质稳定在Ⅲ类；华北地下水回补试点河段上游水质多数优于Ⅲ类，中下游河段水质改善 1~2 个类别；北京通过南水北调工程不仅增加了水面面积，还明显地改善了水质；天津地表水水质在补水后提高了 1~2 个类别。另一方面，通过南水北调对沿线河湖实施治污防污措施，区域水污染治理获得显著的成效。例如，苏鲁两省将水质达标纳入县区考核，实施精准治污，实现水质根本好转，创造了治污奇迹，通水以来工程水质稳定在地表水水质Ⅲ类标准，沿线群众饮水质量显著改善；中线工程开展了水源地水质保护措施，鄂豫陕三省联动协作，制定水污染治理和水土保持规划，推进产业转型升级，探索生态补偿机制，夯实了水源地水质保护基础，丹江口水库和中线干线供水水质稳定在地表水水质Ⅱ类标准及以上，中线干线输水的过程中 80% 以上水质监测断面是Ⅰ类水。

南来之水不仅优化了沿线城市水生态环境，使河湖水系生态水量大大增加，水质明显得到改善，形成了水清、岸绿、精美的宜居环境，而且大幅提升了沿线人民群众饮水质量，减少了因水质问题导致的疾病发生，人民群众幸福感和获得感显著增强。

（三）全力促进生态文明建设

南水北调工程有效地增加了华北地区可利用水资源，通过置换超采地下水、实施生态补水、限制开采地下水等综合措施，使河湖、湿地面积明显扩大，遏制了地下水水位下降和水生态环境恶化趋势，促进了沿线生态文明建

设。南水北调工程也为沿线城市提供了充足的生态用水，河湖、湿地等水面面积明显扩大，区域生物种群数量和多样性明显增加，并为解决华北地下水超采问题提供了重要水源，随着后续工程不断推进，工程生态环境效益将进一步扩大与凸显。

1. 河湖水量逐步增加，地下水水位止跌回升

通水以来，东、中线一期工程累计生态补水超过 27 亿立方米。山东省东平湖、南四湖利用东线一期工程分别获得应急生态补水 2.81 亿立方米，济南市小清河补水 2.4 亿立方米，济南市保泉补源 0.58 亿立方米。江苏省利用东线一期工程向骆马湖补水，运行期间骆马湖水位升高了 1.23 米。中线一期工程多次向沿线开展生态补水，累计补水总量 25.95 亿立方米，其中，华北地下水超采综合治理河湖地下水回补试点的回补量达 8.52 亿立方米，白洋淀淀区水位升高 0.4 米，水面面积扩大 47.18 平方千米。北京市南水北调调蓄设施增加水面面积 550 公顷。密云水库蓄水量自 2000 年以来首次突破 26 亿立方米。河北省 12 条天然河道得以阶段性恢复，瀑河水库新增水面 370 万立方米。河南省的多条河湖水系水量均有明显的增加。

东、中线一期工程通水以来，有效缓解了城市生产生活用水挤占农业用水、超采地下水的问题，沿线受水区通过水资源置换，压采地下水、向中线工程沿线河流生态补水等方式，有效遏制了地下水位下降的趋势，地下水位逐步回升。2019 年受水区地下水水位平均埋深 9.9 米，较 2018 年回升 0.04 米，北京等部分地区地下水水位明显回升，部分地区饮水困难得到缓解。

2. 水生态环境修复改善，资源环境承载能力提高

通过向沿线部分河流、湖泊实施生态补水，沿线城市河湖、湿地等水面面积明显扩大，生态和环境得到有效修复，区域生物种群数量和多样性明显恢复。东线一期工程先后通过干线工程引长江水、引黄河水向南四湖、东平湖补水 2 亿多立方米，极大改善了南四湖、东平湖的生产、生活、生态环境，避免了因湖泊干涸导致的生态灾难，补水后南四湖水位回升，下级湖水位抬升至最低生态水位，湖面逐渐扩大，鸟类开始回归，绝迹多年的生物物种再次回归，良好的生态环境吸引了许多珍稀物种栖息。

中线一期工程实施的华北地下水超采综合治理河湖地下水回补试点工作，累计向滹沱河、滏阳河、南拒马河 3 条试点河段补水 8.52 亿立方米，最大形成长 477 千米的水生态带，最大水面面积 46 平方千米，区域水生态环境显著改善，同时中线水源区通过补偿工程也大大改善了当地的区域生态环境。

通过跨流域调水，有效地增加了黄淮海平原地区的水资源总量，结合节水挖潜措施，归还以前不合理挤占的农业和生态环境用水，区域用水结构更加合理，区域水资源及环境的承载能力明显增强。北京市按照"节、喝、存、补"的原则，在充分发挥水厂消纳南水能力的同时，向大宁水库、十三陵水库、怀柔水库、密云水库等河湖补水，北京市的水资源储备显著增加。天津市构建了一横一纵、引滦引江双水源保障的供水新格局，形成了引江、引滦相互连接、联合调度、互为补充、优化配置、统筹运用的城市供水体系。

三　南水北调工程存在的问题与挑战

南水北调工程在保障民生福祉、改善生态环境、繁荣经济文化等方面发挥了重要的作用。面对新时期国内外发展形势的新变化，南水北调工程仍面临一些现实的发展问题与挑战。

（一）东线工程水质保障任重道远

南水北调东线一期工程的成败关键在于治污。东线工程沿线城市人口多，经济发展水平高，工业污染严重，治污难度极高。经过十余年治污行动，东线一期工程全线实现了江苏山东调水水质达到Ⅲ类水质的目标，并超额实现了规划中 COD（化学需氧量）和氨氮消减总量的 82.5% 和 84.2% 的目标。尽管东线一期工程水污染治理成效显著，但面对未来发展的新形势，如何持续地保证水质质量、防止水质遭到污染、提高水污染防控能力，依然是南水北调工程面临的重大问题和挑战。

首先，非考核指标不达标的问题。尽管目前东线工程地表水水质全线达到Ⅲ类水质标准，COD和氨氮量也都控制在规划目标以内，但是对于非考核指标，如总氮、总磷、氟化物、硫酸盐等，依然存在超标的问题。东线一期工程沿线城乡经济发展水平较高，但水污染也最严重，沿线的农药、化肥带来的总氮超标、工业污染排放带来的总磷超标等问题依然存在，不仅影响了水生态安全，也影响了人们生命健康。

其次，水质保障的长效机制有待完善。东线一期工程利用了多条原有河道、湖泊，并与多条河流平交，水污染风险较大。目前全线均已达到治理标准，但是面对未来沿线城乡发展需求，如何保持现有水质并提升水质达到新的用水标准，将是东线工程面临的重大挑战。目前东线一期工程的考核断面仅17个，沿线省市的环境保护部门和工程运营单位分别进行监督管理，地方政府之间协作管理机制仍不完善，部门之间的工作衔接不畅等因素制约了东线工程的整体管理水平，阻碍了水质保障的长效管理机制的形成，不利于长期的水质保障。

最后，水污染防控体系亟待完善。东线一期工程的监测管理工作并非由同一机构或政府实施，而是分属于江苏和山东。由于尚未建立地方之间的水质共享平台，缺乏全线统筹水质监测、评估、预警的能力，因此在水污染防控方面仍待完善。

（二）中线水量供需压力较大

南水北调中线工程沿线的华北平原是我国缺水最严重的区域，同时也是我国重要的农业耕作区域。该沿线区域经济发展相对滞后，贫困人口较多，生态环境脆弱。南水北调中线工程通水以来，累计调水400亿立方米，惠及沿线20余个大中城市及131个县，直接受益人口7900余万人，提前实现了工程规划目标。然而，随着社会经济发展，受水区生活、生产、生态用水显著增加，中线工程的供水需求也随之提升。

首先，新时期受水区水量需求发生变化。同2002年规划编制完成时期相比，我国社会经济发生了巨大的变化。用水需求也相应地显著提升，规划的"补充水源"目前已成为受水区多个城市的"重要水源"。此外，新时期新形势对工程供水也提出了新要求。我国进入新发展阶段后，对南水北调工程也提出了新的要求。一方面，作为国家水安全保障战略的重要组成部分，南水北调工程要发挥更大的作用；另一方面，随着生态文明建设的深入推进，对南水北调工程的生态补水作用的要求也随之提升。

其次，水量调度的不确定性导致供水保障压力较大。南水北调工程地理跨度较大，受不同气候类型影响，降水量变化大，工程所及径流的丰枯年际变化大。水源区和受水区的不同丰枯组合对水资源调度产生了较大的影响。如何保障南水北调工程的水量需求，结合受水区社会经济发展水平和水资源禀赋条件，差异化调度水量，保障南水的供水能力，是未来工程面临的挑战之一。

（三）生态补偿机制仍不健全

自开展南水北调工程水源地生态补偿以来，补偿领域不断扩大，补偿资金量逐年增加，生态补偿实践取得了显著成就，然而目前的生态补偿机制依然存在一系列问题有待解决。

首先，补偿方式灵活性差，资金来源单一。目前水源区补偿资金的主要来源是财政转移支付，缺乏市场化、多元化的生态补偿方式，不仅给政府财政带来较大的压力，同时也制约了生态补偿金的使用和补偿力度。

其次，补偿主体不清，补偿依据模糊。生态补偿应本着"保护者受益，利用者补偿，受益者支付"的原则。然而，由于目前补偿机制不健全，补偿资金来源单一，主要的补偿主体依然是中央政府，而作为利用者的地方政府支付的补偿金占比较少。此外，补偿依据十分模糊，对于水源保护区关停、禁止、限制的企业发展机会成本损失没有明确统一的补偿标准，补偿资金与实际需求之间存在较大差距。

最后，补偿体制机制不健全。目前，对于生态补偿的依据、程序、发起补偿的条件、未获得补偿情况下的救济等并没有明确的法律规定，生态补偿的专门性立法尚未及时出台，已经公布的补偿政策没有对相关问题做出规定，导致补偿具有严重的不确定性，生态补偿体制机制有待进一步完善。

四 新时期南水北调工程发展的建议

南水北调工程是我国解决北方缺水问题的重大战略性工程。技术难度之大，南北跨度之长，涉及省市之多，惠及人口之广，在世界工程史上实属罕见。东、中线一期工程通水以来，在社会、经济、生态等方面取得了众多成就。面对新时期新挑战，我们提出了南水北调工程发展的几点建议。

（一）加大水污染防治力度

加强供水沿线污染防治工作，保障水环境可持续发展。在保证目前水质的前提下，继续提升水环境品质，防止水质倒退。首先，在受水区生活用水增加的同时，城市污水也随之增加。因此要严格控制污水排放，大力推进污水厂建设和增强污水处理能力。其次，明确地方政府的管理范围和管理内容，划清管理机构之间的权责界限，加强上下游、供补水区域之间的协作管理。再次，对水源保护区内的风险源进行综合整治，杜绝污染企业复工复产，保障水质安全。最后，提高水质监测能力，协调沿线地方政府联合执法，加大水环境保护、治理、修复以及监督执法等工作力度。

（二）提升水资源调配能力

为保障南水北调工程的水量供给能力，在节水的基本要求外，还应重点提升水资源的调配能力。首先，通过南水北调的后续工程，打造连通水网，构建本地水与外调水统筹协同的水资源配置体系，提升水资源的调配能力。其次，理顺管理体制机制，加强部门之间的协作能力，形成政府主导、市场相辅的管理方式。在政府部门内，以单一部门承担主要管理职能，统筹安排水资源调配工作，其他各级部门协助综合管理。充分发挥市场的调节作用，结合资源禀赋和社会经济发展条件差异，优先补充需水量大的地区，减少指标充裕地区的调水量。再次，制定科学合理的水量调度方案。通过科学合理的水量调度方案、调度计划、应急预案等措施，实现水资源在流域、区域、用户之间的差异化分配，减少水量调度中产生的矛盾和冲突，最大限度地利用水资源。

（三）充分发挥水价的市场调节作用

充分发挥水价的市场调节作用，提高南水北调的综合效益。一方面，坚持水价的市场化导向。尽管南水北调具有经营性和公益性双重属性，但为了保障工程的正常运营，依然需要充分发挥市场的调节作用，使水价达到一个合理的水平。通过市场运行机制，调节水资源的供需矛盾，提高南水北调工程的经济效益，促进水资源的节约利用。另一方面，建立长效的水价政策，提高调水资源的利用效率，使南来之水得到充分的利用。

（四）完善生态补偿体制机制

通过生态补偿保护水源区，实现受水区和供水区互惠互利。首先应明确生态补偿主客体，坚持谁受益谁补偿的原则，利益相关的受水沿线的各级政府应提供主要的生态补偿资金，生态服务的提供者和受损者均应视为补偿对象。其次，科学界定补偿范围，明确和提高补偿标准。不仅要补偿可计算的经济损失，也应将企业发展的机会成本科学地纳入补偿范围内，明确列出补偿清单，有针对性地研究制定具有刚性约束力的生态补偿标准。再次，加强市场机制在生态补偿中的作用，创新生态补偿方式和补偿路径。最后，完善跨区域的流域补偿合作体制机制，完善流域生态补偿的立法体系。

参考文献

赵存厚：《南水北调工程概述》，《水利建设与管理》2021 年第 6 期。

滕海波、刘志芳、范天雨：《南水北调东线一期工程水质保障策略研究》，《项目管

理技术》2021 年第 6 期。

李永宁、杨建军、李集合、李亚菲、车东晟、赵敏:《补多少? 怎么补? 补给谁? 生态补偿三个似是而非的问题——基于南水北调中线陕西水源区生态补偿体制机制调研的政策建议》,《中国生态文明》2020 年第 2 期。

B.14
新时期下我国城乡供水安全形势分析

王喜峰　姜承昊*

摘　要： 在新形势下，我国社会主要矛盾发生变化，急需更好的物质和生态环境满足人们日益增长的美好生活需求。同时，国家安全和高质量发展对水资源的需求发生变化，这势必对我国城乡供水安全形势造成深刻影响。本文对我国城乡供水安全现状进行深入分析，包括供水总体分析、历史趋势分析、城市供水分析、县乡村供水分析以及再生水利用分析等。其次归纳总结我国供水安全的保障体系。再次对影响我国城乡供水安全的主要因素进行研究，识别可能存在的挑战。针对上述供水安全挑战，提出政策建议。

关键词： 供水安全　生活用水　生产用水　生态环境用水　城乡

我国正逐渐形成以国内大循环为主体，国内国际双循环相互促进的新发展格局。在区域协调发展方面，正逐步形成优势互补、高质量发展的区域经济布局。在新形势下，我国社会主要矛盾发生变化，急需更好的物质和生态环境满足人们日益增长的美好生活需求。同时，国家安全和高质量发展对水资源的需求发生变化，这势必对我国城乡供水安全形势造成深刻影响。

---

* 王喜峰，中国社会科学院数量经济与技术经济研究所副编审，管理学博士，经济学博士后，研究方向为资源环境经济学；姜承昊，黑龙江省社会科学院硕士研究生，研究方向为公共管理。

一 我国城乡供水安全形势分析

（一）供水形势总体分析

根据《2020年水资源公报》，2020年，全国供水总量为5812.9亿立方米。从水源结构构成来看，地表水源占比在82.4%左右，达到4792.3亿立方米；地下水源占比在15.4%左右，达到892.5亿立方米；包括再生水在内的非常规水源占比为2.2%，达到128.1亿立方米，较上一年增加了23.6亿立方米。其中，地表水源中，蓄水工程占比为32.9%，引水工程占比31.3%，提水工程占比31.0%，跨水资源一级区调水占比4.8%。地下水源中，浅层地下水占比95.7%，深层承压水占3.9%，微咸水占比0.4%。非常规水源中，再生水占比85%，集雨工程水源占比6.2%。

分水资源一级区来看，松花江区、辽河区、海河区、黄河区、淮河区以及西北诸河区等北方6区占比46.13%；长江区、珠江区、东南诸河区和西南诸河区等南方4区占比为53.87%。南北供水占比基本与我国经济占比相当。其中，长江区供水量最高，约占全国的33.53%，珠江区供水量次之，约占全国的13.28%，西北诸河供水量占比11.61%，淮河区供水占比10.26%，分别位列第三和第四。

从分区和分水源来看，如图1所示，水资源丰富的南方4区地下水和非常规水源占比极低，水资源短缺的北方6区地下水和非常规水源占比较高，其中辽河区域地下水和非常规水源占比高达53.26%，海河区达到47.68%，松花江区达到38.37%。非常规水利用占比最高的为海河区，高达7.50%。

（二）供需形势历史趋势分析

我国供水与用水一致，从近20年的趋势来看，2001~2020年总用

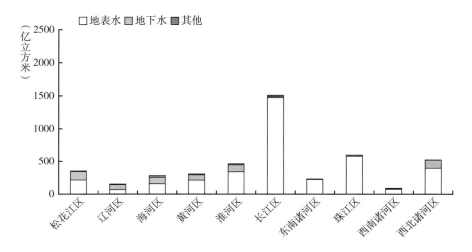

图1　2020年分一级区供水情况

资料来源：作者根据2020年《水资源公报》整理所得。

水量仍处于增长态势，由5567亿立方米增加到5813亿立方米。随着行业用水量的变化，供水结构也在不断发生变化，全国农业用水量比重从69%下降到62%，工业用水量比重从21%下降到18%，生活用水量比重从11%增加到15%，生态环境用水量比重达到5%。2001～2020年全国总用水量变化见图2、表1。

如果不算生态环境用水，用水的拐点在2013年就已经到来。由于灌溉面积没有明显增加，而灌溉有效利用率在增加，农业用水下降的趋势仍将存在。在工业生产中，水资源消耗的大户主要为能源、化工产业，由于环境容量、碳排放等限制，这些高污染、高排放的产业快速增长的可能性不大。预计未来，随着工业产业结构逐渐优化，工业用水增加的可能性不大。目前，由于电力技术的发展，电力增长已经与电力用水脱钩，电力用水已过拐点。由于城镇化的驱动，每年生活用水增加约10亿～20亿立方米，这个速度会持续到我国城镇化率达到75%左右。生态用水未来应该增加，但是由于绝对增量不大，预计未来全国每年总用水量基本稳定在6000亿立方米。在现

城市蓝皮书

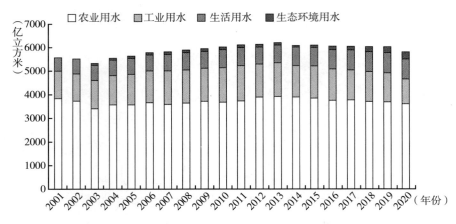

图 2　我国 2001～2020 年总用水量变化趋势

资料来源：作者根据历年《水资源公报》整理所得。

表 1　2001～2020 年分项用水量

单位：亿立方米

年份	农业用水	工业用水	生活用水	生态环境用水	总用水量
2001	3826	1142	600	0	5567
2002	3736	1142	619	0	5497
2003	3433	1177	631	79	5320
2004	3586	1229	651	82	5548
2005	3580	1285	675	93	5633
2006	3664	1344	694	93	5795
2007	3599	1404	710	106	5819
2008	3663	1397	729	120	5910
2009	3723	1391	748	103	5965
2010	3689	1447	766	120	6022
2011	3744	1462	790	112	6107
2012	3903	1381	740	108	6131
2013	3922	1406	750	105	6183
2014	3869	1356	767	103	6095
2015	3852	1335	794	123	6103
2016	3768	1308	822	143	6040
2017	3766	1277	838	162	6043
2018	3693	1262	860	201	6016
2019	3682	1218	872	250	6021
2020	3612	1030	863	307	5813

资料来源：作者根据历年《水资源公报》整理所得。

在的水利工程条件下，全国供水安全形势较好，但是局部地区可能面临一些挑战。

此外，还有两个不确定性。一方面，受外部环境影响，我国粮食安全政策可能会调整。目前我国粮食安全得到有效保障，口粮绝对安全，谷物基本自给。在进口的粮食总量中，大豆占比 75.4%，谷物进口主要是品种调剂，占比不足 6%。如果外部条件恶化，我国需要确保大豆的生产，在这种极端条件下，需要大规模增加大豆种植面积。基于农业生产合理布局的要求，要增加耕地面积和灌溉面积，农业用水有增加的可能。另一方面，我国发展不均衡问题比较突出。东部地区经济社会发达，用水量率先达到拐点（不含生态用水），一些高用水行业遵循经济发展规律向欠发达地区转移；而欠发达地区基于经济发展的实际需要，有接纳这些行业的意愿。我国经济欠发达地区主要集中在北部和中部、西部地区，这些地区是水资源短缺的地区。即使我国用水量已过拐点，不排除部分地区用水矛盾更加突出的可能。

（三）城市供水形势分析

我国城市供水形势如图 3 所示，可以看出，从 2001 年到 2020 年，城市供水综合生产能力从 2.29 亿立方米/天上升到 3.21 亿立方米/天，城市供水

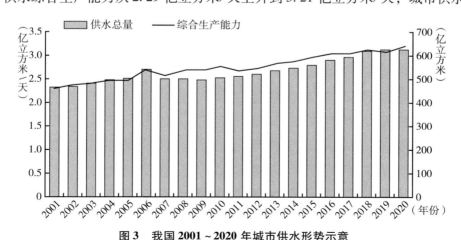

图 3　我国 2001～2020 年城市供水形势示意

资料来源：作者根据 2020 年《中国城市建设统计年鉴》整理所得。

总量从 2001 年的 466 亿立方米上升到 630 亿立方米，近 20 年上升了 164 亿立方米。

从图 4 可以看出，我国城市用水人口快速增长，从 2001 年的 2.58 亿人上升到 2020 年的 5.32 亿人，近 20 年间上升了一倍多。人均日生活用水量从 2001 年的 216 升下降到 2011 年的 170 升，之后有缓慢的上升，上升至 2020 年的 179.4 升。

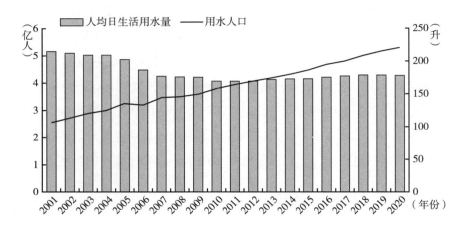

图 4　我国城市用水人口和人均日生活用水量

资料来源：作者根据 2020 年《中国城市建设统计年鉴》整理所得。

从图 5 可以看出，自 2013 年开始，我国城市供水普及率一直稳定在 98% 以上，接近 100%。

总的来说，我国城市供水安全形势较好，城市供水普及率接近 100%，城市供水生产能力快速提升，供水总量大幅增加，保障了我国快速城市化的用水需要。城市供水人口快速增长，但人均日生活用水量行至在合理区间，在 180 升/（人·天）的较理想定额标准左右，既保障了高品质的生活需要，又体现了高效的节水要求。

（四）县乡村供水形势分析

我国县城的供水形势如图 6、图 7 所示，可以看出，县城的供水人口快

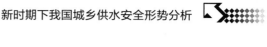

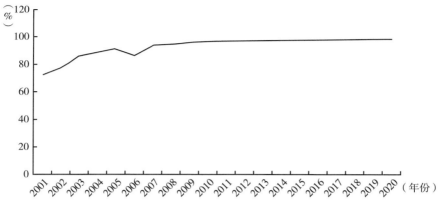

图5 我国城市供水普及率

资料来源：作者根据2020年《中国城市建设统计年鉴》整理所得。

速增加，从2001年的6889.2万人快速增长到2020年的15316.7万人。人均日生活用水量由2001年的130升先上升至2004年的136升，之后下降到120升左右，2020年逐渐回升至128升。从县城的供水普及率来看，近年来稳步上升，到2020年上升至96.7%左右。供水总量从2001年的57.8亿立方米上升至2020年的119亿立方米。

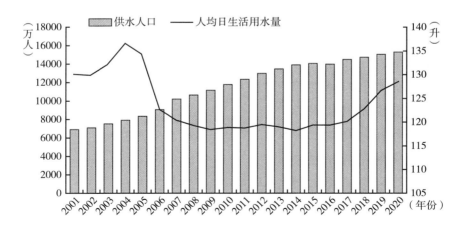

图6 我国县城用水人口和人均日生活用水量

资料来源：作者根据2020年《中国城乡建设统计年鉴》整理所得。

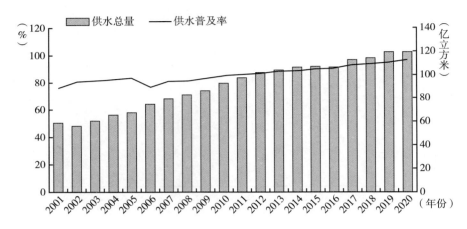

图7 我国 2001~2020 年县城供水形势示意

资料来源：作者根据 2020 年《中国城乡建设统计年鉴》整理所得。

从 2020 年乡镇的供水情况来看（见表 2），绝大部分乡镇采用了集中供水，集中供水乡有 7869 个，占全部乡数的 88.65%；集中供水的建制镇有 18285 个，占建制镇总数的 97.15%。综合供水生产能力，乡为 1182.43 万立方米/日，镇为 9753.15 万立方米/日。从年供水总量来看，乡为 13.53 亿立方米，而镇为 145.21 亿立方米。尽管集中供水总数上镇为乡的 2.3 倍多，但是供水总量上镇是乡的 10.7 倍。生活用水量，乡为 6.81 亿立方米，镇为 64.14 亿立方米；生产用水量，乡为 5.34 亿立方米，镇为 67.75 亿立方米。供水管道的长度方面，乡为 14.69 万公里，镇为 62.45 万公里。2020 年，乡增加了 1.01 万公里的供水管道长度，镇增加了 3.39 万公里的供水管道长度。乡的用水人口仅为 1923.44 万人，镇的用水人口达到 16421.02 万人，略高于县城的用水人口。

表 2 2020 年乡镇供水、用水指标对比

区域	集中供水乡镇个数	占比（%）	综合供水生产能力（万立方米/日）	自备水源单位综合能力（万立方米/日）	供水总量（亿立方米）
乡	7869	88.65	1182.43	413.28	13.53
镇	18285	97.15	9753.15	2324.67	145.21

续表

区域	年生活用水量 （亿立方米）	年生产用水量 （亿立方米）	供水管道长度 （万公里）	本年新增 （万公里）	用水人口 （万人）
乡	6.81	5.34	14.69	1.01	1923.44
镇	64.14	67.75	62.45	3.39	16421.02

资料来源：作者根据2020年《中国城乡建设统计年鉴》整理所得。

从村的情况来看（见表3），全国共有37万多个村采用了集中供水，占全国村总数的82.48%，生活用水量达到191.41亿立方米，供水管道长度达到199.80万公里，新增长度为14.24万公里，用水人口达到56302.75万人，供水普及率达到83.37%，人均日生活用水量93.14升。

表3　2020年村一级供水情况

个数	占比（%）	生活用水量 （亿立方米）	供水管道长度 （万公里）	新增长度 （万公里）	用水人口 （万人）	供水普及率 （%）	人均日生活 用水量（升）
370423	82.48	191.41	199.80	14.24	56302.75	83.37	93.14

资料来源：作者根据2020年《中国城乡建设统计年鉴》整理所得。

（五）污水资源化利用情况

根据2020年《城市建设统计年鉴》显示，市政再生水利用量共135.38亿立方米。其中超过10亿立方米的省份有广东（28.04亿立方米）、山东（14.83亿立方米）、北京（12.01亿立方米）和江苏（12.55亿立方米）。从污水资源化率（市政再生水利用量/污水处理总量）来看，超过40%的有北京（65.04%）、山东（44.16%）和河北（41.36%）（见图8）。

从城市视角来看，2020年全国共385个城市使用了再生水，其中使用量超过1亿立方米的城市有27个，这27个城市再生水利用总量为82.75亿立方米，超过全国再生水利用总量的61.12%（见图9）；利用量超过5000万立方米的城市有51个，共利用99.20亿立方米，超过全国的73.28%。总

城市蓝皮书

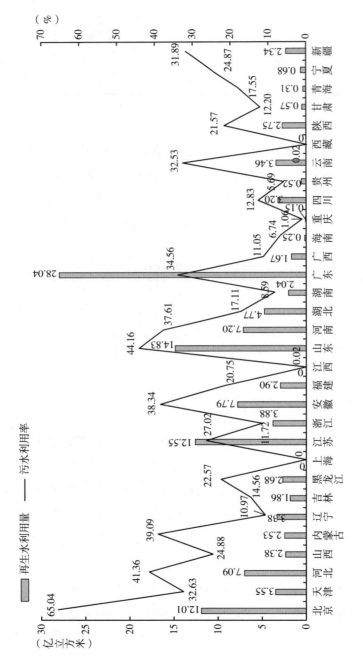

图8 2020年我国各省份再生水利用总量及污水资源化率

资料来源：作者根据2020年《中国城市建设统计年鉴》整理所得。

284

的来说，我国再生水利用主要集中在 27 个再生水利用量超过 1 亿立方米的城市。从这些城市的情况来看，绝大多数属于经济较为发达的城市，其中再生水利用的前三名为深圳、北京、广州，属于我国一线城市，其他城市都是省会城市或东部沿海城市。

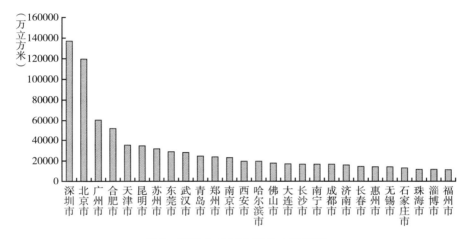

图9　2020 年分城市再生水利用量

资料来源：作者根据 2020 年《中国城市建设统计年鉴》整理所得。

二　我国城乡供水安全保障体系建设情况

（一）城乡饮水安全保障

我国饮水安全层面的水资源管理制度保障可以分为两个方面，一方面是供水量的保障，另一方面是供水水质的保障。供水量的保障方面分为城镇供水和乡村供水，城镇供水安全分为饮水安全以及城市整体供水保障、城市群供水保障。具体的饮水安全保障体系如图 10 所示。

从图中可以看出，在供水量的保障方面，是从水供求态势出发，分析未来一个时期城乡居民用水量，根据全国城市饮用水卫生安全保障规划和全国农村饮用水安全工程建设规划的要求提出饮用水安全保障的方案和措施。其

城市蓝皮书

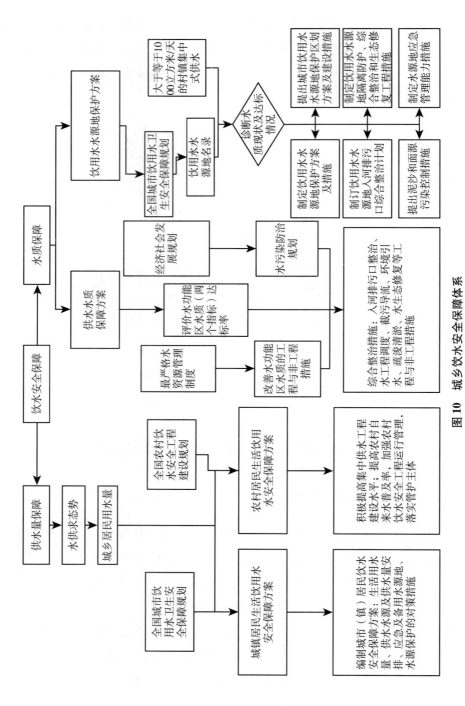

图10　城乡饮水安全保障体系

资料来源：王昱峰：《水资源协同安全制度体系研究》，中国社会科学出版社，2020。

中相应的措施均为工程措施。

在水质方面，分为供水水质保障方案和饮用水水源地保护方案。首先，供水水质保障方案类似于提高水功能区水质的方案，在水功能区水质达标率评价的基础上，按照最严格水资源管理制度以及水污染防治规划的要求，提出综合整治措施。包括入河排污口整治、水工程调度、截污导流、环境引水、疏浚清淤、水生态修复等工程和非工程措施。入河排污口整治提出关闭、合并、调整的方案。水工程调度主要适用于闸坝控制水体，提出控制性工程的调度方案。截污导流需明确工程规模、截留污水量及导入水体。环境引水需明确引水水源、工程规模与环境引水量，并分析其提高纳污能力的作用以及水质改善效果。清淤措施应提出清淤量及实施方案。

其次，在饮用水水源地保护方案中，基本涵盖了供水在每日 1000 立方米及以上的集中式供水区域。提出城市饮用水水源地保护区划方案与建设措施；制订饮用水水源地入河排污口综合整治计划；实施饮用水水源地隔离防护、综合整治和生态修复等工程措施；对于面源污染严重的水源地提出泥沙和面源污染控制措施；制定提高饮用水水源地水污染应急监测和管理能力的对策措施。

（二）粮食安全的供水保障

水资源是粮食生产的主要投入要素，保障粮食生产必须依靠水资源的有效投入。我国为保障粮食生产，制定了《国家粮食安全中长期规划纲要（2008 – 2020 年）》《全国新增 1000 亿斤粮食生产能力规划（2009 – 2020 年）》等十个重点专项规划。这些规划相互协调，具有明显的体系特征，确保了水资源协同保障，具体约束机制体系如图 11 所示。

农田水利基础设施是粮食生产过程中的硬件设施，国务院于 2016 年 7 月 1 日实施的《农田水利条例》是明确为加强农业综合生产能力、保障国家粮食生产而制定的条例。在具体的制度层面，该条例对规划、工程建设、工程运行维护、灌溉排水管理、保障与扶持以及法律责任等做出了明确的规定。在水资源管理制度方面，总量控制和定额管理相结合是农田灌溉用水的

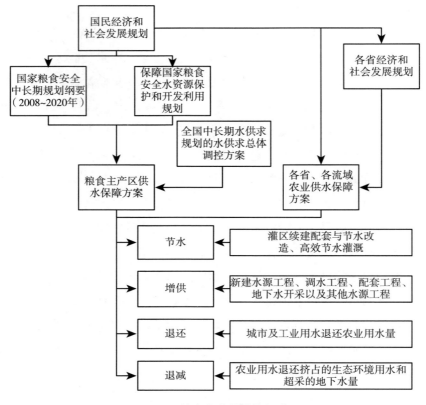

图 11 粮食安全的供水保障

资料来源：王喜峰：《水资源协同安全制度体系研究》，中国社会科学出版社，2020。

基本制度。此外，农田灌溉用水还要求合理确定水价，实行有偿使用和计量收费。对于灌区，灌区管理单位根据核定后的年度用水计划，制订灌区内用水计划和调度方案，与用水户签订协议。

　　由于农业用水占整个经济社会系统用水的绝大部分，从作物生长的原理来看，被根部吸收的水分只有 10% 的能够发挥作用，而灌溉的水量能够被根部有效吸收的又十分有限。因此，农业生产过程中的节水不仅能够提升区域资源环境承载能力，而且在一定程度上是增加粮食产量的重要手段。国家鼓励推广应用喷灌、微灌等节水灌溉技术以及先进农机等农业技术，提高灌溉用水效率。

（三）能源安全的供水保障

国家能源产业发展在协同保障中占有非常重要的地位。从能源产业发展到具体水资源保障有周密的制度体系，具体如图 12 所示。

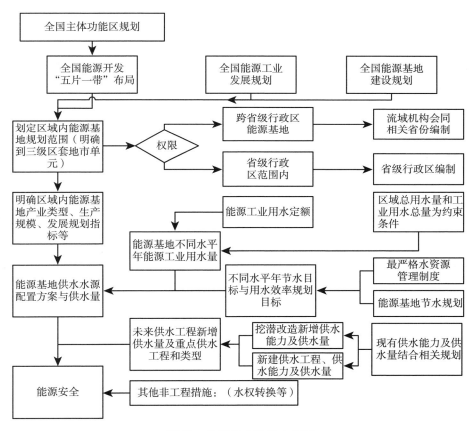

图 12　能源安全的供水保障

资料来源：王喜峰：《水资源协同安全制度体系研究》，中国社会科学出版社，2020。

从图可以看出，从协同保障的我国宏观的规划出发，到能源产业发展，再到水资源的保障以及未来的保障，甚至非工程的制度措施等，都有周密的制度安排。

我国能源基地建设是保障我国能源产业发展的重要措施。根据《全国

主体功能区规划》确定能源基地的范围，在水资源保障上，要求明确规划范围，跨省份的由流域机构会同相关省份编制，省份之内的由省级行政区编制。

一般来说，需要根据用水总量、工业用水总量、能源工业用水定额来确定不同水平年能源工业的用水量，根据规划中明确的区域内能源基地产业类型、生产规模、发展规划指标等制定用水总量；根据最严格水资源管理制度和能源基地节水规划制定不同水平年节水目标和用水效率目标，进而形成能源基地供水水源配置方案与供水量。

为了应对未来能源基地用水增加的可能性，需要根据现有供水能力及供水量，结合相关规划，挖潜改造新增供水能力及供水量，新建供水工程、供水能力及供水量，确定未来供水工程新增供水量及供水工程和类型。除了工程措施之外，还可以积极使用非工程措施，例如水权转换等。

（四）生态安全的供水保障

生态安全供水保障分为生态用水配置方案和具体的保障措施，每个用水配置方案都有一系列保障措施，保障措施分为工程和非工程措施。

生态系统的保障从国家经济社会发展的相关规划出发，到水资源综合规划从水资源保障的角度进行落实。《全国水资源综合规划》从总体和重点区域两个方面要求《全国水中长期供求规划》对生态用水进行配置和保障。其中总体方案要求流域层面和区域（行政区）层面进行相关规划，重点区域方案是对生态用水安全重点区域进行规划。

总体方案和重点区域方案内的生态系统用水都可以分为三个方面，分别是河湖生态用水保障、地下水生态保障、城乡生态环境建设用水保障。重点区域根据不同生态用水类型，确定不同的重点区域，其中，河湖生态用水重点区域包括《全国主体功能区规划》中的禁止开发区的相关区域和《全国水资源综合规划》确定的现状河道内生态用水被挤占的河流和区域；地下水生态重点区域为相关文件中确定的现状不合理开发区域；城乡生态环境重点区域为《全国主体功能区规划》中的"两屏三带"生态安全屏障与建制城市和城市群，以及《全国水资源综合规划》确定的人工补水的重要河湖湿地。

在具体的措施方面，可以分为工程措施和非工程措施。工程措施包括调水、挖潜、河湖连通等，非工程措施包括压采、退减、节水、生态调度等措施。

三　影响我国城乡供水安全的主要因素

（一）我国区域经济形势发生变化影响供水安全格局

目前，长三角、珠三角等地区已初步走上高质量发展轨道。北方省份经济增速普遍低于南方省份，经济中心进一步南移。南北差距的形成是由于京津冀城市群、山东半岛城市群和辽宁中南部城市群没有实现快速产业升级，以致这些地区的大部分产业都被锁定在中低端，依靠投资和资源环境消费拉动经济增长。可以预见，未来我国绝大部分地区会走上高质量发展的道路，但在这个过程中，一些以重工业、能源工业为主的区域转型较为困难，面临较大的供水压力。从发展的实际来看，这些以重工业、能源工业为支柱产业的区域，大部分都在北方地区。这些地区本身水资源承载力不足，区域水资源较少，供水的风险加大。

（二）我国城乡形势发生变化影响供水安全格局

我国城镇化进展平稳，每年约有 1400 万人从农村进入城市。在城镇化的同时，一批城市群和都市圈正逐步形成。预计未来将出现 10 多个千万级城市和 12 个两千万级大型都市圈。中国 19 个主要城市群聚集了 75% 的人口和 88% 的 GDP，城市人口在该地区的比重约为 78%。大量人口在面积较小的城市（群）高度集中，对区域的供水能力提出了严峻的考验。即使在水资源丰富的南方地区，高密度城市供水仍然存在较大问题，部分城市不能

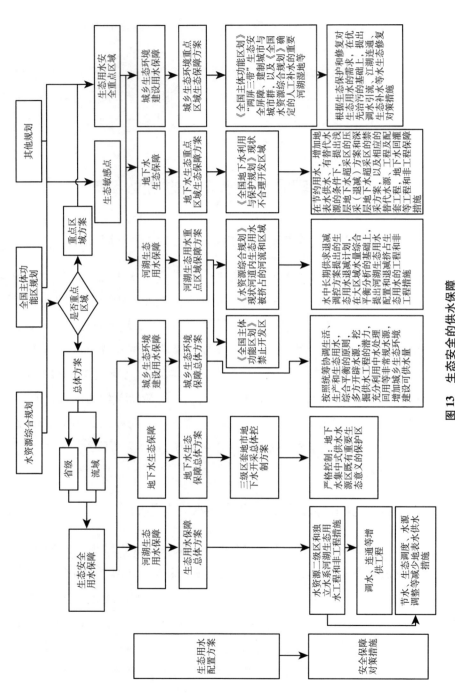

图13 生态安全的供水保障

资料来源：王喜峰：《水资源协同安全制度体系研究》，中国社会科学出版社，2020。

仅依靠自身的水资源量来支撑，需要从外部区域调水。其中，厦门的情况较为突出。根据《厦门2019年水资源公报》，全市供水量6.81亿立方米（不含海水供应量和生态补水），比上年增加1.31%。其中地表水供应量为6.30亿立方米，占92.51%，地下水源供应量为0.43亿立方米，占6.31%，其他水源供应量为0.08亿立方米，占1.18%；当地水资源供应量为2.91亿立方米，占42.73%，区域外调入水量为3.90亿立方米，占总供水量的57.27%。厦门的年降雨量在1500毫米左右，为北京的近3倍。

可以看出，即使在水资源丰富的南方城市，供水安全依然严峻。城市人口的增加使城市生活用水增加，农村生活用水减少，但由于城市人均日用水量大于农村，增量大于减量造成了供水压力。此外，剩余供水增量并没有体现在短期内生活用水量的增加上，而是体现在城市供水保障率的提高过程中。

（三）产业转移影响供水安全格局

双循环格局将使我国生产基地向中西部转移，中西部城市群交通便利，劳动力和土地成本低于东部城市群。这些城市群包括：关中平原城市群、滇中城市群、黔中城市群、晋中城市群、呼包鄂榆城市群、兰西城市群、天山城市群，这些城市群普遍具有资源和能源优势。中西部城市群在培育新兴产业的同时，仍将承接东部产业转移。此外，我国能源结构发生变化，风电等新能源的比重将进一步提高；煤炭和煤电将进一步西进，新疆煤炭和煤电将增加。加之新型基础设施建设的推进，研发将进一步集中在一、二线城市，产品生产集中在二、三线城市，制造业和能源业的重心将进一步向西部转移。中西部城市群潜在需水率可能会提高，高耗水产业在中西部升级产业中仍占一定比重。我国中西部地区本身降雨较少，自身水资源不足，大部分西北地区甚至严重不足。在这种情况下，供水安全面临严峻考验。

（四）部分省份供水形势面临结构性调整

由于高质量发展的要求，一些省份需要进行支柱产业结构调整，特别是华北和黄河流域的一些省份。支柱产业与区域水资源承载力严重不符，是解

决"以水定产"问题的重点领域。未来，即使供水总量没有大的波动，从结构上看也将面临大的调整，产业疏解后的水资源空间将是产业升级的基础。一般来说，工业用水在经过一定发展阶段后会下降，生态和服务业用水会大幅上升。这种需求在黄淮、华北和西北地区更为迫切，这些地区降水较少，水资源短缺，但是由于生活品质提高、对美好生态环境进一步的追求，类似人工湖、人造湿地等人造景观将是生态环境改善的建设重点。从北京市的发展情况来看，过去由重工业所用和消耗的水资源，后来用到生态环境用水中，形成工业供水大幅下降、生态环境用水大幅上升的形势。总的来说，尽管由于区域水资源承载力的限制，一些区域大幅增加供水的情况可能性不大，但是其内部的供水结构发生了根本性的结构调整。这种结构性调整，由于水质需求不同，对供水造成的压力不是水量上的，而是供水质量上的。

四 政策建议

第一，对经济社会发展趋势进行研判，确保城乡供水安全。一是深入研究区域的常住人口变化情况，按照常住人口情况，确保城乡饮用水供水安全。二是深入研究粮食安全下农业生产布局，确保粮食安全的供水保障。三是深入研究新形势下能源供应和需求情况、能源结构情况、能源生产的用水情况，确保能源安全的供水保障。四是深入研究新形势下生态环境的用水需求，确保城乡生态环境供水保障。

第二，构建新形势下的城乡供水安全保障制度。一是水需求管理的最终目标是改善流域福祉。贯彻落实习近平总书记关于治水的重要讲话精神，要把握好三个关键点：让黄河成为增进人民福祉的大河、注重保护和治理、以水资源为最大刚性约束。二是建立水资源最大硬约束的监督体系。加强对重点地区水资源的监管，重点关注黄河流域和海河流域水资源问题较多的省份，重点检查各省取水许可证发放是否符合"以水定城、以地定人、以水定产"的情况，摸清重点行业和企业水资源利用情况。

第三，对重点区域的城乡供水安全进行深入考量。一是将我国确定的十九大城市群作为重点区域，对其城乡供水安全进行深入考量。预计未来一段时期，十九大城市群的人口总量和经济总量将进一步提高，这些区域的供水安全事关我国经济高质量发展大局。二是对我国农村供水安全进行深入考量，这些区域的深入考量主要关注建立供水设施的长效机制。三是对我国粮食主产区的供水安全进行深入考量。四是对我国能源基地的供水安全进行深入考量，确保能源的供水安全。

第四，形成高质量供水的格局。一是构建国家水网。提升国家水资源配置效率，形成能够应对供水风险、丰枯能够调剂、区域能够联合调配的水资源配置体系和城乡供水安全保障体系。尽快完成南水北调后续工程建设、重大引调水工程建设，尽快开展南水北调西线工程调查研究工作。二是提升区域供水质量。加强河湖健康保障，满足人民日益提高的需求，扩大优质水生态产品供给。加大饮用水源保护，提升供水基础设施水平，提高入户供水水质。

第五，同步支撑安全与发展的供水需求。以供水安全为核心，加强供水保障能源安全、粮食安全、生态安全、居民饮水安全的能力。以重点区域为核心，由点到面，统筹区域安全与发展，将保障能源安全、粮食安全、生态安全以及居民生活用水与区域高质量发展的用水结合起来，加强节水型社会建设，形成统筹安全与发展的供水格局。

参考文献

王喜峰、马真臻：《双循环格局下我国需水空间形势的研判》，《中国水利》2020 年第 21 期。

王喜峰、沈大军、李玮：《水资源利用与经济增长脱钩机制、模型及应用研究》，《中国人口·资源与环境》2019 年第 11 期。

王喜峰、沈大军：《黄河流域高质量发展对水资源承载力的影响》，《环境经济研究》2019 年第 4 期。

王喜峰：《水资源协同安全制度体系研究》，中国社会科学出版社，2020。

沈大军：《水管理学概论》，科学出版社，2004。

B.15
生态文明背景下的地下水生态保护修复

赵 凯 李木子*

摘　要： 地下水作为一种不可替代的自然资源，是经济社会发展的重要物质基础，同时也是生态环境的重要组成因素。在气候变化及高强度人类活动的双重影响下，我国地下水面临着超采和污染的严峻形势，迫切需要从国家战略的高度，进一步加大地下水生态保护修复力度，全面遏制地下水超采，系统治理地下水污染，实现地下水资源可持续利用。本文介绍了地下水生态保护修复的重要性，梳理了我国地下水资源现状及存在的问题，总结了地下水资源可持续利用及污染防控的关键技术方法，并结合新时代生态文明建设要求，从加强地下水污染防控、打造地下水超采治理新格局、重构水资源调查监测评价体系、完善配套法律法规等方面对地下水生态保护修复工作进行了展望。

关键词： 地下水　可持续利用　超采治理　污染防控　生态修复

地下水是支撑经济社会发展的重要基础资源，其生态环境保护事关国家生态文明建设和水安全保障。习近平总书记多次对地下水资源保护工作做出

---

* 赵凯，中国地质调查局地质环境监测院，博士，高级工程师，研究方向：水文地质调查、自然资源调查监测、地下水污染防治与修复；通讯作者李木子，中国地质调查局地质环境监测院，博士，工程师，研究方向：地下水环境修复、地下水超采引发地面沉降机理。

重要指示，要求高度重视水资源短缺、地下水问题，从实现长治久安的高度和以对历史负责的态度做好这方面的工作。党中央、国务院将实施地下水超采治理作为一项重要战略决策。自 2014 年中央一号文件提出华北平原地下水超采漏斗区综合治理以来，国家层面先后出台了一系列政策加强地下水资源保护，遏制地下水超采，防治地下水污染，使地下水生态保护工作有章可循、稳步推进，例如《全国地下水污染防治规划（2011 – 2020 年）》、《地下水污染防治实施方案》和《华北地区地下水超采综合治理行动方案》等重要文件。

一　地下水保护和修复的重要性

地下水对地质环境、生态环境和国民社会经济发展都具有重要影响。一方面，地下水是重要的地质环境因子，在地球内部是物质和能量传输及应力传递的载体，是各种地质作用的积极参与者，集中表现为地下水资源的开发以及水文地质条件和地下水循环特征的变化引发的地质环境问题。另一方面，地下水也是活跃灵敏的生态环境因子，地下水的水位变动影响着生态系统的天然平衡状态，地下水位过高，易造成土壤次生盐渍化，影响植被生长；地下水位过低，易造成湿地退化，水生植物消失，甚至绿洲变成沙漠。除此之外，与地表水相比，地下水具有分布范围广、储存空间大、调蓄功能强、水质优良等优越性，在支撑国民经济发展中发挥着重要的资源保障作用。伴随着工业化、城镇化、现代化进程的推进，地下水资源扮演着更加重要的角色，其可持续开发利用对我国经济社会发展起着不可替代的作用。

地下水保护和修复是解决地下水危机的重要方法。我国地下水资源短缺，水源不足，地下水供需矛盾突出，水质恶化严重，亟须开展地下水资源保护工作。地下水生态保护修复以解决地下水实际问题为导向，涵盖了地下水超采治理和地下水污染防控等多方面的内容，是缓解地下水危机的必然选择。在地下水修复实施中，针对不同水文地质条件、开发利用需求和环境污染情况，研究提出科学、合理、可行、有效的地下水修复方案是修复工作的

核心。地下水生态保护修复工作的开展对地下水资源的可持续利用和保护有着重要意义，已成为近年来水文地质和环境保护领域的热点研究方向之一。

地下水保护和修复是国家水安全的重要保障。地下水是重要的供水水源，与人们的生活需求和身体健康息息相关，在农田灌溉、生活饮用等方面不可或缺。地下水安全是关系国计民生的重大问题。党中央、国务院高度重视水安全问题，习近平总书记多次就保障国家水安全发表重要论述，从治国理政、文明兴衰、民族永续发展的高度，把水安全上升为国家战略。2019年9月，习近平总书记考察黄河并主持召开座谈会，强调要以水而定、量水而行，把水资源作为最大的刚性约束；2020年11月，习近平总书记在全面推动长江经济带发展座谈会上强调，要统筹考虑水环境、水生态、水资源、水安全、水文化和岸线等多方面的有机联系，提升生态系统质量和稳定性。

地下水保护和修复是生态文明建设的重要内容。地下水的生态功能尤为重要，是陆地、湿地及地表水体生态系统的支撑者，尤其是在干旱地区，主要体现在维持地表植被生存和演化、调节土壤－包气带含水率和含盐量、维持河床基流量、维持湖泊湿地的水域面积、调节地表温度等方面。研究表明，地下水的水位、水质和排泄量以及包气带含水率、含盐量等地下水文要素对表生生态环境极为敏感，是生态环境稳定性的重要指标。地下水的保护和修复，事关生态环境质量，事关我国生态安全和生态文明建设。近年来，地下水生态功能研究日益得到重视，美国、澳大利亚等发达国家已经把地下水生态功能作为流域水资源管理的重要组成部分，我国也在生态水资源评价、生态用水规划等方面进行了多层面的有益探索，取得了较好成效。

地下水系统是自然资源系统的重要组成部分，要按照山水林田湖是一个生命共同体的思想，加强地下水生态保护和修复。以流域为单元强化整体保护、系统修复、综合治理，发挥地下水资源综合利用效益，协调解决水资源、水环境、水生态等问题，按照系统治理的思路，推进生态修复与治理。进一步加强地下水超采治理和污染防治的法律建设、制度建设、标准体系建设，加强科学研究和关键技术研发，实现自然、经济、社会的全面协调可持续发展。

二　我国地下水资源现状

（一）我国地下水资源量特征

我国是严重缺水的国家，国家统计局数据显示，我国人均水资源量仅为2064 m³，仅为世界人均水资源量的1/3，是全球13个人均水资源最贫乏的国家之一。地下水是水资源的重要组成部分，是经济社会发展重要的供水水源，在地表水匮乏的干旱、半干旱地区，地下水甚至是唯一的供水水源。水利部发布的《中国水资源公报（2020年）》显示，2020年全国水资源总量31605.2亿立方米，其中地下水资源量8553.5亿立方米，占全国水资源总量的27%。2020年全国供水总量（地表水、地下水和其他）5812.9亿立方米，其中地下水供水量为892.5亿立方米，占供水总量的15.4%。

我国地下水资源整体上呈现资源量南多北少、供水量北多南少的特点。根据《中国水资源公报（2020年）》，2020年北方地区地下水资源量2820.1亿立方米，南方地区地下水资源量5733.4亿立方米，约为北方地区的两倍；2020年北方地区地下水供水量820.5亿立方米，南方地区地下水供水量72.0亿立方米，不及北方地区的1/10。地下水开采量和开采程度南北方差异很大，总体上北方开采程度高于南方。20世纪70年代全国地下水年开采量为572亿立方米，80年代增加到748亿立方米，1999年达到1116亿立方米，其后至今大致稳定在1050亿~1100亿立方米。

（二）我国地下水质量特征

总体上，我国地下水质量，南方优于北方，山区优于盆地，山前平原优于滨海平原，深层地下水优于浅层地下水。我国对地下水质量安全需引起高度重视。生态环境部公布的2016~2020年《中国生态环境状况公报》数据显示，在覆盖松辽平原、黄淮海平原、山西及西北地区盆地和平原、江汉平原等地下水开发利用程度较大区域浅层地下水监测站点中，近五年水质Ⅰ~

Ⅲ的地下水仅占 22.7% ~ 24.4%，历年平均占 23.8%，而水质为Ⅳ ~ Ⅴ类的地下水占 75.5% ~ 77.3%，历年平均占 76.2%。

中国地质调查局《全国地下水污染调查》数据评价显示，我国原生劣质水超标组分主要为锰、铁、溶解性总固体、氟化物、碘化物和砷，超标率分别为 33.92%、28.47%、23.04%、15.02%、13.97%、7.83%。原生劣质水是在漫长的地质历史中形成的，是无法预防的；而地下水污染，查明其污染原因和污染途径、采取相应的措施后，是可以防止的。因此，在地下水资源保护时应重点关注地下水污染导致的水质安全问题。

整体上看，我国浅层地下水污染较为严重。浅层地下水的污染源主要来自工业场地化学品污染、农业面源污染源、加油站石油类污染、受污染土壤及地表水体渗漏、矿山开发污染源等。为加强地下水污染防控，2011 年国务院通过了《全国地下水污染防治规划（2011－2020 年）》，加强地下水污染调查，实施污染防控及污染修复工程。

三 我国地下水资源存在的问题及对策

（一）我国地下水资源存在的问题

1. 地下水污染形势不容乐观

地下水污染是指在人类活动影响下，地下水质变化朝着恶化方向发展的现象。据中国地质调查局发布的《中国地球化学调查报告（2016 年）》显示，我国区域地下水中污染组分超标率已达 15% 左右，主要污染物为三氮、重金属和有毒有害微量有机污染物。其中，氮污染总超标率近 10%，重金属总超标率近 7%，有毒有害微量有机污染物总超标率为 3% 左右。氮污染是我国地下水面临的主要水源污染问题，其存在形式包括硝酸盐、铵根离子和亚硝酸盐，以硝酸盐氮污染为主，主要分布在东北、华北、淮河的农业区，重点城市周边和排污河道两侧。对比 20 世纪 60 年代以来的监测资料，地下水中硝酸盐氮浓度持续升高。地下水中重金属污染多呈点状分布，污染组分主要包括铅、镉、铬、汞，超标点多分布在城市周边及工矿企业周围。地下水中有毒有害有机污染物种类主要为单环芳烃、多环芳烃、有机氯溶剂和农药，主要分布在城市等人口密集的沿海经济带和人口集中的内陆城市。

在矿山地下水污染方面，我国矿产资源丰富，随着对矿产资源需求量的增加，我国矿山开采企业的数量越来越多，矿山开采对地下水资源造成了严重的影响，其中包括地下水水位下降和地下水污染。具体体现在：矿山开采活动改变了地下水空间结构构造，地下水随石缝隙涌出，导致周边地下水水位下降。此外，不合理开采活动直接揭露含水层，消耗了大量地下水资源，打破原有地下水资源采补平衡，降低含水层蓄水能力。矿山开采过程中会生产大量的废水，经由地表土壤、包气带、采空区岩石缝隙等进入地下水含水层，对地下水造成污染。此外，矿山开采固体废物经过淋滤产生的浸出液体废水，通过地表下渗，也会对地下水造成污染。

2. 地下水资源过量开采问题突出

当前，我国地下水资源供需矛盾日益突出，地下水超采问题严重。我国地下水资源本底条件差，加之人口迅速增长、社会经济快速发展导致用水需求急剧增加，是造成水资源短缺状态的根本原因。以华北平原为例，该地区水资源禀赋条件总体较差，所在的海河流域多年平均水资源量为 372 亿立方米，人均水资源量为 305 立方米，仅为全国平均水平的 1/7，水资源开发利用强度已达 101%，属资源型缺水地区。华北平原自 20 世纪 70 年代以来大规模开发利用地下水，目前约 2/3 的超采区面积存在深层承压水超采问题，形成多个地下水降落漏斗，地下水位持续下降，太行山前平原浅层地下水埋深达 30～50 米，河北南部局部地区深层地下水位埋深超过 100 米。近年来，我国不断加大地下水超采治理力度，2014 年南水北调工程通水后，2014～2018 年华北平原地下水年均超采量减少至 31.9 亿立方米，较 2001～2013 年减少约 1/3，地下水超采状况得到初步缓解。区域地下水水位监测数据显示，城市区与农业区深层地下水位呈差异化发展，以城区为主的地下水位已

经止跌并小幅回升，周边农业区仍呈下降趋势，地下水长期采补失衡形成的地下水位降落漏斗规模依然巨大，且呈连片发展趋势。

地下水过量开采导致地下水位下降，形成地下水降落漏斗，削弱了含水层调蓄能力，加大了地下水资源开采成本，引发了一系列地质环境和生态环境问题，具体表现为地面沉降和地裂缝呈多发态势、地面塌陷危害严重、海水入侵问题频发、荒漠化不断发展、湿地萎缩退化严重等。此外，地下水降落漏斗区的形成和发展，能够加快地表污水的下渗速度，增加地表水补给地下水的范围，使得地下水污染加重。

（二）解决我国地下水资源问题的关键技术

1. 地下水污染关键修复技术

由于地下水赋存于地表以下的岩土空隙中，与地表水相比，地下水污染具有隐蔽性、持续性和难以逆转性等特点，一旦遭到污染很难治理，对地下水污染的控制与修复已经刻不容缓。地下水污染防控需要综合分析水文地质条件、污染源（潜在污染源）等多方面的因素，在地下水污染调查、风险评价的基础上，采取"预防－控制－修复"的策略。地下水污染防控必须在有效控制污染源的前提下，辅以合适的地下水污染修复技术。

当前，有关地下水污染修复的研究主要体现在技术方法及其应用上，根据不同的含水层条件、地下水使用目的、污染物类型、修复要求和费用等，选取最佳的修复方法。典型的地下水污染修复技术主要包括异位修复技术、原位修复技术和自然衰减监测技术。异位修复技术是将受污染地下水通过管道收集或泵的抽提作用转移到地上，再根据污染物的特性采取相应方法进行处理；原位修复技术是在原地展开修复工作，对受污染的地下水不进行转移和运输；自然衰减监测技术基于实施长期监控，依据场地自然发生的过程，使得地下水中污染物降低到风险可接受水平，整个修复过程除有必要的场地控制和监测之外无须人为干预。

地下水异位修复技术相对成熟，但由于异位修复技术需要对地下水进行抽提和回灌，对治理区生态环境的影响较大。地下水原位修复技术相较于异位修复技术具有成本低、地表处理设施少、污染物的暴露少、对环境扰动小等特点，能最大限度地减少污染物的暴露和对环境的干扰，逐步发展为一种应用广泛的地下水污染修复技术。自然衰减监测技术很少产生二次污染，对环境的扰动性较小，具有施工简单、易操作、费用低等优点，其缺点是适用范围和处理对象有限，且处理时间较长，适用于污染程度较轻、自然衰减能力较强的地区。

以上海某工业场地地下水污染修复为例，经过初步和详细调查，该地区地下水受到有机物污染，污染物浓度超过了人体健康风险可接受水平，污染物种类为氯代烃类和总石油烃。经研究，污染地下水修复采用原位多相抽提修复技术，该技术通过同时抽取污染区域的土壤气体、地下水和非水相液体污染物至地面进行分离及处理，达到快速修复地下水污染的效果。经处理之后，验收检测中氯代烃类和总石油烃污染物都低于修复目标值，达到预期修复目标。

由于地下水污染源日趋复杂，并且具有由点向面发展的趋势，单一种类的地下水污染修复技术已不能达到很好的修复效果，多种修复技术的联合使用将成为主流的修复方式，如多相抽提与化学氧化联合、可渗透反应墙与化学氧化联合、电动-微生物修复等。地下水污染修复技术的发展方向是可持续修复和绿色修复，既要考虑修复技术的经济性，又要考虑其环境友好性。未来的修复技术要针对地下水环境的不确定性，向着低成本、高效率、可持续、可控制的方向不断发展。

2. 地下水资源可持续开发利用关键技术

系统科学意义上的"地下水资源可持续性"概念由 Alley 等于 1999 年提出，早期只关注地下水数量，强调工程层面的"安全开采量"，即地下水抽取后对含水层不造成不可逆影响的最大开采量，之后在这个概念中不断加入另一些重要因素，如地下水开采的经济性、水质保护、环境影响等，目前发展为数量和质量并重的"地下水资源可持续开发"，其基本内涵为：在局部或全球尺度上，地下水资源量与水质能满足人类社会和生态系统长期稳定

的发展，并且能有效地保护人类社会免受地质－生态灾害或疾病带来的危害。地下水资源可持续利用涉及天然资源量、开采方式以及社会、经济和生态环境各个方面，其影响因素极为复杂，目前其评价指标体系与方法仍然处于探索阶段。

为实现地下水资源的可持续利用，专家学者针对不同地区地下水的形成演化机制和开发利用条件，提出了地下水合理开发、调蓄与保护的方法与关键技术。目前，地下水可持续利用的关键技术主要有：地表水－地下水联合开发、流域地下水合理开发模式、地下水库开发、大厚度含水层分层开采、矿区排－供结合、大区域调水、地下水人工回灌、水资源优化配置与含水层管理等。其中，地下水人工回灌技术作为解决地下水过量开采问题的一种有效方法，已在世界范围内得到广泛应用。

目前，地下水人工回灌技术在国外已有众多应用实例。以荷兰为例，应用人工补给（AR，Artificial Recharge）工程提供的水量占总供水量的 22%。其中，海牙 Dunea 城市供水厂是沙丘区地下水人工补给技术的典型案例，其利用天然风积沙丘开展地下水人工补给的成功经验对于我国城市供水安全具有重要的指导意义。荷兰海牙城市居民饮用水初期直接取自莱茵河（Rhine River）和马斯河（Meuse River），但伴随城市的发展和人口的增加，河流受到生活污水的污染，海牙沿海沙丘地区的浅层地下水被用作城市供水的水源。20 世纪 60 年代后，地下水资源被过量开采，深层地下水水位大幅下降。为解决居民的饮水问题，海牙供水公司在沿海沙丘地区兴建了大型地下水人工补给系统，总占地面积约为 2400 公顷，已成为国家自然保护区和水源保护区。

与国外相比，我国的地下水人工回灌技术起步较晚。北京市自 20 世纪 70 年代起开展了不同入渗途径的地下水人工调蓄试验研究，建立了均衡试验场、人工回灌试验站等；上海市为解决过量开采地下水引发的地面沉降问题，持续开展含水层人工回灌补给，地下水位不断回升，年均地面沉降量已控制在 10 毫米以内；近年来，石家庄、太原、郑州等地也开展了地下水回灌工作，取得了一定成效。

四　新时期地下水生态保护修复展望

在气候变化及高强度人类活动的双重影响下，地下水资源短缺和水环境恶化现象日益突出，呈现复杂性、交织性特征。地下水超采和污染问题已危及人民群众的身体健康和生命财产安全，成为关系国计民生的重要问题。我国地下水资源保护面临极大挑战。流域作为水系的集水区，是具有水文过程和生态环境功能的连续体，是具有层次结构和整体功能的复杂动态系统。以流域水循环的科学理念为指导开展以流域为基本单元的地下水资源保护和可持续管理工作，是缓解地下水危机的必然选择，是推动资源–环境–社会–经济发展的重要途径。

习近平总书记指出，要牢固树立"绿水青山就是金山银山"的意识和"山水林田湖草是一个生命共同体"的理念。在新时代背景下，加强地下水资源保护和可持续管理工作尤为重要，事关人民饮水安全的保障、水环境质量的改善、水生态的恢复，与人民的获得感、幸福感和安全感息息相关。合理、高效利用地下水资源具有重要的现实作用和深远的历史意义。

新时期地下水保护与管理工作要以实现地下水可持续利用为目标，深入贯彻"节水优先、空间均衡、系统治理、两手发力"的治水思路，落实最严格的水资源管理制度，准确把握新时期地下水资源保护新要求，强化地下水生态保护修复，按照开源与节约并重的原则，逐步实现地下水采补平衡，提升饮用水水质安全，为生态文明建设和高质量发展提供保障。同时，基于生态优先和系统治理的理念，地下水生态保护和修复应纳入山水林田湖生态修复范畴统一考虑，因地制宜针对性开展地下水生态保护和修复措施。

（一）加强污染防控，全面推进地下水生态环境保护

一是切实保障城乡地下水型饮用水源安全。针对自然因素和人为活动造成水质因子超标的饮用水源，科学分析超标原因和污染物来源，制订合理的

地下水污染治理方案。关注水位变化较大地区的地下水水质情况，定期开展水质取样和分析研究，加强地下水污染风险防控。

二是高度重视地下水污染源头预防。针对城镇污水管网渗漏情况，定期检测排查，加快管网更新改造，完善管网收集系统；针对典型农业灌区受面源污染导致地下水氨氮、硝酸盐氮、亚硝酸盐氮超标的情况，深入研究污染机制，加强科技攻关，提出农业面源污染预防措施；针对矿山地下水污染情况，建立矿区地下水全过程动态监测网络，对产生的矿山废水要严格处理后再进行排放，制定合理开采方案、防治污染措施和闭矿政策，把矿区开采对地下水生态环境的影响降到最低。

三是统筹推动地下水污染风险管控与修复。强化地下水、地表水、土壤一体化防治，研究提出地下水污染协同防治措施。以矿山开采区、化工园区等为重点，统筹考虑水文地质条件、地下水污染物特征、修复目标等因素，开展地下水污染分区治理修复，制订有针对性的风险管控方案。强调修复技术的可持续性和绿色修复，加强联合修复技术的研发，进一步提高修复成效，开展地下水污染修复（防控）工程示范。

（二）开源节流并重，全方位打造地下水超采治理新格局

一是以流域为单元制定地下水保护规划，扎实推进地下水超采区综合治理。深入推行水量与水位双控制度，提高地下水资源利用率，优化配置水资源。大力实施地下水超采区综合治理，严格水资源承载能力刚性约束，强化地下水禁采限采管理，因地制宜开展多水源联合调配、河湖生态补水、农业种植结构调整、地下水人工回灌、地下水水源置换、雨洪集蓄利用等多项治理措施。

二是全面构建面向生态的地下水资源评价、开发利用和调控的理论与方法，大力发展和推广地下水可持续利用技术。我国在地下水超采治理中，要创新运用多种手段与技术，实现理念革新和技术创新。除了严格控制地下水开采外，需要同时加强水资源优化配置，通过调水工程增加缺水地区供水量，同时提倡采取种植耐旱作物或休耕，以及中水回用、海水淡化、雨洪资

源利用等地下水回补与人工调蓄等综合举措。

三是及时开展地下水超采治理效果评估，不断优化治理对策方案。以精准、系统的监测数据为支撑，构建科学、完整的效果评估指标和技术方法体系，建立有效、可行的长效评估机制，为制定科学合理的地下水超采治理措施提供重要依据。

（三）注重基础调查，运用系统观念重构水资源调查监测评价体系

为适应生态文明建设的新要求和自然资源管理的需要，从 2021 年开始，自然资源部统筹推进包含地下水资源在内的水资源综合调查监测评价工作，旨在从生态系统整体性和流域系统性出发全面掌握全国、流域及地方各级行政区域水资源数量、质量、空间分布、开发利用、生态状况及动态变化，为国家生态文明建设和生态保护修复提供重要支撑。今后，应加强自然资源、水利、生态环境等部门间和国家—流域—省级层级间的协作，形成水资源调查监测和生态保护修复合力。

加强地下水资源调查评价和水位动态监测，明确监测目的、监测点位、监测频次等，及时掌握地下水环境动态信息。建成国家水资源调查数据库和信息共享服务平台，实现数据信息互联互通。完善预测预警模型，对地下水资源超载地区、临界超载地区进行预警提醒，从空间、时间上进行水资源统一调度，科学确定开采量。

学习引进国外先进的监测技术和设备，借鉴发达国家成熟的水资源调查监测技术体系，制定适合我国国情的调查监测技术体系。在借鉴国外技术的基础上，开展理论研究和实验验证，加大投入，研发安全、实用、高效、低廉的修复新技术、新产品和新装备，提高地下水修复技术自主研发的能力水平，加大先进技术推广应用力度。

（四）建设管理机制，健全完善地下水资源相关法律法规体系

一是完善地下水管理法规体系。对现有地下水资源保护相关法律内容进行及时的修订和修正，将《水法》《水污染防治法》等法律法规中涉及

地下水的较为滞后的内容进行完善更新，增强各法律法规之间的统一性和衔接性。国家层面出台《地下水管理条例》，作为《水法》的配套法规，为地下水管理工作提供法律依据，推进地下水资源保护工作的法治化进程。

二是完善地下水管理法规配套制度。研究制定适应新需求的地下水管理和保护相关法律制度和规范，包括但不限于地下水资源的分类取水许可制度、超采区管理制度、监测管理制度、应急预警制度、战略储备制度、人工回灌制度、公众参与制度等，将地下水资源的利用、开采与预防保护切实纳入法制轨道。

三是健全地下水管理体制。明确各部门管理职责，加大地下水监管力度，逐步形成集中统一、部门协同、上下联动的地下水管理体制；完善产权制度，加快推进确权登记和水权交易，推动建立水资源市场体系；充分利用市场机制，探索建立地下水多元化生态补偿机制；健全公众监督机制，增强公众参与制度的实践性。

参考文献

王明玉：《中国地下水污染有效防控探析》，《中国科学院院刊》2012 年第 4 期。

王文科、宫程程、张在勇、陈立：《旱区地下水文与生态效应研究现状与展望》，《地球科学进展》2018 年第 7 期。

陈飞、于丽丽、侯杰、丁跃元、刘国军：《地下水管理立法分析与制度研究》，《人民黄河》2018 年第 1 期。

中国科学院：《中国学科发展战略：地下水科学》，科学出版社，2018。

仵彦卿编著《土壤—地下水污染与修复》，科学出版社，2018。

王思佳、刘鹄、赵文智、李中恺：《干旱、半干旱区地下水可持续性研究评述》，《地球科学进展》2019 年第 2 期。

王浩、周祖昊、王建华、贾仰文、彭文启、黄鹄：《流域综合治理理论、技术与应用》，科学出版社，2020。

李文鹏、王龙凤、杨会峰、郑跃军、曹文庚、刘可：《华北平原地下水超采状况与治理对策建议》，《中国水利》2020 年第 13 期。

丁跃元、陈飞、李原园、唐世南、于丽丽、羊艳：《华北地区地下水超采综合治理行动方案编制背景及思路》，《中国水利》2020 年第 13 期。

李志涛、刘伟江、陈盛、李娇、朱岗辉、李松、费杨：《关于"十四五"土壤、地下水与农业农村生态环境保护的思考》，《中国环境管理》2020 年第 4 期。

国内案例篇

Chinese Experience Chapters

B.16
资源型城市水环境治理经验

——以铜川市为例*

储诚山　陈洪波　苏 航**

摘　要： 资源型城市普遍面临资源枯竭、生态破坏和环境污染等问
题。加强资源型城市的产业转型、环境治理和生态保护修
复，提高资源集约化利用水平，对于增强资源型城市竞争
力，促进资源型城市可持续发展均具有重要意义和作用。
以陕西省铜川市为例，针对水资源匮乏、河流生态基流不
足、水环境治理中存在的诸多深层次难题，铜川市以全域
系统推进河流水环境治理为抓手，以治促用提升再生水利

---

　* 本文为中国社会科学院研究所创新工程项目"资源枯竭型城市转型发展绩效评估及对策研
究"（项目编号：2020STSB02）的阶段性成果。
　** 储诚山，天津社会科学院副研究员，研究方向为应用经济学和生态环境；陈洪波，中国
社会科学院生态文明研究所研究员，研究方向为环境经济学、碳市场与气候变化政策、
建筑节能等；苏航，建筑材料工业技术情报研究所助理工程师，研究方向为水污染治理、
大气污染治理等。

用水平，强力推行"厂－网－河"建管一体化，统筹开展
"四水共治"，为资源型城市水环境治理提供了宝贵经验
和样板。

关键词： 资源型城市　水环境治理　"厂－网－河"一体化　四水
共治

资源型城市是依靠本地区丰富的矿产、森林、土地等自然资源禀赋，以
资源的开采、加工和利用为主导产业的一种特殊城市类型。从产业结构看，
资源型城市普遍存在资源型产业"一业独大"的特点，产业结构不合理，
不利于城市的可持续发展。目前，全国共有 262 个资源型城市，其中 1/4 城
市的自然资源趋于枯竭。作为重要的能源和资源基地，资源型城市为我国国
民经济持续健康发展提供了重要的物质支撑。但同时，由于长期、高强度、
无序的资源开采和利用，资源型城市普遍面临着资源减少或枯竭、生态破坏
和环境污染等一系列问题。加强资源型城市的产业转型、环境治理和生态保
护修复，提高资源集约化利用水平，对于增强资源型城市竞争力，促进资源
型城市可持续发展均具有重要意义和作用。

铜川市是典型的资源型城市。铜川矿产资源丰富，煤炭、优质石灰石、
油页岩、耐火黏土、陶瓷黏土等储量居陕西省前列。铜川市因煤而兴，因矿
设市，被誉为"煤城""渭北黑腰带上的明珠"，是陕西省重要的能源和建
材工业基地，也是我国西部典型的资源型城市。依托丰富的煤炭资源，铜川
形成了以煤炭、水泥、铝业、电力为主导的四大产业。新中国成立以来为共
和国累计贡献了 6 亿多吨煤炭、2 亿多吨水泥，为国家建设做出了巨大贡
献。但同时，铜川这种典型的资源型城市的弊端亦逐渐显现出来，主要表现
为可开采煤炭存量锐减（2009 年被国家列为第二批资源枯竭城市）、采空区
沉陷；城市基础设施建设滞后，污染防治形势严峻，水资源短缺，空气和水
环境质量恶化。20 世纪 90 年代，铜川一度成为"全国大气污染最严重的城

市之一"和"卫星上看不见的城市";前几年在生态环境部公布的全国地表水、环境空气质量状况中,铜川市出市断面(岔口断面)水质多次排在全国倒数第一。

2009 年铜川被列入国务院第二批转型试点城市,2013 年铜川市成功申报国家第二批节能减排财政政策综合示范城市,2016 年铜川市被列入国家第一批山水林田湖草生态保护修复工程示范城,2019 年铜川市被列入国家第三批黑臭水体治理示范城市,2021 年 5 月铜川市被列为国家"海绵城市"建设示范城市。重点依托这些示范项目和中省财政资金支持,铜川市强力推进生态环境治理和生态保护修复,加快资源型城市转型发展,并在水环境治理方面积累了丰富的成功经验,对提高铜川市水资源综合利用率、改善区域水环境治理、提升城市竞争力和可持续发展能力发挥了重要作用。同时,也为资源型城市的水环境治理提供经验和借鉴。

一 铜川市基本概况

(一)地理区位

铜川市位于陕西省中部,处于关中盆地向黄土高原的过渡地带,距西安市区 68 公里,是丝路经济带和关中平原城市群的重要节点城市,西安都市圈的北部区域中心城市,是西北地区重要的能源和建材基地。全市辖 3 区 1 县和 1 个省级经济技术开发区,市域面积 3885 平方公里。2020 年末全市常住人口 80.37 万人,城镇化率 65.9%。

(二)经济状况

地区生产总值稳步增长。"十二五"以来,铜川市经济总体保持了较快增长,地区生产总值从 2010 年的 187.73 亿元增加到 2020 年的 381.75 亿元,10 年平均增速 7.36%。其中"十二五"时期处于高速增长(年均增长

10.35%）阶段，"十三五"时期进入相对平稳增长（年均增长4.44%）阶段①，如图1所示。

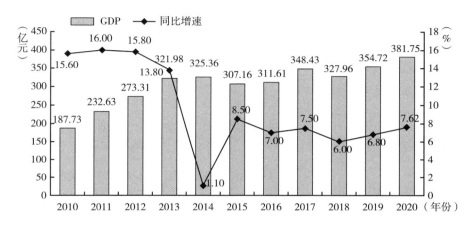

图1　铜川市 2010 ~ 2020 年地区生产总值及增速变化

注：数据来自铜川市 2010 ~ 2020 年统计年鉴。

四大资源型主导产业占比大。煤炭、电力、铝业、水泥作为铜川市四大传统主导产业，在经济结构中占比大。截至 2020 年底，四大主导产业实现工业总产值 260.01 亿元、实现营业收入 209.23 亿元和利税 27.02 亿元，分别占全市工业总量的 72.9% 、71.3% 和 84.1% 。

（三）水系概况

铜川市境内河流分别属于渭河水系中的石川河和北洛河水系，河流均是源头或上游，流程短，水量少，水位低，比降大，季节性变化大，易涨落，生态基流常年不足。石川河水系为流经铜川市区的水系，由漆水河、沮河、赵氏河等六条河流组成。其中：漆水河和沮河流经铜川市建成区，沮河为铜

---

① "十三五"期间，地区生产总值增速趋缓的原因：一是国家政策调控对铜川四大传统主导产业影响较大，如煤炭、水泥、电解铝等行业产能压缩及大气污染防控等；二是国内外宏观经济形势所致，如全球性经济下行压力，以及中美贸易摩擦影响等；三是 2020 年受疫情因素冲击较大。

川第一大河，全长 77 公里，流域面积 893.4 平方公里，沮河中游的桃曲坡水库是耀州区和新区集中式饮用水水源地；漆水河全长 64 公里，流域面积 773.5 平方公里，漆水河上游的柳湾水库，是印台区和王益区城市集中式饮用水水源地。

（四）水资源状况

铜川市多年水资源总量为 2.295 亿立方米，地表水是 2.288 亿立方米，全市人均水资源量仅为 276 立方米，约为全国、陕西省人均水资源量的 1/8、1/4，低于国际公认的人均 500 立方米"极度缺水"标准，在全省 11 个地级市中排名靠后，属于资源型极度缺水地区。尤其在工农业较为发达的石川河地区，分布有全市 87.2% 的人口、72.9% 的耕地，但水资源量仅为全市总量的 61.8%，缺水问题更为突出。

二 铜川市水环境治理中存在的问题

（一）城镇污水收集和处理设施欠账多

铜川城市基础设施建设历史欠债多，污水收集和处理能力不足，存在较为严重的控源截污短板，污水直排、雨污合流制溢流和污水处理厂溢流等问题较为突出，严重制约着城市水环境的有效治理，主要表现为：一是排污口错接乱接问题较为严重，2019 年 4 月份的排污口普查中发现，全市雨污收集口接入不规范共计 272 个，污水管接入雨水口共计 212 个；二是全市污水处理覆盖率在全国处于较低水平，城市污水处理率仅为 76.8%；三是污水处理能力不足，近年来实施的控源截污工程使旱季新增收水能力约 5000 立方米/天，现有两个市级污水处理设施处于超负荷运转状态，污水处理厂溢流较为严重，雨季溢流量更是达到 5000~11000 立方米/天。随着控源截污纳管工作的推进，加之雨污合流制溢流问题很难在短期内解决，污水处理能力缺口在 1.5 万~2 万立方米/天。

（二）河道生态基流不足、自净能力弱

客观上，铜川市属于水资源严重短缺地区，而漆水河和沮河（简称漆沮两河）上、中游建设的水库进一步加剧河道断流。除汛期外，漆水河河道水基本全部进入柳湾水库，其年供水量约 400 万立方米，严重挤占了河道内生态用水，导致漆水河中下游在干旱季节经常断流，河道内水生态环境恶化。加之漆水河年径流量中污水处理厂出水量占 45%，生态基流不足造成水体污染负荷过重，水质长期处于 V 类至劣 V 类之间。生态基流不足造成河道发生季节性和区段性断流，在河道形成多处停滞区和静止区，使河道型水体转变为湖库型水体，水动力严重不足，水体自净能力弱，造成治理效果不能巩固。

（三）建成区存有较为严重的黑臭水体

2015 年 12 月，陕西省住房和城乡建设厅公布了全省 12 个城市的黑臭水体清单，其中铜川市漆水河存在 32 公里黑臭水体（以下简称"漆水河黑臭水体"），之后它被列入全国城市黑臭水体整治清单，见表 1。

表 1 铜川市城市黑臭水体清单

编号	61000001
黑臭水体名称	铜川市漆水河
水体类型	河流
整治前等级	轻度
长度（km）	32
面积（km²）	0.96
销号与否	否
发现时间	2015 年 12 月
水质现状	透明度 18.64 cm、溶解氧 9.29mg/L、氧化还原电位 229.55mV、氨氮 1.964mg/L

资料来源：全国城市黑臭水体监督平台。

漆水河黑臭水体（全国黑臭水体编号：61000001）属于典型的城市河流型黑臭水体，起点为印台区的姜女祠，终点为耀州区的岔口，总长 32 公

里，流经铜川印台区、王益区和耀州区等三个老城区，分为上段（印台区）、中段（王益区）和下段（耀州区），各段长度分别为 3224 米、14849 米和 13952 米。

铜川黑臭水体除具有其他地区的共性特点外，还具有西北缺水地区城市河道型黑臭水体的典型特征，治理难度大。因初期对整治工作的复杂性和长期性认识不足，整治工作缺乏系统性和整体性，加之资金不足、长效机制不完善，整治工作困局未能突破，"年年治理，年年黑臭"问题困扰着城市管理者。

（四）水环境治理面临多重深层次难题

铜川黑臭水体具有我国西北缺水地区城市河道型黑臭水体的典型特征，突出表现为以下三个方面：一是漆水河年径流量中污水处理厂尾水量占45%，由于污水处理厂排放标准低，造成河流污染负荷高，极易形成黑臭水体。二是铜川作为黄土高原沟壑区的典型代表，水土流失强度属中度，漆水河流域年侵蚀总量达 121 万吨左右，雨污合流造成污水管网堵塞较为严重。同时，在药王湖等下段容易淤积河道，影响水体流动。三是河流生态功能严重退化，昔日河中的鱼虾蟹现已无觅处，河流健康问题突出。

（五）水环境治理的长效机制尚未建立

黑臭在水中，问题在岸上，水环境整治工作缺乏系统性和整体性，突出表现为以下几个方面：一是整治工程项目布置较为零散，建设偏重于重点河段和节点，尚未形成上下游、左右岸、岸上岸下、干流支流全流域全面治理的局面；二是对城市污水处理能力欠缺、河流生态基流不足、区域水土流失较为严重、城市面源污染等造成黑臭问题久治不绝的关键性瓶颈攻坚力度不够，使治理工作困局尚未突破；三是黑臭水体治理中存在多头管理、责任不清的问题，污水管网权属复杂和污水管网与污水处理厂运维主体不一致问题，常造成工作衔接不到位，形成管理盲区；四是监测体系不完善，管网信息化水平低，河流水环境和管网问题识别不精准，严重影响决策的合理性和执行效率；五是存在重工程建设、轻运维管理的问题，严重影响了项目建成后的环境效益发挥；六是地方财力有限，资金缺口大，现阶段各部门间项目资金整合不够，各部门的治理资金管理和使用分散，尚未建立起长期稳定的财政投入机制和社会融资渠道，资金合力效应不够。

三 铜川市水环境治理的主要措施

（一）全域系统推进河流水环境治理

结合铜川市气候、水文和地理特点，以流域为单元，按照"一河一策"原则制订河流水环境治理和生态修复方案，贯彻海绵城市建设理念，践行"源头减排、过程控制、系统治理"与"控源截污、内源治理、生态修复、活水保质"相结合的技术路线，结合垃圾系统治理，从全流域、全要素通盘考虑治理措施。其中，控源截污是重点，包括污水系统提质增效、沿河排污口整治、雨污错混接改造、合流制溢流污染控制、雨水径流污染控制、城市生活垃圾收集处理、工业点源治理和农业农村面源治理。

（1）在建成区内，完善排水系统，实施污水系统提质增效，实现"有效收集、确保通畅、达标排放"。全面统筹城市生活垃圾收运处理、工业点源治理和农业农村面源治理，实现"源头减排"。

（2）以流域为单元，系统治理沿河排污口、雨污错混接、合流制溢流污染和雨水径流污染，实现"消除直排、减少溢流、源头减排"，优先使用海绵城市理念，充分发挥铜川市公园、公共绿地的"渗、滞、蓄、净、用、排"作用。对各县区沿河排污口、雨污错混接治理主要采用工程措施，对合流制溢流污染治理加强源头海绵减排、过程管网改造、末端截流调蓄相结合的措施，雨水径流污染治理则主要通过海绵城市建设实现。

（3）按照"源头减排、过程控制、系统治理"的海绵城市建设理念，系统控制雨水径流污染。在源头地块内，因地制宜建设下沉式绿地、雨水花园、植草沟、透水铺装等低影响开发设施，对雨水进行净化；将海绵城市建设管控指标落实到地块，其中以年径流总量控制率和年固体悬浮物总量去除

率为强制性指标，下沉式绿地率、透水铺装率和绿色屋顶率为引导性指标。凡新建、扩建或改建项目，将管控指标纳入规划设计条件，对土地招拍挂项目，将其纳入地块出让条件，在后续规划设计与施工建设中予以落实。在道路排水管网建设过程中，新建地区严格实行雨污分流排水体制，避免合流制溢流污染，已建道路采取截污控污措施，新建道路在有条件的情况下在侧分带建设生物滞留设施、植被缓冲带、生态树池等，控制传输过程中的雨水径流污染。在雨水进入河流末端时，结合河道蓝绿空间，布置植被缓冲带、树池、生物滞留设施、雨水湿地等，对入河雨水径流进行过滤、净化，进一步削减入河污染物。系统治理技术路线见图2。

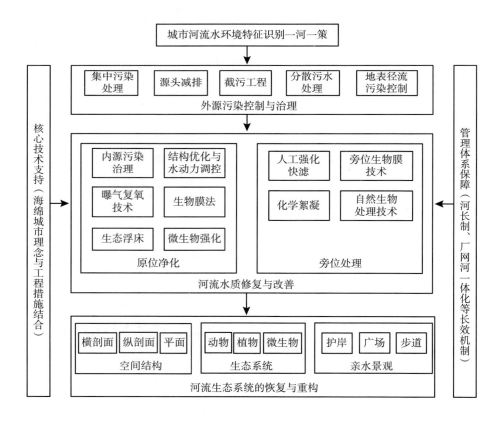

图2 铜川市水环境系统治理技术路线

资料来源：作者自绘。

(二)以治促用,提升再生水利用水平

针对污水处理厂尾水标准低,漆沮两河生态基流严重不足,水体自净化能力差等突出问题,铜川市将水环境治理与再生水资源利用紧密结合,对铜川市污水处理厂和铜川市新耀污水处理厂两座污水厂(2座污水厂日处理能力为6万吨,占铜川市全部污水厂处理能力的98.6%)的出水进行深度处理,使其达到再生水水质标准,用于漆沮两河河道补水和市政杂用水,保障河道生态基流量,促进水体流动,提高水体自净能力和河流生态系统健康水平,同时解决污水处理厂尾水标准低的问题。

为此,按照地表水Ⅳ类标准分别对铜川市新耀污水处理厂进行扩建和提标改造,同时在铜川市污水处理厂新建再生水处理设施,新增再生水处理能力2.5万立方米/天。主要工程参数见表2。

表2 再生水厂工程参数一览

序号	建设目的和建设内容	主要技术参数
1	解决铜川市污水处理厂和新耀污水处理厂能力不足问题,在新耀污水处理厂扩建3万立方米/天	出水水质达到《地表水环境质量标准》(GB 3838–2002)Ⅳ标准(总氮除外)和《陕西省黄河流域污水综合排放标准》(DB 61/224–2018)
2	解决尾水标准低问题和为提高再生水利用水平,开展3万立方米/天的新耀污水处理厂一期提标改造	
3	解决尾水标准低问题和为提高再生水利用水平,铜川市污水处理厂新建2.5万立方米/天再生水厂	采用曝气滤池(BAF)+超滤(UF)+消毒工艺,使再生水满足《城市污水再生利用工业用水水质》(GB/T 19923–2005)

河流河道补水,包括对漆水河河道补水和沮河河道补水。

漆水河河道生态补水。在铜川市污水处理厂内建设处理能力为25000立方米/天再生水厂,服务区域包括王益区、印台区、王家河工业园区和黄堡工业园区等。同时,铺设生态补水管道为漆水河补充生态基流,年补水量可达200万立方米以上,补水路线由铜川市污水处理厂的水质提升厂沿漆水河河道向北直至柳湾村,具体如图3所示。

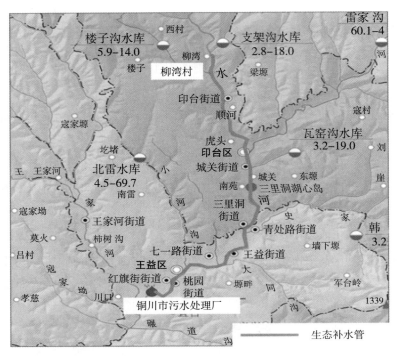

图3　漆水河生态补水示意

沮河河道生态补水。沮河生态补水水源以雨水和再生水为主，通过实施铜川新区低洼区雨洪利用生态修复项目，收集项目周边区域雨水径流，同时通过生态湿地深度净化新耀再生水厂的中水，每年收集利用雨水192万立方米，净化中水730万立方米，向沮河补充生态基流870万立方米。补水路线见图4。

（三）推行"厂－网－河"一体化治理和运营维护

由铜川市城市管理执法局联合市水利局，开展污水处理厂、市政污水管网与河湖水体联动"厂－网－河"一体化治理和运营维护模式探索，制订实施方案，建立以市政府为统筹主体、主管部门为监管主体、第三方专业服务机构为服务主体的"三位一体"运维管理体系，构建全市排水系统"投融建管护"统一平台和"厂－网－河"一体化智慧管理系统，形成全市排

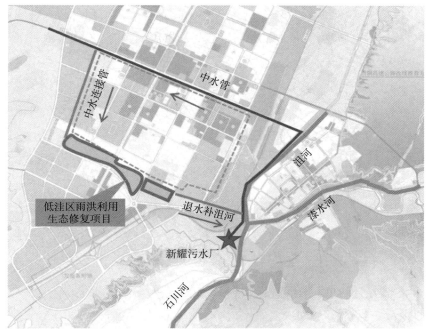

图4 沮河河道生态补水示意

污治污基础设施投资、建设和运营闭合链条，推动城市排水系统信息化、自动化和智慧化运行，实现对全市域、全流域内厂、网、口、闸、河等要素的一体化管理和统一调度，确保城市排水系统安全高效运转，促进城市水生态环境质量持续改善。

一是构建排水系统"投融建管护"统一平台。在全面梳理市域排水系统工况的基础上，通过实施排水系统建设运营特许经营，推进污水处理厂和污水管网建设和运营责任主体整合，将原有分散建设、多头管理的污水处理厂、污水管网全部统一交由一家平台公司建设管理，并积极推动"厂－网－河"一体化建设运营维护机制建设，优化设计绩效考核管理体系，提高建设运营维护单位及具体管理部门的积极性，促进政府监管下的"厂－网－河"责权利统一，实现治水效益的最大化。

二是建设"厂－网－河"一体化智慧管理系统。按照"统一规划、统一标准和统一平台"的原则，构建从"污染源－河道"的全方位、立体化、精细化黑臭水体综合监测网络，实现对所有厂、站、网、口、河等各要素的水质、运行状态、溢流等情况进行实时监控及动态评价；加快排水系统地理信息系统建设，基于大数据、物联网、空间数据库等先进技术，利用 BIM + GIS 信息化管理手段，构建"厂–网–河"一体化全要素总图，用"一张图"的形式建立排水管网信息化和网格化管理系统，实现排水管网设施建设管理、运营维护和数据更新等全生命周期可视化管理；在此基础上，进一步建立"厂–网–河"一体化智慧管理系统，实现互联网＋大数据的智慧运维、智能调度管理模式。

三是实施"厂–网–河"一体化示范项目建设。结合铜川市漆水河水环境治理工程，以铜川市新耀污水处理厂及配套管网–药王湖尾水湿地为试点，开展"厂–网–河"一体化运营维护相关示范。

（四）完善制度体系建设，统筹开展"四水共治"

铜川市委、市政府高度重视城市水环境治理工作，并从设施、流域、城市等维度，将水环境治理与水安全保障、水生态修复、水资源保护系统推进，通过完善制度文件和机制体制建设，统筹开展水资源、水安全、水环境、水生态"四水共治"。

一是水环境治理体系。以城市黑臭水体治理试点为契机，构建完备的水环境治理体系，市政府印发了《铜川市城市黑臭水体治理实施方案》等多个文件，加强水污染综合防治；出台《铜川市城市排水许可管理办法》《铜川市城市污水排入排水管网许可制度实施办法》等文件，强化源头截污管理；印发《散乱污清理取缔行动方案》《铜川市市政管网私搭乱接溯源执法联动工作方案》等文件，推动监测监管体系建设；印发《铜川市全面推行河长制湖长制实施方案》《河湖长制工作制度》，建立由河湖长制组织、制度、责任、治理和执法监督体系构成的河湖长制工作责任体系。

二是水生态修复体系。针对区域水土流失严重、流域生态基流不足、水生态恶化等重点问题，制定《生态清洁小流域建设行动方案》《全市生态清洁小流域评定办法》，打破单一水土流失治理模式，开展以小流域为单元的水土流失综合治理工作；印发《铜川市主要河流污染补偿实施方案》《铜川市石川河生态基流补偿机制管理暂行办法》，实现生态环境与自然资源大数据资产一本账、一体化管理，有效解决了石川河水资源严重短缺及污染等问题。

三是水资源保护体系。印发《铜川市城市非常规水管理办法》《铜川市地下水保护管理办法》《铜川市水资源管理办法》《铜川市城市用水供水管理办法》《铜川市城市节约用水管理办法》《铜川市城市建设项目节水设施"三同时"管理办法》《铜川市实施国家节水行动方案》等政策文件，对各类水资源开发、利用、节约、保护及管理等相关内容做出全面细致规定，形成以节水、供水、非常规水利用为梯度的水资源保护体系。

四是水安全保障体系。印发《铜川市漆沮两河洪水防御预案》《铜川市水旱灾害防御应急响应工作规程》《铜川市城市防洪预案》等多个文件，构建起以预防为主的保障体系，筑牢城市防洪排涝安全屏障。

四 铜川市水环境治理取得的成效及面临的挑战

（一）取得的成效

由于水资源极度短缺，河道生态基流不足，漆水河年径流量中的45%又来自污水处理厂尾水，因而历史上铜川的水环境质量总体较差。但随着各项治理措施的推进，铜川水环境治理效果显著，全市水环境质量逐月、逐年提升。

市域层面。《2020年铜川市生态环境状况公报》内容显示，地表水环境质量方面，金锁、三里洞、岔口三个国控断面水质皆满足国家排放要求；集中式生活饮用水水源地环境质量方面，全市3个城市和1个县级集中式生活饮用水水源地水质达标率皆为100%；地下水水环境质量方面，方泉井、王家河井、董家河井所测项目均达到或优于《地下水质量标准》（GB/T14848－2017）Ⅲ类标准，水质状况属良。

全国层面。生态环境部发布的《全国地表水、环境空气质量状况》显示，近年来铜川市水环境质量改善明显，在全国地级及以上城市水质考核排

名中进步很快。表3为铜川市国控断面水质在全国地级及以上城市地表水考核断面中的排名变化。

表3　2020年1~8月铜川市国控断面水质在全国地级及以上城市地表水考核断面中的排名

时间	考核断面	在全国地级及以上城市地表水考核断面中的排名
2020年3月和1~3月	石川河岔口出市断面	全国倒数第1
2020年4月和1~4月	石川河岔口出市断面	全国倒数第2
2021年5月和1~5月	石川河岔口出市断面	全国倒数第11
2020年6月和1~6月	石川河岔口出市断面	全国倒数第5
2021年7月和1~7月	石川河岔口出市断面	全国倒数第18
2020年8月和1~8月	石川河岔口出市断面	全国倒数第30

（二）面临的挑战

铜川市在水环境治理中采取了一系列积极、有效措施，并取得了显著成效，但铜川在进一步提升水环境质量方面仍面临较大的挑战，主要表现如下。

客观方面。一是铜川地处黄土高原地区，降雨量少，水资源十分短缺，人均水资源量仅为全国的1/8、陕西省的1/5，河道生态基流严重不足，漆水河、沮河常年断流。通过再生水补水或异地调水对漆水河、沮河补水，将对地方财政造成较大压力；二是铜川市森林覆盖率低，植被稀疏，水源涵养能力差，水土流失严重并易造成排水污水管网堵塞，从而引起污水溢流，困扰水环境治理和管护；三是铜川地域狭小，难以通过天然湿地等低成本方式对废污水进行大规模、深度处理，从而使得水环境治理成本高昂。

转型发展方面。铜川市尚属经济欠发达地区，2020年人均GDP仅4.89万元，为同期全国人均GDP的68%，铜川经济存在很大的发展潜力和发展空间。如同其他资源型城市，铜川市绿色低碳转型发展不是一蹴而就的事情，四大传统主导产业短期内难以被替代，随着经济增长和人们生活水平的提高，铜川市还将消耗更多的水资源，产生更多的污水排放，从而对水环境治理带来压力。如"十四五"期间，西安理工大学和西安工业大学将落户铜川新区，每年新增用水量 1000 万吨以上，产生 900 万吨以上的污水。

为应对这些挑战，铜川需加快产业转型发展，持续推动煤炭、水泥、铝业、电力等优势传统产业提质增效；高质量建设航天科技、数字经济、高端装备、先进陶瓷、生物医药、文化旅游体育等六大产业集群；加快发展商务、物流、商贸等服务经济；发展生态农业、环保产业等生态友好产业。同时，多方筹集水环境治理和管护所需的资金，进一步完善水环境"长治久清"的长效机制体制。

五　铜川市水环境治理为其他资源型城市提供的经验借鉴

资源型城市的水环境治理是一个系统、复杂的问题，既要注重过程治理，又要兼顾资源化利用，同时还要建立完善长效机制体制。铜川市在水环境治理过程中，从全流域、全要素通盘规划水污染和水环境治理措施，制定具体技术路线；提高污水处理标准和排放标准，以治促用，提升非常规水源利用量和利用水平；推行"厂–网–河"一体化治理和运营维护机制；全面完善制度体系建设，统筹开展水资源、水安全、水环境、水生态"四水共治"。

出于客观和历史的原因，铜川水环境治理还面临着一定的挑战，但铜川市水环境治理措施产生的成效明显。铜川水环境治理的做法和经验，亦可为其他资源型城市水环境治理提供借鉴。

参考文献

储诚山、刘伯霞：《陕西黄土高原生态环境问题及生态保护修复》，《研究开发》2019 年第 5 期。

姜文来：《煤炭资源型城市水资源的可持续利用》，《中国水利报》2006 年第 6 期。

唐建：《资源型城市转型中的唐山水资源可持续利用对策研究》，《内蒙古水利》

2012 年第 2 期。

储诚山、侯小菲:《城市黑臭水体治理及运行维护的长效机制研究》,《经济研究导刊》2019 年第 29 期。

刘希朝、李效顺、韩晓彤等:《基于最小阻力模型的资源型城市景观安全格局诊断研究——以徐州市为例》,《生态经济》2020 年第 6 期。

赵晔:《城市黑臭水体整治实现长制久清存在的风险与对策》,《给水排水》2019 年第 4 期。

吴运连、谢国华:《赣州山水林田湖草生态保护修复试点的实践与创新》,《环境保护》2018 年第 7 期。

B.17
生态文明背景下乡村水环境治理
实践探索与经验启示

顾 芸　张瑞宇*

摘　要：　在乡村振兴和生态文明建设双重背景下，农村生态文明建设
　　　　　的时代命题应运而生。本文首先从建立长效治理机制、健全
　　　　　法律法规、生态工程建设、农村空间布局优化、人才队伍建
　　　　　设和鼓励社会资本参与等方面梳理了党的十八大以来我国乡
　　　　　村水环境治理的决策部署；然后，选取典型地区的乡村水环
　　　　　境治理实践探索，梳理了各地积极探求乡村水环境治理的举
　　　　　措和路径；最后提出了生态文明建设背景下我国乡村水环境
　　　　　治理的经验启示，并为新形势下推进乡村水环境治理提出了
　　　　　对策建议。

关键词：　生态文明　乡村　水环境治理

一　引言

水一直是人类最不可或缺的自然资源。水承载着生命，但又通过干旱、

---

* 顾芸，首都经济贸易大学城市经济与公共管理学院，博士后，讲师，研究方向：区域经济
学、教育经济与管理；张瑞宇，中共甘肃省委党校（甘肃行政学院）甘肃发展研究院社会调
查研究室主任，研究方向：生态经济学。感谢陇南市武都区月照乡乡长杨志超同志对本文的
数据资料支持。

洪水和泥石流等破坏性灾害，以令人恐惧的方式摧毁生命①。20 世纪 90 年代以来，连续多个年份全国年降水量高于以往，长江中下游地区、东南和西南等多地区洪涝灾害时常发生。与此同时，华北和东北地区干旱形势趋重，全国范围内相对呈现南涝北旱的特征。在新形势下，除了传统的水问题依然存在外，水资源短缺、水污染严重、生态水挤占及栖息地破坏等新问题也日益凸显②。水问题不仅存在于城市，随着工业化、城镇化的推进，乡村水生态环境问题也越来越突出，且出现了城市水生态环境问题向农村辐射扩散的趋势。根据 2020 年全国第七次人口普查数据，我国有超过 1/3 的人口居住在乡村（50979 万人）。乡村是中国的根，让乡村人居环境"留得住青山绿水，记得住乡愁"，是关乎我国广大乡村人民福祉的大事，也是关乎乡村振兴的长远大计。因此，生态文明背景下乡村水环境治理问题也成了重要议题。

党的十八大报告将生态文明建设纳入中国特色社会主义事业总体布局，全面阐述了加快生态文明体制改革、推进绿色发展、建设美丽中国的战略部署。2018 年 5 月召开的全国生态环境保护大会确立了习近平生态文明思想，明确要求"基本解决农村的垃圾、污水、厕所问题，打造美丽乡村"；2020 年 12 月，习近平总书记在中央农村工作会议上提出了农村生态文明建设的时代命题，强调"加强农村生态文明建设，保持战略定力，以钉钉子精神推进农业面源污染防治，加强土壤污染、地下水超采、水土流失等治理和修复"③。从习近平总书记提出"农村生态文明建设"的历史脉络来看，农村生态文明建设既是全面推进乡村振兴的重要内容，也是加强生态文明建设的题中应有之义，乡村水环境治理则是加强农村生态文明建设的重要举措。近年来，我国加大了乡村水环境治理力度，先后出台了一系列重大决策部署文

① ［美］斯蒂芬·所罗门：《水：财富、权力和文明的史诗》，叶齐茂、倪晓晖译，商务印书馆，2018，第 19 页。
② 王浩等：《绿水青山的国家战略、生态技术及经济学》，江苏凤凰科学技术出版社，2019，第 8 页。
③ 习近平：《习近平出席中央农村工作会议并发表重要讲话》，http：//www.gov.cn/xinwen/2020－12/29/content_ 5574955. htm，2020 年 12 月 29 日。

件，各地积极探求生态文明建设背景下的乡村水环境治理的举措与路径，取得了良好的效果。

二　基于国家层面的乡村水环境治理实践探索

为了切实改善乡村水生态环境，我国主要在建立长效治理机制和完善法律法规、生态工程建设和农村空间布局优化、人才队伍建设和鼓励社会资本参与等方面开展了一系列重大决策部署，正以乡村水生态环境治理实践彰显"绿水青山就是金山银山"理念，不断构筑省、市、县、乡、村五级联动的水生态文明建设格局。

（一）建立长效治理机制、健全完善法律法规

乡村水生态环境治理要摆脱"先污染后治理"之路，关键要建立长效的治理机制、健全完善法律法规。一是建立乡村生活污水治理长效机制。《关于以生态振兴巩固脱贫攻坚成果 进一步推进乡村振兴的指导意见（2020—2022 年）》指出："建立农村生活污水治理长效机制"。二是全面推行河（湖）长制。《关于全面推行河长制的意见》于 2016 年印发；2018 年《农村人居环境整治三年行动方案》明确了"将农村水环境治理纳入河长制、湖长制管理"；"十四五"规划提出要解决农村垃圾、乡村黑臭水体等突出环境问题，要推进农村生活污水治理和农村水系综合整治。三是出台相关法律法规。为了防治水污染、保护水生态，我国制定了《中华人民共和国水污染防治法》，具体规定了农村污水和垃圾处理、化肥和农药质量、使用农药标准、畜禽养殖场和养殖小区畜禽粪便污水、水产养殖、农田灌溉等方面的法律条文。

此外，还建立了以下若干重要的机制和制度：一是建立工业和城镇污染向农业转移防控机制；二是健全水生生态保护修复制度；三是实行林业和湿地养护制度。这些机制和制度源于我国对乡村生态环境治理和水生态环境治理的科学认识。其一，农业污染和乡村污染不仅仅来源于农业生产和乡村生活，谨防工业和城镇污染物对农业区域和乡村生态环境的影响势在必行。由

于水生态具有更强的整体性和系统性，因此对于乡村水生态环境治理同样不能忽视来自工业和城镇的污染源。其二，水生生物多样性是水生态的重要组成部分，也是水安全的保障，因此对水生生物的保护不容忽视。其三，水生态环境治理是一个系统工程，对于林业和湿地的养护同样是水生态环境治理的重点。因此，乡村水生态环境治理所要建立的制度法规涉及方方面面，立法工作任重道远。

（二）推进生态工程建设、优化农村空间布局

大自然是一个相互依存、相互影响的系统，生态工程建设有助于水生态环境的治理。我国以退耕还林还草、湿地保护与恢复、水生态治理等生态工程建设推动乡村水生态环境治理，不断加强乡村水资源保护和水生态修复。同时，我国依托农业主体功能和空间布局、农村生态空间优化治理乡村水生态环境，立足水土资源匹配性，细划农业发展区域，科学布局乡村生活空间、农业生产空间和乡村生态空间，鼓励编制实用性村庄规划。在农业领域强化空间用途管控、科学合理划定禁养区、合理确定养殖规模和养殖密度等措施，对防控水产养殖污染、抑制乡村水土流失等都起到了积极作用。

（三）加强人才队伍建设、鼓励社会资本参与

乡村水生态环境治理离不开人才，更离不开人才队伍。乡村水生态治理不仅需要管理人才、新型农民和农业经营主体，还需要致力于生态环境保护和治理创新的科技创新人才，不断提高生态环境保护和治理的科技水平。《关于创新体制机制推进农业绿色发展的意见》要求健全农业人才培养机制和健全生态管护员制度。在《关于以生态振兴巩固脱贫攻坚成果 进一步推进乡村振兴的指导意见（2020—2022年）》中明确指出要加强乡村生态环境保护科技创新和建立乡村生态环境保护科技专家库。《农村人居环境整治三年行动方案》提出"选派规划设计等专业技术人员驻村指导，组织开展企业与县、乡、村对接农村环保实用技术和装备需求"。除了国家财政直接投入乡村水生态环境治理外，国家还鼓励社会资本参与其中。在最新印发的

《社会资本投资农业农村指引（2021年）》中，明确提出支持社会资本参与农村人居环境整治提升五年行动。

三 基于典型地区的乡村水环境治理实践探索

党的十八大以来，全国上下深入贯彻学习习近平生态文明思想，积极探求生态文明建设具体办法和实践路径，掀开了我国生态文明建设的新局面。各地更是开启了农村生态文明建设实践，大力推进农村生态文明建设背景下乡村水环境治理实践探索。下面梳理东部地区的浙江省和海南省、中部地区的湖南省和江西省、西部地区的四川省和甘肃省等6个省在乡村水环境治理实践中的路径和经验。

（一）东部地区的乡村水环境治理实践

1. 浙江省：千村示范、万村整治

浙江省以建设"美丽乡村"为目标的"千万工程"（"千村示范、万村整治"工程）迄今已历时18年，"千万工程"造就了千万美丽乡村。从"千万工程"起步，历经示范、普遍推进、发展提升各个阶段。浙江推进生态文明建设的努力和成效获得了国际社会认可，"千万工程"荣获"2018地球卫士·行动与激励奖"。浙江还吹响了"五水共治"集结号，即治污水、防洪水、排涝水、保供水、抓节水。浙江省人居环境始终保持在全国前列。2019年，《浙江省美丽河湖建设行动方案（2019—2022年)》发布，且连续三年发布美丽河湖建设计划，"水美乡村"或"水美乡镇"始终是建设重点；同年，浙江省农村人居环境整治成绩位居全国第一。

2. 海南省：乡村水环境综合整治全域覆盖

海南国际旅游岛建设、海南自贸区（港）建设始终绕不开生态环境问题，尤其是农村环境的治理。根据《海南省农村人居环境整治三年行动方案（2018—2020年)》，海南省大力推进农村生活污水治理，农村生活污水

表1　浙江省乡村水环境治理亮点案例节选

市县	政策亮点	主要内容
杭州	杭州开创农村污水生态治理新格局	在临安区和桐庐选取5个试点,为全市提升改造工作提供经验。量体裁衣、尾水回用、先进技术引进……实践中得来的经验通过推进会等形式,从5个试点迅速推广至全市,并由专家服务团队现场把关,杭州全市农村污水终端提升改造全面提质增效
长兴	智慧大数据助力乡村水环境治理	长兴县龙山街道将乡村河道实时信息纳入智慧大数据系统,全面提升乡村水环境治理和监管工作
嘉兴	生态循环农业助力水环境治理	嘉兴按照浙江省委省政府"五水共治"的决策部署,全力投身农业水环境治理,齐心协力打好农业治水攻坚战,走上了一条大力发展现代生态循环农业的道路

资料来源:根据浙江省人民政府官网信息整理。

乱排乱放现象不断减少,农村人居环境质量得到进一步提升。据统计,截至2020年9月底,全省累计建有生活污水治理设施的行政村(居)1055个,累计建有生活污水治理设施的自然村共3376个,累计建有农村生活污水治理设施10367套。

表2　海南省乡村水环境治理亮点案例节选

地点	政策亮点	主要内容
演丰镇	根据实际情况,出台具体政策,摸索适合本地的方式	演丰镇政府整体规划乡村污水处理系统,农家乐安装污水处理设备可酌情获资金补贴
琼中县	琼中县建立PPP运作模式、健全PPP机制	琼中县率先在全省推广运用PPP,例如与上海三乘三备环保工程有限公司合资组建琼中鑫三源公司,负责建设自来水厂、污水处理厂以及农村生活污水处理站点等

资料来源:根据海南省人民政府官网信息整理。

(二)中部地区的乡村水环境治理实践

1. 湖南省:农村人居环境整治的"样本"

2018年,湖南省先后印发《统筹推进"一湖四水"生态环境综合整治总体方案（2018—2020年）》和《湖南省农村人居环境整治三年行动实施方案（2018—2020年）》，这也是湖南省水环境治理最有力的行动，并且经三年努力，摸索出了一套农村人居环境整治的"湖南经验"，有效改善了湖南乡村水环境。

表3 乡村人居环境整治的"湖南样本"

政策亮点	主要内容
首厕过关制	在全国首创"首厕过关制"，以首厕过关，经过验证推广，带动每厕过关，并且与生活污水同步治理。3年多来，全省累计新建农村公厕2000余座
"六个一"模式	"六个一"即一个菜园、一个杂屋、一个畜圈、一个化粪池、一个沤肥凼、一条排水沟，也结合了改厕改水
绿色存折模式	在农村实行"绿色存折"模式，鼓励村民以生活可回收垃圾换取"绿色存折"积分，再凭积分换购日用品或兑换现金，从源头实行垃圾分类减量

资料来源：根据湖南省人民政府官网信息整理。

2. 江西省：实现"一张图"管理

江西属农业大省，农村人口众多，农业农村生态环境监管工作量大、任务重，勇于创新载体，通过信息化手段实现"一张图"管理，从而提升管理效率。江西按照"一村一档"建立信息档案，共收集到156532个自然村共近1000万个数据，包括农村生活污水处理去向、农村生活污水处理设施建设运行等信息，全省3986个设施（截至2020年5月底）全部在地图上标注。

表4 江西省乡村水环境治理亮点案例节选

地点	政策亮点	主要内容
九江市	通过信息化手段健全村庄管护机制	全市两级建立了"万村码上通"5G+长效管护智慧平台，实时在线监测农村垃圾、污水、保洁员及设施设备运行等情况
新余市	"保家行动"奏响水环境整治最强音	新余集中实施畜禽养殖污染、水库承包养殖污染、工业污染三大整治的重大决策。这项工作后来被命名为"保家行动"

资料来源：根据江西省人民政府官网信息整理。

（三）西部地区的乡村水环境治理实践

1. 四川省：把乡村水环境治理通盘纳入河（湖）长制治理体系

四川素有"千河之省"之称，河流湖泊众多，境内流域面积在 50 平方公里及以上的河流有 2800 多条，总长度 11 万余公里，保护治理任务重。四川建立乡村水环境治理保护长效机制，建成河畅、水清、岸绿、景美的宜居乡村，助力乡村振兴战略实施。

表5　四川省乡村水环境治理亮点案例节选

地点	政策亮点	主要内容
泸县	形成"每周巡查＋现场整改"机制	压责任严考核，倒逼整改落实。针对各级河长、村级巡河员、河道保洁员，分级分类建立责任清单，围绕重点区域开展日常巡查和不定期集中清理，形成"每周巡查＋现场整改"机制。由县纪委、生态环境局等抽调专人，组成督查组，每月督查并通报查处问题，将督查情况作为考核依据，有效督促问题整改
镇西镇	压实工作责任，常态长效整治	严格落实河（湖）长责任制，建立常态长效机制，持续推进"清四乱"专项整治，动员群众开展村庄清洁行动，不断改善农村水环境质量。针对中央、省、市督察反馈及群众信访反映问题，认真梳理归档，分类建立工作台账、责任清单和整改方案，倒排工期、责任到人，确保所有问题按期整改到位

资料来源：根据四川省人民政府官网信息整理。

2. 甘肃省：扎实有序推进农村"三大革命"

近年来，甘肃各级政府积极学习推广浙江"千万工程"经验，扎实有序推进农村厕所革命、垃圾革命、风貌革命"三大革命"和农村生活污水治理等"六项行动"，乡村水环境治理工作取得了阶段性成效。

表6　甘肃省推进农村"三大革命"案例节选

地点	政策亮点	主要内容
民勤县	以"厕所革命"为契机，打出了一套人居环境整治、美丽乡村建设、全域无垃圾综合治理的组合拳	民勤探索总结出原址改建、院内新建、室内套建三种改厕选址模式，引导群众科学合理选址；成立由镇村技术骨干、供货企业技术人员组成的安装技术服务队，提供全程跟踪服务

地点	政策亮点	主要内容
甘南州	依托农牧村"三变"改革，奠定集体经济"深厚基础"，走出了一条"生态＋旅游＋服务"的脱贫致富新路子	以村民小组为单位，每周五轮流对村内、村落周边及村辖区内国道沿线区域进行清理，全体村民每月中旬进行一次排查式环境卫生整治

资料来源：根据甘肃省人民政府官网信息整理。

四　生态文明建设背景下乡村水环境治理启示与建议

（一）乡村水环境治理的经验启示

通过梳理国内东部地区浙江省、海南省，中部地区湖南省、江西省，西部地区四川省、甘肃省的乡村水环境治理实践探索，可以发现各个地区的实践经验既在组织领导、长效机制、合力共治等方面存在共性，又在治理思路、政策措施、具体路径等方面存在代表性，这种共性和代表性具有参考价值。总的来看，在推进生态文明建设背景下的乡村水环境治理经验启示主要有五个方面。

1. 提高思想认识，加强组织领导

成立各级党政主要负责同志担任组长，分管同志担任副组长，相关部门负责同志为成员的乡村水环境治理领导小组。各级党政主要负责同志亲力亲为，推动责任落实，实行党政同责、一岗双责，强化环保责任，改革干部绩效考核方式，着力推进乡村水环境治理。

2. 加强顶层设计，明确方向路线

各地区全面贯彻落实中央有关决策部署，结合自身、因地制宜，总体规划设计地区乡村水环境治理方案，坚持一张蓝图绘到底，不断修订完善总体规划设计，发挥规划的方向性和引领性作用。

3. 创新治理思路，推动融合发展

认真贯彻落实习近平生态文明思想，执行"共抓大保护、不搞大开发"

具体要求。同时，在实践路径上，又坚持因地制宜、因势而为，实现治标与治本、治理与修复、保护与开发的互促共进。

4. 强化工作措施，健全长效机制

长效机制是实现乡村水环境常态化管理、巩固整治成果的有效保障。乡村水环境治理的重点就是要建立健全常态化组织推动机制、管理机制和共建机制。坚持远近结合、标本兼治，做到全程跟踪问效、严肃追责问责，建立完善常态长效管理机制。

5. 注重联防联治，形成共治合力

乡村水环境治理综合性强，需要形成合力、共同推进。始终坚持人民群众的主体地位，加强政府引导，注重社会参与，推进政府、企业、社会多元共治，调动各方面力量推动乡村水环境治理。

（二）乡村水环境治理的对策建议

1. 深入贯彻落实习近平生态文明思想，营造推进乡村水环境治理的良好氛围

习近平生态文明思想生动形象地阐述了人与自然之间唇齿相依、唇亡齿寒的和谐共生关系，回应的是人与自然关系日趋紧张的人类发展新危机。在生态文明建设背景下推进乡村水环境治理要深入学习宣传贯彻习近平生态文明思想。首先，要认识到习近平生态文明思想的重大意义，且在学习习近平生态文明思想的过程中认识到农村生态文明建设的重要性，认识到推进乡村水环境治理是推进农村生态文明建设的重要举措。其次，要用喜闻乐见的形式宣传习近平生态文明思想，在充分挖掘乡村生态环境及水生态环境变化史的基础之上，创新形式、丰富载体，通过影视作品、现场说法和组织竞赛等形式多样的方式方法开展宣传工作，强化全民乡村水生态保护和水环境治理意识。最后，在具体工作中要把握好贯彻落实习近平生态文明思想的精神实质，坚持人与自然和谐共生的基本理念，把握住"绿水青山就是金山银山"的价值转换，守好生态红线、永久基本农田、城市边界三条底线，推动生态文明建设背景下乡村水环境治理。

2. 以扎实有序推进农村"三大革命"为抓手，着力破解乡村水生态环境问题

乡村水环境治理是一个系统性工程，与农村人居环境息息相关。然而，我国农村垃圾"堆砌如山"又难以得到有效处理、农村生活污水随意排放且不能集中有效处理、厕所亟须改造等人居环境问题依然突出。事实上，从改善农村人居环境入手，以扎实有序推进农村垃圾、污水、厕所专项整治"三大革命"为抓手，是破解乡村水生态环境危机的重要举措。可以说，"三大革命"是推进乡村水环境治理更是推进农村生态文明建设的重要抓手。

3. 推广乡村水环境治理中的典型经验，着力完善乡村水环境治理的体制机制

党的十八大以来，全国各地在推进乡村水环境治理取得良好成效的同时，积累了一些行之有效的典型经验，有必要对这些典型经验予以研究提升，适时适地推广这些在农村生态文明建设背景下涌现出的乡村水环境治理好经验。需要注意的是，推广乡村水环境治理中典型经验的根本目标是完善乡村水环境治理的体制机制。乡村水环境治理是发展的，新情况、新问题层出不穷，只有通过完善乡村水环境治理体制机制的办法解决。首先，要加强地方立法，配套制度政策，完善工作机制，为乡村水环境治理提供法律制度保障。其次，要激发企业和农民的积极性和能动性，将农村水利项目与特色产业发展结合起来，发展壮大绿色产业，优化产业发展结构，为乡村水环境治理提供长久资金支持。最后，要实行建管并重，整合相关资源，加大环保方面资金、人力投入，从体制机制上落实监管责任，补齐体制机制短板，改革干部政绩考核方式和手段，建立监督考核机制，推动执政理念和政绩观转变。

4. 充分挖掘社会主义制度优势，积极构建"四位一体"乡村水环境治理格局

要充分挖掘社会主义制度优势，有效整合和发挥政府、社会、市场和自然力量，推进乡村水环境治理，形成一些行之有效的治理乡村水环境的举措办法，构建"四位一体"乡村水环境治理格局。一方面，坚持共治共保，

建立政府、企业、社会协同共治工作机制，强化社会各界的治水认识、治水责任，引导企业承担社会责任，注重舆论宣传，不断汇聚治理合力；另一方面，重视自然的力量，科学制定基于自然的解决方案，更为科学地解决乡村水环境问题。

参考文献

习近平：《推动我国生态文明建设迈上新台阶》，《求是》2019 年第 3 期。

B.18
小流域治理的经验与发展方向

——以重庆涪陵为例

王宇飞 王 一*

摘 要： 水土流失是造成生态环境恶化的主要原因之一，小流域治理
是我国防治水土流失的重要方式，并且在各地已经有多年实
践，取得了较好的经济、环境和生态效益，有效促进了区域
的可持续发展。本报告重点介绍了重庆涪陵水土流失治理的
经验。涪陵以坡耕地水土流失以及水库库区的水土流失作为
其防治重点，并通过系统性的治理措施和创新促进了水土流失
综合防治，形成了较为系统的防控措施，对于长江的生态修
复以及推进长江经济带建设具有重要意义。在生态文明建设
的大背景下，未来我国小流域治理的理念也需与时俱进。应
鼓励以自然为主的生态修复模式，推行"山、水、林、田、
湖、草、沙"综合治理。各地要立足本地资源优势，探索以
多种模式推进生态产品价值实现，把水土保持工作融入新型
城镇化建设和乡村振兴战略中，不断推进生态产业发展以及
人居环境的改善，最终从生态防护型治理转向生态经济型
模式。

关键词： 小流域治理 水土流失 重庆涪陵

---

* 王宇飞，管理世界杂志社，研究员，管理学博士，研究方向为可持续发展政策；王一，重庆
市生态环境宣传教育中心工作人员。

一 引言

我国水土流失情况严重并且空间分布广泛。其中，水土保持小流域治理是水土流失防治中的一项重要举措。该措施主要是针对集水面积在 30 平方公里以下的闭合区域，统筹规划，因地制宜、因害设防，安排水利工程、优化土地利用，并配套多种治理措施、耕种方式以及经营管理机制等，进而实现对水土流失的有效管理。小流域治理不是一项简单的水土流失防治工程，它往往涉及以多种工程、管理手段来协调人类社会的各种活动及其与生态系统的关系。

小流域治理在我国有着深厚的社会基础，是经济发展以及生态环境保护的客观要求。我国山区面积约 2/3，水土流失面积大，土地在各种类型的侵蚀下，存在土层变薄、地力衰减、粮食作物产量降低的情况，严重损害了当地生态环境质量。国家层面正式提出水土保持小流域治理并开始推行是在 20 世纪 80 年代，以水利部颁布《水土保持小流域治理办法》并开展一批小流域治理试点为标志。经过多年实践，我国小流域治理相关工作已经有了一定的基础并且取得了一定的成绩（见图 1）。

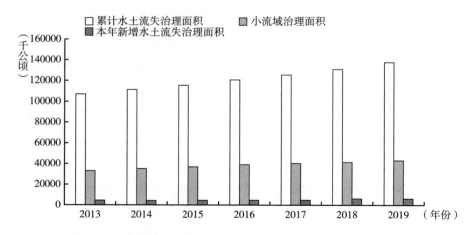

图 1 我国累计水土流失治理面积、小流域治理面积以及当年新增水土流失治理面积
资料来源：历年中国环境统计年鉴。

我国水土保持小流域治理有其自身特点以及优越性。首先，该模式遵循水土流失发生规律并进行科学治理，把治坡与治沟结合，因地制宜，建立农业耕作防护体系，遵循自然特点安排农业、林业以及畜牧业生产。其次，治理中多推行以户承包，鼓励自然单元和社会单元结合，将生态效益、经济效益和农民利益挂钩，在保护中求发展。最后，以小流域为基本单元和基础，先行先试，取得成功经验后再推广到大江大河的整体性治理中。如遥感技术等往往都是率先在小流域内进行实验应用，最后拓展到面上的水土保持工作中。《水土保持法》颁布后，水土保持工作不断调整完善。当然，小流域治理目前也存在一些问题，突出表现为重治理、轻管护，边治理、边破坏的现象还较为普遍。另外，个别地区存在有法不依、执法不严、违法不究的现象，水土保持工作任重道远。

二　重庆涪陵水土流失现状

长江流域是我国经济活动较为集中的区域，也是我国水土流失最严重的区域之一，沿岸地区地质地貌复杂多变并且人类生产生活活动频繁，加之流经的多个省份特色不一，区域内水土流失面积大并且类型多样。沿线土地资源存在不同程度的退化以及受损，土壤侵蚀严重，在使周边地区的生态环境受到侵害的同时加剧了自然灾害风险，制约了沿线经济社会的可持续发展。长江沿线水土流失的特点表现在以下几个方面：第一，水蚀、面蚀最为普遍，广泛分布在坡耕地、荒山、荒坡及疏幼林地上。第二，侵蚀强度以中度以上为主，主要方式为坡面侵蚀。这一情况在上游高山峡谷地带非常突出，此类地区更是集中分布了多个泥石流沟，使得水土流失的潜在危害更加突出。第三，人为水土流失问题越来越突出。包括在荒山荒坡采用大型机械作业、大规模开发果园，以及资源开发和生产建设项目等，这些项目很多并没有配套水土保持措施，严重破坏了地表植被，加速了土壤侵蚀。随着长江经济带建设的持续推进，水土资源开发利用的强度进一步提高，将加大对生态与环境的压力，对长江流域的水源区涵养、生

态脆弱区预防保护提出了更高的要求。

重庆是长江上游水土流失最为严重的区域之一，具有山高坡陡、沟壑纵横、水系密布的特点。其中，三峡库区（重庆段）水土流失情况尤甚，它也是国家级水土保持重要生态功能区和水土流失重点治理区。要通过退耕还林、土地整治、石漠化治理、高标准农田建设以及水土保持工程等，重点对坡耕地集中区、石漠化地区、三峡库区、水源涵养区以及饮用水源保护区进行治理。2016～2020年重庆市新增水土流失治理面积7935平方公里，水土保持生态功能持续提升。其特点可以归纳为"政府主导、水利牵头、部门配合、社会参与"。水土流失治理有两个重点领域，一为耕地，一为水库库区，这一点在重庆涪陵有着突出表现。因此，以重庆涪陵作为案例，一是可以间接服务于长江大保护这一国家战略，二是其作为三峡水库库区和坡耕地地区具有典型代表性。涪陵区位于重庆市中部，地处长江经济带、乌江干流生产区、武陵山扶贫生产区的结合部，距重庆市主城区约100公里，面积2942.34平方公里。近年来，在区域经济发展取得巨大成就的同时，部分区域生态环境问题仍然严峻，水土流失、自然灾害等问题突出，生态环境保护与建设任务艰巨。

根据《重庆市水土保持规划（2016－2030年）》，涪陵区属于渝中平行岭谷，水土流失类型主要为水力侵蚀，局部地区存在重力侵蚀。

涪陵区水土流失空间分布格局由北向南逐渐减轻，由西向东逐渐加重。坪上低山带坝区地形平缓，耕地以水田和平坝旱地为主，水土流失相对轻微；后山区尽管林草植被覆盖度较高，但局部地区水土流失问题突出，并且石漠化情况严重；沿江丘陵低山区是水土流失最为严重的地区。从水土流失分布的土地利用类型来看，坡耕地水土流失面积占水土流失总面积的43.73%；其次是荒山荒坡和疏、残、幼林地。

水土流失主要来源于生产建设项目扰动地表和农村大面积坡耕地，生产建设活动造成的水土流失尤为突出。涪陵区地处大娄山构造系和川东平行岭谷褶皱带与川黔北构造带并接的过渡地带，山高坡陡、地形复杂，起伏地势为水土流失创造了有利的条件；全区紫色土分布广、面积大，抗蚀性和抗冲性弱，具有发生水土流失的潜在条件。同时，涪陵区地处中亚热带湿润季风气候区，降水丰沛且年内分布集中，为水土流失发生提供了强大的外力。虽然全区森林覆盖率达46%，但森林的林龄结构不尽合理，林分结构单一，蓄水保土功能差。涪陵区坡耕地分布广且垦殖指数高，但不合理的耕作方式加剧了水土流失。大部分乡村土地缺乏水利水保工程，部分基础设施因年久失修或其他因素，丧失了水土保持功能。受地形条件的限制，部分柑橘、柚子、梨子、龙眼、茶叶、桑树等经果林栽植在大于25°的陡坡地上；同时，农民经常采用除草剂清除林下杂草等植被，导致林下植被覆盖率低，幼龄果园郁闭度低，裸露地面受地表径流冲刷，极易产生水土流失。随着长江经济带、成渝城市群等重大战略的实施和城镇化进程的加快，全区基础设施建设、矿产资源开采等生产建设活动日益频繁，各类建设工程大量扰动、占压地表植被，改变原地貌，产生大量的弃土弃渣，使原有的水土保持功能降低或丧失，极易发生水土流失。

三　重庆涪陵水土流失小流域治理经验

（一）发挥规划引领作用

涪陵区先后实施完成了"长治"工程、中央预算内农业综合开发、国家水土保持重点工程、国土整治、退耕还林等水土保持生态建设项目，"十一五"期间和"十二五"期间分别治理水土流失面积169.37平方公里、208.0平方公里。2016～2017年完成国家水土保持重点建设工程、石漠化治理工程，治理水土流失面积100平方公里。

涪陵区被列入了三峡库区国家级水土流失重点治理区，属于重点区域水土流失综合治理、坡耕地水土流失综合治理两大国家重点治理项目范围。《重庆市水土保持规划（2016—2030年）》提出，涪陵区近期（2016～2020年）需治理水土流失面积250平方公里，远期（2021～2030年）治理水土流失面积1000平方公里。2016年至2017年，全区水土保持重点工程和其

 城市蓝皮书

他部门生态建设项目共治理水土流失面积 100 平方公里。

涪陵区在重庆市水土保持区划中隶属于渝中平行岭谷保土人居环境维护区四级区。以此为基础，涪陵将全区划分为北部低山丘陵保土生态维护区、西部平坝农田防护水质维护区、中部城区人居环境维护区和东部武陵山山地水源涵养保土区等 4 个五级区，主要措施如表 1 所示。

表 1　涪陵四类区域的功能定位以及水土保持主要措施

区域	功能定位	主要措施
北部低山丘陵保土生态维护区	北部生态保护发展区、城市发展新区和设施农业发展区，区内坡耕地分布广、农业人口集中，区水土流失最为严重的区域	预防保护方面，加强黄草山重要生态功能区预防保护，强化对森林植被的管护和培育，实施天然林、公益林封育管护，低效林改造 综合治理方面，以小流域为单元，实施山水田林路村综合治理，积极发展特色山地经果林；对人口集中的坡耕地，因地制宜实施坡改梯工程，配套完善田间作业道路和坡面水系，改善农业生产生活条件，发展特色农业产业；对生产建设项目应严格落实"三同时"制度；对水源保护区范围内的开发活动要加以限制，禁止在保护区范围内推土、建房、采石及从事畜牧业和种植业等活动；实施坡耕地退耕还林工程，库岸水土保持生态防护林建设，改善三峡水库水质 监督管理方面，强化乡镇级基础设施建设等生产建设项目水土保持监督管理，控制人为水土流失
西部平坝农田防护水质维护区	粮食主产区，水土流失主要产生于开发建设活动	预防保护方面，加大力度进行森林植被的管护和培育，对天然林、公益林封育管护，改造低效林 综合治理方面，以小流域为单元，实施山水田林路村综合治理；对生产建设项目应严格落实"三同时"制度；对水源保护区范围内的开发活动要加以限制，禁止在保护区范围内推土、建房、采石及从事畜牧业和种植业等活动；实施坡耕地退耕还林工程，加强库岸水土保持生态防护林建设，改善三峡水库水质；坡耕地集中区域，实施坡耕地水土流失综合治理，建设高标准农田，提高土地生产力和产出；建设生态清洁型小流域，改善农村生产生活条件和生态环境，发展水土保持型休闲观光农业 监督管理方面，重点对乡镇级的生产建设项目水土保持情况加以监督管理，控制人为水土流失

344

续表

区域	功能定位	主要措施
中部城区人居环境维护区	都市功能核心区,城市开发和建设活动引发的水土流失严重,具有分布集中、强度高、危害大的特点	预防保护方面,加强城区水土流失预防保护,加大力度管护培育现有森林植被和城市绿地,继续对天然林、公益林封育管护 综合治理方面,结合海绵城市建设理念,改进水土保持措施,提高绿色植被覆盖率以及地表径流入渗率,发展城市水土保持;推进城市森林生态廊道建设,扩大绿色生态空间;对生产建设项目应严格落实"三同时"制度;在江、河、湖岸堤进行绿化防护和美化建设,体现滨江、滨湖特色;对城郊农村区域,坚持山水田林路村综合治理,开展城郊生态清洁型小流域治理工作,发展有利于水土保持的休闲观光农业 监督管理方面,强化城市开发和基础设施建设过程中的水土保持监督管理,提高防治标准,管控人为造成的水土流失
东部武陵山山地水源涵养保土区	国家重点生态功能区与重要生物多样性保护区、重要生态屏障、文化旅游带、国家级页岩气开采区,区内水土流失敏感程度高,是严重的石漠化地区	预防保护方面,以维护生态系统和保护植被资源为核心,加强重要生态功能区预防保护,强化对现有森林植被和城市绿地的管护和培育,实施天然林、公益林封育管护,并对低效林进行改造,发展新能源 综合治理方面,以小流域为单元,实施山水田林路村综合治理,结合特色旅游产业发展布局建设生态经济型小流域;大力推进和实施绿色矿山及乌江画廊生态修复工程;对生产建设项目应严格落实"三同时"制度 监督管理方面,强化园区建设、工业项目的水土保持监督管理,控制人为水土流失

资料来源:根据《重庆市涪陵区水土保持规划(2018－2030 年)》整理。

其中,涪陵水土流失重点预防区有东南部大木－武陵山水土流失重点预防区、中部江东水土流失重点预防区、南部小溪水土流失重点预防区,重点预防面积207.67 平方公里,占全区土地面积的7.05%;水土流失重点治理面积615.10 平方公里,占全区土地面积的20.88%。

以此为基础,涪陵编制了预防规划和综合治理规划。预防规划主要遵守"预防为主,保护优先""大预防、小治理"的基本原则,主要针对水土流失轻微、林草植被较好、潜在水土流失危险较大的区域,维护其水土保持功能,促进水土资源可持续利用,对预防地区实施管理与控制措施并配套局部治理规划。重点预防保护对象包括各级禁止开发区、风景名胜区、森林公

园、重要的饮用水源保护区。主要包括天然林、植被覆盖率较高的人工林；植被或地貌人为破坏后，难以恢复和治理的地带；侵蚀沟的沟坡和沟岸、河流的两岸以及湖泊和水库周边的植被保护带。主要措施包括：一是加强现有森林植被和水土流失治理成果管护。二是做好库区管护，保障饮水安全。三是加强农村新能源建设，减少植被破坏。四是加强监督和依法行政，严格落实"三同时"制度。

综合治理规划主要以小流域为单位展开，坚持"因地制宜、综合治理"，辅之以工程、林草、耕作等措施，构建综合治理体系，以增强水土保持功能。其范围主要包括北部珍溪河水土流失重点治理区、南部沙溪沟水土流失重点治理区、西部黎香溪水土流失重点治理区 3 个重点治理区。主要围绕流域内水土流失面积比例较大，水土保持配套措施不完善的坡耕地、经济林地、荒山荒坡、沟道及河道两岸等区域进行治理（见表 2）。

表 2　涪陵综合治理的主要措施

治理角度	内容
水土流失治理	工程措施、林草措施、耕作措施、生态修复措施、生态清洁措施 因地制宜、因害设防，工程措施、植物措施、生物措施与其他措施有机结合
坡耕地治理	坡改梯工程措施、坡面径流调控工程措施、生物治理措施和保土耕作措施 对坡度小于 10°～25°的坡耕地，以坡改梯工程措施为主，辅以植物措施和保土耕作措施；对坡度小于 10°的坡耕地，以保土耕作措施和植物措施为主，辅以小型水利水保工程措施；对坡度大于 25°的坡耕地，以植物措施为主，种植生态效益和经济效益兼优的林草或经济林果，辅以小型水利水保工程措施
溪沟治理	清淤、生态护岸、构建湿地及植物保护带等 提高溪沟行洪能力和改善生态环境，防治水土流失
裸露面治理	对废弃矿山等实施土地整治、土地复垦、自然复绿、人工复绿等生态修复工程
残次林地治理	以封育保护为主，同时辅以补植林木、林分改造等措施；"适地适树"营造水土保持林、水源涵养林，发展经济林果，实现生态与经济协同发展
生产建设项目水土流失防治	增强生产建设项目业主的水土保持意识，在编制水土保持方案时有针对性地采取水土保持防治措施，在施工中将各项水土保持措施真正落实 根据项目所处的不同区域，因地制宜采取差异化的措施，如在乡村，以恢复林草为主；而城镇项目，兼顾城市景观、园林设计思路进行建设，比如综合搭配观花、观叶以及藤木，营造城市景观生态

资料来源：根据《重庆市涪陵区水土保持规划（2018－2030 年）》整理。

（二）配套落实多项措施

1. 严格遵守《中华人民共和国长江保护法》

落实《中华人民共和国长江保护法》等法律法规，禁止在长江干支流1公里范围内新建、扩建化工园区和化工项目。禁止在合规园区外新建、扩建高污染项目，督促园区和工业企业达标排放，加强水源地保护、水域岸线管控、非法码头清理等，加强水资源保护和水生态修复。开展"清河一号行动"等专项整治，依法严厉查处各类破坏河库生态环境的违法行为。实施"清废行动"，对长江经济带固体废物点位开展排查工作，对固体废物倾倒等违法行为进行管控并及时清理居民生活垃圾和一般工业废弃物。

2. 完善组织制度并积极实施专项措施

健全生产建设项目水土保持方案审批制度，规范水行政审批相关的政务服务事项，补充服务目录清单，编制水务部门行政许可事项网上办事指南要素清单。针对企业优化营商环境开展了水务行业"三百"行动，提高涉水服务办事效率和质量。

涪陵区制定相应的水土流失重点预防区和重点治理区管理制度，对沿线水电站生态流量进行整改，并将电站、水库泄放"生态基流"纳入了"河长制"的管辖内容，改造多座电站生态流量设施，建立了泄放"生态基流"常态化工作机制。在河长制基础上，强调水土保持工作的重要性，主动查处河流溪沟沿岸的违法倾倒弃土行为，进而防止水土流失及次生灾害。强化生产建设项目水土保持事中事后监管，有效控制人为水土流失。积极推进放管服改革，由生产建设单位承担水土流失污染治理。同时安监局每季度也组织召开一次水土工作联席会，区水务、国土、规划、林业等部门联合对主体工程、渣场进行选址，进而完善了水土保持工作制度。在确保河道河势稳定和通航安全的前提下，科学利用长江砂石资源，暂停了河道砂石资源开采权出让，实施源头管治，持续加强联动执法。

3. 重视监测、监督和执法

涪陵以重庆市水土保持信息管理系统为平台，完善涪陵区水土保持地理

信息基础数据库，实现预防监督"天地一体化"动态监管和综合治理"图斑"精细化管理。全面更新监测设备，完成了监测分站植被修整、监测设施平台、监测径流小区维护等基础设施改造，基本实现了数据自动监测。更新完善了监测管理制度，通过技能培训提高监测工作站的业务水平。

规范水土保持监督管理，多部门协同，形成监管合力。比如部分地区乡镇政府、水务局以及园区管委会三方联合监管，对渣场、高边坡、料场进行监督检查，对弃土堆放点进行检查，督促业主单位及时整改完善水土保持措施。构建政府部门、企业、社会共同参与的执法监督工作格局，强化工程项目建设单位在水土流失防治中的主体责任。

水务部门和地方政府及各部门开展联合执法行动。增强自身执法力量，聘请了法律顾问，购置了无人机等执法设备，增加了执法人员，严厉打击水土保持违法行为；规范生产建设类项目开采期水土保持补偿费并清理了自2011年以来未缴纳补偿费的项目。

除去水土保持、水生态修复等工程外，涪陵还通过多种措施开展节水工作。比如严格水资源管理，继续实行最严格的水资源管理制度，完成2018～2020年各乡镇（街道）"三条红线"（用水量、用水效率、水功能区水质达标）指标重新修订及分解下达。强化取水许可监管和水资源费征收。做好农业节水工作，科学计算农田灌溉用水，通过农业水价综合改革项目示范，提高农业生产节水用水效率等。

近些年来治理难度小、工程见效快、需求迫切的水土流失地区已得到基本治理，但后续水土流失区域治理工作任务重、难度大。同时，经济社会发展对水土保持工作也提出了更高的要求，有别于传统综合治理的农村面源污染控制、河库水环境治理等新任务不断涌现。与新时期涪陵区生态文明建设的要求和人民群众对生态环境的需求相比，有关方面对水土保持国策的认识有待进一步深化。就现状而言，部分生产建设单位重建设、轻生态、轻水保，缺乏主体责任意识的现象依然存在，甚至部分生产建设单位不按法律法规编报水土保持方案，因此局部水土流失问题依然突出，人为水土流失防治和监督管理任务仍然较重。

四 小流域治理的未来发展方向

未来，小流域治理模式在水土流失防护和综合治理方面依然是主要的手段。结合生态文明建设和山水林田湖统一保护的背景，小流域治理未来的发展需要重点关注以下几个方面。

（一）采用基于自然的解决方案

基于自然的解决方案（Nature-based Solutions，NbS）主要指保护、可持续利用和修复自然的或被改变的生态系统的行动，以为人类提供福祉和增强生物多样性。因此，应用自然修复理念指导长江流域水土保持工作。自然修复是防治水土流失的有效方式，可以促进生态系统最终实现自我修复、实现平衡，它的效果比单纯的工程治理更好并且更有利于维护生物多样性。在具体操作中，要注意转变技术路线，将水土流失地划分为生产用地和生态用地两部分，并尽可能提高生产用地的生产力以及产出率，保障水资源集约化利用。尽可能提高生态用地占比，促进大面积的自然修复。小流域水土治理已经超越水利部门管理的理念范畴，更多体现的是山水林田湖统一修复的思想。在水土流失防治中，要有山上、山下一体的系统性思维，以治水为主线，优化水资源配置并推动集约化利用，实现山上山下统筹、坡面沟道并治的局面。这超越了水土保持主管部门的管理范围，需要地方政府综合统筹相关部门，如农业农村部门、自然资源部门、住房建设部门等，规避不同部门之间管理权限的交叉和空缺，以及部门之间项目配套资金之间的差异。要综合考虑经济社会与生态环境协调发展，并从人与自然和谐共处的高度，来制定水土流失的防治对策和措施，统筹规划和推进。

（二）积极挖掘生态产品价值

生态产品价值实现机制是近些年来我国在生态文明建设领域的重大制度创新。传统的水土保持运行模式已经不能适应经济社会发展的需要，在整体

性规划的前提下要鼓励多元投资、多方得利,使得水土流失治理从一个单纯的公益项目,逐渐转化为可持续、可收益的项目。其核心在因地制宜发展水土保持产业以及生态产业,使得产业发展和群众生产生活息息相关。规划中要因地制宜调整农、林、牧、副业等用地的比例、位置以及相关措施的地点和时间,并根据资源禀赋、市场需求及治理要求发展适宜的新产业和新业态。其关键在于小流域治理中要考虑与当地人民利益衔接的问题,让城市居民或者农民积极参与,充分考虑流域治理与当地区域经济、农村产业结构调整的有机结合,并配套出台相应的政策措施。对城市地区来说,通过水土保持使区域生态环境更加优美,积极探索发展生态旅游、环境教育等。对农村地区来说,要将维护农民权益以及水土流失治理相结合,赋予其对水土资源的使用权益,允许其享受资源配置、经营和成果分配等方面的权利,调动农民积极参与保护,并能通过保护和发展获益。比如鼓励农民参与水土流失防治工程,参与"四荒"建设并保障其对治理成果的承包、拍卖的权利;对农民进行技术培训,并将其视为参与治理者,给予其包括技术、信息、经济、政策等在内的多种支持。

参考文献

万彩兵等:《水土保持法修订实施十年来长江流域水土流失治理成效》,《中国水土保持》2021 年第 6 期。

张平仓等:《长江流域水土流失治理方略探讨》,《人民长江》2020 年第 1 期。

罗海文:《三峡库区重庆段水土流失状况及综合防治策略》,《中国水土保持》2017 年第 3 期。

罗明等:《基于自然的解决方案(NbS)优先领域初探》,《中国土地》2021 年第 2 期。

董磊华等:《长江流域生态产品价值实现机制研究》,《水利水电技术》2020 年第 S2 期。

重庆市涪陵区水务局:《重庆市涪陵区水土保持规划(2018 - 2030 年)》,2019 年。

国际经验篇

International Experience Chapters

B.19

英国泰晤士河流域的水污染治理经验

刘华兴　牛草霞*

摘　要： 河流是城市的灵魂，是城市可持续发展的重要依托。泰晤士河被称为"英国的母亲河"，在英国历史上具有举足轻重的地位。工业革命后，河流受到严重污染，危及人民生命健康。从19世纪中期开始，英国政府逐渐意识到河流污染防治的重要性，并下决心全面治理泰晤士河，经过一百多年的水污染治理，如今的泰晤士河流域又重现往日生机。本文以英国泰晤士河水污染治理为研究对象，系统剖析英国治理泰晤士河水污染的经验，以期为我国水污染防治提供参考，并进一步推动我国城市的可持续发展。

关键词： 泰晤士河　水污染　水污染治理

* 刘华兴，山东大学政治学与公共管理学院副教授，哲学博士，主要研究方向为城市治理、行为公共管理；牛草霞，山东大学政治学与公共管理学院硕士研究生，主要研究方向为城市治理。

一 绪论

长期以来，水污染治理一直是一个全球性话题。随着工业进步和社会发展，水污染问题成为威胁人民生命健康的"世界头号杀手"。[1] 据世界卫生组织调查，全球每天有多达 6000 名少年儿童因饮用恶劣的水而死亡，全世界有 80% 的疾病和 50% 的死亡与水污染有关。我国是全球 13 个人均水资源最贫乏的国家之一，水资源严重紧缺是我国突出的重大环境问题[2]，随着现代化城市的建设和工业的发展，大量生活垃圾和废水直接排入河流，使我国的河流普遍遭受污染，在不同程度上损耗着河流的生命力。虽然我国政府采取了许多措施治理水污染，但总体来说进程缓慢，我国的水污染防治仍面临严峻挑战。

泰晤士河是英国的母亲河，她哺育了沿岸的英格兰文明，英国的发展历程与泰晤士河紧密联系在一起。19 世纪的一位伦敦码头工人曾说过："泰晤士河里的每一滴清水都包含着历史。"[3] 泰晤士河流域曾经美丽清澈，鱼虾成群，自工业革命后，大量工业废水和生活污水直接排入河道，导致泰晤士河流域水质受到严重污染，疾病大规模暴发，大量人员死亡，城市发展受到巨大挑战。从 19 世纪中期开始，英国政府从立法、修建排污系统等多个方面采取措施着手治理泰晤士河水污染，经过 100 多年的不懈努力，泰晤士河由一条"死河"变为世界上"人与水"关系最和谐的河流之一。泰晤士河流域是"先污染后治理"模式的一个典范，被公认为是目前世界上流经城市的水质最好的河流，综合分析其污染与治理的经验教训，对于缓解我国水资源短缺和水污染的双重压力具有重要的借鉴意义。

---

① 宋莹莹：《基于层状氢氧化物构筑一维磁性 ZnO/Co/C 纳米复合材料及其光催化性能研究》，北京化工大学硕士学位论文，2013。
② 李广杰：《泗水县现代水网防洪能力评价研究》，山东农业大学硕士学位论文，2013。
③ 靳羽西：《世界各地》，（香港）中国文学出版社，1987，第 255 页。

二 19世纪中后期泰晤士河流域水污染状况

在19世纪以前，泰晤士河是英国人的骄傲，河水清澈、水产丰富，孕育了伦敦的繁华。诗人蒲柏曾将泰晤士河描绘成"银色的洪流"，反映出很多人对泰晤士河的想象。① 但随着工业革命的进行，大量的工业废水和生活污水被源源不断地排入泰晤士河，泰晤士河水质遭到极大破坏，河水污染严重，同时带来了许多社会问题。

（一）河流水体严重污染，生态功能遭到破坏

泰晤士河流域的水污染并非一朝一夕，也并非始于工业革命。早在12世纪起，沿岸居民为了生活方便，轻易地将未处理的污水和日常生活垃圾倒入河道之中，造成河水污染。19世纪工业革命的发展加速了泰晤士河流域的水污染，工厂增加，城市人口激增，河流自然成为废水排放的理想场所，源源不断的污水排放使泰晤士河流域尤其是流经伦敦的河段逐渐变成一条浑浊的"臭水沟"。1836年，在维多利亚女王登基之前，就有人描述了泰晤士河的糟糕状况："上帝为了我们的健康、娱乐和利益而赐予我们的高贵河流，已变成伦敦的公共污水沟。每天，大量令人作呕的混合物随水而入，而这水，就是欧洲最文明之都的居民的日常饮料。"② 19世纪中叶泰晤士河的水污染更加严重，化学家法拉第曾这样描述他目睹的河流颜色和气味："整条河变成了一种晦暗不明的淡褐色液体……气味很臭……在靠近码头、桥墩与河岸的河面上，漂浮着一团团的垃圾与粪便的混合物，令人作呕，将白色纸板抛入水中，立刻便会染成焦黄色，混在水中难以分辨。"③ 到1857年，平均每天至少有250吨的废物垃圾排入泰晤士河④，因大量污水排入，终于

---

① Lawrence E. Breeze. The British Experience with River Pollution，1865—1876，p. 4.

② Lawrence E. Breeze. The British Experience with River Pollution，1865—1876，p. 10.

③ http：//dbhs. wvusd. k12. ca. us/Chem－History/Faraday－Letter. html.

④ Lawrence E. Breeze. The British Experience with River Pollution，1865—1876. p. 10.

在 1858 年酷夏之时，伦敦发生了史上有名的"大恶臭"事件。

不仅如此，工业革命后排入泰晤士的废弃物成分也发生了变化，水中石灰、硫酸、盐酸、氧化镁、氧化铝和钾肥的含量越来越高，加剧了水污染的程度。水质的严重恶化导致 1878 年"爱丽丝公主号"游艇发生意外沉没时，640 名游客跳水逃生因呛入被污染的河水而中毒身亡。[①] 泰晤士河原本鱼虾成群，是无数水生生物的天然栖息地，但随着水污染的进一步恶化，水中的含氧量几乎为零，生物多样性逐步减少并消失，19 世纪五六十年代，曾经盛产的三文鱼在泰晤士河绝迹，昔日渔业繁荣的泰晤士河从此死寂足足 150 年。

（二）污染导致疾病流行，引发社会问题

由于泰晤士河是伦敦居民的主要饮用水源，因此河水与伦敦居民之间形成了一种恶性循环：人污染泰晤士河水，被污染的河水又被居民饮用。大量工业有毒废渣、废水和生活污水的排放使得被污染的河流成为"滋生疾病的温床"。"霍乱作为当时最主要的传染病，与泰晤士河水污染关系十分密切，并且因其传播范围广、难医治等特点，造成了重大的社会创伤"[②]。除霍乱外，当时英国暴发的伤寒、淋巴结核、腹泻、白喉等疾病也与泰晤士河的水污染密切相关。各种疾病频繁暴发夺走了无数人的生命，疾病扩散的范围延伸到英国的各个阶层，给居民的生命安全造成极大的威胁。一旦某个地区暴发疾病，便会人心惶惶，谣言丛生，引起社会的动荡。

在 19 世纪，仅霍乱在英国伦敦就暴发了四次，分别发生于 1831 ~ 1832 年、1848 ~ 1849 年、1853 ~ 1854 年和 1866 ~ 1867 年[③]，共约 4 万人因此丧

---

① 梅雪芹：《"老父亲泰晤士"——一条河流的污染与治理》，《经济社会史评论》2008 年第 1 期。

② 梅雪芹：《"老父亲泰晤士"——一条河流的污染与治理》，《经济社会史评论》2008 年第 1 期。

③ George Rosen. "Disease, Debility, and Death", in H. J. Dyos and Michael Wolff, ed., *The Victorian City*; *Images and Realities*, Routledge Kegan and Paul Ltd, London vol. I Ⅱ I, p. 636.

命。① 霍乱暴发后，人们虽然已经认识到它是一种传染病，但最开始对其发病原因和传播方式还处于猜测、探索阶段，并没有将其致病原因与水污染联系起来。1849 年麻醉医师约翰·斯诺在《论霍乱的传染方式》一书中指出，霍乱病人的排泄物经下水道流入河流或水井，居民或供水公司从被霍乱排泄物污染的河水或井水中取水饮用，感染霍乱，而霍乱病人的排泄物又流入水中，周而复始，传播霍乱。② 虽然理论一开始不被人们普遍接受，但是通过分析霍乱暴发时水污染程度与霍乱死亡率的地区差异，人们逐步意识到传染病与水污染之间的关联。

三　泰晤士河流域水污染严重的原因

（一）工业的迅猛发展加剧了泰晤士河污染程度

工业污染一直是严重的社会问题，泰晤士河曾经深受其扰。英国工业革命时期，蒸汽机被发明，并得到广泛应用，这为英国经济发展带来了巨大推动力，同时也产生了严重的污染问题。为了满足不断扩大的国内外市场的需求，英国兴建了许多工厂，包括棉纺厂、印染厂、印刷厂、面粉厂等。工业布局是泰晤士河水污染的重要原因。第一次工业革命将人类带入蒸汽时代，蒸汽机以水为动力，为能方便地利用水利资源，大工厂一般选择建立在水源丰富的地方，因此泰晤士河两岸工厂林立。这样既能解决动力问题，又方便废水排放，河流成为工业废水排放的理想场所。

河流污染委员会成员经过调查发现，造纸业是仅次于城镇污水的泰晤士河的第二大污染源。③ 煤气制备业和采矿业等重工业工厂的许多工序本身就

---

① Bill Luckin, *Pollution and Control*: *A Social History of the Thames in the Nineteenth Century*, IOP Publishing Limited, 1986, p. 74.

② Peter Vinten-Johansen, Cholera, *Chloroform and the Science of Medicine*: *A Life of John Snow*, New York: Oxford Universit Press, 2003, p. 213.

③ *Parliamentary Papers*, *Royal Commission on River Pollution*, First Report (the Thames), p. 246.

会造成严重的河流污染，发电厂排放的污水会造成化学污染，使河水富营养化，大量工业废渣、废水会使河流中毒。当时经济发展与生态保护的和谐发展理念还没有得到重视，工厂主为了经济利益的最大化，工业废水自然是未经任何处理就直接排入泰晤士河，严重超出了河流的自我净化能力，加大了污水处理的难度。

（二）生活污水构成了泰晤士河污染的重要原因

19 世纪以后，工业化推动了城市化的快速发展，城市人口迅速增加。1800 年，伦敦人口仅有 100 万，50 年后，伦敦人口增加至 270 万，进入 20 世纪，人口增长至 650 万（伦敦人口增长见表 1）。[1] 随着交通条件的改善，伦敦的流动人口数量也有了明显的增加，城市人口的增长加剧了生活污水对莱茵河的污染。另外，英国的城市建设与管理落后于时代步伐，许多房屋还没有与下水道建立连接，城市本身的排水系统和清洁设施也不完善，生活中产生的污水和垃圾直接倒入泰晤士河。1780 年后，抽水马桶开始在英国流行[2]，1848 年，英国颁布的公共卫生法规定每家每户必须安装抽水马桶，由于清理化粪池的费用过高，一般百姓难以承担，因此大量排泄物通过抽水马桶经污水渠直接排放到泰晤士河，泰晤士河成为一个公共下水道，未经处理的污水给泰晤士河水质带来灾难性的影响，生活污水成为泰晤士河水污染的两大污染源之一。

表 1　1801～1901 年部分年份伦敦人口的增长[3]

年份	人口（万人）	增长率（%）
1801	111.7	—
1831	190.7	70.7

① 贾秀飞、叶鸿蔚：《泰晤士河与秦淮河水环境治理经验探析》，《环境保护科学》2015 年第 4 期，第 65 页。
② 尹建龙：《从隔离排污看英国泰晤士河水污染治理的历程》，《贵州社会科学》2013 年第 10 期，第 133 页。
③ 钱乘旦：《第一个工业化社会》，四川人民出版社，1988，第 70 页。

年份	人口（万人）	增长率（%）
1841	223.9	17.4
1851	268.5	19.9
1861	322.7	20.2
1881	477.0	47.8
1901	650.0	36.3

资料来源：钱乘旦：《第一个工业化社会》，四川人民出版社，1988，第70页。陆伟芳：《20世纪以来伦敦的人口、移民与空间变动》，《世界历史评论》2020年第1期。

（三）自由放任的社会政策加大了治理难度

19世纪前期的英国，是一个崇尚自由放任的时代，社会改革的指导原则是自由主义，自由放任也是这一时期英国政党施政方针的主流。[1] 他们认为，政府不应通过干预解决社会问题，而应该将其交给社会和个人。19世纪中期，英国形成两党制，保守党为了维护统治，坚决抵制任何社会变革，自由党的阶级基础是中产阶级，治理河流势必损害个人经济利益，因此两党对河流污染治理都没有兴趣。

与此同时，长期以来英国保留着鲜明的自治传统，中央政府很少过问地方事务，在处理社会事务时偏向于地方管理，而地方也对中央的权威比较抵触，许多工厂主以"自由放任"为借口反对国家和地方政府对河流的干预，认为国家干预会损害自由竞争。"谁污染，谁治理"是当时社会奉行的治理原则，但泰晤士河的水污染不是伦敦一个城市造成的，而是多方所为的结果。[2] 泰晤士河是全国性河流，除伦敦外还流经十余个城市，管辖权错综复杂，部门之间职能重叠交叉，难以逐个分清。此事还牵涉到法律层面上英国女王对泰晤士河是否拥有所有权的问题，既敏感又复杂。因此，在治理河流

---

[1] 陈瑞杰：《试论19世纪中后期英国河流的污染和治理问题》，华东师范大学硕士学位论文，2008，第22页。

[2] 毛利霞：《19世纪中后期英国关于河流污染治理的博弈》，《理论月刊》2015年第2期，第184页。

污染时，既需要各地因地制宜，更需要全国统筹规划。泰晤士河缺乏一个全国性的管理机构，缺乏统一管理。对于地方政府来说，即使地方政府有意向治理水污染，也没有权力制定可行的权威政策，过度分权使得泰晤士河的水污染迟迟得不到妥善解决。

四　泰晤士河流域水污染治理措施

从 19 世纪中后期开始，为了治理泰晤士河流域的水污染，政府、议会、社会组织和个人均付出了巨大努力。

（一）政府干预，统一管理

19 世纪中叶以来，英国社会对泰晤士河水污染的关注度越来越高，迫使政府不得不在水污染治理上有所行动。政府任命河流污染调查委员会对全国河流水质状况进行调查，为河流污染治理问题提供有力的事实证据，并根据各地实际情况给予各个地区不同的治理建议。泰晤士河水污染的治理从管理"排污"开始，从 1859 年起，伦敦开始建设排污系统，政府修建了大量的污水处理厂和大型污水管网。[①] 1852 年第五届大都市排污委员会任命约瑟夫·巴扎格为总工程师，根据巴扎格工程师的规划，泰晤士河流域南北两岸需分别建造隔离式排污下水道系统，以汇总地下水道的污水运往下游。[②] 但是隔离式的排污系统只是将上游的水污染转移至下游地区，并未从根本上改变河流的水污染问题。后来，伦敦市政府分别在两大排污口附近建造了污水处理厂，之后又陆陆续续建造了数百座污水处理厂以处理从地下水道收集来的污水。同时，为了提高河水的溶解氧浓度，河道中进行人工充氧，泰晤士河水质得到明显改善。

---

① 王友列：《从排污到治污：泰晤士河水污染治理研究》，《齐齐哈尔师范高等专科学校学报》2014 年第 1 期，第 105 页。
② 尹建龙：《从隔离排污看英国泰晤士河水污染治理的历程》，《贵州社会科学》2013 年第 10 期，第 135 页。

20 世纪 60 年代起，泰晤士河的水污染由地方政府分散管理转变为流域一体化统一管理。1973 年新《水资源法》颁布，英国将全流域 200 多个管理机构合并，建成了新的水务管理局——泰晤士河水务管理局，对河流采取统一集中的管理模式。管理范围非常广泛，涉及供水、排水、污水处理、灌溉、渔业、水上交通等一系列业务。① 泰晤士河水务管理局还有权对泰晤士河流域进行统一规划与管理，提出水污染控制政策法令、标准，提供充分的治理资金保障，诸项措施使泰晤士河的治理更加科学合理，提高了水污染治理效率。② 1975 年后，政府定期投入资金加强对河流进行养护，同时加强立法对排入河流的工业废水进行严格控制，泰晤士河污染治理进入稳定阶段。

（二）议会立法，规范治污

英国十分重视相关的立法工作，并严格依法治理泰晤士河。由于英国的习惯法在处理水污染时没有太大的约束力，起不到显著作用，所以议会通过立法手段制定了相关法律法规，对防治水污染做出严格规定。1848 年，英国议会通过了《公共卫生法案》，这是英国第一部关于城市环境卫生改善的立法。法案设立了英国历史上第一个中央卫生委员会，规定了在中央政府的统一领导下，地方政府负有排污、处理废弃物和向居民提供干净饮用水的义务。该法案标志着中央政府开始放弃自由放任原则，突破地方自治的传统，开创了国家干预地方治理环境污染的先河。③

1855 年，议会颁布《有害物质去除法》，对那些排放废水、污染河道的制造商进行罚款；1875 年，议会通过新的《公共卫生法案》，赋予地方政府处理污染问题更大的权力。该法案规定：地方政府应及时修护城市下水道，并根据实际情况必要时修建新的下水道，禁止将任何污水通过下水道排放入

---

① 史虹：《泰晤士河流域与太湖流域水污染治理比较分析》，《水资源保护》2009 年第 5 期，第 96 页。
② 由文辉、顾笑迎：《国外城市典型河道的治理方式及其启示》，《城市公用事业》2008 年第 4 期，第 16 页。
③ G. M. Young, *English History Documents 1833 - 1874*, p. 179.

河流；在公共场所修建更多的卫生间；地方政府应定期检查下水道的安装和使用情况等。① 1876 年议会通过《河流污染防治法》，这是世界上第一部水环境保护法规。② 该法案禁止任何人将固体废弃物扔进河流，禁止工厂将有毒有害的工业残渣倒入河流，禁止任何人将未经处理过的废水、污水直接排放入河流，禁止将可能造成污染的工业废水排入河流。该法案产生了深刻的社会影响，很长一段时间内成为英国治理河流污染的基本法。1951 年，议会颁布新的《河流污染防治法》，给予河流污染管理委员会更大的权力，规定了企业污水排放要事先征得许可，根据河流流量特点和企业经济利益制定不同的企业废水排放标准，达到标准才能排放，否则便属违法行为。该法案明确建立了排污许可证制度。③ 在之后的治理过程中，英国议会又颁布了《水资源法》《水法》《水污染控制法》等众多法律条文，完善的立法使泰晤士河的水污染治理走上了法治轨道，对控制河流污染起到积极的作用。

（三）民众参与，多元共治

霍乱的暴发使居民认识到泰晤士河水污染的巨大危害，其严重影响了他们的正常生活，因此河流污染治理活动受到越来越多社会民众的支持，包括乡绅阶层、化学家、医生、教师、工程师、渔夫等，民众还通过建立社会组织讨论河流污染的防治问题，交流观点和分享信息，从而在一定程度上影响政府的决策。1857 年，国家社会科学促进会建立，吸引了众多有识之士，并得到中等阶层的大力支持，在社会上引起了广泛的注意。在其召开的几次会议中，所有议题都是涉及河流污染防治问题，参会者畅所欲言，表达自己的观点，有人认为河流污染应及时治理，政府应下令禁止在河边建立工厂，以此减少工业废水的排放；也有人提出水污染治理不应损害工厂企业主的经

---

① H. Wienet, The Great Lion an Home, A Document History of Domestic Policy 1689 – 1973. pp. 2288 – 2306.
② 〔英〕布雷恩·威廉·克拉普:《工业革命以来的英国环境史》，王黎译，中国环境科学出版社，2011，第 79 页。
③ 文伯屏:《西方国家环境法》，法律出版社，1988，第 65 页。

济利益。① 虽然与会者看法不一，但是河流水污染防治的共同目标已然形成，在社会上产生了很大的影响，为政府的决策提供了集体智慧。

1874年，皇家艺术协会在格拉斯顿召开会议，会议由普雷菲尔主持，主要讨论关于河流污染的问题，其中涉及治理河流污染的成本和治理的手段等。② 这次会议吸引了许多专业人员参加，与会人员围绕河流污染治理问题进行了广泛讨论，因故未到会者也通过邮件等形式表达自己的看法，为河流污染治理建言献策，呼吁尽快采取措施治理河流污染。此次会议产生了十分重要的影响，也为政府治理泰晤士河水污染施加了压力。英格兰的区域政府办公厅、区域发展局论坛、网格体系和委员会吸纳了大量的区域社会民众参与，大大增加了水污染治理的社会力量。20世纪60年代以来，公众的环保意识增强，他们更加积极地投身于泰晤士河的水污染防治工作，越来越多的民间组织自发成立起来支持泰晤士河的生态保护事业。在英国，个人、环保组织、高校和私营企业形成合力，对泰晤士河的水污染治理发挥了智囊团和监督者的作用。

（四）创新技术，提高效率

19世纪中期以前，英国防治河流污染的技术还比较落后，提出的办法多是将污染的河水用于农田灌溉，以提高河水的利用率。泰晤士河流域内最初建立的污水处理厂主要采用"沉淀 + 消毒"的处理工艺，只能去除少部分污染物，对泰晤士河的治理效果不太显著。③ 1878年"爱丽丝公主号"灾难发生后，河流的水质引发了人们的担忧。皇家都市污水处理委员会（RCMSD）成立，第一次提出利用悬浮和生化需氧量（BOD5）等科学证据来监测河流的水质，随后开发了化学沉淀法去除未经处理的固体污染物。同时，利用悬浮固体、高锰酸盐值、溶解氧含量和氯化物等指标进行水质监测

---

① The Times, 4 October. 1986, p. 10；The Times, 6 October, p. 12.

② Journal of the Society of Arts, 20 November, 1874, p. 76.

③ 宋玲玲、程亮、孙宁：《泰晤士河整治经验对国内城市河流综合整治的启示》，载《2015年中国环境科学学会学术年会论文集（第一卷）》，2015，第5页。

和定期取样。1947 年，在负责泰晤士河水质的伦敦港务管理局主席的要求下，水污染研究实验室（现在的水研究中心）成立，在当局的支持下，实验室在 1950～1965 年针对泰晤士河的水质做了大量研究，[①] 并提出了活性污泥法。新的污水处理技术应用到新建的污水处理厂中，使污水得到更大程度的净化，显著减少了污染物的排放。20 世纪中后期，污水处理已采用超声波监测控制污泥密度和包膜电极监测溶氧等新技术，遥测技术也已在使用中。

五 泰晤士河水污染治理的经验以及对我国的启示

（一）完善河流污染治理相关法律法规

水污染治理不仅关系城市的生态环境稳定，更关系国计民生，因此必须为河流污染防治构建全面、有效的法律体系。近年来，全国各地的城市河流都在不同程度上遭遇了水污染，并越发严重。虽然各地政府采取了一些措施进行治理，但仍受多方因素制约。究其原因，立法工作不到位很大程度上导致河流污染治理不力。泰晤士河水污染治理非常成功，其中很重要的一个原因就是议会十分重视水污染治理的立法工作，制定了一系列法律、法规，内容涉及水资源保护、污染源管制、水质监测、水环境管理、水质标准等[②]；英国议会还通过立法形式确立了排污许可制度，对排入泰晤士河的污水做出明确标准，对排放废弃物造成河水污染的个人或企业进行处罚，使水污染治理逐渐走上健全的法制轨道。在我国经济由高速增长向高质量发展转型过程中，水污染防治和水环境保护被提上日程，但法律法规体系的不完善使水污

① 颜永光：《20 世纪中后期伦敦环境污染及其治理的历史考察》，湖南师范大学硕士学位论文，2008。
② 由文辉、顾笑迎：《国外城市典型河道的治理方式及其启示》，《城市公用事业》2008 年第 4 期，第 16 页。

染治理乏力，治理效率亟待提升。① 为科学有效地防止水污染，我国应加快推进关于水污染防治的立法工作，制定完善的水污染防治法律，健全河流流域管理体制，提供水污染防治资金保障等，通过立法手段保障水污染防治的科学性、有效性。

（二）建立权威高效的跨区域管理机构

一水流经多地，划区而治、各自为政是过去很多年管理河流的方式。但河道内的水是流通的，水污染治理仅靠某一个区域是无法从根本上解决的。城市河流水污染治理是一项系统工程，要想切实解决水污染问题，就需要地方政府之间加强合作，动员多方的共同参与。泰晤士河在第一阶段的治理忽视了河流的系统性，因此污染未得到根本解决；第二阶段秉持全流域治理的理念，建立了一个统一的管理机构，统筹上下游污染的治理，使得水污染治理取得了显著的成效。在我国，区域发展不平衡，对跨界河流水污染治理的要求和标准不统一是水污染治理难解决的重要原因，各地之间缺乏有效协调机制在很大程度上是污水处理的"绊脚石"。我国应借鉴泰晤士河的治理经验，加快建立权威高效的跨区域管理机构，在水污染治理方面统一组织开展跨区域水污染防治，实时掌握流域内的水质变化趋势，及时预警；积极探索统一规划、同步治理、共同管护的新模式；实施跨界水环境补偿，把水务市场开放，由经济发展水平高的地区帮扶水环境提升要求相对较弱的地区；通过整体规划对城市发展与河流治理进行思考，实施系统治理提高水质，并推动城市的可持续发展。

（三）鼓励公众积极参与

与水为伴的人民大众，对水有着特殊感情，公众参与是环境治理的精髓和灵魂。泰晤士河水污染的治理不是政府单方面作战，而是政府和社会组

---

① 王雨辰、陈富国：《习近平的生态文明思想及其重要意义》，《武汉大学学报》（人文科学版）2017年第4期，第51页。

织、政府官员及普通民众共同努力的结果。伦敦每一个地区都有由地方行政人员和普通社会民众代表组成的消费者协会，对该区域供水公司提供的服务进行监督，并提出意见和建议①。在我国政府主导下，城市河流污染防治工作有了显著的提高，但是仅仅依靠政府的力量是远远不够的，河流污染问题反反复复，难以从根本上取得成效。随着社会的进步，社会组织和公众在公共事务中发挥着越来越大的作用，水污染防治工作离不开公众的参与。我国应顺应时代要求，加强公众参与，加大治水宣传力度，提高公民保护水环境的意识，使其承担保护水环境的义务；改变传统的政府主导一切的治理观念，完善政府信息公开制度，使政府的行动接受公众监督；大力支持河流污染防治的社会组织的建立，为其提供良好的社会环境；积极听取百姓的声音，切实做到全民治水。

（四）加大新技术的研究与应用

河流水污染治理是一项复杂的工程，必须以技术为支撑，运用科学适宜的方法。泰晤士河水质得以改善的关键原因是研发出活性污泥法工艺代替早期的污水处理厂主要采用沉淀、消毒的工艺处理污水，大大提高了污水处理的成效。② 另外，泰晤士河段布置了多个水文监测站，对水质、流量、排放量等指标进行实时监测，作为污水治理的依据。③ 若没有技术的强大支撑，泰晤士河不会取得如今的治理效果。目前我国在河流的水污染治理方面仍处于发展阶段，技术动力不足，不能满足现代城市的发展对于水环境的要求。中国的水环境事业需要深耕细作，需要关键技术和工艺的突破，河流的综合治理需要加大技术的研发和应用：一是加大对决策支撑技术的研究，例如对河流监测系统的完善、对河流各项

---

① 张健、丁晓欣、朱佳、高静思：《伦敦水污染治理策略》，《环境与发展》2019年第8期，第63页。
② 崔曙平、王莉：《伦敦泰晤士河水环境治理的经验与启示》，《江苏建设》2016年第4期，第73页。
③ 崔曙平、王莉：《伦敦泰晤士河水环境治理的经验与启示》，《江苏建设》2016年第4期，第73页。

数据的分析，了解河流水质的变化等；二是各种污水处理技术，物理治理技术如截污分流、引水冲污、河道清淤等①；化学治理技术如化学除藻和重金属化学固定等；生态修复技术如人工浮岛技术、微生物修复技术和人工湿地技术等。

---

① 李红霞、张建、杨帅：《河道水体污染治理与修复技术研究进展》，《安徽农业科学》2016年第 4 期，第 75～76 页。

B.20
莱茵河流域污染治理的经验和启示

苗婷婷*

摘　要：　莱茵河是欧洲最重要的河流之一。自18世纪末19世纪初，近代工业革命使莱茵河流域繁荣起来，同时其环境和生态也遭受到严重污染和毁灭性破坏。在"保护莱茵河国际委员会"和各国政府的共同努力下，20世纪90年代莱茵河重新焕发生机，莱茵河污染治理也被视作欧洲环保行动的奇迹和全球流域治理的经典成功案例。我国各大流域水体污染、生态破坏、洪水灾害多发等问题突出，与曾经的莱茵河十分相像。总结国际经验，梳理莱茵河流域污染治理的历史，能够为我国流域治理提供丰富的借鉴意义。

关键词：　莱茵河　流域污染治理　国际经验

前　言

　　莱茵河发源自阿尔卑斯山，全长1320千米，流域面积为185000平方千米，覆盖意大利、瑞士、奥地利、列支敦士登、德国、法国、卢森堡、比利时、荷兰九个国家，是欧洲最为重要的河流之一。莱茵河流域内人口密集，工业发达，生活、工业、农业污水曾经直排河道，严重污染了莱茵河的环境，20世纪中期生物学家宣布莱茵河在生物学意义上已经死亡。为拯救莱茵河，

---

* 苗婷婷，中国社会科学院生态文明研究所博士后，首都经济贸易大学讲师，主要研究方向为地方治理、府际关系。

各国政府协同合作，采取了一系列治理修复措施。90 年代莱茵河水质明显好转，部分河段甚至达到饮用水标准，莱茵河流域的生态自然环境恢复良好。作为全球流域治理的成功典范，其治理经验具有很高的研究参考价值。

一　莱茵河污染概况

18 世纪末 19 世纪初，近代工业文明在欧洲大陆崛起。在这场突飞猛进的人类发展史中，莱茵河因水运交通便利、水资源充沛、流域矿产丰富，其沿岸水电站、矿产、钢铁等产业发展迅速，瑞士巴塞尔工业区、法国阿尔塞斯－洛林工业区、德国巴登－符腾堡工业区、鲁尔工业区和法兰克福－莱茵河畔工业区、荷兰莱茵河三角洲工业区发展迅猛，至今翘楚世界。沿河国家通过开凿运河、对河道裁弯取直及渠化、成立莱茵河委员会等方式不断提高莱茵河的航运质量，通过建立拦河坝组建水电站等满足日益增加的电力需求。可以说，莱茵河为欧洲工业发展提供了源源不竭的动力。同时，工业、生活污水的排放严重污染了莱茵河水环境；河道整治工程缩短了河道长度，提高了河水流速，占用了泄洪空间，增加了洪水威胁；大坝和堰的修建也改变了河流生态循环系统，不仅不利于防洪，更导致很多水生动植物丧失了栖息地。莱茵河成为"欧洲下水道""臭水沟"，污染和生态问题尖锐起来。

20 世纪 50 年代，欧洲各国开始了二战后大规模的经济重建活动。河流两岸企业和居民的工业用水和生活用水激增，受环保意识局限，许多企业和城镇将未经处理或处理不彻底的污水排入莱茵河，使得莱茵河和北海海洋环境进一步恶化。与此同时，农业使用的杀虫剂、硝酸铵等化学农药渗入地下水，又为莱茵河带来了难以治理的面源污染问题。其中，巴塞尔的桑多兹化工厂泄漏事件使莱茵河污染达到顶峰。1986 年 11 月 1 日深夜，瑞士巴塞尔市桑多兹化工厂仓库起火，装有 1351 吨剧毒农药的钢罐爆炸，有毒物质随着灭火剂进入下水道，排入莱茵河，对沿河下游 835 千米的城市造成了严重危害。此次污染事件引发高度政治警惕，并进一步加大了沿岸各国的污染整治力度。

二　莱茵河治理的发展历程

莱茵河治理过程并非一蹴而就，而是在认识和政策上不断完善的过程。自 19 世纪 80 年代开始，莱茵河治理经过了"关注渔业和运输业治理（1885～1949 年）""注重水污染治理（1950～1986 年）""注重改善生态系统（1987～2000 年）""提质补充并注重气候变化应对（2001 年至今）"四个阶段（见图 1），莱茵河流域治理取得了显著效果。

（一）第一阶段（1885～1949 年）：关注渔业和运输业治理

一般认为，莱茵河污染治理始自 19 世纪 80 年代。渔业、运输业是莱茵河的原始功能，因此莱茵河治理的国际公约最早便是针对这两大类活动带来的不良影响。自 1885 年始，沿河各国针对莱茵河渔业和航运签署了一系列公约①，包括《莱茵河流域鲑鱼捕捞管制公约》（1885）、《莱茵河沿岸国家关于腐蚀性和有毒物质运输条例的公约》（1900）和《关于在莱茵河运输易燃物质的公约》（1902），用以规范河流的渔业捕捞和腐蚀物、有毒物质及可燃物质运输。不过，当时各国并未将倾倒污染物视作污染主因，因此莱茵河污染问题不但没有缓解，反而不断恶化。

（二）第二阶段（1950～1986 年）：注重水污染治理

1948 年，饱受污染之苦的荷兰再次在莱茵河航运中央委员会②上提出污染治理倡议，并得到一致赞同。1950 年，瑞士、德意志联邦共和国、法国、

---

① 《The Protection of the Rhine Against Pollution》提到三个国际公约：Convention Concerning the Regulation of Salmon Fishing in the Rhine River Basin 制定于 1885 年；Convention Between the Riverain States of the Rhine Respecting Regulations Governing the Transport of Corrosive and Poisonous Substances 制定于 1900 年；Convention Relative to the Carriage of Inflammable Substances on the Rhine 制定于 1902 年。

② 莱茵河航运中央委员会（The Central Commission for the Navigation of the Rhine）成立于 1815 年，目标在于保障各船只在莱茵河的自由航行权利。

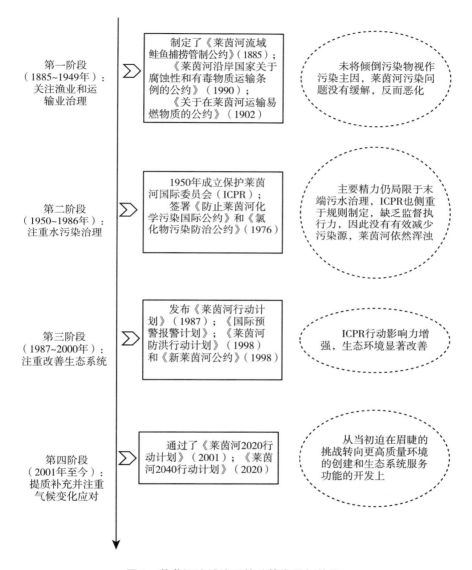

图1 莱茵河流域治理的政策发展与效果

资料来源：作者依据文献整理。

卢森堡和荷兰五国联合成立了专门的"保护莱茵河国际委员会" （The International Commission for the Protection of the Rhine，简称ICPR），对莱茵河

保护和监测问题进行讨论，以寻求有效的解决方案。在 ICPR 主导下，莱茵河开启了重生之路。1963 年，各国在伯尔尼签署了整治莱茵河的协议草案，通过了建设污水厂等决议。1972 年，沿岸各国环保部部长召开了第一次部长级会议，并敦促 ICPR 起草了《防止莱茵河化学污染国际公约》和《氯化物污染防治公约》①，1976 年，ICPR 成员国签署了这两部公约，确定了剧毒物质最高排放值，将镉、汞等严重有害物质列入黑名单；并提出将德荷边界的莱茵河水的含盐量从 500 毫克/升降至 200 毫克/升。在此阶段，各国为治理莱茵河做出了积极努力，但因主要精力仍局限于末端污水治理，ICPR 也侧重于规则制定，缺乏监督执行力，因此没有有效减少污染源，莱茵河依然浑浊。

（三）第三阶段（1987～2000年）：注重改善生态系统

在 1986 年桑多兹化工厂泄漏事故之后，各国加强了莱茵河污染治理的政治合作，ICPR 的执行力也大大增强。为了应对严峻的水质污染和生态破坏问题，ICPR 成员国短时间内召开了三次部长级会议，并于 1987 年发布了具有里程碑意义的《莱茵河行动计划》（Rhine Action Program），在治河观念上突破以往，首次提出"实现整个莱茵河生态系统的可持续发展"，并制定了至 1995 年有害污染物排放量降低 50%、2000 年鲑鱼重返莱茵河的目标。20 世纪 80 年代，《国际预警报警计划》付诸实施，基于莱茵河及其支流所建立的密集的水质监测站点进行信息交换和警报发布。90 年代中期，莱茵河流域多次暴发大规模洪水，各国强化了莱茵河的生态治理力度。1998 年部长级会议达成一致，决定实施 ICPR 此前拟定的《莱茵河防洪行动计划》，同时《新莱茵河公约》得以通过并取代了之前的两个公约，成为莱茵河生态治理的法律基础。在一系列重拳治理措施下，2000 年"重点污染物名单"中的多数点源污染物排放量相较于 1985 年减少了 70%～100%，

---

① 两个公约分别为 Convention on the Protection of the Rhine Against Chemical Pollution 和 Convention on the Protection of the Rhine Against Chloride Pollution。

1995 年对水环境要求严格的鲑鱼溯游至莱茵河上游的伊菲茨海姆大坝，莱茵河生态环境获得显著改善。

（四）第四阶段（2001 年至今）：提质补充并注重气候变化应对

尽管莱茵河水中的污染物大为减少，但污染问题难以短时间解决。长期以来污染物被掩埋在河底淤泥中，至今也无法被完被净化；家庭、企业工厂为莱茵河水注入了多种微量污染物；植物保护剂污染对于莱茵河生态系统仍造成了一定问题。2001 年，ICPR 通过了《莱茵河 2020 行动计划》（Rhine 2020），明确了莱茵河生态治理总体规划，并融合《欧盟水框架指令》（EU Water Framework Directive，WFD，2000）和《欧盟洪水风险管理指令》（EU Flood Risk Management Directive，FD，2007），致力于生态系统的改善、自然保护、预防洪水以及地表水的治理。2020 年，ICPR 又结合《欧洲绿色新政》的要求，制定了《莱茵河 2040 行动计划》（Rhine 2040），目标在于保障莱茵河流域的可持续性，提高应对气候变化的韧性。在《莱茵河 2020 行动计划》的指引下，恢复洪泛区 140 平方千米，完成 124 个河湖清淤和水体联通，岸线生态改造 166 千米，完成 10 个沉积物风险地区的修复，污染物含量和排放量持续降低。可见，这一阶段莱茵河流域治理已经从当初迫在眉睫的挑战转向更高质量环境的创建和生态系统服务功能的开发上来。

三 来自莱茵河治理的国际经验

莱茵河污染治理被誉为欧洲环保史上最伟大的环保行动，并取得了令人叹服的效果，其治理经验值得总结并为我国流域治理学习和效仿。

（一）有利的国际政治气候和生态环保氛围为莱茵河治理提供了外部和内部压力

自 20 世纪 60 年代末，国际社会便开始关注环境问题。比如 1968 年

《欧洲水宪章》（European Water Charter）提出对水环境加强保护，甚至提出世界正进入"生态时代"这样的革命性概念。1972 年，著名的联合国环境大会在斯德哥尔摩召开，发表了《人类环境宣言》，强调在经济发展的同时，必须高度重视生态环境保护，并相继签署了减少向大海抛弃废物的《奥斯陆公约》和《伦敦公约》，减少船舶污染的《Marpol 公约》，减少陆地污染的《巴黎公约》。国际社会对环保问题高度重视，为莱茵河污染治理施加了外部压力。与此同时，随着欧洲经济的恢复，欧洲各国的环保意识也开始觉醒，社会生态环保氛围浓厚，为莱茵河污染治理提供了内部压力。20世纪 80 年代后，绿党在欧洲各国崛起，"恢复生态平衡"的主张直接进入政府施政纲领，对欧洲环保行动起到极大助推作用。

（二）影响力高的流域协调组织对规范政府治理行为发挥了至关重要的作用

莱茵河治理的成功离不开 ICPR 的从中协调。1986 年桑多兹化工厂泄漏事件之后，严重的污染使各国高度重视莱茵河污染现状，ICPR 的地位和作用也得到有效提高（组织架构和职能见图 2）。ICPR 作为一个国际政府间协商组织，由瑞士、法国、卢森堡、联邦德国和荷兰共同成立，常设秘书处位于德国科布伦茨，委员会主席由成员国环保部部长轮流担任。其最高决策机构为各部部长参加的全体会议，每年召开一次，就流域治理行动、资金及流程做出决议，各国分头实施、费用各自承担。ICPR 也会基于流域内各个国家的经济发展水平差异，做出协调与平衡。各国对各自计划或职责进行立法保护、自觉监督，并向 ICPR 汇报进展。每隔两年 ICPR 也会针对各国的执行情况形成报告，构成外部监督作用。ICPR 对各国没有法律约束力，却具有很高的政治影响力和社会影响力，在污染治理中发挥了至关重要的作用。究其原因，多年的运作积累形成的影响力、政治合作的契约精神以及"改善河流"的科学共识敦促 ICPR 各成员国认真履责，使其成为流域整体共同行动的合作平台。

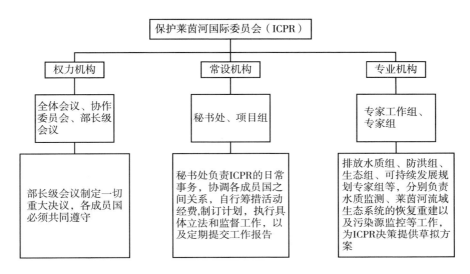

图 2   保护莱茵河国际委员会的组织架构和职能

资料来源：基于嗡鸣《莱茵河流域治理的国际经验——从科学规划和合作机制的视角》等文献整理。

（三）各国、各地方较高的环保觉悟，以及成员国大致相当的经济发展水平是莱茵河流域治理成功的重要原因

二战后，欧洲各国开始意识到环境污染的严重后果，并摒弃利益之争进行合作。荷兰甚至克制战后国内对德国的抵触情绪，积极与德国在莱茵河污染治理方面谋求磋商和合作。1986 年桑多兹污染事故之后，各国的政治承诺进一步增强，而随着欧洲一体化的发展，欧洲各国的政治立场进一步统一，这都为莱茵河流域治理奠定了很好的认识基础。

与此同时，ICPR 成员国大致相当的经济发展水平也是莱茵河流域治理的重要条件。环境治理初期必然会以牺牲经济为代价，需要沿岸各地方割舍一定经济利益，这无疑会增加谈判桌上的分歧，增加协调难度。比如，自 1950 年 ICPR 成立最初三十多年间，其治理效果并不理想。当时各国环保意识并未形成，也面临战后经济恢复压力，因此在讨论有害物的最高排放值时，都认定限排会在短时间内对经济发展造成负面影响，因此讨论工作进展缓慢，难

以达成共识，《防止莱茵河化学污染国际公约》的实际操作也时常受阻。今天，ICPR 各成员国经济水平相当，2019 年各国人均 GDP 均高于 4 万美元①，世界排名都位列前 30 名。各国较为一致的经济、社会和环境标准一定程度上减少了分歧和利益纷争，在莱茵河治理行动中较为容易达成共识。

（四）科学的规划和先进的技术支撑为莱茵河治理提供了运行保障

首先，莱茵河治理向来有章有据，有规划有协议。20 世纪 80 年代以来，ICPR 通过了三个规划，分别为《莱茵河行动计划》（1987）、《莱茵河 2020 行动计划》（2001）和《莱茵河 2040 行动计划》（2020），为莱茵河治理提供了战略安排，并明确了量化指标体系和各种生态修复模式。与此同时，ICPR 主导签署了一系列有关莱茵河流域治理的协议，分别为 1976 年签署的控制化学污染公约、控制氯化物污染公约和 1998 年的《新莱茵河公约》，为莱茵河环境改善和流域管理提供了法律依据。其次，莱茵河治理注重先进技术的改良与运用。比如，在 ICPR 的倡议下，各国在莱茵河及其支流建立了密集的水质监测站，通过最先进的方法和技术手段对莱茵河进行监控，形成监测网络。每个监测站还设有水质预警系统，通过连续生物监测和水质实时在线监测，能及时对短期和突发性的环境污染事故进行预警。意识到过多的人为作用对河流自然发展规律的破坏，莱茵河流域治理还大胆创新探索河流的动态和一体化治理，即注重工程和非工程措施的结合，以及源头控制、分散治理，注重维护、恢复河流的自然特性，使莱茵河整体生态系统得到有效改善。

（五）流域综合治理十分注重经济的可持续发展，从源头上切断了莱茵河污染源

莱茵河孕育了欧洲现代工业文明，与此同时也牺牲了莱茵河流域的生态环境。为控制工业点源污染，欧洲地方企业也通过加强污水处理与建设污水

---

① 来自世界银行对各国名义 GDP 的统计结果。

处理厂等减少污染物的排放。与此同时，面对越来越严格的环保标准和越来越激烈的国际竞争，很多地区和企业不得不走上转型之路。以德国鲁尔区内的埃森为例，其工业转型实例为其他地区产业和城市转型以及环境治理提供了宝贵经验。埃森煤矿曾经是欧洲最大的煤矿，煤炭和钢铁工业使得 19 世纪初只有 3000 人的小镇发展成为德国第一大工业城市。20 世纪 80 年代工业时代落幕，埃森也失去了昔日光彩。基于此，德国开始探索转型之路。一方面，自 1989 年开始当地政府投资 7000 万欧元对埃森煤矿进行了修复，完整呈现了 1932 年采、挖、炼、运一整套的煤矿生产流程，开启了埃森工业旅游模式。老工业基地擦去了脸上的煤灰，重新容光焕发。另一方面，基于现代农业大量使用化肥造成的面源污染，欧洲很多地方开始探索天然有机农业发展道路，通过少用化肥、甄选优良菜种提高产量，通过少用农药，引进安全手段减少病虫害，以实现农业可持续发展。因此，莱茵河流域通过工业产业转型、点源污染控制、农业面源污染控制的手段，鼓励经济的可持续发展，从源头上切断了污染源。

（六）多元主体的广泛参与为莱茵河流域治理提供了社会力量

莱茵河治理一直不缺群众基础。1986 年桑多兹污染事件之后，群众街头追打政府官员，是欧洲群众关注莱茵河环境和表达意愿的最典型表现。同时，莱茵河流域治理也为多元主体参与提供了开放渠道和机制。比如 1998 年的《新莱茵河公约》明确提出 ICPR 应与利益团体和其他组织、专家合作，并规定了合作程序。ICPR 可向利益团体、相关政府间合作组织和非政府组织授予观察员身份，只有接受公约原则和目标、为实现公约目标提供技术和知识支持的团体才可申请观察员身份。ICPR 秘书处和各国环保部门也为公众参与和信息公开提供渠道。例如，为有效实施"鲑鱼 2020 计划"，ICPR 面向公众和学校组织了一系列的社会宣传、巡回展览、教育宣讲等活动。再比如，在《莱茵河 2020 行动计划》的实施初期，各国和地方政府即结合欧盟水框架指令，召集公共部门和私人部门代表及用水者联盟，成立咨询委员会，举办讨论会以熟悉并执行新的莱茵河治理计划。充分的多元主体参与有效增进了莱茵河治理计划的贯彻落实。

四 对我国流域污染治理的启示

欧洲社会经济发展走的是"先污染后治理"传统道路。莱茵河从欧洲的"母亲河"变成"欧洲臭水沟",污染问题使其生物意义上"死亡",这才让人们彻底醒悟。改革开放以来,我国也没有避免粗放式的发展路径,包括珠江在内的七大水系均受到不同程度的污染,海河基本属于"死河",黄河、淮河、辽河基本没有Ⅰ类水。但欧洲较早进入发达阶段,环保意识觉醒较早,莱茵河流域治理十分成功,受到世界各国认可,其治理经验可为我国流域治理和可持续发展提供很多有益的启示。

(一)以生态文明为指引,强化政府与社会环保意识,为流域治理提供持续动力

20世纪50年代以来,欧洲各国经济迅速恢复,同时也导致环境问题更加突出。经济水平的提升以及人民群众对高质量生活的需求使环境问题受到较高关注。受选举制度约束,民选官员必须代表并满足民众需求,才可实现其政治目标。因此,社会群众急迫的环保需求内生地推动了地方政府以及联邦政府的环保行动。反过来,各国和地方官员为有效保证治理计划的落实,十分重视社会宣传、参与和教育。举例来说,瑞士、德国等国政府与民间环保基金会及学校合作,每年拨款组织专职或兼职教师去学校为学生们讲授环境保护的知识。社会与政府之间形成闭环,提高了彼此对莱茵河环境问题的重视程度,增强了流域治理的有效性。在我国,民众环保日益觉醒,但民众自觉参与环保行动仍然体现出很高的"政府依赖性",而政府官员和领导干部对环保的认识还未上升到与GDP同等程度。因此,各地方应在"应对气候变化"当前热点议题下,以"习近平生态文明发展观"为指引,着力加强民众和政府之间环保行动的互促互进,以持续有效地提高流域治理效果。

（二）完善流域协调组织的职能，增进地方政府的政治支持，切实提升流域环境质量

ICPR 是一个国际政府合作组织，以"整治莱茵河"这个共同的理念和政治承诺为基础进行国家间协调与合作，被称作莱茵河流域治理的无冕之王。虽然 ICPR 没有法律权力，但具有广泛的政治影响力和公众影响力。如 20 世纪 70 年代，荷兰反映整治力度不够快，因此 ICPR 召开了部长级会议，利用政治力量推动各国的工程进展。地方政府的政治支持也是莱茵河流域治理不可忽视的因素。国际自然保护联盟（International Union for Conservation of Nature）曾总结道，1986 年的污染事件触发了地方政府环保行动的政治意愿，而只有地方政府的支持和政治监督才可保证莱茵河流域治理方案的有效实施。在我国，七个流域管理机构属于水利部的派出机构，对流域水资源进行管理，与环保部门、地方水利部门之间存在职能冲突，制约了各流域治理的效果。因此，我国流域协调机构的职能需进一步完善，部门间、层级间的权责关系需进一步理顺，形成以流域协调机构为核心的流域治理机制，进而真正提升流域环境质量。

（三）注重源头治理，坚持统筹城市生产生活方式转型，从根本上推动流域生态环境的改善

在莱茵河治理的第二阶段，流域治理以末端污染治理为主，各国投入大量经费建设了污水处理厂，但 1986 年桑多兹化工厂泄漏事件使三十多年的巨额投入付之东流。各国意识到，末端治理治标不治本，难以从根源上切断污染源，使流域治理效果大打折扣，因此沿岸各城市走上了经济发展转型之路。当前，虽然我国很多城市提出治水、治城、治产一体化推进，通过战略统筹补上水环境治理欠账，但总体来说，地方区域发展不平衡，污染治理仍以末端治理为主，难以从根本上解决流域污染问题。借鉴莱茵河流域治理的经验，地方政府应贯彻新发展理念，结合"碳达峰、碳中和"的双碳目标，坚持流域生态系统一体化保护和修复，把加强流域生态环境保护与推进能源革命、推行绿色生产生活方式、推动经济转型发展统筹起来，坚持治水、治城、治产一体化推进，持续用力推动流域生态环境的质量改善。

（四）学习先进理论，创新提升技术，为流域治理提供现代理念和技术支持

莱茵河流域的成功治理离不开先进的理论和技术条件的支持。ICPR 制定的严格的水质标准、密集的水质监测网络、强大的预警和报警系统使得莱茵河水体中的化学物质、底质、移质、生物种群等处于全方位、全时段监测之下，莱茵河水的任何细微的变化都在地方环保部门的掌握之中，这为莱茵河治理提供了技术保障。而先进的理论研究，尤其是其防洪新概念、生态正义理论、气候变化研究使莱茵河治理计划与生态修复紧密结合，为莱茵河治理提供了战略眼光。在我国，科研部门和政府职能部门也应该加强生态理论研究，增进交流与学习，创新与应用国际先进技术，在流域治理中立足长远，少走弯路，为流域环境改善打造良好的基础。

参考文献

薄义群、卢锋等：《莱茵河：人与自然的对决》，中国轻工业出版社，2009。

陈维肖、段学军、邹辉：《大河流域岸线生态保护与治理国际经验借鉴——以莱茵河为例》，《长江流域资源与环境》2019 年第 11 期。

古斯塔夫·波夏尔特：《莱茵河流域的国际合作和污染控制》，《中国机构改革与管理》2016 年第 12 期。

黄燕芬、张志开、杨宜勇：《协同治理视域下黄河流域生态保护和高质量发展——欧洲莱茵河流域治理的经验和启示》，《中州学刊》2020 年第 2 期。

翁鸣：《莱茵河流域治理的国际经验——从科学规划和合作机制的视角》，《民主与科学》2016 年第 6 期。

张敏、刘磊、蓝艳、荆放：《〈莱茵河 2020 年行动计划〉实施效果评估结果及〈莱茵河 2040 年行动计划〉主要内容——对编制黄河生态环境保护规划的启示》，《四川环境》2020 年第 5 期。

Alexandre Kiss, The Protection of the Rhine Against Pollution, 25 *Natural Resources Journal.* 613（1985）. Available at：https：//digitalrepository. unm. edu/nrj/vol25/iss3/4.

附　　录
Appendix

B.21
城市发展大事记
（2020 年 7 月 1 日～2021 年 6 月 30 日）

2020 年 7 月 17 日　山西省林业和草原局印发《关于推进黄河流域国土绿化高质量发展的通知》，明确提出加快黄河流域国土绿化步伐，坚持大规模"增绿"、抢救性"复绿"、原生态"补绿"，围绕实施黄河流域生态保护和高质量发展国家战略，全面加强林草资源保护，提高树木保存率、成林率和草原植被覆盖度，因地制宜推进高质量国土绿化、林草融合，实现"黄土不露脸"。

2020 年 8 月 27 日　中共中央 国务院关于对《首都功能核心区控制性详细规划（街区层面）（2018 年－2035 年）》的批复明确指出，要深刻把握"都"与"城"、保护与利用、减量与提质的关系，把服务保障中央政务和治理"大城市病"结合起来，推动政务功能与城市功能有机融合，老城整体保护与有机更新相互促进，目标是建设政务环境优良、文化魅力彰显、人居环境一流的首善之区。

2020 年 9 月 10 日　国家发展改革委印发《海南现代综合交通运输体系

规划》，提出要加快建成便捷顺畅、快速连接，智慧引领、低碳畅行，连通陆岛、海陆空一体，通达全球的现代综合交通运输体系，为的是更好地引领中国特色自由贸易港建设，更好地支撑海南全面深化改革开放试验区、国家生态文明试验区、国际旅游消费中心和国家重大战略服务保障区建设，更好地服务国家发展大局。

2020 年 9 月 22 日　自然资源部办公厅印发《关于开展省级国土空间生态修复规划编制工作的通知》（自然资办发〔2020〕45 号），提出了省级国土空间生态修复规划编制工作的总体要求、基础工作、规划布局、目标和安排，要求依法履行统一行使所有国土空间生态保护修复职责，统筹和科学推进山水林田湖草一体化保护修复。

自然资源部办公厅印发《市级国土空间总体规划编制指南（试行）的通知》（自然资办发〔2020〕46 号），要求各地要结合市级国土空间总体规划编制工作，因地制宜，积极探索，深入实践，按照主体功能定位和空间治理要求，优化城市功能布局和空间结构，划分规划分区。

2020 年 11 月 3 日　中共中央关于制定《国民经济和社会发展第十四个五年规划和二〇三五年远景目标的建议》，明确提出各地要发挥比较优势，立足资源环境承载能力，逐步形成城市化地区、农产品主产区、生态功能区三大空间格局。积极实施城市更新行动，推进城市生态修复、功能完善工程，促进大中小城市和小城镇协调发展。加强城镇老旧小区改造和社区建设，增强城市防洪排涝能力，建设海绵城市、韧性城市。提高城市治理水平，加强特大城市治理中的风险防控。

水利部关于《进一步加强水资源论证工作》的意见（水资管〔2020〕225 号）提出，要把水资源作为区域发展、相关规划制定和项目建设布局的刚性约束，将经济活动严格限定在水资源承载能力范围之内；充分考虑规划、建设项目以及区域发展的实际，分类推进水资源论证工作，突出工作重点，优化内容和形式。

2020 年 11 月 9 日　国务院办公厅关于《推进对外贸易创新发展的实施意见》（国办发〔2020〕40 号）要求加大对加工贸易转型升级示范区和试

点城市的支持力度，培育认定新一批试点城市，支持探索创新发展新举措。

2020 年 11 月 17 日 自然资源部办公厅印发《国土空间调查、规划、用途管制用地用海分类指南（试行）的通知》（自然资办发〔2020〕51号），明确要求建立全国统一的国土空间用地用海分类，为科学规划和统一管理自然资源、合理利用和保护自然资源，加快构建国土空间开发保护新格局奠定重要工作基础。

2020 年 11 月 24 日 国家发展改革委关于《调整南昌市城市轨道交通第二期建设规划方案的批复》（发改基础〔2020〕1776 号）要求按照安全、便捷、高效、绿色、经济的原则，优化调整南昌市 1 号线和 2 号线，统筹城市功能布局。

2020 年 12 月 10 日 水利部办公厅关于印发《穿跨邻接南水北调中线干线工程项目管理和监督检查办法（试行）的通知》（办南调〔2020〕259号），要求进一步加强穿跨邻接南水北调中线干线工程项目管理和监督检查，确保南水北调中线干线工程安全。

2020 年 12 月 14 日 国家发展改革委关于《宁波市城市轨道交通第三期建设规划（2021－2026 年）的批复》（发改基础〔2020〕1899 号）同意宁波市城市轨道交通第三期建设规划，建设 6 号线一期、7 号线、8 号线一期、1 号线西延、4 号线延伸等 5 个项目，规划期为 2021～2026 年。其目的是支持城市重点区域开发，完善轨道交通网络布局，提升城市公共交通服务水平。

2020 年 12 月 22 日 水利部关于《黄河流域水资源超载地区暂停新增取水许可的通知》（水资管〔2020〕280 号）明确将甘肃省白银市，宁夏回族自治区中卫市，内蒙古自治区包头市、乌海市、巴彦淖尔市，山西省临汾市等列为地表水超载地区；将陕西省西安市、咸阳市、渭南市，山西省太原市等列为地下水超载区域，以此为推动用水方式由粗放低效向节约集约转变、加快推动黄河流域生态保护和高质量发展奠定基础。

2020 年 12 月 26 日 中华人民共和国第十三届全国人民代表大会常务委员会第二十四次会议通过《中华人民共和国长江保护法》（以下简称《保

护法》），规定长江流域的范围为长江干流、支流和湖泊形成的集水区域所涉及的青海省、四川省、西藏自治区、云南省、重庆市、湖北省、湖南省、江西省、安徽省、江苏省、上海市，以及甘肃省、陕西省、河南省、贵州省、广西壮族自治区、广东省、浙江省、福建省的相关县级行政区域。这一区域应在《保护法》下，坚持生态优先、绿色发展，共抓大保护、不搞大开发；统筹协调、科学规划、创新驱动、系统治理。

2020 年 12 月 29 日　水利部关于《丹江口水库管理工作的实施意见》（水政法〔2020〕305 号）明确提出要加强对丹江口水库的管理和保护，依法划定饮用水水源保护区，设立明确的地理界标和明显的警示标志，加强水资源保护、水污染治理和生态保护与修复。

2021 年 1 月 15 日　中共中央办公厅 国务院办公厅印发《关于全面推行林长制的意见》，明确提出将森林覆盖率、森林蓄积量、草原综合植被盖度、沙化土地治理面积等作为重要指标，因地制宜确定目标任务；组织制定森林草原资源保护发展规划计划，依法全面保护森林草原资源，推动生态保护修复。

2021 年 1 月 27 日　上海市人民政府印发《上海市国民经济和社会发展第十四个五年规划和二〇三五年远景目标纲要》，明确指出要坚持以人民为中心，围绕实现"一流城市一流治理"目标，构建共建共治共享的社会治理共同体，激发全社会活力，建设更高水平的平安上海，打造具有国际影响力的超大城市治理标杆。

2021 年 2 月 2 日　国家发展改革委关于《同意南京都市圈发展规划的复函》（发改规划〔2021〕174 号）提出，着力推动基础设施一体高效、创新体系协同共建、产业专业化分工协作、公共服务共建共享、生态环境共保共治、城乡融合发展，把南京都市圈建设成为具有全国影响力的现代化都市圈。

2021 年 2 月 20 日　国务院关于《新时代支持革命老区振兴发展的意见》（国发〔2021〕3 号）指出，支持革命老区重点城市提升功能品质、承接产业转移，加快提升城市管理和社会治理的数字化、智能化、精准化水平，加强革命老区与中心城市、城市群合作，建设区域性中心城市和综合交通枢纽城市。

2021 年 2 月 21 日 中共中央国务院关于《全面推进乡村振兴加快农业农村现代化的意见》提出要加强水生生物资源养护，推进以长江为重点的渔政执法能力建设，在长江经济带、黄河流域建设一批农业面源污染综合治理示范县。

2021 年 2 月 24 日 中共中央国务院印发《国家综合立体交通网规划纲要》，明确要求到 2035 年，基本建成便捷顺畅、经济高效、绿色集约、智能先进、安全可靠的现代化高质量国家综合立体交通网，实现国际国内互联互通、全国主要城市立体畅达、县级节点有效覆盖，有力支撑"全国 123 出行交通圈"（都市区 1 小时通勤、城市群 2 小时通达、全国主要城市 3 小时覆盖）和"全球 123 快货物流圈"（国内 1 天送达、周边国家 2 天送达、全球主要城市 3 天送达）。

2021 年 3 月 2 日 甘肃省人民政府《关于印发甘肃省国民经济和社会发展第十四个五年规划和二〇三五年远景目标纲要的通知》（甘政发〔2021〕18 号）要求坚决落实黄河流域生态保护和高质量发展战略，强化能源资源节约，持续加大生态建设和环境保护力度，推动经济社会转型发展，坚固绿色发展底板，建设山川秀美、生态良好、环境优美的新甘肃。

2021 年 3 月 3 日 北京市人民政府办公厅印发《北京市深入打好污染防治攻坚战 2021 年行动计划的通知》（京政办发〔2021〕3 号），明确要求深入打好污染防治攻坚战，提高绿色低碳发展水平，推动建立全民参与的生态环境保护新格局。

2021 年 3 月 16 日 四川省人民政府印发《四川省"十四五"规划和 2035 年远景目标纲要》，指出加强细颗粒物和臭氧协同控制、多污染物协同减排，推进"散乱污"企业整治，强化区域大气污染联防联治，严控工业源、移动源、面源排放，构建"源头严防、过程严管、末端严治"大气污染闭环治理体系。

2021 年 4 月 25 日 国务院办公厅关于《加强城市内涝治理的实施意

见》（国办发〔2021〕11 号）明确提出，各城市要因地制宜形成"源头减排、管网排放、蓄排并举、超标应急"的城市排水防涝工程体系，有效应对城市内涝防治标准内的降雨等。

2021 年 4 月 26 日 中共中央办公厅 国务院办公厅印发《关于建立健全生态产品价值实现机制的意见》指出，要以体制机制改革创新为核心，推进生态产业化和产业生态化，建立健全生态产品价值实现机制，培育经济高质量发展新动力，塑造城乡区域协调发展新格局，引领保护修复生态环境新风尚，打造人与自然和谐共生新方案。

2021 年 4 月 30 日 国务院办公厅关于《同意济南新旧动能转换起步区建设实施方案的函》（国办函〔2021〕44 号）指出，要立足新发展阶段、贯彻新发展理念、构建新发展格局，着力加快新旧动能转换，着力创新城市发展方式，着力保护生态环境，着力深化开放合作，着力完善体制机制，走出一条绿色可持续的高质量发展之路。

2021 年 5 月 9 日 国家发展改革委关于印发《污染治理和节能减碳中央预算内投资专项管理办法的通知》（发改环资规〔2021〕655 号），提出为加强和规范污染治理与节能减碳专项中央预算内投资管理，提高中央资金使用效益，调动社会资本参与污染治理和节能减碳的积极性，应统筹支持各地污水垃圾处理等环境基础设施建设，加强节能减碳建设及资源节约与高效利用，重点支持臭氧未达标城市和京津冀及周边地区、长三角、汾渭平原、苏皖鲁豫交接地区等重点区域城市细颗粒物和臭氧污染协同治理项目的建设。

2021 年 5 月 12 日 财政部经济建设司、住房和城乡建设部城市建设司、水利部规划计划司印发《关于公布 2021 年系统化全域推进海绵城市建设示范省级工作评审结果的通知》，将各省评审结果分为三档，第一档：吉林、江苏、浙江、江西、福建、湖南、广东；第二档：河北、山西、辽宁、安徽、山东、河南、湖北、广西、海南、四川、贵州、云南、陕西、甘肃、宁夏、青海、新疆；第三档：内蒙古、黑龙江、西藏、新疆生产建设兵团，为进一步加强海绵城市建设提供依据。

2021 年 5 月 14 日　北京市人民政府办公厅印发《北京市城市积水内涝防治及溢流污染控制实施方案（2021 年—2025 年）的通知》（京政办发〔2021〕6 号），指出要坚持以人民为中心的发展思想，加快补齐城市积水内涝防治及溢流污染控制短板，提升城市水环境质量，完善水务基础设施体系，保障人民群众生命财产安全，推进首都水治理体系和治理能力现代化。

2021 年 5 月 19 日　广州市人民政府《关于印发广州市国民经济和社会发展第十四个五年规划和 2035 年远景目标纲要的通知》（穗府〔2021〕7 号）明确提出，加强超大城市治理体系和治理能力现代化建设，促使城市发展战略进一步优化，城市枢纽能级显著提升，城市更新改造深入推进，生产生活生态空间布局更加合理，智慧城市建设成效显著，政府效能持续提升，市域社会治理现代化加快推进等，努力将广州市打造成为超大城市现代化治理的新范例。

2021 年 5 月 20 日　中共中央 国务院《关于支持浙江高质量发展建设共同富裕示范区的意见》指出，支持浙江在完善收入分配制度、统筹城乡区域发展、发展社会主义先进文化、促进人与自然和谐共生、创新社会治理等方面先行示范。为此，应从提升自主创新能力、塑造产业竞争新优势、提升经济循环效率、激发各类市场主体活力、推动实现更加充分更高质量就业等方面努力，尽快将浙江打造成为高质量发展高品质生活先行区、城乡区域协调发展引领区、收入分配制度改革试验区、文明和谐美丽家园展示区。

2021 年 5 月 21 日　国务院办公厅转发国家发展改革委等部门关于《推动城市停车设施发展意见的通知》（国办函〔2021〕46 号）指出，为加快补齐城市停车供给短板，改善交通环境，推动高质量发展，需要科学规划、分类施策，政府引导、市场运作，建管并重、集约发展，改革创新、支撑保障。

2021 年 5 月 24 日　国家发展改革委印发《大小兴安岭林区生态保护与经济转型规划（2021—2035 年)》，要求到 2025 年，林区生态环境质量进一步好转，维护区域生态安全的重要屏障更加稳固，碳汇能力和水平进一步提升，木材资源战略储备能力有所增强，接续替代产业初具规模等。到 2035

年，初步建成生态环境优良、产业特色鲜明、人民生活富裕的新林区，人与自然和谐共生的良性局面加快建成。

2021 年 5 月 26 日 国家发展改革委《关于同意福州都市圈发展规划的复函》（发改规划〔2021〕727 号）指出，以推动福州与周边城市协调联动、提升都市圈整体发展水平为方向，以基础设施、产业与创新、公共服务、生态环保等领域协同为重点，建设具有重要影响力的现代化都市圈，实现共建共治共享、同城化同家园，有力支撑福建全方位推动高质量发展。

2021 年 6 月 2 日 国务院办公厅《关于科学绿化的指导意见》（国办发〔2021〕19 号）明确指出，为增强生态系统功能和生态产品供给能力，提升生态系统碳汇增量，推动生态环境根本好转，为建设美丽中国提供良好生态保障，城市绿化规划应当以保护优先、自然恢复、规划引领、顶层谋划等为原则，满足城市健康、安全、宜居的要求，结合城市更新，采取拆违建绿、留白增绿等方式，增加城市绿地，留足各级各类城市的绿化空间等。

2021 年 6 月 4 日 国务院办公厅《关于推动公立医院高质量发展的意见》（国办发〔2021〕18 号）明确要求，为更好提供优质高效医疗卫生服务、防范化解重大疫情和突发公共卫生风险、建设健康中国，应当构建公立医院高质量发展新体系，改革人事管理、薪酬分配等制度，健全医务人员培养评价制度，深化医疗服务价格改革，深化医保支付方式改革等。

2021 年 6 月 6 日 国家发展改革委 住房城乡建设部印发《"十四五"城镇污水处理及资源化利用发展规划的通知》（发改环资〔2021〕827 号），要求应以推进设施建设、提升污水处理能力、健全考核激励机制等为重点任务与手段，推进城市治理体系和治理能力现代化，到 2025 年，基本消除城市建成区生活污水直排口和收集处理设施空白区；到 2035 年，城市生活污水收集管网基本全覆盖，城镇污水处理能力全覆盖。

2021 年 6 月 7 日 国家发展改革委 交通运输部印发《成渝地区双城经济圈综合交通运输发展规划的通知》（发改基础〔2021〕829 号），要求"十四五"时期，成渝地区要以建设具有全国影响力的重要经济中心、科技创新中心、改革开放高地为目标，强化对外交通、城际交通、都市圈交通合理布局和高效衔接，推动共建"一带一路"高质量发展，实施长江经济带发展、西部大开发等重大战略。

2021 年 6 月 7 日 国家发展改革委印发《长江三角洲地区多层次轨道交通规划的通知》（发改基础〔2021〕811 号），要求以一体衔接，互联互通、科学布局，支撑引领、绿色智能，便捷高效、改革创新，合作共赢等为原则，力争到 2025 年，长三角地区成为多层次轨道交通深度融合发展示范引领区，有效支撑基础设施互联互通和区域一体化发展。到 2035 年，长三角成为轨道交通网络化一体化、智能化、绿色化发展的样板区，轨道交通全面引领推动区域一体化发展。

2021 年 6 月 17 日 国务院办公厅《关于印发深化医药卫生体制改革 2021 年重点工作任务的通知》（国办发〔2021〕20 号）明确要求，在三明市建设全国深化医改经验推广基地，加大经验推广力度。按照"腾空间、调结构、保衔接"的路径，以降药价为突破口，同步推进医疗服务价格、薪酬、医保支付等综合改革。积极启动国家医学中心和第二批区域医疗中心试点建设项目，统筹谋划推进"十四五"时期区域医疗中心建设等。

2021 年 6 月 21 日 国家发展改革委《关于产业转型升级示范区建设 2020 年度评估结果及下一步重点工作的通知》（发改振兴〔2021〕866 号）确定了 2020 年度产业转型升级示范区建设评估结果，原则同意北京京西等 20 个产业转型升级示范区建设方案，并纳入"十四五"时期产业转型升级示范区支持政策范围；原则同意河北正定等 20 个县城依托现有开发区建设县城产业转型升级示范园区等。

Abstract

Water is the basic and strategic resource for human survival and development, and basins are physical geographic units where man and nature coexist. In ancient and modern times, "a good ruler must be good at water governance". China is one of the countries with the most complicated water regimens and the most onerous water governance tasks in the world. Furthermore, the extreme weather brought about by global climate change in the future is very likely to aggravate the task of water governance in urban and rural areas. At the same time, to achieve high-quality economic development and high-quality life of the people make a new request for urban and rural water governance in the era of ecological civilization.

The 19th National Congress of the Communist Party of China emphasized that "building an ecological civilization is a national project of millennial significance for the sustainable development of the Chinese nation" and put forward "the goal of building a beautiful China basically attained by 2035". Water is the material basis and key element for China to promote the ecological civilization construction, and basins are the spatial carrier and elementary entity for building a beautiful China. The "Annual Report on Urban Development of China No. 14" (hereinafter referred to as the Report), themed on "Urban and Rural Action of Water Governance in Big Country- Ecological Civilization Construction Based on Basins", closely focuses on the main work of urban and rural water governance since the founding of the People's Republic of China, especially since the 18th National Congress of the Communist Party of China, and conducts systematic analysis and in-depth research on the water resources management, water environment governance, and water ecological civilization construction. The "report" contains seven chapters: General Report, Comprehensive Topics

Chapter, Key Basins Chapter, Special Actions Chapter, Domestic Cases Chapter, International Experiences Chapter, and the Appendix. These chapters pursue intensive study on the development history, current situation, problems and challenges, development trend, institutional construction, practical work of China's urban and rural water governance. In the meanwhile, combined with the beneficial experience of urban and rural water governance at home and abroad, the "report" also proposes some countermeasures to modernize our national governance system and capacity in the fields of water resources, water environment, water ecology, water security, water culture, etc.

The "Report" points out that China is a country with large amount of water resources, and diversified river basins carry the majority of China's population and the national economy. Nevertheless, China still faces complicated water situation, including low per capita water availability, extremely uneven temporal and spatial distinction of water resources, and high frequently of drought and flood which affects a wide range of areas and induces heavy losses. The global climate change in the future may cause frequent occurrence of extreme weather, which would aggravate the task of water governance in urban and rural areas. If the management of water resources is inadequate, the exploration and utilization of water resources is unscientific, and the human-water relationship is unreasonably handled, problems such as water shortage, water environment deterioration, water ecological imbalance, and more frequency of water disasters will severely affect the sustainable social economic development and the better life of Chinese people. Therefore, it is necessary to attach great importance to water governance in national security and sustainable social and economic development.

The "Report" raises that since the founding of the People's Republic of China, we have gradually understood and adhered to the principle of "harmony between human and water", effective measures in flood and drought control, resource protection, pollution governance, ecological restoration and city waterlogging management have been taken achieved positive results. Since the 18th (CPC) National Congress, the Central Committee has been implementing the water disaster prevention, water resources conservation, water ecological protection and restoration, and water environment governance. The separation of urban and

rural water governance has upgraded to urban and rural co-governance, and river basin governance has taken a new step. However, there are still major problems such as imperfect allocation of water resources, insufficient protection and restoration of water ecosystems, insufficient coordination between high-level ecological protection and high-quality development of river basins, and unsound urban flood control and drainage systems.

In view of China's basic water regimens and the main tasks of urban and rural water governance, and on the basis of the beneficial water governance experience, such as system thinking, collaborative governance, and technical support developed through domestic and foreign exploration, the "Report" puts forward that, we need to face up to the new requirements of high-quality development and high-quality life in the era of ecological civilization, and scientifically understand the laws of nature, economics, and society that affect the water cycle, water resources development, and water ecological restoration. We must regard water resources as the most rigid constraint factor, set quotas for the city, land, population and production based on water volume, establish correct water concept, pay attention to the health of water ecology, and focus on improving the informatization and intelligence level of urban and rural water governance. Based on the basic geographical units of the basins, we will be able to systematically deepen the ecological civilization construction, and realize the harmonious coexistence of man and nature with water as the bond.

Keywords: Water Resources; Water Environment; Water Ecology; Water Security; Water Culture; Water Governance in Urban and Rural Areas

Contents

I General Reports

Abstract：Water is the basic and strategic resources for human survival and development, and basins are physical geographic units where human and nature coexists. In ancient and modern times, a good ruler must be good at water governance. In China, the total amount of water resources is large, while the per capita water availability is low. The temporal and spatial distribution of water resources is extremely uneven, the frequency of drought and flood disasters is high, which affect wide range of areas and incluce heavy losses. Thus China is one of the countries with the most onerous water governance tasks in the world. The extreme weather brought about by global climate change in the future may lead to water shortages, water environment deterioration, water ecological imbalance, frequent water disasters, etc. , which would aggravate the task of water governance in urban and rural areas across the country. At the same time, the high-quality economic development and high-quality life of the people in the era of ecological civilization put forward higher requirements for urban and rural water management. For this reason, based on the experience of water governance at home and abroad, this article proposes that we must regard water resources as the most rigid constraint factor, establish correct water concept, set quotas for the city, land, population and

production based on water volume, pay attention to the health of water ecology, and focus on improving the informatization and intelligence level of urban and rural water governance. Based on the basic geographical units of the basins, we must systematically deepen the construction of water ecological civilization, and realize the harmonious coexistence of man and nature with water as the bond.

Keywords: Water Resources; Water Environment; Water Governance in Urban and Rural Areas; Ecological Civilization

B.2 Evaluation of China's urban healthy development in 2020 −2021

Wu Zhanyun, Shan Jingjing, Zhang Shuangyue and Wang Shuning / 048

Abstract: The superposition effect of multiple factors such as urbanization process with time and space compression, rapid modernization process, worldwide globalization process and global climate change risk poses a severe challenge to the healthy development of cities. The problem of urban health governance urgently needs to be solved in theory and practice. This paper systematically analyzes various health risks and challenges faced by China's urban development, and then systematically evaluates the healthy development of China's cities based on the five-dimensional evaluation model of healthy economy, healthy society, healthy culture, healthy environment and health management. This paper holds that health promotion in China's cities should take health priority as the premise, integrate health into all policies, establish a normalized health promotion mechanism based on health evaluation, and reduce regional differences and health poverty by health coordination, actively participate in global health governance under the goal of building a human health community and further to promote the construction of a community with a shared future of mankind.

Keywords: Healthy Development Index; Healthy City; Health Risks; Health Management

II   Comprehensive Article Chapters

B.3   Main modes and supporting capacity of urban water
  environment treatment in China   *Li Hongyu* / 089

Abstract：Abstract：During the 13th Five Year Plan period, China's urban water environment governance has achieved remarkable results, the urban surface water quality has continued to improve, the water quality of urban watersheds has been continuously improved, the water quality of urban lakes (reservoirs) has been steadily improved, and the guarantee capacity of urban centralized drinking water sources has been enhanced. China's urban water environment treatment has formed a comprehensive treatment idea focusing on non-point source treatment. The operation mode is mainly PPP mode, and EPCO mode is rising. The financial, institutional and organizational support capacity of China's urban water environment governance has been continuously strengthened. The central finance provides financial support for urban water environment governance. A series of national and city documents provide institutional support for urban water environment governance. The state has established the Ministry of ecological environmental protection, and cities at all levels fully implement the river director system to provide organizational guarantee for urban water environment governance. During the 13th Five Year Plan period, a number of typical cases of urban water environment treatment emerged in China, such as the Meishe river at the sea and the Zhupai River in Nanning. Looking forward to the 14th five year plan, China will form a new pattern of high-quality development of PPP for urban water environment governance, usher in a new period of coordinated governance of "three water overall planning", and further improve the modernization level of urban water environment governance capacity.

Keywords：Water Environment; Governance Model; Supporting Capacity

城市蓝皮书

Abstract: This paper statistically analyzes the data of the national surface water quality and water pollutant discharge from the "Action Plan for Prevention and Control of Water Pollution" in 2015 to 2020, which serves as an action guide for the national water pollution prevention and control work, it has achieved remarkable results in China's water environment treatment. By the end of 2020, China has fulfilled the 2020 targets set out in the Action Plan for the Prevention and Control of Water Pollution with high quality, and achieved remarkable results in reducing water pollutants. Among the 1, 614 water quality sections monitored in major river basins in China, class I ~ III water quality sections increased by 7.7 percentage points over 2015, accounting for 87.4%; The section with inferior class V water quality decreased by 9.7 percentage points to 0.2% compared with 2015, and the water quality has been significantly improved. In order to fulfill the indicator requirements of 2030 in the "Action Plan for Prevention and Control of Water Pollution", we should deepen the battle of pollution prevention and control, solve the remaining difficulties, and continue to carry out pollution prevention and control actions.

Keywords: Water Environment; Action Plan for Prevention and Control of Water Pollution; Water Pollutant Reduction

III   Important Basin Chapters

Abstract: Known as the "water tower of China", the Three River Source

Basin is the source catchment of the Yangtze River, Yellow River and Lancang River, and constitutes an important ecological security barrier in China. Since the new millennium, China has continued to carry out the ecological protection and construction of the Three River Source Basin, and has achieved remarkable results in adhering to the harmonious development of human and nature, practicing that green water and green mountains are golden mountains and silver mountains, building a community of life of mountains, rivers, forests, fields, lakes, grasses and sand, innovating the mechanism of ecological protection and management, and adhering to the direction of ecological benefit for the people. After entering the new era, the ecological protection and high-quality development of the Three River Source Basin are still facing some problems. It is necessary to further strengthen the reform, and make efforts in all aspects, such as the introduction of the "three-phase plan", the industrial transformation and upgrading, the strengthening of talents and technology, and the improvement of governance ability, so as to continuously create a new situation of ecological protection and high-quality development of the Three River Source Basin.

Keywords: Three River Source Basin; Ecological Protection; High-quality Development

B. 6   Water Ecological Management and Water Ecological Barrier Construction in The Upper Reaches of the Yangtze River Economic Belt: Connotation, Challenges and Countermeasures   *Cong Xiaonan, Li Guochang* / 150

Abstract: Water ecological management and construction of water ecological barriers in the upper reaches of the Yangtze River Economic Belt are of great significance for ensuring the high-quality development of the entire belt. Water ecological management cannot be carried out in isolation, and it is necessary to persist in the overall planning and advancement of the "landscape, forest, field,

lake and grass" system management. The ecological background of the upper reaches is fragile, the aquatic biodiversity still has the risk of degradation, the prevention and control of water environment pollution is still arduous, and the system and mechanism of cross-regional water ecological protection still need to be improved. It is necessary to strengthen comprehensive ecological protection and restoration with aquatic ecology as the core, effectively strengthen the protection of aquatic biodiversity, comprehensively promote the treatment of industrial pollution along the river, water environmental pollution, and rural and agricultural environmental management, improve the cross-regional coordination mechanism of joint prevention and control of water environmental pollution and water ecological protection, and build upstream green growth poles with urban agglomerations and metropolitan circles as the main carriers and accelerate the transformation of the development model under the paradigm of ecological civilization.

Keywords: The Yangtze River Economic Belt; Water Ecology; Water Environment; Water Pollution

B.7 Research on Urban Water Resources and Ecological Protection in the Yellow River Basin

Dong Yaning, Wang Han, Li Shaopeng and Shan Jingjing / 172

Abstract: The Yellow River Basin is the birthplace of Chinese civilization and important ecological security barrier for China. First of all, based on the background of the ecological civilization era, this paper systematically proposes a three-dimensional analysis framework of ecological civilization based on "ecology-space-time" in response to the strategic needs of ecological protection and high-quality development in the Yellow River Basin. Then, this paper systematically identifies the bottleneck constraints of water resources, water resources pollution, ecological environment and ecological restoration, space system and high-quality development faced by the ecological protection and high-quality development of the

Yellow River Basin. Finally, this paper puts forward countermeasures and suggestions from the aspects of strengthening the efficient use of water resources and ecological compensation, strengthening the cross-basin cooperative management of water resources, cultivating and optimizing the ecological space system, and cultivating and stimulating the high-quality development of the Yellow River Basin.

Keywords: Ecological Civilization; Yellow River Basin; Water Resources; Ecological Protection; Ecology-Space-Time

B. 8   Driving Factors and Spatial Effects of Environmental Pollution
in the Pearl River-West River Economic Belt

Liang Yutian, Zhang Jiaxi and Zhou Kan / 186

Abstract: The severe reality of pollution prevention and control in the Pearl River-West River Economic Belt is that industrial pollution discharge is large and structural pollution is prominent. Based on 83 county level administrative units of the Pearl River-West River Economic Belt, chemical oxygen demand (COD), ammonia nitrogen, sulfur dioxide and nitrogen oxides were picked to indicate water and air pollution (WAPI). Based on the measure of WAPI, spatial error model was used to quantitatively decompose effect of the driving factors and the spatial effect. It provides scientific reference for the establishment of environmental regulation oriented to pollution source control. The results show that : (1) the water and air environmental pollution index in the Pearl River-West River Economic Belt decreased by 30.6% from 2012 to 2016, and the overall improvement of WAPI was obvious. At the same time, the spatial pattern of water and air pollution was stable, and increased from upstream to downstream at the watershed scale. At the county scale, there was a core-edge structure surrounding the high-pollution counties. (2) the middle and lower reaches of the Pearl River-West River Economic Belt was the key to prevent and control pollution. Among them, the downstream was particularly polluted, it is urgent to consider the

environmental carrying capacity and pollution degree of development and protection, accelerate the Pearl River Delta basin to transform to ecological civilization. (3) the local pollution degree in the Pearl River-West River Economic Belt was obviously affected by the surrounding counties. The level of industrialization was the main driving factor, the implementation of industrial transformation and upgrading is urgent. In the future, more attention should be paid to the consideration of emission reduction targets and environmental benefits in capacity and production technology, and implement systematic and source comprehensive treatment in industrial structure and production to alleviate the situation of water and gas environmental pollution. (4) The degree of local pollution was obviously affected by the surrounding counties. In view of the spatial spillover effect of pollution, deep-level environmental regulations such as environmental access, pollution payment and cross-border early warning should be established in coordination, and the value of environmental capacity should be promoted across regions, and the sewage charging system based on concentration and total amount should be promoted. Achieve social and economic development while minimizing the degree of water and gas environmental pollution.

Keywords: Water and Air Pollution; Driving Factors; Spatial Effect; Spatial Error Model; The Pearl River-West River Economic Belt

B.9 Analysis on the Effect and Direction of Surface Water Ecological Environment Governance in River Basins

Ji Xiaoyan, *Xiao Jianjun*, *Yang Kai and Xu Min* / 201

Abstract: Since the 18th National Congress of Chinese Communist Party, especially during the 13th Five-Year Plan period, remarkable achievements have been made in controlling water pollution of surface water in various basins. Surface water environmental quality has been significantly improved. The main experience includes promoting policies by senior leadership and taking full responsibility at each level, intensifying supervision and offering assistance to where it is needed, insisting on the principal line of monitoring quality control, making concerted efforts and joint management to enhance coordination and contribution at different levels, taking accurate policies and strategies through problem-orientated method, adjusting measures to local conditions and treating the pollution systematically, as well as strengthening disclosure of government information and public participation in environmental protection and management. There're still many problems of water ecological environment protection at present. For instance, the improvement of surface water environment quality is unbalanced and uncoordinated, water resource is distributed unevenly and high water consumption mode has not been transformed fundamentally, the destruction of water ecological environment is quite common, water ecological environment security risk still exists, and also the governance system and modernization of capability do not match the needs of development. In order to achieve the goal of building a beautiful China, water ecological environment protection measures need to be taken unceasingly in three aspects. Environmental pollution should be precisely curbed and the battle against water pollution in major basins should be thoroughly fighted. Water resources, water ecology and water environment should be overall managed, and water ecological environment protection and modification in major basins should be forcefully promoted. Serial measures should be taken to promote governance and modernization capability of water ecological environment.

Keywords: River Basin; Water Ecology; Environmental Governance

Ⅳ   Special Action Chapters

Abstract: Mountains, rivers, forests, farmlands, lakes and grasslands are a

community of life. Ecological protection and restoration is conducive to maintaining national ecological security and ensuring sustainable development of economic and social, which is highly valued by the Chinese government. However, there are still some problems in ecological protection and restoration, such as weak scientific foundation, imperfect organizational mechanism, insufficient investment, lack of restoration technology and standards, which affect the effectiveness of ecological protection and restoration. In the future, according to the requirements of promoting the construction of ecological civilization, we should (1) renew the concept of restoration and carry out systematic protection and restoration based on scientific laws; (2) improve the organizational mechanism and form a governance mechanism with the joint participation of multiple departments and multiple subjects; (3) increase capital investment, encourage the participation of the whole society, and form a diversified capital investment mechanism; (4) strengthen technical support and vigorously implement the innovation of technical system and the construction of standard system; (5) clarify the implementation unit, promote the integrated protection and restoration of mountains, rivers, forests, farmlands, lakes and grasslands are a community of life, and constantly to improve the coordination between the natural ecosystem and economic and social development, and to promote the harmonious coexistence between human and nature.

Keywords: Mountains-Rivers-Forests-Farmlands-Lakes-Grasslands Life Community Systematic Governance; Ecological Restoration; Systematic Governance; Basin

B.11 Water Ecological Protection in River Basin: Practice, Problems and Countermeasures

Wang Han, Wang Jiawei / 229

Abstract: The key to the eco-environmental problem in the River Basin is water, which is the key inducement of ecosystem degradation in various regions of the basin. The restoration and protection of the water ecosystem in River basin not only depends on the self-regulation and self-organization ability of the ecosystem, but also needs the reasonable participation of human beings. This paper discusses the governance practice of three major water ecological problems in various basins, such as the reduction of Self-restraint function of source of water, the imbalance of relationship between water and sand, and serious water pollution. Based on this analysis, it analyzes and summarizes the constraints faced in River Basin water ecological restoration and governance, namely the difficulty of synergizing the relationship between water ecological governance and economic development in River Basin, the "tragedy of the commons" in the water ecological management, and the fact that existing laws and regulations cannot guarantee cross-regional effectiveness. Finally, this paper gives some countermeasures and suggestions for the pain points in the process of governance, in order to promote the high quality of water ecological protection in River Basin.

Keywords: Water Ecology; Regional Cooperation; Tragedy of the Commons

B.12 National Water Security Strategy: Current Situation,
Problems and Development Ideas   *Sude Bilige, Sun Yibo* / 243

Abstract: Water resources are one of the most important natural resources for human production and development. Protecting water resources safety is an important foundation for maintaining the sustainable development of the national economy and society. As the inherent carrier of water resources, the river and lake system is an important component of the natural ecological environment. The implementation of the river-lake water system connection project is an important strategic ways to achieve national water security, improve water resources allocation, resist drought and flood disasters, conduct water ecological environment management, and comprehensively improve water resources and water environment carrying capacity of China. On the basis of summarizing and combing related research, this paper discusses the basic connotation of the connection of rivers and lakes. Describes the development history of the connection of rivers and

lakes in China and the main characteristics of projects in different periods. Pointed out that there are shortcoming in the connection of rivers and lakes in China, and proposed future development ideas and countermeasures.

Keywords: Water System Connection; Water Resources Security; Ecological Governance; Water Resources Allocation

B. 13 South to North Water Transfer Project: Achievements, Problems and Challenges *Geng Bing* / 260

Abstract: The South-to-North Water Transfer Project is a major project related to the overall strategic situation, long-term development and people's well-being. From the commencement of construction to water operation, it has successfully achieved the construction objectives of the first phase of the East and middle line project, effectively guaranteed the water safety, supplemented the groundwater, improved the ecological environment, control disasters of flood and drought, and promoted the sustainable development of economy and society. It has achieved comprehensive economic, social and ecological benefits. This paper introduces the construction background, significance and progress of the South-to-North Water Transfer Project in detail. Summarizes the achievements of the South-to-North Water Transfer Project. Analyzes the problems and challenges faced by the South-to-North Water Transfer Project in terms of water quality, water quantity and ecological compensation. Puts forward suggestions such as strengthen the prevention and control water pollution, improve the allocation capacity of water resources, give full play to the role of water price market regulation and improve the ecological compensation system and mechanism.

Keywords: South to North Water Transfer; Water Transfer and Replenishment; Cross Regional; Strategic Project

B. 14   Analysis of the Situation of Water Supply Security in Urban
and Rural Areas in China Under the
New Period   *Wang Xifeng*, *Jiang Chenghao* / 275

Abstract: In the new situation, China's main social contradictions have changed, according to the growing needs of people's better life, better material and ecological are needed. At the same time, the demand for water resources for national security and high-quality development has changed, which is bound to have a profound impact on China's urban and rural water supply security situation. This paper makes an in-depth analysis of the current situation of China's urban and rural water supply security, including the overall analysis of water supply, historical trend analysis, urban water supply analysis, county, township and village water supply analysis and renewable water utilization analysis. Secondly, it summarizes the security system of water supply safety in China. Thirdly, the main factors affecting the security of urban and rural water supply are studied to identify the possible challenges. In view of the above water supply security challenges, policy suggestions are put forward.

Keywords: Water Supply Security; Domestic Water; Production Water; Water for Ecological Environment; Urban and Rural

B. 15   Groundwater Ecological Protection and Remediation Under the
Background of Ecological Civilization   *Zhao Kai*, *Li Muzi* / 296

Abstract: As an irreplaceable natural resource, groundwater is an essential material foundation to economic and social development, and also an important component of ecological environment. Under the dual influence of climate change and high-intensity human activities, groundwater is in the severe situation of over-exploitation and pollution. It is urgent to further strengthen the groundwater ecological protection and remediation, comprehensively curb groundwater over-

exploitation, systematically control groundwater pollution, and realize the sustainable utilization of groundwater resources from the height of national strategy. In this paper, the importance of groundwater ecological protection and remediation was introduced, the current situation and problems of groundwater resources were elucidated, and the key techniques and methods of sustainable utilization and pollution prevention of groundwater resources in China were summarized. Finally, the prospect of groundwater ecological protection and remediation work was discussed combined with the requirements of ecological civilization construction in the new era. Suggestions were put forward from the aspect of strengthening the prevention and control of groundwater pollution, creating a new pattern of groundwater over-exploitation treatment, reconstructing the water resources survey and monitoring system, and perfecting the supporting laws and regulations.

Keywords: Groundwater; Sustainable Utilization; Over-exploitation Management; Pollution Prevention and Control; Ecological Remediation

V Chinese Experience Chapters

B.16 Experience in Water Environment Control for Resource-Based Cities-a Case Study of Tongchuan City

Chu Chengshan, Chen Hongbo and Su Hang / 310

Abstract: Resource-based cities generally face problems such as resource depletion, ecological destruction, and environmental pollution. For resource-based cities, strengthening the industrial transformation, environmental governance, ecological protection and restoration, and improving the level of resource intensive utilization are of great significance and effect for enhancing the competitiveness and promoting the sustainable development of resource-based cities. Take Tongchuan City in Shanxi Province as an example, in response to the lack of water resource, insufficient river ecological base flow, and many deep-seated problems in water environment control, Tongchuan City takes the whole area to promote river water environment control systematically as a starting point, and improve utilization efficiency of reclaimed water by governance, implement the construction and management integration of " factory-channel-river ", and coordinate the development of "co-governance of water resources, water environment, water ecology and water disaster", providing valuable experience and model for the water environment control of resource-based cities.

Keywords: Resource-based Cities; Water Environment Control; Integration of "Factory-Channel-River"; Co-Governance of Water Resources

B. 17   Practice Exploration and Experience Enlightenment of Rural Water Environment Treatment Under the Background of Ecological Civilization Construction

Gu Yun, Zhang Ruiyu / 327

Abstract: Under the background of rural revitalization and ecological civilization construction, the issue of rural ecological civilization construction came into being. First, this paper sorts out the decision-making and deployment of rural water environment governance since the 18th National Congress of the Communist Party of China in terms of establishing long-term governance mechanisms, improving laws and regulations, building ecological projects, optimizing rural spatial layout, building talent teams, and encouraging social capital participation. Then, this paper selects rural water environment governance practices in typical regions, and sorts out the measures and paths for actively carrying out rural water environment governance in various regions. Finally, this paper puts forward the experience and inspiration of China's rural water environment governance under the background of ecological civilization construction, and provides countermeasures and suggestions for the promotion of rural water environment management.

Keywords: Ecological Civilization; Rural Areas; Water Environment Government

B.18 Experiences and Future Development of Small Watershed Governance—Taking Chongqing City Fuling District as Example *Wang Yufei, Wang Yi* / 339

Abstract: Water and soil loss is one of the main reasons for the deterioration of the ecological environment, and the governance of small watersheds is an important way to prevent and control the water and soil loss in China, and it has a long term history in China, with a better economic, environmental and ecological benefits, effectively promoting the sustainable development of the region. This report highlights the experience of soil and water loss management in Fuling District, Chongqing City. In Fuling District, most soil and water loss comes from the slope farmland and reservoirs which are the key points of soil and water loss prevention and control, and through systematic measures and innovations, comprehensive prevention and control of soil and water loss has been promoted, and more systematic prevention and control measures have been formed. It is of great significance to notice that the ecological restoration of the Yangtze River and the Yangtze economic development policy. Under the background of the ecological civilization reform, the concept of small watershed governance in China should keep pace with the policy system. We should encourage the nature-based ecological restoration model and carry out the comprehensive management for "mountain, water, forest, farmland, lake, grass and sand". All cities should explore various models to promote the realization of the value of ecological products based on their own advantages, incorporate soil and water conservation work into the strategy of new urbanization and rural revitalization, and constantly promote the development of ecological industries and the improvement of the human settlements environment, finally the focus could transfer from the ecological protection-based governance to the ecological economic development.

Keywords: Small Watershed Governance; Watter and Soil Loss; Chongqing City Fuling District

VI International Experience Chapters

B . 19 The Enlightenment of Experience and Lessons of the City of
London to Beijing's Construction as an International
Financial Center   *Liu Huaxing* , *Niu Caoxia* / 351

Abstract: River is the soul of a city and an important support for its
sustainable development. The Thames River is known as ' the mother river of
England', which plays an important role in the development of British in
history. After the industrial revolution, the river was seriously polluted,
endangering people's lives and health. From the mid-19th century, the British
government gradually realized the importance of river pollution prevention, and
decided to comprehensively govern the Thames River. After more than 100 years
of water pollution governance, the Thames River has now regained its vitality. In
this paper, taking the Thames River pollution control as the research case, we
systematically analyze the experiences of Thames River pollution governance in
Britain, and provide suggestions for China's water pollution governance in order to
further promote the sustainable development of cities in China.

Keywords: The Thames; Water Pollution; Water Pollution Governance

B . 20 Experience and Enlightenment of Pollution Control
in the Rhine River Basin   *Miao Tingting* / 366

Abstract: The Rhine is one of the most important rivers in Europe. Since
the middle of the 19th century, the second industrial revolution has prospered the
Rhine River Basin, but its environmental ecology has suffered serious pollution
and devastating damage. With the joint efforts of the International Committee for
the Protection of the Rhine (ICPR) and governments of related countries, the

Rhine has revived in the 1990s, and the pollution control of the Rhine has been regarded as a miracle of European environmental protection actions and a classic success in global river basin governance. The problems of water pollution, ecological damage, and frequent floods in major river basins in my country are prominent, which are very similar to the Rhine River. Summarizing international experience and combing the history of the pollution control action in the Rhine River Basin can provide a good reference for my country's river basin governance.

Keywords: The Rhine River; Pollution Governance in River Basins; International Experience

皮 书

智库报告的主要形式
同一主题智库报告的聚合

❖ 皮书定义 ❖

皮书是对中国与世界发展状况和热点问题进行年度监测，以专业的角度、专家的视野和实证研究方法，针对某一领域或区域现状与发展态势展开分析和预测，具备前沿性、原创性、实证性、连续性、时效性等特点的公开出版物，由一系列权威研究报告组成。

❖ 皮书作者 ❖

皮书系列报告作者以国内外一流研究机构、知名高校等重点智库的研究人员为主，多为相关领域一流专家学者，他们的观点代表了当下学界对中国与世界的现实和未来最高水平的解读与分析。截至 2021 年，皮书研创机构有近千家，报告作者累计超过 7 万人。

❖ 皮书荣誉 ❖

皮书系列已成为社会科学文献出版社的著名图书品牌和中国社会科学院的知名学术品牌。2016 年皮书系列正式列入"十三五"国家重点出版规划项目；2013~2021 年，重点皮书列入中国社会科学院承担的国家哲学社会科学创新工程项目。

权威报告·一手数据·特色资源

皮书数据库
ANNUAL REPORT(YEARBOOK) DATABASE

分析解读当下中国发展变迁的高端智库平台

所获荣誉

- 2019年，入围国家新闻出版署数字出版精品遴选推荐计划项目
- 2016年，入选"'十三五'国家重点电子出版物出版规划骨干工程"
- 2015年，荣获"搜索中国正能量 点赞2015""创新中国科技创新奖"
- 2013年，荣获"中国出版政府奖·网络出版物奖"提名奖
- 连续多年荣获中国数字出版博览会"数字出版·优秀品牌"奖

成为会员

通过网址www.pishu.com.cn访问皮书数据库网站或下载皮书数据库APP，进行手机号码验证或邮箱验证即可成为皮书数据库会员。

会员福利

- 已注册用户购书后可免费获赠100元皮书数据库充值卡。刮开充值卡涂层获取充值密码，登录并进入"会员中心"—"在线充值"—"充值卡充值"，充值成功即可购买和查看数据库内容。
- 会员福利最终解释权归社会科学文献出版社所有。

社会科学文献出版社 皮书系列
SOCIAL SCIENCES ACADEMIC PRESS (CHINA)

卡号：287153951668
密码：

数据库服务热线：400-008-6695
数据库服务QQ：2475522410
数据库服务邮箱：database@ssap.cn
图书销售热线：010-59367070/7028
图书服务QQ：1265056568
图书服务邮箱：duzhe@ssap.cn

基本子库
SUB DATABASE

中国社会发展数据库（下设 12 个子库）

整合国内外中国社会发展研究成果，汇聚独家统计数据、深度分析报告，涉及社会、人口、政治、教育、法律等 12 个领域，为了解中国社会发展动态、跟踪社会核心热点、分析社会发展趋势提供一站式资源搜索和数据服务。

中国经济发展数据库（下设 12 个子库）

围绕国内外中国经济发展主题研究报告、学术资讯、基础数据等资料构建，内容涵盖宏观经济、农业经济、工业经济、产业经济等 12 个重点经济领域，为实时掌控经济运行态势、把握经济发展规律、洞察经济形势、进行经济决策提供参考和依据。

中国行业发展数据库（下设 17 个子库）

以中国国民经济行业分类为依据，覆盖金融业、旅游、医疗卫生、交通运输、能源矿产等 100 多个行业，跟踪分析国民经济相关行业市场运行状况和政策导向，汇集行业发展前沿资讯，为投资、从业及各种经济决策提供理论基础和实践指导。

中国区域发展数据库（下设 6 个子库）

对中国特定区域内的经济、社会、文化等领域现状与发展情况进行深度分析和预测，研究层级至县及县以下行政区，涉及省份、区域经济体、城市、农村等不同维度，为地方经济社会宏观态势研究、发展经验研究、案例分析提供数据服务。

中国文化传媒数据库（下设 18 个子库）

汇聚文化传媒领域专家观点、热点资讯，梳理国内外中国文化发展相关学术研究成果、一手统计数据，涵盖文化产业、新闻传播、电影娱乐、文学艺术、群众文化等 18 个重点研究领域。为文化传媒研究提供相关数据、研究报告和综合分析服务。

世界经济与国际关系数据库（下设 6 个子库）

立足"皮书系列"世界经济、国际关系相关学术资源，整合世界经济、国际政治、世界文化与科技、全球性问题、国际组织与国际法、区域研究 6 大领域研究成果，为世界经济与国际关系研究提供全方位数据分析，为决策和形势研判提供参考。

法律声明